Werner Thiede

Die digitalisierte Freiheit

ZEITDIAGNOSEN

Band 29

LIT

Werner Thiede

Die digitalisierte Freiheit

Morgenröte einer
technokratischen Ersatzreligion

LIT

Umschlagbild: Werner Thiede

Gedruckt auf alterungsbeständigem Werkdruckpapier entsprechend
ANSI Z3948 DIN ISO 9706

Bibliografische Information der Deutschen Nationalbibliothek
Die Deutsche Nationalbibliothek verzeichnet diese Publikation in der
Deutschen Nationalbibliografie; detaillierte bibliografische Daten sind
im Internet über http://dnb.d-nb.de abrufbar.

2., durchgesehene und aktualisierte Auflage 2014

ISBN 978-3-643-12401-2

© LIT VERLAG Dr. W. Hopf Berlin 2014
Verlagskontakt:
Fresnostr. 2   D-48159 Münster
Tel. +49 (0) 2 51-62 03 20   Fax +49 (0) 2 51-23 19 72
E-Mail: lit@lit-verlag.de   http://www.lit-verlag.de

Auslieferung:
Deutschland: LIT Verlag Fresnostr. 2, D-48159 Münster
Tel. +49 (0) 2 51-620 32 22, Fax +49 (0) 2 51-922 60 99, E-Mail: vertrieb@lit-verlag.de
Österreich: Medienlogistik Pichler-ÖBZ, E-Mail: mlo@medien-logistik.at
E-Books sind erhältlich unter www.litwebshop.de

„Bei genauer Prüfung zeigt sich, daß im Laufe der Neuzeit zwar die Macht über das Seiende, Dinge wie Menschen, in einem immer ungeheuerlicheren Maße ansteigt, der Ernst der Verantwortlichkeit aber, die Klarheit des Gewissens, die Kraft des Charakters mit diesem Anstieg durchaus nicht Schritt halten."

ROMANO GUARDINI

„Technische Rationalität heute ist die Rationalität der Herrschaft selbst. Sie ist der Zwangscharakter der sich selbst entfremdeten Gesellschaft."

MAX HORKHEIMER / THEODOR W. ADORNO

„Digitale Medien haben ein hohes Suchtpotenzial und schaden langfristig... Ein Teufelskreis aus Kontrollverlust, fortschreitendem geistigem und körperlichem Verfall, sozialem Abstieg, Vereinsamung, Stress und Depressionen setzt ein; er schränkt die Lebensqualität ein und führt zu einem um einige Jahre früheren Tod."

MANFRED SPITZER

„Es geht gar nicht darum, dass der große Diktator zuschlägt und eine Gesellschaft in ein Gefängnis verwandelt. Es geht darum, dass eine Gesellschaft sich in eine Falle begibt, aus der sie nicht mehr herauskommt."

FRANK SCHIRRMACHER

„Das Paradoxon ist, dass die Technokratie zwar eine Ideologie ist, die meisten Technokraten sich jedoch alle Mühe geben, jeglichen Verdacht von sich abzuwenden, sie könnten von irgendetwas anderem als reinem Pragmatismus und dem Streben nach Effizienz geleitet sein."

EVGENY MOROZOV

„Wir müssen davon ausgehen, dass die Digitalisierung ein Jahrhundertthema ist und alle Politikbereiche durchdringt, und zwar so intensiv, dass wir das heute in letzter Konsequenz noch gar nicht wahrnehmen."

GERHARD BAUM

Gewidmet dem Andenken meines Amtsbruders
Carsten Häublein,
den sein Leiden unter einer der wichtigsten
Technologien der fortschreitenden digitalen Revolution
im Februar 2013 in den sogenannten Freitod trieb.

Inhaltsverzeichnis

Vorwort zur 1. Auflage

> „Wenn wir zusehen, wie Kinder oder Alte zärtlich mit ihren
> Roboterlieblingen umgehen, lautet die entscheidende Frage
> nicht, ob unsere Kinder diese Automaten einmal mehr
> lieben werden als früher Haustiere oder gar ihre Eltern,
> sondern was ‚lieben' dann noch bedeutet."[1]
>
> *Sherry Turkle*

Freiheit ist ein hohes Gut. Sie fühlt sich für die meisten, die sie genießen können, an wie eine naturgegebene Selbstverständlichkeit. Dass sie das keineswegs ist, merkt oft erst, wer sie verloren hat. Wiederum nimmt benebeltes Freiheitsbewusstsein nicht unbedingt wahr, was ihm verloren geht. Man kann sich an die Freiheit so gewöhnen, dass man anfällig wird für ihre unmerkliche Beraubung.

Digitalisierte Freiheit bedeutet manipulierte Freiheit[2]. Manipulation aber wird selten durchschaut. Das ist das Schlimme an der digitalisierten Freiheit: dass realer Freiheitsverlust kaum wahrgenommen oder sogar um anderer Vorteile willen bewusst in Kauf genommen wird. Umso mehr ist Aufklärung angesagt – zumal technische Mittel dazu beitragen, dass die Manipulation inzwischen überhandnimmt.

Dass der Freiheitsgedanke mit dem der Digitalisierung in Konflikt geraten könnte, war für viele Menschen lange Zeit kaum vorstellbar. Doch 2013 ging ein Ruck durch die Gesellschaft: Zumindest Teile der Bevölkerung begannen aufzuwachen und sich die Augen zu reiben angesichts dessen, was die „digitale Revolution" mit uns macht und offenbar weiter plant. Schuld daran war vor allem die Offenlegung durch den ehemaligen US-Geheimdienstmitarbeiter Edward Snowden, dass in vielen Ländern Ausspähungen nicht nur Telefonate betreffen, sondern dass man es mit sehr weitgehenden, sogar Verschlüsseltes knackenden Überwachungsprogrammen zu tun hat[3]. Und dagegen können sich Internetnutzer auch nach Einschätzung des Verschlüsselungsexperten Jörn Müller-Quade kaum schützen[4]. Die Stuttgarter Zeitung kommentierte diese allgemeine Bedrohungslage auf Seite 1 mit den Worten: „Da steckt er nun, der moderne Mensch, in seiner kunstvoll konstruierten digitalen Falle. Unermüdlich hat er seine

Welt technologisch vorangetrieben, hat sie in Bits und Bytes zerlegt und immer wieder neu zusammengebaut, bis er ein weltumspannendes Datennetz geschaffen hatte, das ihm ungeahnten Komfort und Freiheit gewähren sollte. Und nun droht die höchste Freiheit in höchste Unfreiheit umzuschlagen."[5] Um die digital empor wachsende, unser ganzes Leben betreffende Freiheitsfalle geht es in diesem Buch.

In letzter Zeit haben bereits einige Bestseller verdienstvoll darauf aufmerksam gemacht, was die digitale Überformung unserer Lebenswelt an Folgen zeitigt und vor allem in Zukunft zeitigen wird: „Digitale Demenz" von Manfred Spitzer, „EGO" von Frank Schirrmacher sowie „Die Vernetzung der Welt" von Eric Schmidt und Jared Cohen. Das letztgenannte Buch zweier Google-Vordenker trägt im Original den Titel „*The New Digital Age*". Vor rund drei Jahrzehnten war eine Welle der Begeisterung für das sogenannte Wassermannzeitalter, das mehr oder weniger esoterisch gedeutete *New Age* durch die Welt gegangen – und auch wieder abgeebbt[6]. Nun ist also abermals ein neues Zeitalter angesagt, und es wird weithin mit ähnlicher Begeisterung und Hingabe begrüßt wie einst das magische, eine Wiederverzauberung der Welt verheißende *New Age* der Spiritualisten. Allerdings handelt es sich diesmal um keine esoterischen Zeitalterspekulationen, sondern um menschengemachte Programmatik. Es geht um die Zukunft der „digitalen Revolution", die einen technizistisch verursachten Umsturz bisheriger Normen und gesamtgesellschaftlicher Werte mit sich bringt, um die Macht in Richtung einer globalen, ökonomisch nutzbaren Technokratie ausbauen und festigen zu können.

Dass auch diese Welle einfach wieder abebben wird, ist kaum anzunehmen: Sie sucht ihre schon eroberte oder erschlichene Macht mit modernsten technologischen Mitteln zu betonieren und überall bis in die letzten Winkel unserer Existenz hinein zu etablieren. Frank Schirrmacher spricht mit Blick auf jenes Buch *The New Digital Age* von einer neuen digitalen Planwirtschaft: Das Gesetz der Maschine werde zum Naturgesetz, und demnach können sich „Gedanken berechnen, bewerten und verkaufen lassen"[7]. Es geht also um die Digitalisierung nicht nur technischer Geräte und Methoden, sondern auch des „inneren" Menschen. Und überhaupt darum, dass es vielleicht schon bald kaum noch Verweigerungsmöglichkeiten gegenüber den verschiedenartigen Zugriffen der Digitalmächte geben wird.

Die digitalisierte Freiheit wird die „babylonische Gefangenschaft" von morgen sein. Zwar hat die digitale Revolution viel Erfreuliches hervorgebracht und bewirkt – beispielsweise Diktierprogramme, von denen ich selber mitunter eines beim Schreiben dieses Buches benutzt habe. Aber auch manch Unerfreuliches hat sie gezeitigt – zum Beispiel vergleichsweise flacheren Musikklang[8] sowie größere Hetze im Alltag. Und jetzt ist die Zeit gekommen, in der diese „stille Revolution"[9] auf breiterer Ebene ihre beträchtlichen Schattenseiten offenbart. Sie wird zusehends übergriffiger und verwandelt unsere gesamte Kultur ohne Rücksicht auf die Frage, ob das mehrheitlich überhaupt so gewünscht wird. Sie läuft programmatisch nicht nur auf die „Digitalisierung aller Dinge" zu, sondern will über das Materielle hinaus auch noch das Geistige, die Seele erfassen. Es geht um die „Manipulation der Seele durch eine Art digitale Alchemie", wie sich Schirrmacher ausdrückt[10].

Spätestens jetzt sind die Geisteswissenschaften gefragt, insbesondere Philosophie, Psychologie und Theologie. Wie einst im Blick auf das esoterisch inspirierte *New Age*[11] sollten sie auch und gerade jetzt kritische, aufklärende, erhellende Worte finden. Allein – Theologie und Kirche scheinen sich heute schwerer zu tun als damals: Man schweigt, oder man lobt die um sich greifende Digitalisierung ausdrücklich. Dabei wäre hier die Chance gegeben, angesichts der wachsenden Übergriffigkeit der digitalen Revolution auf alle Dinge und sogar aufs Seelische mahnend an jene transzendente Wirklichkeit zu erinnern, die sich als letzte Bastion des Widerstands gegen die totale Digitalisierung erweisen könnte.

Inzwischen nimmt die Zahl der Menschen zu, die der digitalen Revolution umso mehr misstrauen, je weiter sie in ihrer Produktion von neuen Freiheiten und Unfreiheiten voranschreitet[12]. Das sind nicht einfach „Fortschrittsverweigerer". Vielmehr dürfte es sich im Gegenteil – mit Gernot Böhme formuliert – um die Avantgarde wahren Fortschritts handeln: „Das Zeitalter des Netzes wird mit großen Erwartungen begrüßt, und Neues und Umwälzungen bringt es ja tatsächlich. Ob die Welt im Ganzen dadurch besser wird, ob dieser technische Fortschritt ein humaner Fortschritt sein wird, ist fraglich. Das Rad der Geschichte dreht sich weiter. Aber es fragt sich, wer bei der Umwälzung wirklich vorn ist. Diejenigen, die jetzt mit Verve sich das Gefälle der Vorderseite zunutze machen, oder diejenigen, die auf der Rückseite des Rades das, was als Gegenbewegung nötig ist, helfen mit Mühe nach oben zu bringen."[13]

Man kann Kritiker der digitalen Revolution lächerlich zu machen versuchen, indem man beispielsweise daran erinnert, wie einst im 19. Jahrhundert Fortschrittsskeptiker schon angesichts des Tempos von dampfenden Zügen in Panik gerieten[14]. Doch gilt es zu bedenken, dass sich die Zeiten eben wegen der bereits durchlaufenen Stufen der industriellen Revolution geändert haben: Die Geschwindigkeit der Entwicklung steigt inzwischen nicht mehr linear, sondern exponentiell an. Und das hat umso schwerwiegendere Folgen. Die digitale Revolution stürzt in ihrem Fortgang die Machtverhältnisse in einer Weise um, dass man gewohnten Freiheiten bald schon nachtrauern dürfte. Was ich in diesem Buch darlege, betrifft nicht fernere Zeiträume; es geht nicht einmal um die zweite Hälfte unseres noch jungen Jahrhunderts, sondern um das Heute und die kommenden zehn Jahre. Ich verweise hier nur exemplarisch auf die von der Europäischen Kommission vorgelegte *Digitale Agenda,* eine der Säulen der „Strategie Europa 2020"[15].

Im Hintergrund meiner Ausführungen stehen mancherlei Erkenntnisse, die mir bei der Ausarbeitung meines Buches „Mythos Mobilfunk. Kritik der strahlenden Vernunft"[16] zugewachsen sind. Sie haben mir die Augen dafür geöffnet, dass jener hochmoderne Mythos lediglich Teil eines noch viel gigantischeren Mythos ist, der die von Eric Schmidt und Jared Cohen beschriebene „Vernetzung der Welt" im Zuge ihrer fortschreitenden Digitalisierung zum Gegenstand hat. Wenn ich diesen Zusammenhängen aus dem Blickwinkel eines freiheitsliebenden Bürgers, Theologen und Ethikers nachgehe, so ergibt diese Kombination einen tieferen Sinn: Ich nehme nicht nur Technisches, sondern sozusagen das Ganze in den Blick – einschließlich des Aspekts, dass die digitale Revolution immer mehr Züge einer bedenklichen Ersatzreligion[17] gewinnt. Deren technokratischer Charakter könnte mittelfristig, wie nicht nur ich befürchte[18], die Demokratie aushöhlen und totalitäre Züge annehmen. Als protestantischer Theologe rede ich indessen engagiert und in einem umfassenden Sinn von Freiheit.

„Der digitalen Technik gehört die Zukunft", wird gern behauptet. Und ohne Zweifel ist die Frage der Digitalisierung ungefähr aller Signale längst entschieden – wegen der Effizienz. Welch einseitige Situation[19]! Von daher sehe ich mich herausgefordert, entsprechend einseitig gegenzuhalten. Wer mir das zum Vorwurf machen wollte, möge bedenken: Eine mehr oder weniger „ausgewogene" Darstellung erübrigt sich, nachdem die positiven Seiten, die Nutzen und unstrittigen Vorteile aus jener Entwicklung hinreichend bekannt und beworben sind. Was jetzt nottut, ist verstärkte Aufklärung über die sorgfältig verschwiegenen Nachteile – und in der Konsequenz Protest, ja lebenspraktischer Widerstand[20]. Denn es gibt Werte, die sich gegen eine Abwägung sperren. Und noch ist nicht endgültig entschieden, wie weit man die kulturelle Digitalisierung tatsächlich treiben, wie viel Freiheit und ökologisches Bewusstsein man dabei zulassen wird. Als Theologe weiß ich jedenfalls noch um eine ganz andere Zukunftsmacht, und von ihr zu reden[21] war vielleicht noch nie so wertvoll wie heute.

Dem LIT-Verlag danke ich für den Mut, dieses Buch in sein interdisziplinäres Programm aufzunehmen. Und der Evang.-Luth. Landeskirche in Bayern danke ich ebenso wie der „Kompetenzinitiative zum Schutz von Mensch, Umwelt und Demokratie e.V." für Druckkostenzuschüsse.

Regensburg, im Oktober 2013 *Werner Thiede*

Vorwort zur 2. Auflage

Dass bereits nach einem halben Jahr eine Neuauflage dieses Buches ansteht, bestätigt die anhaltende Aktualität des Themas. So hat kein Geringerer als der Präsident des Europaparlaments, Martin Schulz, in einem F.A.Z.-Beitrag vom 6. Februar 2014 unterstrichen, Freiheit und Demokratie seien von totalitären Tendenzen der digitalen Gesellschaft bedroht. Bislang haben wir es laut Schulz mit einer alles durchdringenden Technologie und noch nicht mit einem „totalitären politischen Willen zu tun". Doch diese Gefahr sei im Wachsen, denn „die Verbindung von ‚big data', also der gewaltigen Sammelleidenschaft für Daten durch Private und den Staat, und ‚big government', also der hysterischen Überhöhung von Sicherheit, könnte in die anti-liberale, anti-soziale und anti-demokratische Gesellschaft münden." Darum müsse eine Verständigung über die politische Gestaltung der digitalen Technologie gefunden werden. Ein frommer Wunsch, den Schulz nicht von ungefähr passivisch formuliert hat! Wer wird hier wohl aktiv werden – mit welchen Interessen und mit Blick auf welche Bedingungen? Der Schriftsteller und Lyriker Hans Magnus Enzensberger könnte Recht behalten, wenn er in der F.A.Z. vom 28. Februar 2014 befürchtet: „Der Schlaf der Vernunft wird bis zu dem Tag anhalten, an dem eine Mehrheit der Einwohner unseres Landes am eigenen Leib erfährt, was ihnen widerfahren ist. Vielleicht werden sie sich dann die Augen reiben und fragen, warum sie die Zeit, zu der Gegenwehr noch möglich gewesen wäre, verschlafen haben."

Eigentlich besteht durchaus Anlass zur Resignation: Nach dem Motto „Man gewöhnt sich an alles" werden die negativen Auswüchse der digitalen Revolution derzeit mehrheitlich schweigend hingenommen, während man ihre positiven Seiten genießt. So leben jetzt viele Menschen mit der realen, weiter auszubauenden Möglichkeit einer Totalüberwachung; sie nehmen es merkwürdig gelassen hin, wenn sie in der Zeitung lesen müssen, der amerikanische Geheimdienst NSA sei in der Lage, sämtliche Telefonanrufe irgendeines Ziellandes mitzuschneiden. Schließlich habe man nichts zu verbergen, denken biedere Zeitgenossen. Aber sie übersehen in solcher Lethargie, wie ihre Freiheitsrechte dahinschmelzen.

Der US-amerikanische Journalist und Rechtsanwalt Glenn Greenwald, den Edward Snowden mit geheimdienstlichem Enthüllungsmaterial versorgt hat, zeigt sich in seinem Buch „Die globale Überwachung" (2014) überzeugt, „dass Sinn und Zweck staatlicher Überwachung die Ausübung von Zwang und Kontrolle über die ganze Gesellschaft ist" und dass „die Überwachung nicht nur Konformität fördert, sondern auch Misstrauen und Angst." Selbst in der Familie würden dann unbedeutende Handlungen durch Beobachtung bedeutend erscheinen. Keine Frage also: Die „digitalisierte Freiheit" bleibt ein Kernproblem unserer globalisierten Gesellschaft, auch wenn das viele Menschen (noch) nicht recht wahrhaben wollen.

Über erste Rezensionen in Deutschland wie in Österreich durfte ich mich freuen. Aus der mir zugesandten Besprechung eines Professors, der auf dem Sektor der Informationstechnik arbeitet und sich schließlich auf Grund persönlicher Überlegungen entschlossen hat, seinen Text doch nicht zu veröffentlichen, möchte ich hier wenigstens zwei Sätze zitieren: „Dieses Buch stellt einen mutigen Beitrag zu einer leider tatsächlich kaum irgendwo geführten, ja geradezu absichtlich vermiedenen gesellschaftlichen Diskussion dar. Es bietet überraschende Einblicke in so noch wenig verstandene Zusammenhänge und eine Menge sehr lesenswerter interessanter Details aus aktuellen Entwicklungen auf unterschiedlichsten Wissensgebieten." Möge mein damit treffend beschriebenes Bemühen, interdisziplinär gedankliche Verknüpfungen herzustellen, als Ausdruck einer von mir tief empfundenen ethischen Notwendigkeit angesichts der fortschreitenden digitalen Revolution und als hilfreicher, aufklärender Beitrag bei möglichst vielen Leserinnen und Lesern ankommen!

Für diese Neuauflage habe ich bei gleichbleibenden Seitenzahlen geringfügige Verbesserungen und Aktualisierungen vorgenommen.

Regensburg, im Mai 2014   *W. T.*

Einleitung:
Vier Freiheitsfallen der digitalen Revolution

> „Der Computer ist so allgegenwärtig geworden, daß man fast den Eindruck
> gewinnen kann, er selbst habe seine Schöpfer hervorgebracht...
> Doch den Computer umgibt ein größeres Geheimnis. Ist er
> nicht Geist? Oder auf dem Wege, Geist zu werden?"[22]
>
> *Volker Zastrow*

Freiheit – ein Signalwort der Bibel, der Reformation, des Aufklärungszeitalters und so mancher Revolution bis heute[23]! Ohne Zweifel handelt es
sich um einen facettenreichen Begriff. Gemeint ist in der Regel Lebens-
entfaltung unter möglichst geringen Hindernissen, Einengungen, Zwängen, Lasten oder Entfremdungen. Im modernen Verständnis wird Freiheit
gleichgesetzt mit Selbstbestimmung, Autonomie[24] und Emanzipation.

1789 proklamierte die französische Nationalversammlung die Menschenrechte, in deren Artikel 4 es heißt: „Die Freiheit besteht darin, dass man all
das tun kann, was einem andern nicht schadet." Etwas ausführlicher erläutert der protestantische Ethiker Wolfgang Huber: „Die Freiheit von äuße-
rer Not bildet die Voraussetzung dafür, dass jeder seine Kräfte zum eigenen Vorteil einsetzen kann. Doch die Orientierung am eigenen Vorteil ist nur
ein Aspekt der Freiheit. Freiheit ist nicht nur ein Anspruch des Einzelnen
im Blick auf sein eigenes Leben; sie ist zugleich ein Maßstab für den Umgang mit anderen."[25] Freiheit ist darum ein psychologisch, aber immer auch
politisch und spirituell relevanter Begriff. Spirituell insofern, als der „Umgang mit anderen" immer auch den Anderen schlechthin betrifft: Gott oder
das Göttliche – egal ob bejaht oder negiert, unsere Freiheitsqualität hat so
oder so mit der Frage dieses letzten Horizonts zu tun.

Demgemäß lässt sich das Subjekt der Freiheitsempfindung oder des
Freiheitswillens durchaus in verschiedener Hinsicht betrachten: Geht es um
den bürgerlichen Zeitgenossen und seine spezifischen Interessen? Geht es
um das Individuum mit seinen unterschiedlichen seelischen Dimensionen,
das sogenannte Unbewusste[26] eingeschlossen? Oder geht es um jenen „inneren Menschen", von dem die Religionen zu reden wissen und dessen Frei-
heitsbelange sich primär auf die gelingende oder misslingende Beziehung

zum Göttlichen erstrecken? Dabei hängen diese Fragen verborgen zusammen: Freiheit ist eine komplexe Angelegenheit.

Hinzu kommt, dass dort, wo von Freiheit die Rede ist, immer auch die Problematik von Unfreiheit, von Freiheitsgefährdungen und von Freiheitsfallen eine Rolle spielt. „Das Verlangen nach Freiheit wird im Blick auf die konkreten Einschränkungen formuliert, die überwunden werden sollen. Die Unabhängigkeit von fremdem Zwang, also die negative Freiheit, und die Möglichkeit zur Gestaltung des eigenen Lebens, also die positive Freiheit, gehören und löslich zusammen."[27] Deshalb hat die Reflexion von Freiheit grundsätzlich etwas Aufklärerisches, Widerständiges, ja Revolutionäres angesichts freiheitsberaubender Strukturen. Bekanntlich können aber sogar Revolutionen selbst gewollt oder ungewollt Freiheit gefährden und unterminieren. Darum gilt es Freiheitsversprechen immer auch kritisch zu betrachten und nach ihren Früchten zu fragen. Unter diesem Aspekt verdient die sogenannte digitale Revolution sorgfältige Aufmerksamkeit – gerade aus geistiger, geistlicher und geisteswissenschaftlicher Sicht.

Die in ihrem Kontext laut werdenden Freiheitsversprechen gehen mit „Freiheitsfallen" einher, die keine wären, wenn man sie leicht erkennen könnte. Mathias Döpfner erläutert: „Das Fatale an der Freiheitsfalle ist, dass man nicht merkt, wenn man in ihr gefangen ist. Denn sie schnappt nicht zu, sie tut nicht weh. Zum Wirkungsmechanismus der Freiheitsfalle gehört es, dass sie ihren Gefangenen das Gefühl vermittelt, es sei alles in Ordnung."[28] Ich sehe hier vier solche Freiheitsfallen: eine politische, eine ökologische, eine lebenspraktische und eine spirituelle. In den folgenden vier Hauptteilen werde ich sie jeweils eingehend beleuchten. Alle greifen sie ineinander und lassen am Ende die digitale Revolution als eine einzige, riesige Freiheitsfalle erscheinen. Schon Hartmut von Hentig hat die Zusammenhänge gesehen: „Es sind nicht die Computer, das Internet, die Fernsehwelt schlechthin, die mich beunruhigen; es ist schon eher die Verbindung, die sie miteinander eingehen; es sind vollends die korrumpierenden Visionen, zu denen sie und ihre Betreiber verführen."[29]

Wenigstens kurz sei hier umrissen, was mit den vier Freiheitsfallen näherhin gemeint ist. Erstens ist da die *politische* Freiheitsfalle: Sie besteht darin, dass uns eine ökonomisch dominierte Politik weiteren Fortschritt und damit mehr Freiheit verspricht, während sie zugleich zulässt, dass die technologische Entwicklung die Freiheit der Mächtigen besonders und sogar hinterhältig stärkt. In der Folge werden demokratische Strukturen zunehmend unterminiert, und totalitäre Tendenzen nehmen Kontu-

ren an[30]. Am offenkundig mangelnden Willen zu ausreichendem Datenschutz wird heute mehr denn je offenkundig, wie sehr sich die Situation
zuzuspitzen beginnt. Man denke an das Phänomen eines massiven Daten-
Zugriffs und dessen Verwertungen mittels logarithmischer Datenkombina-
tionen[31] durch international agierende Internetfirmen einerseits und durch
Geheimdienste[32] andererseits. Der vielfach geforderte und doch oft um-
gangene Datenschutz wird angesichts von „Big Data"[33] immer mehr zur
Farce. Die Freiheit von Datengrabscherei ist längst unterminiert, zumal der
Verbraucher von den Missbräuchen kaum etwas mitbekommt[34]. Auch das
Problem der Datensicherheit wächst rapide[35] – nicht zuletzt wegen der ex-
orbitanten Datenmengen: Täglich sammelt die Menschheit rund 2,5 Exa-
byte an Daten, das ist eine Zahl mit 18 Nullen[36]. Tendenz stark steigend[37].
Diese digitalen Datensammlungen mehren das Chaos und stärken reale und
mögliche Hinterhalte. So verkehrt sich Freiheitsgewinn immer mehr in
sein Gegenteil.

Zweitens spielt im Zuge der digitalen Revolution ein mit der Datenübertragung oft verknüpfter, die Umwelt schädigender Aspekt eine wichtige Rolle. Die *ökologische* Freiheitsfalle besteht vor allem darin, dass die
Vorteile für den Umweltschutz, wie ihn die digitale Revolution mit sich
bringt – etwa die Einsparung mancher Autofahrten oder Lärmbelästigun-
gen –, mit einer gigantischen Umweltverschmutzung und Energieverbren-
nung einhergehen, über die erstaunlich wenig geredet wird. Zu denken
wäre hier an die in immer mehr Bereichen anzutreffenden Funkstrahlungs-
emissionen bzw. -immissionen, deren Risiken umstritten, aber keineswegs
schlechthin zu bestreiten sind. Die Strahlenbelastung nimmt unter dem
Himmel großzügigster Grenzwertbestimmungen insgesamt immer mehr zu:
So soll der Datenverkehr per Funk Expertenschätzungen zufolge weltweit
zwischen 2011 und 2016 ums Zehnfache steigen – und europaweit von
2010 bis 2020 um das Dreiunddreißigfache[38]. Hinzu kommt im Rahmen
der digitalen Revolution ein weithin wachsender, nicht selten sogar völlig
sinnloser, weil im Leerlauf sich vollziehenden Energieverbrauch von Zen-
tral-, Büro- und Privatrechnern und Sendestationen aller Art. Gero von
Randow konstatiert: „Der gewaltige Energiebedarf, ja überhaupt die un-
vorstellbaren Dimensionen des globalen Datensammelns, -speicherns
und -auswertens, sie rufen nach einem erdschweren Vokabular... Data-
Mining ist die Schwerindustrie des Informationszeitalters."[39] Dass der entsprechende, gigantische Energiebedarf indirekt auch unfrei macht, liegt bei

näherer Betrachtung auf der Hand. Die ökologische Freiheitsfalle steht, und wenige merken es, sollen es merken.

Drittens erzeugt die digitale Revolution eine vielfältige *lebenspraktische* Freiheitsfalle. Bekanntlich hat die fortschreitende Technologisierung bisher vor allem eines bewirkt: eine stete Beschleunigung unserer Lebens- und Arbeitsprozesse, deren Problematik immer ersichtlicher ist. Inzwischen hat sie auch konkret begonnen, auf unseren Leib überzugreifen. Implantierte Funk-Chips sollen medizinischen und anderen Zwecken dienen. Weitere Bereiche unserer Alltagswelt sollen in Bälde dem Diktat der Digitalisierung unterworfen werden: der Zahlungsverkehr, das Lesen, das Wohnen, der Autoverkehr. Die Digitalisierung der Freundschaft ist dank der sozialen Medien bereits in vollem Gange, wobei die Ambivalenz dieser Entwicklung immer mehr kritische Fragen aufwirft. Das Internet lädt in bedenklicher Weise dazu ein, sich in *Second Worlds* zu verlieren. Immer öfter schnappt die lebenspraktische Freiheitsfalle zu.

Und viertens schließlich hat die Digitalisierung von Mensch und Welt auch eine geistig-geistliche Dimension, mit der es zur *spirituellen* Freiheitsfalle kommt. Sie besteht darin, dass sich digital zum einen mancherlei neue Freiheiten und Möglichkeiten auf religiösem Sektor eröffnen (etwa Missionschancen oder digitale Heilige Schriften usw.), dass zum andern aber die Transzendenz, auf die sich Religionen zu beziehen pflegen, nun allzu gern in den Bereichen des Machbaren, digital Verfügbaren gesucht und scheinbar auch gefunden wird. Diese kulturelle Tendenz hat Folgen fürs Selbstverständnis des Menschen, ja fürs Menschenbild schlechthin: Es orientiert sich nicht mehr an den traditionellen Aussagen von der „Gottebenbildlichkeit", sondern ersatzweise immer mehr an einer anzustrebenden „Maschinenebenbildlichkeit". Die analoge „Kohlenstoffwelt"[40] wird zweitrangig gegenüber virtuellen Welten; eine innerweltliche Selbstvergöttlichung dient der seelischen Erbauung. Sogar an der Digitalisierung der Seelenunsterblichkeit meint man bereits basteln zu können.

Ist es da verwunderlich, dass die digitale Revolution auch in den Religionen selbst erfolgreich Fuß gefasst und nur selten Widerstand gefunden hat? Doch die Zukunft der digitalen Revolution lässt sich kontrastieren mit der radikalen Zukunftshoffnung auf das Reich Gottes: An diesem Kontrast kann besonders deutlich werden, was die Rede von der spirituellen Freiheitsfalle meint. Wer bereits in ihr steckt, wird sich kaum stören an dem Umstand, dass sich langsam eine Art technokratische Ersatzreligion breit macht, die das Ihre einfordert. Marcus Rohwetter konstatiert: „Technik verändert die Welt, und wer sie entwickelt, schafft Fakten. Die Botschaften der Soft- und Hardware-Designer werden gehört und geglaubt, als wären es Verheißungen aus einer besseren und machbaren Welt."[41] Das weltumspannende Netz verbindet scheinbar ins Unendliche hinein. Eckart von Hirschhausen versteht: „ON-LINE ist RELIGION!" Denn „Online sein – heißt Da-Sein. Angebunden an ein höheres Wissen, an eine weltumspannende Macht, die unabhängig von meiner irrenden Existenz weiterlebt, das Internet ist also wie Gott! ... Chat-Rooms sind Beichtstühle. Modems, das sind die Heiligen, denn sie stellen die Verbindung her zum großen Provider. Pro Videre. Die Vor-Sehung. Anfang und Ende. Alpha und Omega. A-O-L!"[42] Welch eine Falle!

Man mag vielleicht einzuwenden versuchen, all diese Freiheitsfallen und die mit ihnen verbundenen Nachteile würden durch die Vorteile der digitalen Revolution aufgewogen. Aber das ist allemal die Ansicht jener, die von jenen radikalen Veränderungsprozessen in der Gesellschaft und im Menschen profitieren. Die Verlierer dieser Entwicklung, ob unter gesundheitlichen, wirtschaftlichen oder spirituellen Aspekten, dürften die Dinge anders wahrnehmen. Digital bedingte Freiheitsverluste gefährden auf die Dauer das Menschsein des Menschen: „Wahrscheinlich wird die Grenze von human und inhuman verschwimmen in dem Maße, in dem der Mensch zum Architekten seiner selbst wird – wenn das Menschsein nicht mehr das schlechthin Unhintergehbare, immer schon Vorfindliche ist, sondern das Ergebnis einer Ingenieursleistung."[43] Humane und ökologische Rücksichtnahmen drohen auf der Strecke zu bleiben.

Eine kulturelle Entwicklung aber, die immer mehr Züge einer technokratischen Ersatzreligion annimmt, spaltet mit der Zeit die Gesellschaft. Einerseits begeistert sie die ihrem Sog Erliegenden, andererseits befremdet sie zunehmend die ihr mit Vorbehalten Begegnenden. Entsprechend geht die Schere zwischen Kultur-Optimisten und -Pessimisten weiter auseinander: Die einen wollen die Digitalisierung unserer Lebenswelt um ungefähr jeden Preis, die anderen fürchten sie umso mehr, je deutlicher sie deren Freiheitsfallen erahnen oder erkennen. Dabei handelt es sich um mehr als um einen polarisierenden Meinungskampf, nämlich um einen harten Machtkampf. Die Bewegung der digitalen Revolution strebt – vor allem ökonomisch motiviert und bequemlichkeitsorientiert – nach der Macht, äußerst weit in das Leben aller Menschen einzudringen, es zu überwachen, nach ihrer Maßgabe zu „optimieren" und anbei mit elektromagnetischen Emissionen zu durchdringen, egal ob das gewollt nun wird oder nicht. Es geht bei alledem um Freiheit und Unfreiheit in einer bislang so noch nicht dagewesenen Intensität.

Die Anmaßung zu solch bald schon totalitär[44] anmutender Einflussnahme aber kann nur auf dem Hintergrund einer hierzu passenden „Ersatz"-Religion denkbar und realisierbar sein. Denn dafür ist ein soziokultureller Werte-Umsturz erforderlich, der die Wertorientierungen der großen Religionen der Menschheit wenigstens in Teilen mit Füßen tritt. In eben dieser Hinsicht tut sich eine gesamtgesellschaftliche Herausforderung auf. Die Digitalisierung der Freiheit ist keineswegs nur eine Angelegenheit der Innerlichkeit, sondern betrifft unsere gesamte Kultur, unsere Aktivitäten und Passivitäten ebenso wie unser Glauben und Hoffen.

Kein Zweifel: Die digitale Revolution wirkt sich mit ihren faszinierenden Technologien in vieler Hinsicht segensreich aus. Doch mit dieser pauschalen Feststellung ist mitnichten alles gesagt, was gesagt werden muss[45]. Neben unbestreitbarem Segen steht eben auch mancherlei Fluch; Lichtseiten werden von Schattenseiten flankiert. Während sich freilich die positiven Aspekte im Horizont eines immer noch fast ungebrochenen Fortschrittsglaubens gleichsam von selbst verstehen, werden Probleme oft allzu bereitwillig unter den Tisch gekehrt, die solchem Glauben widersprechen. Das aber bedeutet nicht nur eine Behinderung betreffender Problembearbeitung, sondern auch die Erzeugung eines geistigen Problems – nämlich einer inneren Haltung verbreiteter Unwahrhaftigkeit.

Definiert wird die digitale Revolution als durch Computer und Digitalisierung ausgelöster „Umbruch, der seit Ausgang des 20. Jahrhunderts einen Wandel sowohl der Technik als auch (fast) aller Lebensbereiche bewirkt, ähnlich wie die industrielle Revolution 200 Jahre zuvor"[46]. Wie durchgreifend dieser Wandel ist, lässt sich zahlenmäßig daran ablesen, dass die weltweite Telekommunikationskapazität bis zum Jahr 2000 bereits zu 98 Prozent digitalisiert war. Zwei Jahre später war es erstmals möglich, mehr Informationen digital als im Analogformat zu speichern. Bis 2007 hatte die weltweite digitale Informationsspeicherkapazität bereits 94 Prozent. Gleichwohl muss mit Hubert Burda betont werden: „Die digitale Revolution ist noch längst nicht vorbei."[47] Im Gegenteil – sie beginnt erst so richtig Fahrt aufzunehmen. Dass sie in diesem Schwung nicht allein die uns umgebenden Dinge ergreift, sondern über den Faktor Information auch Geistiges, beginnt sich erst langsam herumzusprechen. So betrifft sie neben dem Technischen und Praktischen gleichermaßen das Psychische, das Religiöse, das Weltanschauliche – Materielles wie Immaterielles. Offenkundig hat sie neben technologischen und wirtschaftspolitischen Aspekten zugleich solche, die auf die Innerlichkeit des Menschen wirken. Sie verändert nicht nur in beträchtlichem Maße die Außenwelt, sondern auch das menschliche Selbstverständnis bis hin zu dessen Transzendenzbezügen. Und so geht sie tatsächlich die Geisteswissenschaften etwas an. Sie geht im Übrigen alle Menschen etwas an, denn sie trifft in ihren direkten und indirekten Auswirkungen jedermann, jede Frau, Kinder, Mitgeschöpfe, immer öfter, immer mehr. Sie geht jeden an, der die Freiheit liebt.

Das geläufige Stichwort der „digitalen Revolution" hat zunächst einen positiven Klang: Man pflegt es im Sinne einer unbedingt begrüßenswerten, jedenfalls unausweichlichen und allemal zu tolerierenden Weiterentwicklung der Technik zu verstehen. Dabei spricht man nicht umsonst auch von einer „stillen Revolution", denn sie geht unerbittlich, aber schweigsam voran. Eine gewisse Lautstärke und Penetranz macht sich lediglich auf dem Gebiet einschlägiger Reklame bemerkbar. So sorgt der technokratische Umsturz – mittels faszinierender Produkte und ihrer geschickten Anpreisung – dafür, dass die Menschen kaum noch zur Besinnung kommen. Mit dieser Doppelstrategie von Stille und Lärm nimmt die Digitalisierung der Freiheit ihren Lauf.

Zu wenig hat man sich allenthalben bewusst gemacht, dass „der Schritt der Digitalisierung theoretisch immer mit Qualitätsverlust verbunden ist". Dieser Verlust hängt mit den binären Auflösungen und ihren begrenzten Speicherkapazitäten zusammen. Man bemerkt den Unterschied beispielsweise beim Klangvergleich analoger und digitaler Musik-Datenträger. Und wer denkt schon einmal gründlicher über die verräterisch-zweischneidige Bedeutung des Wörtchens *smart* nach, das zum Signalbegriff für Gerätschaften auf der Basis von künstlicher Intelligenz geworden ist? Es schillert zwischen „elegant" und „klug" einerseits und „listig" und „gerissen" andererseits!

Tatsächlich empfinden derzeit immer mehr Zeitgenossen die Ambivalenzen der digitalen Revolution. Mit zunehmendem Unbehagen beginnen sie, sich bereits eingetretener Schäden an Leib und Seele bewusst zu werden – sei es Burn-out[48], sei es Depression[49], sei es Ekel angesichts der Lasten, die der angebliche Superfortschritt gebracht hat, oder seien es gar diffuse körperliche Beschwerden, wie sie sogenannte Elektrohypersensible im Verlauf entsprechender Funk-Exposition empfinden[50]. Allzu offenkundig sind mittlerweile die negativen Folgen der Digitalisierung des Lebens, als dass nicht wenigstens die Intuition vieler Menschen deutlich

sagt: In dieser Richtung sollte der Marsch unserer Kultur nicht ungebremst weitergehen, sonst wächst die Wahrscheinlichkeit einer zivilisato-
rischen Katastrophe. Darum gibt es Protestierende nicht nur einzeln und
im Stillen, sondern auch in Gestalt von Bewegungen, Vereinen, Bürgerinitiativen und Internet-Aktivisten. Schon während früherer Jahrzehnte waren
es manche großen Geister – Naturwissenschaftler, Philosophen, Mediziner, Theologen –, die weitsichtig ihre technikkritischen Stimmen erhoben
haben.

Als „Kulturpessimisten" versucht man die Kritiker der zunehmenden
Digitalisierung gern abzutun, als reaktionäre Spielverderber werden sie be-
schimpft und als Verhinderer kommender Heilszeiten gebrandmarkt. Doch
ihr Pessimismus bezieht sich in Wahrheit nicht auf die Kultur als solche,
sondern auf bestimmte Bestrebungen innerhalb der Vielfalt ihrer dynamischen Kräfte. Intelligente Analysen waren es, die sie immer besorgter werden ließen hinsichtlich der kommenden Entwicklungen. So hat beispielsweise schon der Philosoph Martin Heidegger in seinem Büchlein „Die
Technik und die Kehre" (1953) gewarnt: Wir modernen Menschen, „denen unter der Herrschaft der Technik Hören und Sehen durch Funk und
Film vergeht", sind herausgefordert, das metaphysische Wesen der Technik zu bedenken[51]. Höchst gefährlich sei die Lage, weil der Mensch in
einer vertechnisierten Welt selbst vertechnisiert werde, zum Gegenstand
der von ihm hingestellten Technologie verkomme, eingegliedert werde in
die technische Selbstläufigkeit – und damit seiner Würde verlustig gehe.

Neben Natur- und Geisteswissenschaftlern stehen inzwischen mancherlei Künstler, Dichter und Schriftsteller kritisch zur fortschreitenden Digitalisierung. Einige von ihnen haben visionär beschrieben, was kommen
könnte, wenn der technologische Fortschritt sich zuspitzt, wenn die Autonomie der aufgeklärten Menschen in eine Autonomie der von ihnen produzierten Maschinen umschlägt[52]. Sie haben vor allem in Gestalt von utopischen Romanen vor Augen zu führen versucht, was droht, wenn die
Ethik ihre Maßstäbe und Regeln nicht mehr im Menschlichen findet, sondern jenseits davon irrlichtert. Ich erinnere hier nur an die Romane „Schöne neue Welt" von Aldous Huxley (1934), „1984" von George Orwell
(1938), „Fahrenheit 451" von Ray Bradbury (1953) und „NEXT. Erinnerungen an eine Zukunft ohne uns" von Miriam Meckel (2011).

Der neueste Roman dieser Art heißt „Replay" (2012) und stammt von von
Benjamin Stein. Er entfaltet die kritische Utopie über eine nur scheinbar freie

Konsumgesellschaft – nämlich die Tyrannei totaler Transparenz im Rahmen eines digitalen Paradieses. Das Smartphone ist zu einem Vollimplantat weiter entwickelt, das den Nutzer permanent mit dem Internet verbindet. Das Netz der Zukunft liest die Gedanken seiner Nutzer und erfüllt ihnen jeden Wunsch. Die verborgenen Überwachungspotenziale dieser Technologie werden aufgezeigt. In einem Interview hat der Autor betont: „Alles, was ich im Roman an Technik beschrieben habe, existiert im Grunde schon."[53] Auf die Frage, warum die Menschen sich gegen die digitale Revolution nicht noch mehr zur Wehr setzen, antwortet er: „Vielleicht ist es Naivität gegenüber dem Totalitären… Oder die Leute sind korrumpiert durch den Nutzen des Netzes, für den sie die potenzielle Versklavung in Kauf nehmen." Den meisten Leuten sei gar nicht bewusst, wie eingehegt sie im scheinbar freien Internet schon seien und wie viele Informationen sie unfreiwillig von sich preisgäben. „Aber selbst wenn sie es wüssten, würde eine überwältigende Mehrheit ihr schickes iPhone behalten wollen." Das konkrete Glücksgefühl im Netz erscheine ihnen größer als die Gefahr: Den Nutzen könnten sie fassen, die Schranken sähen sie nicht. Stein zeigt sich überzeugt, dass sein Roman bald real werden wird: „Wir wollen uns genussvoll der technischen Entwicklung hingeben. Und wenn doch eines Tages jemand auf die Barrikaden geht, wird es heißen: Hör mal, das Thema ist doch abgehakt. Der Kampf ist längst verloren."

Dass der Kampf nicht verloren gehe, daran liegt diesem Roman wie auch den anderen Genannten trotz allem Pessimismus. Sie wollen aufrütteln zu praktischem und womöglich lautstarkem Protest, wie das 2014 kurz, aber heftig auch der deutsche Schriftsteller und Lyriker Hans Magnus Enzensberger getan hat[54]. Aber sie haben es bisher ebenso wenig wie die durchaus kritischen Natur- und Geisteswissenschaftler verstanden, die vorhandenen Gegenkräfte zu bündeln. Sie haben Menschen kritischer Gesinnung gegenüber der zunehmenden Technokratie zweifelsohne schon gestärkt, haben mehr waches Bewusstsein erzeugt gegenüber dem machtvollen Bestreben, die digitale Revolution nicht zuletzt durch suggestives Betören und Betäuben breitflächig voranzubringen. Doch zu einer politisch bemerkbaren, einheitlichen Kraft haben sich all die Kritiker noch nicht zusammengeschlossen. Sie mögen ihren Willen ein Stück weit in Parteien wie den „Grünen", der ÖDP oder den „Piraten"[55] zur Geltung gebracht, vielleicht aber auch zu den vielen resignierten Nichtwählern gehört haben, ohne damit freilich der stillen, sich derzeit enorm ausweitenden Digitalrevolution eindrucksvoll entgegengetreten zu sein. Eine Hoffnung auf stärkeren, in umfassendem Sinn aufgeklärten Protest besteht erst, wenn auf breiterer Ebene durchschaut wird, dass und inwiefern diese Revolution mit ihren eingeleiteten Vorhaben die Freiheit tangiert, die Menschenwürde langfristig in Frage stellt und die ohnehin schon hinterfragbare Demokratie[56] weiter gefährdet.

Die bislang erst noch innerlich seufzenden, im Stillen aufbegehrenden Bürgerinnen und Bürger sind aufgerufen, ihre introvertierte Haltung in eine extrovertierte zu verwandeln. Denn die Zeit drängt. Das hat mit der allseits bekannten Beschleunigung im Kontext der digitalen Revolution zu tun. Bei aller Stille ihres Vollzugs rollt der technologische Zug in rasantem Tempo. Politisch ist die Digitalisierung gewollt[57], einschlägige Beschlüsse sind von hohen Gremien zum Teil längst zu Papier gebracht, ja im Internet nachzulesen[58]. Juristisch wird der digitalen Revolution vorgearbeitet. Man ist überzeugt, wirtschaftlich Gewinnbringendes und deshalb Notwendiges voranzutreiben, und so will man es auf zum Teil wenig demokratischen Wegen unbedingt durchsetzen.

Noch besteht die Freiheit, zu protestieren. Noch gibt es das Grundrecht der freien Meinungsäußerung. Noch kann man sich frei formieren und informieren. Aber wird die digitale Revolution mit ihren *Big-Data*-Vorhaben diese Freiheiten auf Dauer in gewohntem Umfang bestehen lassen? Es besteht Anlass zu der Befürchtung, die Zeitfenster zum Handeln könnten sich schneller schließen, als man vielfach glaubt[59]. Digitalisierung und Überwachung sind eng verschränkte Größen[60]. Orwells „Big Brother" dürfte sich als harmlose Vision angesichts der „schönen" digitalen Welt von morgen erweisen, nachdem die technischen Möglichkeiten inzwischen gigantisch geworden sind.

I. Die politische Freiheitsfalle

> „Ich bin nicht der erste und wahrscheinlich auch nicht der letzte, der
> feststellt, daß die Entwicklung unserer großen modernen Gesellschaften
> die Tendenz hat, die Zwischenglieder zu pulverisieren, Individuen zu
> austauschbaren Atomen zu reduzieren, sie zu Gunsten
> einer anonymen Zentralgewalt zu enteignen."[61]
>
> *Claude Lévi-Strauss*

1. Erosion der Freiheit ist kein Fortschritt

Der neuzeitliche Fortschrittsgedanke ist wesenhaft verknüpft mit der Freiheitsidee. Fortschritt wird gewollt um vermehrter Freiheit willen. Dabei ist die Perspektive nach vorne unbegrenzt: Ihre Offenheit verschwimmt im Nebel postulierter Unendlichkeit. Der Gedanke an „ewigen" Fortschritt transportiert den undifferenzierten Wunschgedanken, es solle ein kontinuierliches Weitergehen in allem geben, ein unendliches Fortbestehen und Fortschreiten ohne Untergang. Die Technik in ihrem eigenen Fortschreiten entspricht diesem diffusen Bedürfnis, diesem urtümlichen Hoffen zutiefst. Sie dient nicht nur dem Fortbestand, sondern der Fortentwicklung, dem Fortschreiten in Sachen Daseinssicherung. Aber wie gesagt: Solche Fortschrittsidee ist im Kern ein Wunschgedanke, ein intensiver gewiss, der viel Energie aus sich heraussetzt und sich damit auch selbst zu bestätigen sucht. Denn sie weiß auch um ihre Gefährdung, um ihre längst feststehende Falsifizierung, was zumindest den moralischen Fortschritt angeht: Wieviel Freiheitsverlust hat doch auch gerade die neuere Geschichte immer wieder gezeigt!

Von daher erweist sich der moderne Fortschrittsgedanke als ein irrationaler Glaube: Er ist gleichsam Religion, besser gesagt Ersatzreligion. Tatsächlich hat er die Zukunftshoffnung der Religion beerbt. Die das Mittelalter verabschiedende Neuzeit ist die neue Zeit innerweltlichen Heils, ist der uminterpretierte „neue Äon" der biblischen Verheißung[62]. Der neuzeitliche Fortschrittsglaube tritt ersatzweise an die Stelle des Glaubens an Gott den Schöpfer, der am Ende die Welt vollkommen machen und erlösen wird. Ja er tritt an die Stelle einstigen Ewigkeitsglaubens: Nicht vollendetgöttlicher, sondern quasi-göttlicher Zeitlauf liegt vor uns, initiiert vom autonom gewordenen Menschen, fort und fort nach oben sich entwickelnd.

Kein Zweifel: Der Fortschrittsgedanke ist Bestandteil neuzeitlicher Kultur[63]. Wir alle haben ihn gewissermaßen mit der Muttermilch eingesogen. Die digitale Revolution baut mit großer Selbstverständlichkeit auf ihn. Aber inzwischen spüren immer mehr Menschen, dass das, was bisher als der Technik verdankter „Fortschritt" wahr- und hingenommen wurde, in unserer Generation zu kippen beginnt, ja dass es in mancher Hinsicht erkennbar zum Rückschritt mutiert: Da „scheint sich der Prozess der Verwandlung von Fremdzwecken in Selbstzwecke umzukehren..."[64] Dieser Anschein trügt keineswegs. Eher wie „von gestern" muten da die Sätze des Theologen Jörg Dierken an: „Technik ist kein Selbstzweck, sie wird mittelbar von humaner Intelligenz auf Zwecke bezogen. In Technik liegt die Rationalität von Mitteln. Mit dem Zweckgedanken ist das Instrumentelle selbst ein Moment kultureller Intelligenz."[65] Für Dierken ist Technik „selbst ein entscheidender Bereich der Freiheitsrealisierung."[66] Doch derartige Thesen verkennen die Freiheitsfallen, die sich gerade dank modernster Technologien auftun. Tatsächlich droht im Zuge der Digitalisierung Technik zunehmend zum höchst bedenklichen Selbstzweck zu werden. Entsprechende – durchaus kulturmächtig werdende – Eigengesetzlichkeit meldet sich an, und es kommt zur Realisierung von immer mehr Unfreiheit.

Dass die Entwicklung in diese Richtung geht, hat bereits Dierkens Kollege Wilfried Joest deutlich gesehen: „Man kann fragen, ob dem optimistischen Vertrauen in die Emanzipation der Verwirklichungsmacht der Vernunft nicht tatsächliche geschichtliche Erfahrung entgegensteht. Gewiß, die Weltmächtigkeit menschlicher Rationalität ist in ständiger Erweiterung ihrer Grenzen begriffen. Es scheint aber doch, daß daraus nicht Selbstbefreiung des Menschen zum Menschlicherwerden seines Lebens, sondern zunehmende Unterwerfung unter die übermächtige Unheilsfolgen seines eigenen Fortschritts resultiert."[67] Genau dies vollzieht sich im Prozess der Digitalisierung der Freiheit.

Geläufig und schon nicht mehr jung ist die postmoderne Kritik an der Moderne, deren Grenzen und unerträgliche Auswüchse kaum zu übersehen sind. Heutzutage geht es aber um weit mehr noch als um eine Kulturkritik am modernen Geist, nämlich um Protest gegen das, was dieser Geist neuerdings aus sich herauszusetzen bemüht ist: Früchte der Technologisierung, die das bisherige Welt- und Menschenwelt aus den Angeln heben und einen wahrhaft revolutionären Umsturz unserer Kultur bedeuten. Die Digitalisierung der Gesellschaft fördert zum einen Steuerungsvielfalt, zum andern einen gefährlichen Verlust der gewohnten Steuerungsmacht des Menschen. Friedrich August von Hayek gibt zu bedenken: „Daß der Zweck der Freiheit ist, die Möglichkeit von Entwicklungen zu schaffen, die wir nicht voraussagen können, bedeutet, daß wir nie wissen werden, was wir durch eine Beschränkung der Freiheit verlieren."[68] Die Erosion der Freiheit infolge der digitalen Revolution geht demgemäß einher mit einem mangelnden Bewusstsein dieses Freiheitsverlustes.

Von daher aber drängt sich die Frage auf, „ob die Entwicklung nicht den Weg nehmen kann, dass kulturell tradierte Wertorientierungen in Gänze durch ein technisches Verhältnis zur Welt überformt werden können. Kann es sein, dass durch den ungebrochenen technologischen Fortschritt die Lebenswelt mit den beschriebenen Ressourcen in Gänze in Gefahr gerät?"[69] Die einen durchschauen, dass der Versuch, den sich abzeichnenden Bruch unter der Überschrift „Fortschritt" zu verbuchen, Etikettenschwindel ist; die anderen verkennen das völlig. In Orwells Zukunftsroman „1984" blüht erst spät, zu spät die Erkenntnis: „Im ganzen genommen ist die Welt von heute primitiver, als sie es vor fünfzig Jahren war."[70]

Wie uneindeutig ist doch schon der Begriff des Fortschritts an sich[71]! Wer schreitet zu welchem Ziel fort? Das „Fort" bedeutet eine Veränderung weg vom „Hier"; aber damit ist noch nicht definitiv gesagt, dass diese Veränderung unter positiven Vorzeichen steht. Zwar wird genau dies im neuzeitlichen Kontext angesichts der Weiterentwicklung der Technik prinzipiell unterstellt. Aber solche Unterstellung ist hohl geworden angesichts der globalen ökologischen und psychologischen Auswirkungen moderner Technologien. Kann man im Übrigen – um auf die zweite Hälfte des Begriffs „Fortschritt" zu kommen – heutzutage noch von „Schritt" und Schreiten" sprechen, oder müsste es im Zeichen der digitalen Revolution nicht besser „hetzen" heißen[72]? Die Digitalisierung macht das Schritttempo des „Fort und Fort" exponentiell schneller als zuvor. Diese Dynamik kommt direkt aus dem ökonomischen Selbstgesetz industriell-technizistischen Fortschreitens[73]. Geht damit am Ende alles „fort"?

Aus dem Dargelegten lässt sich ersehen, dass sogenannte „Fortschrittsverweigerer" keineswegs rückständige, sondern oft genug hochreflektierte Zeitgenossen sind. Der Begriff des Fortschritts-, Technik- oder Modernisierungsverweigerers suggeriert eine reaktionäre Einstellung. Wie Kai Biederman und Martin Haase in ihrem Buch „Sprachlügen" (2013) darlegen, handelt es sich meist um eine „abwertend gemeinte Bezeichnung für Gegner staatlicher Pläne... Die Beschimpfung als Fortschrittsverweigerer ist der Versuch, Kritik an diesen Plänen zu diffamieren, indem an den Glauben appelliert wird, Neues sei per se besser als Altes; wer das Neue kritisiert, müsse folglich verstaubt und dumm sein. Spaßigerweise dient das entsprechende Vorhaben damit als Begründung für sich selbst. Es ist neu, das genügt; ob es taugt, ist egal. Weniger lustig ist, dass möglicherweise sinnvolle Gegenargumente und die ebenfalls nicht dumme Warnung, Technik verantwortungsvoll einzusetzen, beiseite geschoben werden. Die gesellschaftliche Debatte wird damit nicht als Chance verstanden, ein Vorhaben so gut wie möglich umzusetzen, sondern als Ignoranz und Beschränktheit dargestellt. Damit ist der Fortschrittsverweigerer so etwas wie ein Judotrick der Neusprech, der die Energie des Gegners gegen ihn selbst wendet. Dank seiner Eleganz und nahezu garantierten Wirkung wird er dementsprechend häufig eingesetzt, vor allem bei riskanten oder teuren Ideen..." Dabei dienen solche Verweigerer sehr bewusst dem Freiheitsgedanken.

Erweisen sich nicht just diejenigen, die spottend von „Fortschrittsverweigerern" reden, bei näherer Betrachtung als Leute erweisen, die der Gesellschaft große Risiken zumuten und das Ganze unter dem Deckmantel des Fortschritts verkaufen wollen? Sind nicht die wahren Fortschrittsverweigerer eben jene Menschen, in deren Köpfe es nicht hinein will, dass weiteres Wachstum unserem Planeten gefährlich wird und die digitale Revolution in ihrer künftigen Entwicklung Freiheit und Gesundheit der Bevölkerung ernsthaft bedrohen könnte? Dass also echter Fortschritt Bewegung in eine andere Richtung als die einer fortgesetzten Digitalisierung bedeuten und Umkehr einschließen müsste? Georg Picht hat schon vor Jahrzehnten gemahnt: „Die Industrienationen werden noch immer von dem Wahn beherrscht, die technische Welt sei eine Welt der unbegrenzten Möglichkeiten. Tatsächlich stoßen wir schon jetzt infolge der Auswirkungen von Wissenschaft und Technik auf grausame Weise an absolute Schranken des menschlichen Daseins auf dieser Erde."[74] Der heutige digitale Fortschritt ist heute nicht mehr Fortschritt im gewohnten Sinn, sondern er wird gewissermaßen selbst digitalisiert und manipuliert. Darum besteht hinreichend Anlass, sich ihm in mancher Hinsicht aufgeklärt zu verweigern.

Zweifel an der Fähigkeit zu weiterem technologischem Fortschreiten sind dabei keineswegs angebracht. Als US-Präsident Kennedy 1961 verkündet hatte, man werde noch in jenem Jahrzehnt auf dem Mond landen[75], hatten viele gemeint, er hätte den Mund zu voll genommen. 1969 war es bereits soweit. Ähnlich verheißt heute die Industrie binnen eines Jahrzehnts große Umwälzungen. Man sollte sie dafür nicht verlachen, sondern Vorsorge[76] treffen im Blick auf die damit verbundenen Risiken. Entschiedener Protest kann dafür sorgen, dass sich Technikfolgenabschätzungen nicht im Unverbindlichen verlieren[77] oder gar deswegen erübrigen, weil Lobbyisten sie erfolgreich unterwandern[78].

Das kritische Potential zu solchem Protest verdankt sich dem seelischen Grundpotential des Hoffens. In Anlehnung an Erik H. Eriksons Rede vom „Urvertrauen" habe ich von der im Menschen angelegten „Urhoffnung" gesprochen[79]. Solches tiefe Hoffen begnügt sich nicht mit dem Blick auf den nächsten oder übernächsten Schritt des Fortschreitens, sondern impliziert die Idee einer alles sinnvoll bergenden Zukunft, eines umfassenden Ziels mit gutem Sinn[80]. Der dem entsprechende, religiös tradierte Gedanke an ein kommendes Paradies, an die Vollendung der Schöpfung, an das verheißene Gottesreich stellt insofern ein ideologiekritisches Potential dar – namentlich gegenüber den schwärmerischen Hoffnungen derer, die so etwas wie das Himmelreich auf Erden durch die Leistung des autonomen Menschen, ja heute durch technisches Produzieren des digitalisierten Übermenschen anvisieren.

2. Der Staat und die digitale Revolution

„Wie wird die digitale Weltordnung aussehen? Wird sie mehr Freiheit oder mehr Unfreiheit bringen?"[81] So fragt Mathias Döpfner, und dasselbe fragen sich immer mehr Zeitgenossen. Christoph Kucklick zeigt sich überzeugt, „dass die eigentliche Bedrohung auch im 21. Jahrhundert der staatliche Big Brother ist."[82] Welche Rolle kommt dem Staat, den Staatengebilden im Kontext der digitalen Revolution zu?

In modernen, demokratischen Gesellschaften hat sich der Staat in der Regel als Garant bürgerlicher Freiheit verstanden. Doch auf dem Hintergrund seiner Verflechtung mit der Wirtschaft und unter entsprechendem Lobby-Einfluss kommt es in unserer Zeit zu einer starken Gewichtung von Digitalisierungskonzepten, deren Bedeutung für den Erhalt oder gar die Förderung der Freiheit sich als höchst ambivalent darstellt. Für die staatliche Seite ergeben sich erhebliche Versuchungen, hochentwickelte Technologien in einer Weise zu Zähl- und Überwachungszwecken zu gebrauchen, dass der Schritt zum Missbrauch nur noch ein sehr kleiner ist. Sollte in einer „Wissensgesellschaft" ausgeprägtes Wissen-Wollen nicht just den Regierenden per se legitim erscheinen[83]? So bemerkt Thomas

Petri, der oberste Datenschützer im Freistaat Bayern: „Eher verhungert ein Hund im Metzgerladen, als dass der Staat und die Wirtschaft große Datenbestände unberührt ließen."[84] Laut Petri werden uns Staat und Wirtschaft bald lückenlos überwachen. Und das sind inzwischen keineswegs mehr übertriebene Befürchtungen. Weil die industrielle Revolution erneut aufstockt, ändern sich die Zeiten. „Die Möglichkeit, mithilfe des Internets Bürger zu überwachen, steckt doch in der Technologie, es ist ein inhärenter Teil von ihr", weiß der namhafte amerikanische Sprachwissenschaftler Noam Chomsky und erklärt: „Die Technologie, die Bürger zu überwachen, ist vorhanden. Und leider muss man davon ausgehen, dass jede Regierung alle technischen Mittel nutzt, um möglichst viel von ihren Bürgern in Erfahrung zu bringen und sie zu kontrollieren."[85]

Mag in dieser Hinsicht bei gegenwärtigen Regierungen zum Teil noch relativ wenig Anlass zu ernsterer Sorge gegeben sein[86], so bleibt zumindest offen, wohin die digitale Revolution mit der Zeit führt und welche Politiker sie wozu verführt. Fest steht: „Ein Staat, der seine eigenen Bürger oder die Bürger fremder Staaten systematisch überwacht, kann sich nicht zugleich als freiheitlicher Rechtsstaat begreifen" – so IT-Fachanwalt Thomas Stadler[87]. Dem einen oder andern Mitbürger mag der Überwachungsgedanke keineswegs bedrohlich erscheinen, weil er ja „nichts zu verstecken" hat. Doch mit Recht betonen Jochen Bittner und Yassin Musharbash: „Wer davon ausgehen muss, dass sein Verhalten überwacht wird, passt sein Verhalten an die Überwachung an – das macht unfrei."[88] Immer noch glauben viele, die digitale Revolution bringe mehr Freiheit. Aber „spätestens seit der Enthüllung weltumspannender digitaler Ausforschung durch Geheimdienste – eben auch urdemokratischer Staaten – hat das Digitalzeitalter selbst für den unbedarftesten Internet-Euphoriker seine Unschuld verloren."[89]

Die Lage ist tatsächlich ernst. Schon 2012 appellierte der amerikanische Wikileaks-Unterstützer Jacob Appelbaum: „Widersetzt euch dem Überwachungsstaat!"[90] Wie berechtigt das war, zeigten dann erste im Juni 2013 veröffentlichte Presseberichte, denen zufolge die amerikanische *National Security Agency* (NSA) „den weltweiten Datenverkehr überwacht und im Prinzip auf jedermanns E-Mails, SMS oder Telefongespräche zugreifen kann."[91] Durch die NSA – mit rund 35000 Mitarbeitern einer der größten Arbeitgeber Amerikas – sollen alle sechs Stunden so viele Daten gespeichert werden, wie sie die zweitgrößte Bibliothek der Welt, nämlich die *Library of Congress* insgesamt enthält[92]. Eine in diesem

Zusammenhang publizierte Karte lässt auf Deutschland als bevorzugtes Ausspähungsgebiet schließen.

Nichtsdestotrotz will die deutsche Bundesregierung die Überwachung des Internets massiv ausweiten. Dazu hat der Bundesnachrichtendienst (BND) laut „Spiegel" ein 100-Millionen-Euro-Programm aufgelegt, aus dem bis zu 100 neue Mitarbeiter und weitere Computerkapazitäten finanziert werden sollen[93]. Offenkundig werden Verstöße gegen das Post- und Telekommunikationsgeheimnis sowie gegen das Grundrecht auf die Unverletzlichkeit der Wohnung systematisch betrieben. Bekannt wurde inzwischen auch, dass sogar der postalische Briefverkehr längst der Überwachung unterliegt: In den USA werden ebenso wie in Deutschland sämtliche Umschläge fotografiert bzw. gescannt[94]. Im „freien" Westen ist es soweit, dass Ex-Präsident Jimmy Carter feststellen muss: „Amerika hat derzeit keine funktionierende Demokratie."[95] Und in Deutschland erklärt der namhafte Journalist Götz Hamann: „Die westlichen Demokratien verlieren dadurch ihre Glaubwürdigkeit in einer entscheidenden Frage." Er unterstreicht anbei: „Dass sich die Exekutive der Kontrolle durch Parlament und Bürger entzieht, war nie vorgesehen, den es ebnet Willkür und Tyrannei den Weg."[96]

Einschlägige Gefahren ergeben sich eben keineswegs allein durch die fortschreitenden *Hightech*-Fähigkeiten als solche, sondern auch durch die damit verbundene kulturelle Gesamtentwicklung. Ist die These von der „Ersatzreligion" sachlich zutreffend, so bedeutet das eine formale Zunahme staatlicher Machtfülle, denn schließlich – so Mathias Döpfner – ist der „Verlust des religiösen Gehalts, der allumfassenden Sinnbestimmung durch das Göttliche ein Nährboden, auf dem das Bedürfnis nach einer anderen ordnenden Kraft, einer neuen höchsten und letzten Instanz gedeiht. Diese neue, allzuständige, alles ordnende Kraft ist statt Gottvater dann Vater Staat. ... Weil man nicht mehr oder kaum noch an ein Leben nach dem Tod und ein Jenseits glaubt, muss man mit staatlicher Hilfe das Paradies auf Erden schaffen. So wird die gottlose Gesellschaft staatsgläubig."[97] Was aber kommt am Ende heraus, wenn der Staat zudem selber immer mehr an sich und seine Potenz glaubt – und zwar eben im Rahmen jener technokratischen Ersatzreligion, die eine neue Art von Zivilreligion einschließlich ihrer impliziten oder expliziten Dogmen ausbildet?

Ein Geheimnis ist es nicht mehr: „Der Staat ist einer der größten Datensammler und -nutzer unserer Zeit."[98] Gleichwohl liegt nicht alles am Staat als solchem. „Die entfesselte Datensammlerei von Geheimdiensten und Big

Data zeigt es denkbar drastisch: Die Politik ist von der Technik abgehängt worden – ökonomisch, juristisch und intellektuell."[99] Ganz in diesem Sinn formuliert der Hightech-Verband BITKOM in einem industriepolitischen Grundsatzpapier unter dem Titel „Der Staat als Gestalter der digitalen Welt" ungeniert seine Erwartung: Angesichts der „zunehmenden Digitalisierung fast aller Lebensbereiche" sei der Staat „als Initiator und Verbreiter von neuen Technologien gefragt"[100]. Dabei tragen die zunächst einmal eher unverdächtigen Zähl-, Kontrollier- und Überwachungskompetenzen eines paternalistischen Staates angesichts der Digitalisierungsfortschritte in sich selber eine Tendenz zur Überschreitung der Grenzen des Angemessenen.

Datenschützer und freiheitliche Bewegungen sind sich dessen bewusst. Schon vor etlichen Jahren hat Hans A. Pestalozzi gewarnt: „Was heißt denn das für den einzelnen Menschen, nummeriert, registriert, kontrolliert, ‚greifbar', ‚erfassbar' zu sein? Ist das nicht bereits ein wesentlicher Teil jenes Totalitarismus, gegen den wir im Zweiten Weltkrieg mobilisiert hatten und gegen den wir auch heute angeblich unsere Armee unterhalten und immer noch mehr aufrüsten müssen? Ist das nicht bereits ein wesentlicher Teil jenes Polizeistaates, an dessen Ende die Horrorvision des total überwachenden und total überwachten Atomstaates steht?"[101] Man braucht heute nur statt vom Atomstaat vom Digitalisierungsstaat zu reden, und die Sache behält ihre Richtigkeit. Pestalozzis Mahnung ist insofern von brisanter Aktualität: „Wir sollten uns endlich einmal bewusst werden, wie gross die Gefahr eines neuen Totalitarismus ist, eines Totalitarismus, der sich nicht in der Form eines neuen Hitler oder Stalin manifestieren lässt, sondern das Resultat einer wirtschaftlichen und technologischen Entwicklung sein wird. Eine Entwicklung, die sich aus dem Anspruch der Wirtschaft ergibt, die gültigen Normen zu setzen und die Menschen nach diesen Werten ‚managen' zu können und zu müssen. Das Schlimmste ist, dass die meisten von uns diese ganze Entwicklung kaum realisieren. Dass sich so viele so reibungslos einordnen, ist offensichtlich das Ergebnis eines Ablaufs, der uns von der ersten Stunde unseres Lebens an auf die Maßstäbe unseres Systems konditioniert."[102]

Staatliche Gebilde können Gegner, aber mitunter durchaus auch Resultate von Revolutionen sein. Die „stille Revolution" der digitalen Technokratie unterwandert den demokratischen Staat auf eher unmerkliche und doch effektive Weise. Einer geschickt agierenden, mächtigen Lobby der Industrie stehen Politikerinnen und Politiker gegenüber, denen bei ihren

Entscheidungen oft genug der nötige Weitblick zu fehlen scheint, sowie eine großenteils suggestible Bevölkerung, die durch bestechende Geräte und teure Werbung allzu leicht zu ködern ist[103].

Der Psychologe Hans-Joachim Maaz erklärt, die politische Macht liege bei Mehrheiten, an deren Informiertheit und politischer Bildung Zweifel angebracht seien: „Menschen lassen sich aus psychischen (narzisstischen) Abwehrgründen leicht beeinflussen und manipulieren und werden dann zu Opfern von Meinungsmachern, statt nach einem wohlüberlegten politischen Willen zu handeln. Die politische Überzeugung und Entscheidung kann ganz oberflächlich bleiben, ohne dass die ihr zugrundeliegende psychische Motivation geklärt wäre. So wird gerne ein Kandidat gewählt, der etwas verspricht und vor allem dafür sorgt, dass man nicht mit späteren, beunruhigenden Wahrheiten belastet wird. ... Mehrheitsentscheidungen sind nur akzeptabel, wenn es parallel dazu eine Pflicht zur politischen Bildung und zur Klärung der subjektiven Motivation gibt."[104] Demokratie ist von daher ungeachtet all ihrer Vorteile – zumal in Zeiten wachsender digitaler Demenz (Manfred Spitzer) – auch hinsichtlich ihrer problematischen Aspekte wahrzunehmen. So weiß Maaz als Psychologe: „Dass die Mehrheit einer Bevölkerung nicht selbstverständlich eine vernünftige, gesunde, progressive Einstellung vertritt, sondern von hochpathologischen Motiven getragen sein kann, hat nicht nur die deutsche Geschichte wiederholt gezeigt. Wenn unter Gruppendruck alle ähnlich denken und handeln, verbirgt sich das Pathologische unter dem Deckmantel der ‚Normalität'. Das aus narzisstischer Not bestehende Bedürfnis, dazuzugehören, so zu sein, wie alles sind, und sich möglichst gut dem Zeitgeist anzupassen, kurz, das zu machen, was alle machen – um nicht alleine dazustehen und den Selbstwertmangel zu erleiden –, ist eine nicht zu unterschätzende Kraft für unreflektierte Fehlentwicklungen einer Gesellschaft."

Auf solchen Hintergründen formt sich der digitalisierte Staat der Zukunft. Er legt der digitalen Revolution nicht nur kaum etwas in den Weg, sondern ebnet ihr nach Kräften die Bahn. Damit bringt er im Sinne der digitalen Polarisierung einerseits viele Bürgerinnen und Bürger ins gewünschte Fahrwasser, andererseits automatisch auch immer mehr von ihnen in eine kritischere Haltung ihm und der so fragwürdig gewordenen, „posthumanistisch" gefärbten Politik gegenüber[105]. Und weil er klug genug ist, mit solcher Polarisierung zu rechnen, bildet er – wiederum im Stillen – zunehmend Strukturen aus, die ihm dazu dienen sollen, potentielle Gegenkräfte in den Griff zu bekommen. Wachen Auges kritisiert der Theologe Alexander Ornella, der Staat sei „aus oft recht zweifelhaften Motiven (z. B. der angebliche Nutzen für die Terrorbekämpfung) an umfangreichen

Daten- und Bewegungsprofilen seiner Bürger interessiert…"[106] Noch weiter denken Eric Schmidt und Jared Cohen: Sie überlegen, ob nicht eines Tages eine Regierung glauben könnte, dass Menschen, die nichts mit virtuellen Profilen oder Smartphones zu tun haben und insofern vollständig aus dem dann herrschenden, gelebten Digitalisierungsmythos aussteigen wollen, etwas zu verbergen hätten und deshalb eher Gesetze brechen könnten, so dass sie unter erforderliche Maßnahmen der Terrorismusabwehr fallen müssten[107].

Was hat es in diesem Zusammenhang zu bedeuten, dass der deutsche Bundestag im März 2013 ein Gesetz zur sogenannten „Bestandsdatenauskunft" beschlossen hat[108]? Das Telekommunikationsgesetz wird hier derart neu geregelt, dass hinfort Polizei und Geheimdienste sehr persönliche Informationen von Mobiltelefon-Besitzern und E-Mail-Konteninhabern abrufen dürfen – automatisiert und ohne größere rechtliche Hürden! Bestandsdaten bilden den Zugang zum Privatleben: Es werden gegebenenfalls nicht nur Name, Adresse und Kontoverbindung an die Polizei geschickt, sondern auch PIN und PUK der Handy-SIM-Karte sowie Passwörter von E-Mail-Postfächern und Cloud-Diensten (wie „sicher" letztere sind, ist bekanntlich eine Frage für sich[109]). Mit all dem lässt sich sehr vieles nachvollziehen und erschließen. Die Beschränkungen für die Geheimdienste sind dabei offenbar derart lax, dass sie nicht einmal Anhaltspunkte für das Vorliegen einer konkreten Gefahr voraussetzen. Ob sich dieses Gesetz halten lassen wird oder nicht – seine Verabschiedung im deutschen Bundestag zeigt deutlich an, in welche Richtung die Entwicklung läuft. Werden sich Kritiker der digitalen Revolution tatsächlich bald „warm anziehen" müssen?

Inwieweit wird überhaupt der Staat der Zukunft noch vergleichbar sein mit dem bisher gewohnten? Verändert sich nicht nur sein Gesicht, sondern auch sein Sinn? Wird er nicht im Zuge der Digitalisierung aller Dinge immer mehr selber zum Rädchen, das dem Gesamtsystem dient? Schirrmacher fragt: Was bedeutet ein Staat mit „Transparenz bei gleichzeitiger Installation intransparenter Gouverneursräte und unzuständiger Parlamente"[110]? Denn er beobachtet, „dass die Staaten, oft ohne dass ihre Politiker es merken, von der Ökonomie längst als reine Mitspieler im Markt behandelt werden, nicht mehr als marktüberwölbende konstitutionelle Gebilde." Bürger und Staat hätten keine Souveränität mehr, sondern „spielten" sie nur: „Darum werden Parlamente zu Staffagen und Öffentlichkeiten zu Echoräumen, die man anspricht, um in Wahrheit Märkte zu beeinflussen." Die

Märkte haben Schirrmacher zufolge die Staaten „delegitimiert", weil letztere moderne Geld- und Informationsprozesse gar nicht mehr verstehen. Der „Staat der Zukunft" werde von daher „ein gigantisches kommerzielles, real existierendes Internet... Vorherzusagen, was einer tun, kaufen, denken wird, um daraus einen Preis zu machen, diese Absicht verbindet Militär, Polizei, Finanzmärkte und alle Bereiche digitaler sozialer Kommunikation."[111] In diesem Sinn drohe *data mining* als Ausbeutung jeder Art von digitaler Information – eben nicht allein von wirtschaftlich interessierter Seite: „Das alles klingt erregend für Technokraten, aber beängstigend für Humanisten, die den Schatten des Großen Bruders wachsen sehen..."[112]

Bringt die digitale Revolution den „Durchbruch in die totale Technologie"[113]? Gehört nicht tatsächlich „die Tendenz zum Totalitären zum Wesen der Maschine"[114]? Und muss solch sich ankündigender Totalitarismus nicht auch Staat und Gesellschaft mit umfassen[115]? Es sind kaum einzelne politische Parteien unserer Zeit, auch nicht einzelne Persönlichkeiten, die den Gang der Dinge zielsicher vorantreiben. Es sind vielmehr vernetzte Kräfte der digitalen Revolution mit durchaus unterschiedlichen, jedenfalls aber starken ökonomischen Interessen. Und es ist eine gewisse Eigendynamik dieser stillen Revolution, denn die moderne Technik setzt einschlägige Zwecke aus sich heraus, „ob wir sie nun alle für wünschenswert halten oder nicht."[116] Der Philosoph Walther Zimmerli weiß: „Wer bemerkt, wie massiv sich durch technische Implementierung wissenschaftlicher Ergebnisse der damit vorausgesetzte Handlungszweck auf Dauer ins Gegenteil verkehren kann, wer gemerkt hat, wie die technologisch gesteigerte Handlungsmacht Effekte produziert, die von den sie Auslösenden weder gewollt noch auch vorhergesehen werden konnten, der wird – nachdem er dies einmal eingesehen hat – diese Effekte selbst in sein Denken ...mit einbeziehen."[117] Es genügt im Hightech-Zeitalter nicht mehr, im Sinne einer gutwilligen Verantwortungsethik eventuelle Folgen mit im Blick zu haben; vielmehr muss man – wie Zimmerli unterstreicht – in Rechnung stellen, dass unsere Vernunftkapazität mittlerweile „zu diesem Zweck zu eng, an vielen Stellen sogar irreführend ist und möglicherweise in fatalem Maße selbstverstärkend wirkt."[118] Verschwörungstheorien erübrigen sich: Die politische Freiheitsfalle ersteht aus der digitalisierten Kultur wie von selbst.

Staaten und ihre Verantwortungsträger lassen sich oft zu leicht mitreißen und vom Zeitgeist irreführen. Dank Funk, insbesondere Mobilfunk und Radar, stehen ideale Rahmenbedingungen bereit, ihre Macht auszubauen – während sie selber zugleich Macht an die digitale Revolution verlieren. Dem korrespondiert eine erstaunlich naive Bereitschaft in der Bevölkerung, persönliche Daten im Internet öffentlich zu machen. Dabei warnt Martin Gropp mit gutem Grund: „Datensparsamkeit ist im Zuge von Phänomen wie der ‚Big Data‘ genannten massenhaften Datenspeicherung und Datenanalyse angebracht. Sie ist erste Bürgerpflicht. Das Argument, unbescholtene Menschen hätten von den Datensammlungen nichts zu befürchten, wirkt doch ein wenig wohlfeil, wenn nicht zynisch."[119]

Dank verbreiteter Bequemlichkeit gelingt dreister Datenzugriff im Zuge der digitalen Revolution weithin. Diese kann folglich, wie der bayerische Ministerpräsident Horst Seehofer schwärmt, „in allen Lebensbereichen, von den Schulen bis zur Kultur"[120] die Herrschaft zu ergreifen. Wird ihrem Begehren nach *Big Data* allenthalben der Weg geebnet, so droht eine digitale Invasion, die auch vor den privatesten Bereichen des Daseins keinen Halt mehr macht[121]. Ein neuer, digitaler Totalitarismus ist im Anmarsch. Sollten tatsächlich totalitäre Strukturen in unserer postmodernen Gesellschaft drohen, weil die neuen Technologien es möglich machen? Aus gutem Grund gibt der deutsche Bundespräsident Joachim Gauck zu bedenken: „Nicht in den Tiefen Afrikas und Asiens, sondern in diesem aufgeklärten mitteleuropäischen Land ist die Diktatur mit dieser Perfektionierung von Mordgier aufgebrochen. Wir müssen uns davor hüten, dieses furchtbare Phänomen nur als einen einmaligen historischen Schrecken zu deuten..."[122] Wachsamkeit ist angesagt, wie der oberste Repräsentant des deutschen Staates bemerkt – und mitnichten Entwarnung[123]!

Solange ein Mann wie Gauck als Staatsoberhaupt fungiert, ist der digitalisierte „Staat der Zukunft" noch nicht alternativlos. Der große Pädagoge Hartmut von Hentig hat eine Steigerung der technischen Zivilisation „hin zu ihrer Verabsolutierung" beobachtet und gleichwohl seiner Hoffnung Ausdruck verliehen, dass wir angesichts der „Gefahr für die bürgerlichen Freiheiten" doch die ‚Humanität gegen die Tyrannei der Technologen verteidigen können". Er berichtet von der Wahrnehmung, dass „viele Menschen – ich selber auch – plötzlich Hemmungen hatten, ihre Meinung zu sagen, Hemmungen, weil diese Meinung an irgendwelchen ‚geltenden‘ Übereinkünften rüttelte: an unbefragten Mythen..."[124] Die stille Revolution der Digitalisierung ist ganz offenkundig solch ein beherrschender Mythos. Inzwischen erlebt auch der Theologe Sebastian Moll „zunehmend, dass wir uns zu einer Gesellschaft hinbewegen, in der man nicht mehr sagen darf, dass zwei plus zwei vier ist."[125] Umso mehr gilt es Widerstand zu leisten, sich zu empören[126] und Klartext zu reden, solange es staatlich noch nicht verboten ist. Und wenn irgend möglich sogar dann noch – aus Respekt vor der Idee eines demokratischen Staates und in dem klaren Bewusstsein, dass digitale Demenz die Demokratie gefährdet und die politische Freiheit ruiniert.

3. Die Digitalisierung der bürgerlichen Freiheit

„Der Mensch wird frei geboren, und überall ist er in Ketten" – so lautet der berühmte erste Satz des *Contrat Social* (1762) aus der Feder des Aufklärers Jean-Jaques Rousseau. Alexander Kissler formuliert im 21. Jahrhundert eher umgekehrt: „Der digitale Mensch wird in Ketten geboren."[127] Von da aus müsse er dann seine Autonomie erst mühevoll erkämpfen. Gemeint sind bei Kissler jene allgegenwärtigen Ketten, die uns die sogenannte digitale Revolution im Stillen angelegt hat und vor allem noch weit intensiver anzulegen gedenkt. Gewiss vollziehen sich Revolutionen fast immer im Namen „der" Freiheit – aber die Geschichte der Menschheit belehrt hinreichend darüber, wie oft stattdessen neue Formen von Unfreiheit das Ergebnis waren.

Heute bilden meist demokratische Staaten die Bühne der digitalen Revolution. Da dürfte eigentlich keine Gefahr für die Freiheit drohen – mitunter wird eher freudig das Gegenteil vermutet[128]. Und dennoch resümiert der deutsche Medienunternehmer Mathias Döpfner: „Es steht nicht gut um die Freiheit."[129] Einst hatte Helmut Schmidt als deutscher Bundeskanzler unterstrichen: „Dieser Staat ist angelegt auf die Sicherung des eigenen Freiheitsbereichs für seine Bürger, eines Freiheitsbereichs, der frei von staatlichen Eingriffen dem einzelnen seine freie Entfaltung ermöglicht."[130] Wenige Jahre später hat dann Hans A. Pestalozzi bemerkt: „Jede Technik ist unmenschlich, die dem Menschen die persönliche Entscheidungsfreiheit nimmt oder sie beeinträchtigt."[131] Die von Helmut Schmidt formulierte politische Zusage des „eigenen" bürgerlichen Freiheitsbereichs würden zwar heute, mehrere Jahrzehnte später, die wenigsten Politiker ausdrücklich widerrufen. Aber eine Technik, die im Sinne Pestalozzis unmenschlich genannt zu werden verdient, weil sie den „eigenen" Freiheitsbereich" raubt oder mindert, hat doch mit der radikalen Digitalisierung unserer Kultur zu greifen begonnen.

Braucht es noch Weitblick, um das einzusehen? Jedermann weiß oder ahnt heute beispielsweise, dass sein Handy viel, ja immer mehr und mehr über ihn verrät. Peter Kümmel prognostiziert: „Das Handy der Zukunft wird größere Projekte haben. Es wird seinen Besitzer allmählich entmündigen, zu dessen eigenem Wohl. Es wird dessen Persönlichkeit aufsaugen und ihm die Geschäftsfähigkeit entziehen. Es wird ihm Fallen stellen. Es wird sich, über seinen Kopf hinweg, mit anderen Handys zusammentun. Es wird mit ihnen Daten tauschen und Verschwörungen aushecken."[132] Das Wochenmagazin „DIE ZEIT" hat im Oktober 2013 eine Serie zu dieser Problematik unter dem Titel „Denn sie wissen, was du tust" begonnen mit den Worten: „Oft ohne es zu merken, verwandeln wir unser Leben in Daten. Wir lesen und telefonieren digital, treffen Freunde im Netz, gehen online einkaufen. Jede dieser Bewegungen erzeugt einen digitalen Abdruck, der von Firmen und Behörden analysiert und gespeichert wird. Stück für Stück löst sich so unsere Privatsphäre auf. Wollen wir das?"[133]

Auch unabhängig von funkenden Geräten werden Bürgerinnen und Bürger inzwischen zur digitalen Preisgabe ihrer Daten gezwungen – von der Steuererklärung bis zum Stammbuch. Es sei nur eine Frage der Zeit, warnt der Journalist Günter Flegel, bis der erste Cyberverbrecher erkenne, wie lukrativ der Raubzug in einer solchen Datenbank sei[134]. Bekanntlich sind es aber insbesondere mächtige Geheimdienste, die längst weltweit E-mails, Bankkonten und anderes auszuspähen und dabei auch gängige Verschlüsselungsprogramme zu knacken vermögen. Michael Maurer resümiert: „Die Freiheitsrechte des Individuums werden somit immer stärker in die Zange genommen. Hier durch die fast paranoide Datensammelwut staatlicher Organe, dort durch die ökonomisch motivierten Datenkraken, für die private Details ihrer Kunden Gold wert sind. Beides wird ermöglicht durch die Perfektionierung der Technik. Und gegen beides kann sich der Einzelne nur eingeschränkt wehren."[135] Heute geht es laut Maurer tatsächlich „gegen ein System mit totalitären Tendenzen."[136]

Oft aber wird, was sich im *New Digital Age* zusammenbraut, schon gar nicht mehr schmerzlich empfunden. Vielmehr pflegt man sich über die Vorteile der Digitalisierung des Lebens zu freuen, passt sich dem technizistisch dominierten Zeitgeist an und gibt freiwillig immer mehr Entscheidungen ab an intelligente Maschinen und Systeme. Thomas Assheuer fragt daher: „Verschwindet die ‚bürgerliche Seele' unter dem Einfluss der technischen Medien?"[137] Doch mit dem Philosophen Gernot Böhme bleibt festzuhalten: Mündiger Bürger ist, wer „seine Freiheit gegenüber dem Zugriff der Datensysteme" zu behaupten weiß.[138]

Auf das Schwinden bürgerlicher Freiheit wird tatsächlich verschieden reagiert: Manche sehen diese Frage eher locker, zumal sie ihre Freiheit, ja deren Subjekt selber zunehmend verschwommen erleben oder gar wissenschaftlich erodiert sehen[139]. Andere reagieren mit wachsendem Entsetzen, weil sie langsam realisieren, dass nicht nur im persönlichen Bereich, sondern gesamtgesellschaftlich eine „Freiheitsfalle" zuzuschnappen beginnt. Gewiss hat das nahezu perfekte Funktionieren dieser Falle mit der verbreiteten Naivität gegenüber dem Digitalen und seinen technologischen Bedingungen, mit der leichtsinnigen Bereitschaft zum Mitschwimmen im Strom der still zupackenden Revolution zu tun. Aber solcher Leichtsinnigkeit korrespondieren auf überindividueller Ebene mancherlei politische und soziokulturelle Faktoren im Prozess der Beschädigungen bürgerlicher Freiheit. Sie bestehen in strukturellen Zusammenhängen und Entwicklungen, für die kaum Einzelne haftbar gemacht werden können – seien es technologische Fortschreibungen, sozial- und wirtschaftspolitische Gesamttendenzen, ein weitergehender staatlicher Paternalismus[140] oder massenpsychologische Verläufe. Freilich bestehen sie sehr wohl wiederum in Machtbeschlüssen und lenkenden Weisungen von Entscheidungstragenden, die mit oder ohne Mandat ihren Willen – notfalls auch gegen offenkundige Mehrheitsinteressen – durchzusetzen versuchen. Das alles ist im Grundsatz nicht neu, und es bedarf hierfür keiner Nennung aktueller oder einstiger Beispiele. Einigermaßen neu ist jedoch, dass die Durchsetzung von Macht und gesteuertem Willen angesichts der konsequenten Digitalisierung des Daseins, die eine sich – zunehmend unter Druck oder gar Zwang[141] – ausweitende Datenvernetzung impliziert, immer leichter und damit zur wachsenden Versuchung für Inhaber von Macht und Einfluss wird.

Narzissmus und Arroganz mancher Politiker, Behördenleiter, Industriellen, Ökonomen und sonstiger Interessenvertreter zeugen oft von dem illusionären Selbstbewusstsein, dass ihnen, ihrem Verband oder ihrer Institution ohnehin die Zukunft gehöre. Rücksichtslos, mitunter brutal übergehen sie die Sorgen und Befürchtungen andersdenkender Mitmenschen. So setzen sie sich mit Wort und Tat für die „Verbesserung des Lebensqualität durch intelligente Netze" als Zieldimension[142] ein, ohne etwa zu realisieren, dass ein wie auch immer dimensionierter, jedenfalls nicht einfach zu vernachlässigender Teil der Bevölkerung entsprechende Ziele eher als Gefährdung denn als Bereicherung ihrer Freiheit und Lebensqualität empfinden. Kritische Argumente werden vorzugsweise ignoriert oder bagatellisiert, als hätte man Intelligenz und Weisheit allein auf seiner Seite. Steht dahinter die Angst, auf den Feldern der intellektuellen Auseinandersetzung, der demokratischen Abstimmung und der ethischen Wahrheitsfindung die Schlacht womöglich zu verlieren, die man mit allerlei technischen, finanziellen und lobbyistischen Mitteln zu gewinnen hofft? Warum fehlt es weithin an Fairness und Mut, die Gründe sorgfältig wahrzunehmen und zu erörtern, die gegen die digitale Planierung der Wirklichkeit sprechen? Sieht so der Respekt vor der bürgerlichen Freiheit aus?

> Ein Beispiel für die arrogante Haltung, die Förderer der digitalen Revolution oft an den Tag legen, bietet Gunter Dueck in seinem Buch „Das Neue und seine Feinde. Wie Ideen verhindert werden und wie sie sich trotzdem durchsetzen" (2013). Alle, die heute angesichts des radikalen digitalen Wandels eher lachen und abwinken würden, seien morgen weg vom Fenster, tönt der einstige Cheftechnologe bei IBM. Er bezieht sich psychologisierend auf Angst-Analysen, indem er darlegt, wie Menschen mit bestimmten Persönlichkeitsmustern auf Innovationen zu reagieren pflegen. Gewiss gibt es eine fast irrationale Grundangst mancher Menschen vor Wandel, vor Veränderungen. Doch gegen eine einseitige und simple Psychologisierung von Zeitgenossen, die vor den Konsequenzen der digitalen Revolution zurückschrecken, ist einzuwenden, dass dann auf der anderen Seite nach der psychischen Eigenart von Menschen zu fragen wäre, die ohne Rücksicht auf Verluste stets auf Veränderungen aus sind und Ängste vor allem Stabilen haben. Im Übrigen ist Angst keinesfalls immer ein irrationales Gefühl, sondern kann unter Umständen sehr vernünftig und berechtigt sein. Und zwar gerade auch mit Blick auf die Fortschreibung der digitalen Revolution, wie das Miriam Meckel in ihrem Zukunftsroman „NEXT" zum Ausdruck bringt: „Dekonstruiere die menschliche Angst vor der Maschinendiktatur, und die Menschen werden freiwillig folgen."[143] Angst- und Sorglosigkeit stehen als Bedingung für erfolgreiche Digitalisierung der Freiheit weiser Vor-Sorge, klugen Befürchtungen gegenüber.

Ängste angesichts der Zielvorstellung der digitalen Revolution, ungefähr alles unter die Kontrolle künstlicher Intelligenz zu bekommen, sind jedenfalls begründet. Denn solche Ziele widersprechen dem demokratischen Freiheits- und Pluralitätsprinzip in weiten Teilen. Durch sie werden multikuturelle Lebensstile, auch plurale Ethikkonzepte[144], jedenfalls in technizistischer Hinsicht tendenziell unterdrückt, ja digital gleichgeschaltet: „Der Technologieprozeß – verbunden mit der ihm eigenen Industrialisierung und dem ebenfalls nötigen Marktprinzip – schafft überall dort, wo er sich durchsetzt, eine Einheitszivilisation."[145] Indes – die Grundrechte-Charta der EU aus dem Jahr 2000 bekräftigt in Artikel 22: „Die Union achtet die Vielfalt der Kulturen, Religionen und Sprachen." Müsste dazu nicht auch die Achtung vor der Vielfalt der Kulturen in technologischer Hinsicht gehören? Doch digitale Technik geht so unerhört weit, dass im Zuge einer immer intensiveren Vernetzung unserer Lebenswelt Unterschiede, Privatheit und Intimität zunehmend vergleichgültigt oder programmatisch hinterfragt werden und erodieren[146]. Der Drang zur zunehmenden Vernetzung lässt am Ende niemanden aus, akzeptiert keine Gegenargumente mehr und steuert darum die Gleichschaltung zu Gunsten eines digitalen Totalitarismus an.

Bekanntlich erhalten quasi-intelligente Netze, wie sie in vielen Ländern rund um die Welt und in den traditionellen Industriestaaten besonders zügig implementiert werden, ihre Informationen, indem sie diese an allen möglichen Orten, Körpern und Geräten abgreifen, ablesen und zwecks Verrechnung und meist auch Speicherung bedarfsgerecht überall hin transportieren[147]. Damit kommt es zwangsläufig zu einer immer weitergehenderen Verschmelzung von analoger und digitaler Welt – auf Kosten traditionellen Freiheitsverständnisses. Der Trendforscher Horx weiß: „In Netzen kann man sich eben auch verstricken!"[148]

Namentlich die Überwachungs- und Sicherheitsmentalität der Digitalisierungsideologie kennt immer weniger Grenzen und Respekt hinsichtlich der überkommenen bürgerlichen Freiheit. Hanno Rauterberg seufzt: „So haben wir uns die Selbstvergottung des Menschen nicht vorgestellt."[149] Das Spektrum reicht von Smartphones, die nicht nur die Aufenthaltsorte, sondern auch die Aufenthaltsdauer festhalten und sogar stets mithören[150], über beginnenden Zwang zu funkenden Schülerausweisen[151] bis hin zu verlockenden Prämiensenkungen durch Versicherungen bei erklärter Bereitschaft, seinen Fahrstil überwachen zu lassen[152]. Es reicht von Handy-Tickets für den Bahnverkehr mit verfolgtem Bewegungsprofil[153] bis hin zum Pentagon-Projekt *Mind's Eye* (‚Geistesauge'), demzufolge geplant wird, „alle Überwachungssysteme des täglichen Lebens mit visueller Intelligenz auszustatten."[154] Datenschützer packt zunehmend das kalte Grausen[155]. Internet-User fürchten das angedachte *Clean IT*[156].

Wieviel Freiheit bleibt überhaupt noch, sich gegen die Zumutungen dessen, was im Horizont der fortschreitenden digitalen Revolution unter „Glück"[157] und „Lebensqualität" verstanden wird, effektiv zur Wehr zu setzen? Wer etwa entschleunigen statt weiter beschleunigen möchte, wer die analoge Welt der digitalen eindeutig vorzieht, wer Datenschutz[158] hochhält und wer funkfreie Lebens- und Arbeitszonen fordert, der hat es unter der Herrschaft digitaler Technokratie schwer. Digitalisierungsfanatiker erweisen sich oft als ebenso intolerant wie ihre zahlreichen Gefolgsleute. Die digitale Revolution schreibt ihre eigenen Gesetze.

Mit diesem Gang der Dinge zeigt sich der Charakter der konkrete Konturen annehmenden „schönen neuen Welt" als Ersatzreligion: Es fehlt ihre Rückbindung an transzendente Werte, an einen umgreifenden, eben nicht von Menschen gemachten oder erst zu schaffenden Sinn. Elisabeth Gräb-Schmidt betont, Technik bedeute nur dann den Verlust von Freiheit und Kulturverfall, „wenn die Technik selber nicht mehr reflexiv rückgebunden wird an die ihr selbst zugrunde liegenden Unverfügbarkeiten, aus der die Freiheit als Freiheit – auch als technische Freiheit erwächst."[159] Die Gefahr solchen Losgekoppeltseins vom unverfügbaren Grund der Freiheit ist aber im Zeichen der digitalen Revolution und ihrer recht schillernden „Freiheit"[160] real gegeben. Mit Unmenschlichkeit und Rücksichtslosigkeit wächst die Unfreiheit.

Dies zeigt sich im geistigen Umschwung vom allgemein akzeptierten Konzept der neuzeitlichen Autonomie hin zur sogenannten „Postautonomie". Thomas Assheuer erklärt: „Das postautonome Subjekt fragt nicht mehr: ‚Wie führe ich mein Leben als mündiger und moralischer Bürger?' Sondern es fragt: ‚Wie komme ich durch? Wie passe ich mich einer Welt an, die ohnehin nicht mehr zu ändern ist?'"[161] Den euphemistisch beschönigten Verlust von Autonomie kritisiert Alexander Ornella mit den Worten: „Das Subjekt ist weder Herr seiner selbst, noch Herr über die es umgebende Umwelt, sondern findet sich verstrickt in die für den einzelnen undurchschaubaren Prozesse der Welt und der Weltveränderung."[162] Dadurch ist die digitalisierte Seele elementar verunsichert – und sucht neue Sicherheit in den technologischen Strukturen der maschinen- und apparategestützten Welt, an die es freilich erst recht seine Freiheit verliert. Denn es verschwimmen nun auch noch die Grenzen zwischen Subjekt, Objekt und Medium: „Das Medium unterbricht die Unmittelbarkeit, die Welterfahrung wird ersetzt durch die Funktionen der Maschine, das die Welt erfahrende Subjekt wird ausgelöscht."[163]

So vollzieht sich schleichend ein Verlust von Mündigkeit – eine zunehmende digitale Entmündigung. Die digitale Planwirtschaft – so formuliert es Schirrmacher[164] – kassiert buchstäblich die Autonomie des Einzelnen. Solcher Freiheitsverlust erregt kaum noch Anstoß, weil der Gesamtprozess des technischen Fortschritts Vorteile mit sich bringt, auf die man unter keinen Umständen mehr verzichten möchte. Formelhaft lässt sich sagen:

Digitale Entmündigung produziert Pseudofreiheit – abgekürzt: *DEpP*. Gemeint ist damit der Umstand, dass Bürgerinnen und Bürger gar nicht mehr gefragt werden und auch sich selber nicht fragen, ob sie jene Revolution eigentlich mitmachen wollen, die zweifellos mancherlei neue Freiheit ermöglicht, aber andere, gewohnte Freiheiten definitiv raubt oder beschädigt. Gernot Böhme bezeichnet die „Zwänge, die durch den technischen Apparat und die technische Infrastruktur ausgeübt werden", ungeschminkt als „strukturelle Gewalt"[165]. Gesetzlich einigermaßen geregeltes Ausnutzen sich eröffnender Spielräume und naives Gewährenlassen ausufernder Strukturen tun das Ihre dazu, dass gewohnte Freiheit in Unfreiheit für viele umschlägt. Zwang und Freiheit verlieren ihren paradoxen Charakter: „Jeder baut fleißig mit am Panoptikum der Netze."[166] Erinnert dies nicht erschreckend an Orwells Roman „1984"? Dort lautete der Wahlspruch der totalitären Partei: „FREIHEIT IST SKLAVEREI"[167]. Dass solch paradoxe Gleichsetzung stimme, lernt der Mensch im *Digital New Age*, während er es verlernt, im Sinne Helmut Schmidts auf die „Sicherung des eigenen Freiheitsbereichs" Acht zu haben. Der Digitalisierung der Freiheit steht nichts mehr im Wege.

4. Zur Digitalisierung des Militärs

Staaten pflegen sich gegen Angriffe von außen und eventuell auch von innen militärisch zu verteidigen. Zumal es beim Militär insbesondere im Ernstfall schnell gehen muss, ist im *New Digital Age* selbstverständlich auch die Digitalisierung des Militärs angesagt. Damit der potentielle Feind nicht womöglich noch schneller ist, kommt es gerade auf diesem Gebiet darauf an, technologisch stets mehr oder weniger „Spitzenreiter" zu sein. Das staatliche Interesse in dieser Hinsicht ist durchaus nachvollziehbar. Hier kulminieren dann aber auch die Probleme einer auf die Spitze getriebenen Digitalisierungs(un)kultur.

Es beginnt bereits mit der Dimension der Datensicherheit[168]. So wurden beispielsweise 2011 „sogar in den Steuersystemen amerikanischer militärischer Drohnen Computerviren entdeckt, die üblicherweise Büro-PCs befallen."[169] Sodann wäre die Strahlen-Problematik zu nennen, obwohl oder besser: zumal über Militär-Radar und -Funk in der Öffentlichkeit nur selten gesprochen wird. Und obendrein gibt es selbst auf militärischem Sektor einen gewissen Zugriff aufs Seelische und Religiöse. Drohnen ersetzen nun die fliegenden Engel althergebrachter Religionen –

gute wie böse Engel. Sie melden ihre Beobachtungen nicht an Gott im Himmel oder an den Teufel als den „Gott dieser Welt" (2. Kor 4,4) zurück, sondern an Bedienstete, die sich dank angewandter Hightech nahezu göttergleich fühlen – oder vielleicht auch in dämonischer Weise begeistert agieren. Drohnen tun Gutes[170] oder Böses. Letzteres trifft nicht zuletzt im Falle von Drohnen-Einsätzen durch Terroristen zu[171].

Jenseits von Detaildiskussionen um militärische Technologien ist ganz grundsätzlich mit Marcus Rohwetter zu fragen: „Welchen Sinn ergibt es, bewaffnete Konflikte von vollautomatischen Kriegsmaschinen austragen zu lassen?"[172] Diese Frage stellt sich, weil der Mensch nicht nur immer maschinenebenbildlicher werden will, sondern zunehmend zwecks Perfektionierung Kontrolle und damit Freiheit an Maschinen delegiert, ja sogar delegieren muss, wenn er sich im Kampf ums Tempo nicht auf der Verliererseite wiederfinden will. Er wird heutzutage sozusagen selber zum Sicherheitsproblem, weil er zu lange braucht, um zu überlegen, zu entscheiden und zu handeln. Dass deshalb dem Computer in der Kriegsführung der Gegenwart und vor allem der Zukunft eine zentrale Rolle eingeräumt werden wird, bedeutet eine echte Revolution. Schon seit Jahrzehnten war klar: Wer in einem atomaren Konflikt rascher auf den roten Knopf drückt, ist Sieger – dieses Dilemma konnte bisher noch erfolgreich gehandhabt werden. Anders steht es bei den digitalen Neuentwicklungen von Kampf- und Spionage-Drohnen. Diese unbemannten, funk- bzw. radargesteuerten Fluggeräte können nämlich zum Einsatz kommen, ohne dass für den Akteur selbst Lebensgefahr aufkommen und auch ohne dass zwingend ein kriegerischer Flächenbrand entstehen muss. Entsprechend groß ist für etliche Staaten die Versuchung, die militärische Digitalisierung in dieser Richtung voranzutreiben. Antje Vollmer fürchtet: „Die Drohnen sind nur der waffentechnische Irrweg, der in einen ewigen Krieg führt, den niemand mehr beenden kann."[173]

Dabei geht es immer auch um wirtschaftliche Gesichtspunkte: Drohnen stellen in den nächsten zehn Jahren einen Markt von rund 100 Milliarden Euro dar[174]. Aber im Zentrum steht die Dynamik der Entwicklung, die ungeheuer Druck macht: „Wir können nicht sagen, wir bleiben bei der Postkutsche, wenn alle anderen die Eisenbahn entwickeln", hat der deutsche Verteidigungsminister 2013 im Bundestag zum Thema erklärt[175]. Inzwischen sollen circa 90 Länder militärisch einsetzbare Drohnen entwickeln oder kaufen – aller laut werdenden Kritik an dieser Art von Kampfmaschinen zum Trotz.

Ulrich Ladurner etwa meint, die militärische Drohne sei eine Illusionsmaschine: „Sie nährt den Glauben, man könne sich die gefährliche Welt da draußen mittels überlegener Technik vom Leib halten."[176] Bislang würden Drohnen fast ausschließlich in völkerrechtlich fragwürdigen Schattenkriegen eingesetzt, und wenig spreche dafür, dass sich das ändern werde. „Der deutsche Verteidigungsminister sagt, es sei seine Pflicht, die Soldaten zu schützen, und darum müsse er alle vorhandenen technischen Möglichkeiten einsetzen. Das Argument läuft auf eine totale Robotisierung des Krieges hinaus." Maschinen sollten das blutige Kriegshandwerk verrichten: „Wir schauen uns das aus der Distanz an. Das hat weitreichende Folgen." Wenn erst Maschinen im Auftrag töteten, werde Krieg keine große Sache mehr sein: „Bewaffnete Drohnen sind der Einstieg in den Maschinenkrieg. Die technische Entwicklung ist rasant. Bald werden nicht mehr Menschen entscheiden, wann, warum und wo auf wen geschossen wird. Die Kampfdrohne selbst wird es tun." Die Software für die autonome Drohnen werde bereits entwickelt. Bald würden Kampfdrohnen automatisierte Tötungsmaschinen sein; deshalb müsse man sie jetzt aufhalten. Ladurner weiß: „Bereits um 2030 könnte es Waffen geben, die selbstständig darüber entscheiden, ob sie einen Menschen angreifen oder nicht. Schon heute gibt der Einsatz von Drohnen einen Vorgeschmack auf den Roboterkrieg von morgen."[177] Robotisierung senke die Schwelle zum Krieg, denn wer Maschinen für sich kämpfen lassen könne, entscheide sich schneller und leichter für einen Angriff. Und die Kosten des Einsatzes hielten sich in Grenzen. Doch genau das sei eine Illusion: Am Ende werde der Krieg nie auf die Roboter beschränkt bleiben. „Die Gefahren der Robotisierung des Krieges sind so groß, dass man automatisierte Tötungsmaschinen ächten muss. Die Zeit drängt. Denn die modernen Armeen planen bereits mit Maschinenkriegern."

Der texanische Militärforscher Armin Krishnan sieht in seinem Buch „Gezielte Tötung. Die Individualisierung des Krieges" (2012) geheimdienstliche und mafia-ähnliche Kriegsführung bereits zum Standard militärischer Konflikte werden. Kriege dürften demnach bald mehr denn je in den Händen von Geheimagenten und ihren quasi-intelligenten Mikrowaffen liegen. Mit der deutlich zunehmenden Ächtung des konventionellen Krieges sinke die Toleranzschwelle für minimal-invasive Einsätze. Selektive Kriegführung werde von Geheimdiensten schon lange praktiziert; neu sei, dass sie durch den digitalen Fortschritt zum Kriegsalltag werde. Krishnan sieht in nicht mehr ferner Zukunft Strahlen-, Laser- und Nano-Waffen mit stiller Perfektion Tötungskommandos erledigen. Krieg sinke dann teilweise unter die Schwelle öffentlicher Wahrnehmung, zumal der Cyberkrieg oft wenig Hinweise auf die Täter hinterlasse. Deshalb warnt

Krishnan vor einem Krieg ohne Grenzen räumlicher und zeitlicher Art. Tatsächlich kommen Strahlenwaffen[178] und der Cyber-War im Internet[179] zu
den militärischen Drohnen hinzu, um das Spektrum digitalisierter Kriegsführung zu vervollständigen.

Zudem kommt es selbst bei dieser Technologie bekanntlich zu Kolate-
ralschäden. Drohnen-Kriege arbeiten der Ausweitung von Kampfzonen im
Dienst undurchschaubarer Ziele vor. Für handelnde Soldaten ergibt sich
auf diesem Sektor folgendes psychologische Problem: Einerseits bekommen sie das kriegerische Töten kaum noch hautnah mit; andererseits sind
sie keineswegs von dem Bewusstsein ihres so fragwürdigen Handelns
befreit. Demgemäß quälen selbst Militärs noch Gewissensbisse. Immerhin
„kann der Drohnenpilot die Folgen seiner Aktion genau erkennen. Bei den
Betroffenen gibt es Hinweise auf hohe Burn-Out-Raten und Traumata."[180]
Deshalb sollte der seelische Aspekt auch auf diesem Sektor nicht unterschätzt werden. Maaz gibt als Psychologe zu bedenken: „Aber alle macht-
politischen, ökonomischen, militärischen und kulturellen Einflüsse und
Zwänge sind schließlich von Menschen gemacht und ausgestaltet, deren
Entscheidungs- und Handlungsmotive von unbewussten seelischen Vorgängen beeinflusst werden."[181] Insofern betrifft die Digitalisierung des
Militärischen tatsächlich auch die menschliche Seele, die mitnichten aus
ihrer Verantwortung entlassen ist[182].

Wie Krishnan befürchet, könnte selektive Tötung durch Drohnen sogar
bald schon zu einer verführerischen Waffe im Kampf gegen Regierungs-
kritiker oder bei der sozialtechnischen Disziplinierung der Bevölkerung
werden. Technische Überwachung werde dies in absehbarer Zeit ermöglichen. Zwar meint Jochen Bittner: „Drohnenangriffe außerhalb bewaffneter Konflikte sind völkerrechtswidrig, es sind extralegale Hinrichtungen."[183]
Aber wo wird das Gericht zu finden sein, das hier mit Aussicht auf Erfolg
anzurufen wäre – in Zeiten globaler Digitalisierung, die Kriegsführung
und Terrorbekämpfung immer weniger auf Staatsgrenzen beschränkt sein
lassen dürfte? Dass die Entwicklung in diese Richtung geht, „wird sich
auch rechtlich wahrscheinlich nicht aufhalten lassen."[184] Wer Frieden und
Freiheit liebt, für den sind das keine guten Nachrichten. Namentlich dann,
wenn totalitäre Strukturen emporkeimen, lassen sich die Folgen der Digitalisierung des Militärs kaum erahnen. Denn eines ist klar: „Digitale Waffen
sind für Diktatoren heute so wichtig wie schweres Geschütz."[185]

5. Materialistische Ausrichtung der Informationsgesellschaft

Jede Revolution hat eine bestimmte Weltanschauung zur Grundlage, so auch die digitale Revolution. Ihre beherrschende Weltsicht lässt sich aus der technisch-naturwissenschaftlichen Zugangsweise zur Wirklichkeit erschließen. Diese setzt voraus, dass der „aufgeklärte" Mensch seine Weltgestaltung autonom und eigeninitiativ in die Hände genommen hat und in nicht ernsthaft hinterfragtem Fortschrittsglauben vorantreibt. Dabei lässt der technizistisch ausgerichtete Zeitgenosse gerade dasjenige gern zurück, was die „unaufgeklärten" Mythologien der Vorzeit und die mindestens teilweise noch mit ihnen verschränkten Religionen charakterisiert hatte: Ängste vor numinosen, verborgenen Mächten und innere Abhängigkeiten von Göttern oder Gott.

Insofern besitzt das Weltbild der umgreifenden Digitalisierung eine besondere innere Affinität zu säkularen, ja materialistischen und insofern auch zu atheistischen Weltanschauungen überhaupt. In diese Richtung weht der Wind – und er verstärkt sich. Georg Picht hat Recht: „Es gibt auch säkulares Opium des Volkes; … und es gibt säkulare Formen, die Freiheit des Denkens zu unterdrücken, die unvergleichlich viel wirksamer sind als ihre kirchlichen Vorstufen."[186] Schon 1969 hat er unterstrichen: „Es kann keinen Zweifel daran geben: die Wissenschaft, die Technik, die Ökonomie, die Verwaltung und die Politik der modernen Welt sind gegen Religion indifferent."[187] Das gilt auch für die heutige Welt der digital überformten Gesellschaft: Sie ist gegen Religion nicht nur indifferent, sondern sie hat einen gewissen Zug zum Agnostizismus, ja zum Atheismus[188]. Der Geist der Digitalisierungskultur ist tendenziell irreligiös.

Insofern schwingt in der heute so intensiven Weiterentwicklung digitaler Technologie unterschwellig ein latenter Materialismus[189] mit. Das ist eine Weltanschauung, die freilich ihrerseits Glauben verlangt[190]. Philosophisch gesehen bedeutet der Materialismus eine monistische Denkungsweise. Jeder Monismus interpretiert die vielgestaltige Wirklichkeit letztlich von einem einzigen Prinzip, hier also vom Urprinzip „Materie" her. Deren Gestaltungsmächtigkeit reizt den Techniker, der die Hypothese „Gott" nicht mehr braucht, um die Natur und ihre Gesetze immer besser verstehen und damit beherrschen zu können. Mit Sigmund Freud formuliert: Der Mensch, der früher ehrfürchtig die Götter verehrte, ist nun „beinahe selbst ein Gott geworden"[191].

In gewisser Alternative dazu ist allerdings ein *spiritueller* Monismus, ob religiös oder esoterisch[192] geprägt, in diesem Kontext weltanschaulich durchaus nicht ausgeschlossen. Nikola Tesla (1856-1943), einer der Väter der Funktechnologie, lässt sich hierfür als ein Beispiel anführen: Gänzlich technizistisch-naturwissenschaftlich ausgerichtet, war er doch offen für eine Begegnung mit Swami Vivekananda, jenem berühmten Gelehrten des indischen Veda, den er in New York sprechen konnte[193]. Von daher interpretierte er seine Entdeckungen vermehrt durch Begriffe östlicher Philosophie: Er begann Sanskrit-Begriffe wie *Akascha* und *Prana* sowie das Konzept des kosmischen Äthers zur Beschreibung des Ursprungs und des Aufbaus der Materie zu verwenden – und bewegte sich damit ein Stück weit auf dem Boden eines spirituellen Monismus[194].

Letztlich besteht zwischen spiritualistischem und materialistischem Monismus eine innere Verwandtschaft. Sie besteht zum einen darin, dass auf Grund der monistischen Strukturanalogie ein Kippen in weltanschaulicher Hinsicht relativ leicht möglich ist – man denke an so manche Konversion eines Atheisten zum Esoteriker oder umgekehrt. Sie drückt sich zum andern darin aus, dass auch innerhalb einer solchen Weltanschauung Materie und Geist nicht als völlige Gegensätze gelten können. Vielmehr besagt das monistische Prinzip per se, dass das jeweils angenommene Grundprinzip alle anderen Prinzipien und Seinsweisen in sich trägt. So ist es für Spiritualisten mehr oder weniger selbstverständlich, Materie als grobstofflich gewordenen Geist zu deuten. Selbst der namhafte Münchener Physiker Hans-Peter Dürr definiert Materie sei als „geronnenen Geist"[195] bzw. als „Kruste des Geistes"[196] und unterstreicht: „Natur ist praktisch per se mit dem Geistigen versehen"[197] Umgekehrt versuchen Materialisten, Geist noch allemal als Ausfluss der Materie aufzufassen.

Im Kontext der digitalen Revolution ist also eine spiritualistische Wirklichkeitsdeutung keineswegs völlig ausgeschlossen. Beispielsweise heißt es im „Buch von Celestine" be-geistert, es würden im Laufe des dritten Jahrtausends „die technologischen Aspekte unseres Überlebens vollends automatisiert werden, damit wir uns gänzlich auf unser synchrones Wachstum konzentrieren können. Dieses Wachstum wird die Menschheit in immer höhere energetische Stadien befördern, bis unsere Körper schließlich eine reine Energieform annehmen und wir die jetzige Dimension unserer Existenz mit jener nach dem Leben verbinden und dadurch den Kreislauf von Tod und Geburt beenden."[198] Es gelte, den „Himmel auf Erden zu erreichen"[199]. Spiritueller Monismus sieht hier den evolutiven Fortschritt des

Geistes unter Nutzung modernster Technik so weit vorankommen, dass selbst die Grenze zwischen Diesseits und Jenseits überwunden wird – ein bekanntes Anliegen jeder Art von Esoterik. Sogar die Technik als solche könnte demnach überflüssig werden: „Vielleicht werden wir keine technischen Apparaturen mehr benötigen, um Essen zu produzieren, zu heilen, zu reisen oder zu kommunizieren. Wir werden lernen, das von uns Benötigte zu manifestieren."[200] Technologie und Magie setzt diese esoterische Vision in eins.

Vorherrschend ist jedoch im Kontext der digitalen Revolution, wie dargelegt, eine materialistische Ausrichtung: Sie entspricht der handfesten Verbindung von Technik und Autonomie unmittelbarer. Auf der Grundlage eines positivistischen Monismus hat man es sich zum sportlichen Vergnügen macht, das Geistige in die Fänge der Digitalisierung heimzuholen. Das fällt deshalb scheinbar gar nicht schwer, weil es sich bei der digitalen Technik wesenhaft um Informationstechnologie handelt. Sie codiert Informationen binär und macht so Geistiges verrechenbar, ja berechenbar. Die Quantentheorie ist selber eine „Zurückführung der Ontologie der klassischen Physik auf den Begriff der Information."[201] So weiß die moderne Physik, dass Materie im Kern Energie und dass Energie im Kern Information ist[202]. In unserer sogenannten Informationsgesellschaft wird damit auf säkularem Hintergrund der Zugriff auf Seelisches bzw. Geistiges zur Möglichkeit, ja zum freiheitsgefährdenden, womöglich totalitären Programm.

Frank Schirrmacher betont: „Bewegungen, Kräfte, Mechaniken des menschlichen Körpers in physikalische Formeln zu verwandeln war gut und schön; aber das Denken selbst über die Formeln einer Maschine zu reproduzieren und zu einem messbaren Gut zu machen – das war nicht nur schön, das war titanisch."[203] Der Aufstieg des Computers habe „die Grenzen zwischen Materie und Geist, zwischen Ding und Information immer mehr verschwinden lassen" – und es seien ganze Industrien entstanden, deren Produkte purer Geist seien (z.B. Googles Such-Algorithmus oder Apples Software); ja auch „umgekehrt wird der Geist zur Industrie."[204] Es gehe um die „Unterwerfung der Materie" und „um die alchemistische Umwandlung der Seele in jeden nur wünschbaren Stoff."

Schon 1988 hatte der amerikanische Präsident Ronald Reagan die technologische Informationsrevolution in den höchsten Tönen vors visionäre Auge gerückt mit den Worten: „Wie eine Schmetterlingspuppe schlüpfen wir aus den ökonomischen Begrenzungen der industriellen Revolution ... und verwandeln uns in etwas, was ein Ökonom einmal ‚Die Ökonomie des Geistes' genannt hat. In ihr gibt es keine Grenzen für die menschliche Imagination und Freiheit. ... Wir durchbrechen die materiellen Existenzbedingungen und betreten einer Welt, in der der Mensch sein eigenes Schicksal erschafft."[205] Und doch bleibt der Mensch mit all diesen geistig hochfahrenden Plänen der Säkularität verhaftet. Ja es „deutet alles darauf hin, dass Säkularisierung vorerst einmal die Zukunft Europas und damit auch Deutschlands ist."[206] Gehört Religion fast zu allen Gesellschaften und Kulturen der Weltgeschichte, so lässt sich heute mit Gernot Böhme feststellen, „dass der Fortschritt der technischen Zivilisation weltweit die traditionellen Kulturen auflöst. ... Das könnte heißen, dass Kultur irrelevant wird."[207] Man muss den Umstand stets mit einberechnen, dass die digitale Revolution auf dem Hintergrund der Säkularisierung[208] erblüht ist und einen tendenziell materialistischen Weltanschauungshintergrund hat, um ihre Zielrichtung verstehen und angemessen beurteilen zu können. Nur so ist ihre Charakterisierung als *Ersatzreligion* nachvollziehbar – und zwar zu einer Zeit, da in der westlichen Welt bei genauem Hinsehen von keiner Renaissance des Religiösen die Rede sein kann[209]. Religionsfreiheit wird somit zur Freiheitsfalle, wenn die digitalisierte Kultur dem Religiösen den Boden zum Blühen auszutrocknen droht.

6. Unterwegs zur neuen IT-Zivilreligion

Von der Landesbischöfin der Evangelischen Kirche in Mitteldeutschland, Ilse Junkermann, stammt die Beobachtung: „Die alles bestimmende Ökonomisierung droht zu einer neuen Zivilreligion zu werden."[210] Das ist insofern richtig, als die ausufernde Macht der Ökonomie in allen Lebensbelangen nicht mehr zu leugnen ist, also „ganzheitlich" im umorientierenden Zugriff ist[211]. Während es auf dem Gebiet traditioneller Religion und Zivilreligion zu einer schleichenden „Entdogmatisierung"[212] kommt, erhalten neue, ökonomisch inspirierte Werte, Symbole und „Dogmen" zunehmend Einfluss. Das zeigt sich exemplarisch in entsprechender Reklame: „In vielen Werbekampagnen wird heute auf etwas Endgültiges, Nicht-Überbietbares, Quasi-Transzendentes verwiesen, oder es werden implizite oder explizite religiöse Symbole verwendet, um die Konsumenten anzusprechen. Marken und Produkte werden gepriesen, und oft scheinen Heil, Erlösung und ein glückliches und erfülltes Leben nur durch bestimmte Produkte oder eine bestimmte Marke möglich zu sein."[213]

Weiter präzisiert werden kann die Feststellung von Ilse Junkermann, wenn gesehen wird, dass die breitflächige Ökonomisierung in weiten Teilen – morgen noch mehr als heute und gestern – mit dem Fortgang der digitalen Revolution zusammenhängt. Ist doch die Digitalisierung aller Lebensbereiche mitnichten Selbstzweck! Vielmehr wird sie zum Teil so vorangetrieben, dass entsprechende Bedürfnisse bei den Menschen überhaupt erst geweckt und dann vertieft werden, damit die Wirtschaft und von daher der Wohlstand blühen[214]. Das Grundprinzip haben schon um die Mitte des 20. Jahrhunderts Max Horkheimer und Theodor W. Adorno erkannt: „Von Interessenten wird die Kulturindustrie gern technologisch erklärt. Die Teilnahme der Millionen an ihr erzwinge Reproduktionsverfahren, die es wiederum unabwendbar machten, daß an zahllosen Stellen gleiche Bedürfnisse mit Standardgütern beliefert werden. Der technische Gegensatz weniger Herstellungszentren zur zerstreuten Rezeption bedinge Organisation und Planung durch die Verfügenden. Die Standards seien ursprünglich aus den Bedürfnissen der Konsumenten hervorgegangen: daher würden sie so widerstandslos akzeptiert."[215] In der Tat sei es der Zirkel von Manipulation und rückwirkendem Bedürfnis, in dem die Einheit des Systems immer dichter zusammenschieße, so Horkheimer und Adorno. Verschwiegen werde dabei allerdings, dass der Boden, auf dem die Technik Macht über die Gesellschaft gewinne, die Macht der ökonomisch Stärksten über die Gesellschaft sei: „Technische Rationalität heute ist die Rationalität der Herrschaft selbst. Sie ist der Zwangscharakter der sich selbst entfremdeten Gesellschaft." Dieser Zwangscharakter formt sich gegenwärtig in der „Zivilreligion" der umfassenden Digitalisierung der Lebenswelt aus. Da werden körperliche und seelische Abhängigkeiten geradezu künstlich erzeugt[216]. So tun sich im Zuge der ausgreifenden Technisierung immer mehr Abgründe auf, die emotional durchaus in die Erlebnisbereiche von Magie, Metaphysik und Religion hineinlangen. Von daher drängt sich dem Theologen Alexander Ornella der berechtigte „Verdacht auf, Massenmedien könnten die Religion und Religionsgemeinschaften durch ein diffuses religiöse Sinngebilde ersetzen."[217]

Wer wollte sich über entsprechende Einordnungen noch wundern? Der Technik-Journalist Marcus Rohwetter schreibt in einem Essay unter dem Titel „Gott ist ein Computer": „Ob Energie, Gesundheit, Verkehr oder bloße Unterhaltung – der Mensch lagert Bestandteile seines täglichen Lebens zunehmend ins Netz und damit in Computer aus. Die Algorithmen ihrer Software berechnen und beeinflussen das menschliche Dasein. Sie sind unsichtbar, scheinen aber allgegenwärtig, allumfassend und allwissend zu sein. Das sind Attribute, die man früher einmal allein Gott zugeschrieben hat. Ist Gott womöglich ein Computer? Wenn ja, braucht es für das Paradies nicht mehr als eine Steckdose und ein Datenfunknetz."[218] Florian Illies bemerkt demgemäß, der Internet-Riese *Google* habe das Zeug dazu, „zur weltweiten Staatsreligion zu werden."[219]

Was aber ist an der neuen „Zivilreligion" eigentlich noch das *Religiöse*? Um das zu verstehen, sei zunächst der Begriff der Zivilreligion definiert: Er „bezeichnet säkulare und dennoch in religiöser Rhetorik vorgetragene gesamtgesellschaftliche Normen- und Wertvorstellungen. Zur Zivilreligion werden all diejenigen religiösen Elemente gezählt, die eine Gesellschaft tragen und der gesellschaftlichen Integration und staatlichen Legitimierung dienen."[220] Säkular und doch religiös – genau diese paradoxe, postsäkulare Mischung charakterisiert das Phänomen der technokratischen Ersatzreligion, der die digitalisierte Seele huldigt. Es handelt sich – nach der verweltlichenden Welle der „Entzauberung" der Wirklichkeit – um die sich durchsetzende Welle ihrer „Wiederverzauberung" mittels mächtiger, faszinierender Technologien. So lässt sich die digitale Ersatzreligion unserer Kultur als zivilreligiöses Gebilde verstehen, das gesamtgesellschaftliche Werte pflegt und hochhält, ja womöglich ihnen zuwiderlaufende Äußerungen oder Handlungen bekämpft, behindert oder totschweigt. Der digitalisierten Gesellschaft ist sozusagen die digitale Revolution heilig. Das bekommen im Zuge der digitalen Polarisierung manche derjenigen zu spüren, die nicht mit dem Strom schwimmen wollen. Die Digitalisierung ist ein moderner Mythos, der wie alle kulturtragenden Mythen „beherrschenden" Charakter hat, indem er zum Teil unausgesprochen, also wie von selbst seine Geltung erweist, sich aber, wenn notwendig, sich diese Geltung auch zu verschaffen gewillt ist.

Doch in Religionen, auch in einer Zivilreligion, gelten nicht nur Werte an sich; diese sind vielmehr mächtig nur in Bezug auf mehr oder weniger religiöse Gehalte oder Gestalten. Hier geht es um geistige Voraussetzungen solcher Art, wie sie Staaten oder Regierungen aus sich heraus weder schaffen noch garantieren können. Es geht um Glaubens- und Weltanschauungsfragen, die zumindest tendenziell ins Transzendente reichen. Was also ist in dieser Hinsicht das Religiöse an dieser neuen „Zivilreligion", die heutzutage als technokratische Ersatzreligion allenthalben begegnet und wirksam ist? Wie bereits dargelegt, herrscht im modernen, technizistischen Mythos geradezu ein antireligiöser Affekt vor, insofern althergebrachte Ängste vor numinosen Mächten und Göttern, Götzen oder Gott als obsolet und der Vergangenheit angehörig betrachtet werden. Der von Naturwissenschaft und Technik faszinierte Mensch braucht die Hypothese „Gott" nicht mehr – weder für sein Weltverständnis noch für seine ethische Orientierung. Er setzt eine andere, vermeintlich sicherere Hypothese an dessen Stelle, die damit ihrerseits eine religiöse Färbung gewinnt.

Den leer gewordenen Himmel bevölkern zunächst einmal nicht mehr Götter oder Engel im traditionellen Sinn, sondern technologisch gestilte Hoffnungsgestalten wie UFO-Flottenkapitäne, die unsere Welt retten oder voranbringen sollen, phantastisch überhöhte Technik-Entwickler, utopisch gedachte Heilsbringer oder Regenten und so fort – die modernen Mythologien kennen so wenige Grenzen wie die alten[221]. Und anstelle der früheren Magien und Riten treten zeitgemäße Rituale im Umgang mit den faszinierenden Geräten, die als „Alleskönner" ihren ersatzreligiösen Zauber stündlich und minütlich, ja oft sekündlich entfalten dürfen. Lassen sich nicht beispielsweise Handys schon als Armbanduhr tragen? Und sind nicht Smartphones interpretierbar als „kleine leuchtende und sirrende Götzen, die sich ganze Völker unterwerfen", wie es ein Roman von Roger R. Talbot über die „digitale Apokalypse" formuliert[222]?

Im Kern stellt sich vor allen Dingen die Frage nach dem Ersatz für die „Gotteshypothese" selbst, nach der technizistischen Füllung des Gottesgedankens[223]. In dieser Hinsicht wird zum Ersatzgott, zum nunmehr gleichsam pantheistisch verehrten Götzen der digitalen Revolution die *künstliche Intelligenz* auf Computerbasis. Der Glaube an ihre Erhabenheit tritt an die Stelle des herkömmlichen Glaubens an Gott als *Geist*[224]. Ihre Apostel sind die IT-Technokraten, ihre Propheten die entsprechenden Manager und Lobbyisten[225]. Frank Schirrmacher weiß von „digitalen Evangelisten" zu sprechen[226]. Zur pseudo- und zivilreligiösen Gemeinde zählen eben vorrangig all jene Nutzerinnen und Nutzer, die digitale Intelligenz gleichsam „heilig" halten; sie unterteilen sich wie in echten Religionen in Eifrige und Mitläufer, ja auch in ungefragte „Mitglieder".

Das Faszinierende an der „künstlichen" Intelligenz ist dabei, dass sich in ihr, der vom Menschen selbst auf den Weg gebrachten „Geistigkeit", zweifellos etwas abschattet vom menschlichen Geist. Und dieser lässt sich sehr ernsthaft religiös deuten: Würde er so funktionieren und leben, wie er das tut, ohne dass in seiner Tiefe Gott selbst am Werk wäre? Verdankt nicht jede Seele ihr Sein insgeheim einem Hauch Gottes, wie das schon die Psalmen des alten Israel, aber auch viele andere Religionen zum Ausdruck bringen? Die rein materialistische, atheistische oder biologistische Hypothese, deren Menschenbild solche Vorstellungen ablehnt, bleibt tatsächlich ihrerseits eine in metaphysischer Hinsicht unbewiesene Hypothese. An sie aber glaubt die von der digitalen Revolution getragene Zivilreligion gern. Aus theologischer Sicht bleibt umgekehrt zu fragen, ob nicht diese IT-Ersatzreligion einen Teil ihrer Kraft gebrochen aus ungeahnter, zumindest nur unbewusst geahnter spiritueller Quelle bezieht. „Gebrochen" heißt in diesem Zusammenhang freilich auch: gezeichnet von der Entfremdung zwischen Gott und Mensch, verzerrt durch das, was die Tradition als „Sünde" und abgründig gar als „Erbsünde" zu bezeichnen pflegt[227]. Ob das Design-Symbol des angebissenen Apfels bei *Apple* tatsächlich – wie kolportiert wird – auf die biblische Geschichte vom Sündenfall Adams und Evas hindeutet, der zur vom Schöpfergott emanzipierten „Freiheit" jenseits des ursprünglichen Paradieses geführt haben soll? Das würde ins Bild der digitalisierten Freiheit passen!

Der quasi-göttliche Geist der künstlichen Intelligenz bleibt „Kunstwerk" des zu Gott bewusst und unbewusst in gestörtem Verhältnis stehenden Menschen. Er bleibt immer der unvollkommene Versuch eines Abbilds – aber doch im Zuge der „Technik, welche die menschliche Geisteskraft gerade in unserer Zeit mit Gottes Hilfe aus der Schöpfung entwickelt hat"[228]. Ist doch der Technik-Schöpfer, der ach so autonome Mensch selbst gefallenes Abbild des göttlichen Schöpfers! Segen und Fluch charakterisieren seine Produkte, mag auch die technokratische Zivilreligion über das Abgründige, Negative großzügig hinwegzusehen versuchen und manche Blendung bereitwillig akzeptieren.

Mit der zunehmenden Ersetzung Gottes durch „IT" aber schwindet in der spät- und postmodernen Gesellschaft der Glaube daran, dass der Mensch Gottes Ebenbild sei. Damit geht auch der göttliche Maßstab des Guten und deshalb die Wahrnehmung von Sünde verloren. Statt noch mit dem Aufklärer Immanuel um den abgründigen Hang des Menschen zum Bösen zu wissen, kann Google-Chairman Eric Schmidt formulieren: „Die Menschen sind von Grund auf gut."[229] Spätestens die Abgründe des Internets, das sogenannte *Darknet*[230], sind der Beweis für die Absurdität dieser Aussage. Im Grunde aber genügt schon die nüchterne Erkenntnis, dass die Absage an den Gottesglauben den Menschen nicht eben besser zu machen pflegt, wie Alain de Botton feststellt: „Wenn Gott tot ist, laufen die Menschen Gefahr, sich psychologisch für den Mittelpunkt der Welt zu halten – was ihnen ganz und gar nicht gut tut. Sie bilden sich ein, sie seien Herr

ihres eigenen Schicksals, zerstören die Natur, vergessen die Rhythmen der Erde, ignorieren den Tod und haben keinen Respekt und keine Wertschätzung für Dinge, die sich ihrem Verständnis entziehen...“[231]
Auf dem Boden eines positivistischen Menschenbilds freut man sich indessen „ersatzreligiös“ am Aufkommen des sogenannten Transhumanismus[232]: Im Horizont anvisierter Maschinenebenbildlichkeit hört der Mensch auf, Maßstab ethischer und politischer Entscheidungen zu sein. Eher denkt man aufs Neue an eine Art Übermenschentum, jedenfalls an Größeres, Erhabeneres. Wo indessen die Achtung vor menschlichem Geist, wo religiöses Rechnen mit der Seele[233] durch die Wertschätzung von künstlicher Intelligenz ersetzt bzw. überformt worden ist, dort verbleiben nur noch die Hoffnung und der Druck, durch die Erschaffung und Verbreitung von künstlicher Intelligenz ein Ersatzparadies auf Erden errichten und Unvollkommenheit bzw. Sünde durch technischen Perfektionismus ersetzen zu können[234]. In der Geschichte der Menschheit haben freilich revolutionäre Versuche, so etwas wie ein Paradies auf Erden zu schaffen, noch immer zu Katastrophen geführt.

7. Von der apokalyptischen Dimension heutigen Fortschreitens

„Sie liebten alles, was digital war.“ So heißt es im tristen „Rückblick aus der Zukunft“ auf Menschen unserer Zeit in Meckels Roman „NEXT“[235]. Aufmerksame Skeptiker von heute werden da ironisch als „Apokalyptiker der Digitalisierung“[236] bezeichnet. Wird es erst in späterer Zeit offenbar werden, dass sich die blinde Verliebtheit ins Digitale – die Überzeugung von der Verrechenbarkeit aller Dinge, der Glaube an die komplette Analysierbarkeit der Welt, die Berechenbarkeit der menschlichen Seele eingeschlossen – für unsere Kultur als verderblich erwiesen hat? „Warum haben wir zugelassen, dass unsere Welt im Digitalen zerfließt?“ – so heißt es bei Meckel. Lassen sich entsprechende literarische Warner wie George Orwell, Aldous Huxley oder Benjamin Stein als abseitige Kulturpessimisten einordnen? Oder erweisen sie sich zunehmend als Propheten ungewohnter, sich doch schon ankündigender Katastrophen, die sich dem ungezügelten technischen Freiheits- und Fortschrittsstreben verdanken?
Nicht wenige Zeitgenossen beschleicht heutzutage das Gefühl: *Apocalypse now!* Niedergangsbefürchtungen, Untergangsängste und sogar Endzeitlust[237] machen sich breit. Tatsächlich sind sie mehr als ein vages „Gefühl“: Rationale Analysen der weltweiten Lage bestätigen deren gefährli-

che Zuspitzung auf verschiedenen Gebieten – sei es das des Klimas[238], sei es das der Wasser- und Nahrungsressourcen[239] und so fort. Gregor Taxacher hat die kritische Gesamtlage in seinem Buch „Apokalypse ist jetzt" (2012) eindrücklich dargelegt. Und er wundert sich darüber, dass die Theologie, nachdem sie von jeher apokalyptisches Gedankengut gepflegt hat, just in unserer Zeit davon Abstand nimmt, in der es doch allen Grund gäbe, von der unausweichlich gewordenen Apokalypse zu reden. Zu den real vorhandenen Bedrohungen zählt er nicht zuletzt die Zuspitzung technologischen Könnens mitsamt all seinen Risiken. Er bemerkt: „Der Menschheit ist mittlerweile der Rückweg aus ihrer technischen Zivilisation so sehr abgeschnitten, dass man in diesem Sinn tatsächlich von einem ‚Ende der Geschichte' sprechen kann. Aus dem Fortschrittsoptimismus und den Visionen der Utopisten ist die bange Hoffnung geworden, der Fortschritt möge reichen, uns vor seinen katastrophalen Folgen zu retten."[240]

Auch Alexander Kenneth Nagel unterstreicht: „Wenn wir das, was droht, nicht als Apokalypse begreifen, kann es uns nicht gelingen, die Dringlichkeit unseres Anliegens zu beschreiben."[241] Dringlich ist heute das Anliegen, unter anderem die bedrohlichen Folgen der obsessiven „Digitalisierung aller Dinge" mutig und weise in den Blick zu nehmen. Tatsächlich darf man nicht nur von den Vorteilen, sondern man muss auch von den Schäden und Gefahren reden, welche die digitale Revolution hervorbringt[242]. Denn auf dem hohen Technologie-Level der sogenannten vierten Stufe dieser Revolution ist gewiss mit verstärktem „Segen"[243], aber ebenso mit verstärktem „Fluch" zu rechnen[244]. Und darum ist die Lage viel ernster, als es naive Technikgläubigkeit wahrhaben will[245]. Wird die jüngste Stufe der industriellen Revolution auch die letzte, weil in eine planetarische Katastrophe mündende sein[246]?

Die digitale Apokalypse hat selbstredend ihre einschlägigen Zeichen der Zeit, an denen man die sich ankündigenden Umbrüche ablesen kann. Dass die Menschen immer mehr mit Maschinen zu verschmelzen im Begriff sind, lässt sich bereits erkennen an den hängenden Köpfen, mit denen sie mittlerweile haufenweise herumlaufen oder herumsitzen, um ihre Smartphones oder Tabletcomputer zu bedienen. Sie sind davon gefesselt wie der Affe von seinem Bild, wenn er einen Spiegel in die Hand bekommt. Merken sie vielleicht unbewusst, dass sie im wahrsten Sinn des Wortes zu Sklaven ihrer Maschinchen, zu Abhängigen geworden sind[247]? Ein Zeichen der Zeit sind auch die Bäume, die immer mehr ihre Zweige hängen oder absterben lassen, wo sie der chronisch mit gepulsten Strahlen aufgeladenen Luft ihren Tribut zu zollen haben[248]. Und ein weiteres Alarmzeichen besteht just darin, dass solche und andere Signale der Konsequenzen aus der digitalen Revolution als solche gar nicht mehr mit gesundem Menschenverstand wahrgenommen werden. Die Suggestionskräfte der „schönen neuen Welt" vernebeln die Vernunft mit Macht. Wer es aber wagen wollte, Unheilsprophet zu sein, wird verlacht und hat womöglich ein für solche Propheten typisches Schicksal zu tragen[249].

„Apocalypse now" – der so betitelte Kinofilm von 1979 über die Grauen des Vietnamkriegs sollte Untergangsstimmung transportieren. Demgegenüber bedeutet der Begriff der Apokalypse ursprünglich, nämlich im biblischen Kontext, *Offenbarung* – also nicht nur Weltuntergang, sondern positiv den Blick auf die Ankunft der neuen Welt Gottes, die freilich auf Kosten der alten, vergänglichen Welt stattfinden wird. *Apocalypse now* – das konnte bei Jesus in die Botschaft gefasst werden: „Das Reich Gottes ist nahe herbei gekommen." Christlichem Glauben zufolge hat die neue, vollendete Welt, in der Gott nicht mehr verborgen sein wird, im Kleinen längst begonnen. Religiöse Apokalyptik eröffnet so einen umfassenden Sinnhorizont. Aus christlicher Sicht geht hier letztlich um die Alternative, ob die Welt als ganze vom Schöpfergott gewollt und auf ein Ziel hin gesetzt ist – oder ob diese positive Perspektive nihilistisch zu negieren, also die Annahme vorzuziehen ist, dass das Universum irgendwann sich in jenes Nichts hinein verflüchtigen werde, dem es wie auch immer einst entsprungen ist. Wer hier auf den großen, umfassenden Sinn setzt, der votiert damit auch für die Möglichkeit einer letztlich religiös zu deutenden Apokalypse. Das ist bei genauerem Nachdenken alles andere als irrational – und keinesfalls weniger rational als ein nihilistisches Wirklichkeitsverständnis. Auch für die „schöne neue Welt" der Digitalisierung gilt: Die Zukunft hat bereits begonnen. Die stille Revolution der technologischen Umgestaltung der Welt ist im Gange und wird in Bälde ihr Wesen weiter offenbaren – samt allen Konsequenzen. Doch was wird solche Offenbarung fortschreitend „entbergen", wie Martin Heidegger in seiner Technik-Philosophie sagen konnte? Kein Gott, der seine Schöpferherrlichkeit zum Ziel bringt, sondern der sich zu göttlich anmutenden Höhenflügen aufschwingende Mensch wird da seine erstaunliche Mächtigkeit zeigen, aber auch seine Korruptheit, seinen – so der Aufklärungsphilosoph Immanuel Kant – abgrundtiefen Hang zum Bösen. Sollte am Ende nicht seine wesenhafte Ohnmacht zur Herstellung einer heilen „neuen Welt" offenbar werden? Und damit seine bleibende Angewiesenheit auf Gottes kommende Herr-

schaft, die wahres, unvergängliches Leben, unbedingte Liebe und wirklich
beglückende Freiheit schenkt?

Die digitale Revolution hat mehr noch als die Gegenwart die Zukunft
im Blick. Das sollte man auch von ihren Kritikern sagen können. Gewiss,
die Übermacht von Industrie, Wirtschaft und deren Lobbyisten[250] kann beängstigend wirken – und die Aussicht auf erfolgreichen Protest demgemäß
gering erscheinen. Wenn ich als Theologe an die apokalyptischen Perspektiven der Bibel denke, so wird schon dort der Schöpfungswelt in ihrer letzten Zeit nichts Gutes verheißen, sondern wachsende Katastrophen, anhaltende Verstockung und fürchterlicher Untergang. Das Böse wird sich demnach aufs Ende zu regelrecht austoben dürfen. Aber biblisch gibt es einen
besonderen Weitblick über all das hinaus. Und so sollte ein mutiger Widerstand gegen die nächste Stufe der industriellen Revolution seine Motivation aus einer Vision beziehen, die alles von Menschen Machbare transzendiert. Nur das Ernstnehmen der wahren, endgültigen Zukunft nämlich
wird die innere Kraft verleihen, an der seelisch grundgelegten Urhoffnung
festzuhalten. Wer intuitiv oder explizit an den Sieg des Guten, des Gottes
der Liebe glaubt, der überlässt die Definition des „Guten" nicht den digi-
talisisierenden Revolutionären, sondern macht sie fest am Kriterium der
Menschenwürde[251] – und darum, wenn möglich, am Besten, was hier
überhaupt denkbar ist: an dem Mensch gewordenen Gott, der sich in Jesus
Christus gezeigt hat. Nicht Mensch und Maschine, sondern Gott und
Mensch bilden hier eine verheißungsvolle, Auferstehung einschließende
Einheit. Wer dies vor Augen hat, der wird sich mit der Digitalisierung der
Freiheit nicht abfinden. Nur wer die Welt hoffnungslos eingetaucht sieht
in nihilistische Chaosmächte, mag aufgeben, alles dahingeben – und inso-
fern sich nahe zu jenen stellen, die meinen, inmitten eines solchen Nihilis-
mus selber ein Pseudoparadies errichten zu müssen.

8. Die digitale Polarisierung der Gesellschaft

Dem theologischen Ethiker Wolfgang Huber zufolge „muss allen Menschen
der gleiche Zugang zur Freiheit offenstehen. Nur dann ist das Streben nach
Freiheit mit der gleichen Würde aller Menschen vereinbar."[252] Solch egali-
tärer Universalismus bedeutet in gesellschaftspolitischer Konsequenz theoretisch und praktisch Pluralismus in Bezug auf alles, was mit Freiheit zu
hat. Wo der Pluralismus unterminiert wird, wird die Freiheit sabotiert.

Was aber, wenn der technische Fortschritt Folgen zeitigt, die in die Richtung einer regelrechten Technokratie weisen? Wenn also die kulturelle Entwicklung Formen annimmt, die immer mehr und immer weitgehendere Beteiligungszwänge beinhalten, begleitet von immer perfekteren Überwachungsmöglichkeiten? Kurz: wenn die Freiheit digitalisiert wird? Tatsächlich hat die so skizzierte Zukunft bereits begonnen. Der Zukunftsforscher Matthias Horx fragt: „Gibt es einen ‚Megatrend Hypertechnologie'?" Er sieht durchaus einen „Megatrend der rasenden technischen Beschleunigung", meint aber auch, die technologische Evolution entschleunige sich mit der Zeit von selbst[253].

Der Kommunikationswissenschaftler und SPD-Politiker Peter Glotz sieht einen regelrechten Kulturkampf heraufziehen zwischen modernen Beschleunigern und antimodernen Entschleunigern[254]. Ob man hier das Wort „antimodern" vielleicht besser gegen „postmodern" austauschen sollte, kann dahingestellt bleiben. Dass sich jedenfalls in der gegenwärtigen Entwicklung die von Glotz erkannte, immer schneller auseinandergehende Schere zu einer regelrechten Polarisierung ausweitet, liegt auf der Hand. Es ist ein Kulturkampf zwischen digital geförderter Beschleunigung einerseits und Rückbesinnung auf analog orientierte Entschleunigung andererseits, der sich zunehmend abzeichnet. Zugleich dreht sich dieser Kampf um Freiheit und um Demokratie; denn was sich im Zeichen der digitalen Revolution zusammenbraut, mag zwar einerseits wegen der raschen Einbeziehungsmöglichkeiten vieler *Democracy* fördern; doch andererseits werden die demokratischen Möglichkeiten des Wählens eingeschränkt, insbesondere die einer freien Wahl des eigenen Lebensstils, und der in fast allen Erdteilen um sich greifende Überwachungswahn schadet dem demokratischen Bewusstsein ohnehin[255].

Noch hat die Rede von der digitalen Revolution einen weithin positiven Klang – wie überhaupt das Wort „Revolution" im Kontext von Technologie. So fand ich neulich auf dem Kassenbon eines Supermarkts folgende nette Werbung: „Revolution – weniger Windel. Mehr Freiheit für die Kleinen. Die neuen XY-Höschenwindeln mit innovativer YZ-Technologie." Offenkundig ist die Technikverliebtheit im modernen Menschen von heute so tief verwurzelt, dass Reklame selbst dann noch gern auf das Vokabular der Digitalisierungswelle abhebt, wenn es gar nicht um Digitalisierung geht. Doch derartige Begeisterung ist nur die eine Seite der Medaille: Die technologisch-industriell initiierte Revolution ist keineswegs nach jedermanns Geschmack. Vielmehr ist sie im Begriff, die Gesellschaft zu spalten – in ihre begeisterten Anhängerscharen einerseits und ihre zunehmend aufwachenden Gegner andererseits. Ich spreche im Blick auf diese Erscheinung[256] künftig von der *digitalen Polarisierung* der Gesellschaft. Es wird darum gehen, ob wir schleunigst auf „digitale Demenz" zusteuern – oder auf Bewusstseinserweiterung, weil wir begreifen, dass Umkehr angesagt ist.

An der Karriere des Begriffs „Entschleunigung" lässt sich ablesen, wie sich angesichts der so temporeichen digitalen Revolution eine gegenpolige Stimmung ausbreitet. Wer entschleunigen möchte, ist wahrscheinlich[257] dabei, ein kritisches Bewusstsein angesichts der immer sichtbarer werdenden Auswüchse dieser Kulturrevolution zu entwickeln. Übrigens hat man von „Entschleunigung" noch nicht gesprochen, solange in unserer Gesellschaft kein Mobilfunk etabliert war, der schnellste Vernetzung ungefähr überall hin möglich machte.

Wohin die Menschen in unserer von der Digitalisierung zu immer mehr Hetze und Multitasking getriebenen Gesellschaft mittlerweile gekommen sind, muss ich hier nicht weiter ausbreiten. Man kann über die dramatisch gestiegenen Zahlen von Burn-Out-, Stress- und Depressionsfällen in der Presse unserer Tage oft genug lesen: „Kein Medium, das sich nicht mit dem Thema befasst hätte. Kein größeres Unternehmen, in dem es nicht behandelt wird, und kaum ein Mensch, der nicht einen *burnt-out-case* in seinem Bekanntenkreis weiß."[258] Auch die Fachliteratur kennt die einschlägigen Phänomene und Nöte, die im Zuge der fortschreitenden Digitalisierung unübersehbar geworden sind. Ich nenne exemplarisch so einschlägige Titel wie „Entschleunigung. Abschied vom Turbokapitalismus" von Fritz Reheis (2003²), „Keine Zeit" von Arlie R. Hochschild (2006²), „Seeleninfarkt: Zwischen Burn-out und Bore-out" von Ruediger Dahlke (2012) und „Die Zeit gehört uns. Widerstand gegen das Regime der Beschleunigung" von Friedhelm Hengsbach SJ (2012). Letzterer ruft am Ende zu ziviler Rebellion auf. Philosophisch tief bohrt Peter Heintel in seinem Buch „Innehalten. Gegen die Beschleunigung, für eine andere Zeitkultur" (2007): Der Geschwindigkeitsrausch zwinge zur Flüchtigkeit und zur Flucht. Wegen unserer Schnelllebigkeit herrsche ständig die Angst, etwas zu versäumen. Zum „Geschwindigkeitsrausch" fragt Heintel: „Ist er noch Kultur, oder dominiert er bereits eine Kultur, aus der man sich so rasch wie möglich und immer wieder entfernen muß, will?" Im solchem Geschwindigkeitsrausch gehe es nicht mehr um irgendeine Art Zielerreichung, vielmehr bringe die dauernde Grenzüberschreitung selbst das Hochgefühl: Beschleunigung und Erhöhung der Geschwindigkeit „unterstützen die Illusionsbildung."[259]

Keine Frage – die digitale Revolution hat dank ihrer Beschleunigungs-
kräfte auf viele Menschen eine fast schon berauschende, insofern scheinbar beglückende Wirkung. Bringt sie mit den Möglichkeiten erreichbarer
Gleichzeitigkeiten nicht tatsächlich manchen Zeitgewinn, ja mitunter „gefühlte" Ersatz-Ewigkeiten mit sich? Wer sich mit der Digitalisierung seiner Freiheit abgefunden hat, der pflegt auch leichten Herzens die neue,
technokratische Ersatzreligion[260] zu bejahen. Und doch: Besinnung – ob
auf dem Gebiet der Weisheit, der Wissenschaft, der Politik oder der Religion – geht anders. Wer noch etwas auf Besinnlichkeit und Tiefe hält,
kann diese Entwicklung nicht gut finden.

Selbst wer mit den Oberflächlichkeiten der allgemeinen Digitalisierung
glücklich zu sein meint, fängt in der Regel doch irgendwann an, unter ihr
zu leiden: Er wird depressiv[261], überreizt, die Gesundheit nimmt ab[262]. Daran hat die zunehmende Inhumanisierung der Arbeitswelt ihren Teil: In vielen Unternehmen und Behörden müssen immer weniger Menschen in immer kürzerer Zeit ein immer höheres Arbeitspensum ableisten[263]. Und zwar
nicht selten für immer weniger Geld, denn es beschleunigt sich auch das
Auseinandergehen der Schere von Arm und Reich: „Die Sklaverei ist nicht
wirklich vorbei, sondern in neuen Formen ein Massenphänomen."[264] Sie
ist ein Massenphänomen gerade insofern, als die Beschleunigungskultur
überhaupt – in neuen Formen – so viele hetzt und jagt[265]. Bereits unsere Kinder und Jugendlichen[266], aber desgleichen „ältere Deutsche leiden unter
schwerem Datenstress"[267]. Ständige Erreichbarkeit mutiert von einer beglü-
ckenden Chance zum gnadenlosen Imperativ[268]. Dementsprechend wird
die digitale Revolution nicht nur geliebt, sondern mitunter auch gehasst.

Selbst einschlägige Befürworter Markus Beckendahl und Falk Lüke,
Mitbegründer des Vereins *Digitale Gesellschaft e.V.*, räumen ein: „Wie
jeder gesellschaftliche Wandel, der tief greifend ist, wird auch die fortschreitende Digitalisierung Menschen enttäuschen. Sie wird Existenzen
ruinieren, Lebenskonzepte über den Haufen werfen. Veränderung ist nie
für alle gut."[269] Doch es geht hier nicht nur um den Faktor der Benach-
teiligung, so schmerzlich er für sich genommen ist. Vielmehr geht es um
legitime Skepsis, um begründete Sorge, um erfahrungsgestützte Nüchtern-
heit. Khué Pham und Heinrich Wefing bemerken: „Die Begeisterung für
die Internetrevolution überrollte Parlamente und Presse. Aber vielleicht
war all das nur eine optische Täuschung, hervorgerufen vom Tempo der
Veränderung, vielleicht war das, was wir für eine Revolution hielten, kleiner, langsamer, schwerer zu lesen, als wir dachten. Das Utopische und Über-

schießende, die Erlösungsfantasien, die mit dem Netz verbunden wurden (und werden) – sie haben sich jedenfalls einstweilen nicht erfüllt. Die Revolutionäre von WikiLeaks und der Piratenpartei haben sich selbst entzaubert, an die Stelle grenzenloser Euphorie ist Ernüchterung getreten. Die Welle ist gebrochen."[270]

So nimmt die digitale Polarisierung weiter ihren Lauf und wird auch im Folgenden im Auge zu behalten sein. Ganz grob geschätzt stehen gesamtgesellschaftlich zwei Drittel Begeisterte einem Drittel Skeptikern gegenüber; die Zahlen schwanken natürlich. Dabei wächst sich die Unwilligkeit der Letzteren oft zu einer bejahten und doch auch tragischen Unfähigkeit aus, mit den modernen Kommunikationstechnologien und Apparaten überhaupt umzugehen, während die Begeisterten, die eingefleischten *Digital Natives*, zunehmend Unwilligkeit, Ungeduld und Verachtung gegenüber den „Zurückbleibenden" – zynisch *Digital Immigrants* genannt – zeigen. Beides trägt „zum Aufklaffen gesellschaftlicher, kultureller und sozialer Differenzen bei."[271]

Was aber besonders zu solchem Aufklaffen, zu solcher Polarisierung beiträgt, ist auf der einen Seite der unbedingte Wille zur kulturellen Gestaltung durch Technik, ja zur Technokratie, und auf der anderen Seite die berechtigte Sorge, dass dieser revolutionäre Prozess einer universalen Digitalisierung nicht mehr nach Zustimmung fragt und insofern die Freiheit ruiniert. Technologiekonzerne ergreifen die Herrschaft: „Als globale Organisationen sind sie nationalen Regierungen bei der Konzeption einer neuen Welt überlegen: Sie sind schnell, weil sie die mühsamen demokratischen Prozesse von Willensbildung und Entscheidungsfindung ignorieren. Gesetze oder internationale Verträge benötigen viele Jahre – aus den Laboren der Technikriesen quellen Innovationen im Dreimonatstakt. Nach und nach übertragen Menschen Macht und Einfluss an die Maschinen, die ihrerseits allesamt miteinander verbunden sind."[272] Hier geht es im Endeffekt um nichts Geringeres als um die aufkommende Diktatur einer ganz bestimmten Kulturausprägung – auf Kosten kultureller Vielfalt und freiheitlicher Koexistenz. Zu Ende wird es dann sein mit dem „Recht eines jeden Menschen auf seine Kultur und darauf, dass sie allseits respektiert wird."[273] Deshalb ist das total digitalisierte Morgen den einen ersatzreligiöse Verheißung, den andern aber ein Horror[274].

II. Die ökologische Freiheitsfalle

„Und jetzt wollen wir das 21. Jahrhundert gestalten – mit der
modernen Technologie und der falschen Denkweise.
Dies kann nur in den Graben gehen."[275]

Hans-Peter Dürr

1. *Narzissmus will Freiheit und produziert Unfreiheit*

Gesundheit bedeutet Freiheit. Darum ist Ökologie allemal sinnvoll: Sie
wehrt Beeinträchtigungen des Lebens ab, die durch Schädigungen der
Umwelt zustande kommen. Indessen besteht die Raffinesse der ökologischen Freiheitsfalle darin, dass zwar mancherlei offenkundige Vorteile für
den Schutz der Umwelt, wie sie die digitale Revolution mit sich bringt,
aufs Ganze gesehen dem Leben und der Freiheit zu Gute kommen, dass
aber die Gegenrechnung für die Durchsetzung der Digitalisierung aller
Dinge systematisch unterschlagen wird[276]. Beispielsweise werden gewiss
infolge digitaler Technologien verschiedenste Transportwege mit allen
positiven Konsequenzen eingespart. Doch auf der anderen Seite werden
dafür Unmengen an Energie verpulvert. Namentlich die für die „stille Revolution" erforderlichen Supercomputer-Anlagen[277] verbrauchen bereits
heute „gigantische Energiemengen", wie Franziska Meister recherchiert
hat: „Weltweit fressen sie aktuell etwa so viel Energie wie der gesamte
Flugverkehr."[278] Was dort hineingefüttert wird, fehlt anderswo – das bedeutet notgedrungen vermehrte Unfreiheiten und Einschränkungen durch
mangelnde Gelder und Kräfte, ohne dass hierüber weiter nachgedacht
würde.

Konkret wird die ökologische Freiheitsfalle infolge der ausufernden
Digitalisierung dort, wo sie menschliche Existenzen direkt betrifft. Es handelt sich um die verbreitete Belastung durch eine Strahlung, deren Nutzung durchaus mancherlei neue Freiheiten eröffnet, die aber ökologisch
nicht ohne Risiken ist, wie insbesondere Umweltmediziner wissen. Gemeint sind Funk- bzw. Radar-Emissionen, ohne die der Fortgang der digitalen Revolution nahezu undenkbar wäre: Sie wachsen sich zu steigenden
Schädigungen von Mensch und Umwelt aus, zumal das weitere Ausgrei-
fen der Digitalisierung mit dem „mobilen" Internet zusammenhängt. Mobilfunk und sonstige Funktechnologien, die neben Kabelbreitbandnetzen

schnellste Datenübertragung ermöglichen, sind zwar unsichtbar, aber – das zeigt die Forschung immer deutlicher – biologisch mitnichten völlig wirkungslos[279]. Heutzutage wird dies freilich immer noch teils naiv, teils äußerst gewievt in Abrede gestellt – oder mitunter sogar als unumgänglich eingeräumt und zugemutet. So schnappt die ökologische Freiheitsfalle zu.

Gewiss: Von Umweltschutz und Ökologie ist in unserer Gesellschaft viel die Rede, aber erstaunlich selten in kritischer Wendung gegen die Auswüchse der digitalen Revolution. Im Konfliktfall siegt Ökonomie über Ökologie, denn „Freiheit ist vor allem Wirtschaftsfreiheit."[280] Schon 1989 hatte der Berliner Umweltpolitik-Forscher Udo Ernst Simonis betont: „Selbst bei zukünftig langsamerem Wirtschaftswachstum wäre bei sonst gleichen Bedingungen damit zu rechnen, daß die Umweltbelastung weiter zunimmt. Um diesen negativen Zusammenhang zwischen Wirtschaftswachstum und Umweltqualität aufzulösen, muß die Gesellschaft lernen, Umweltverbrauch und Umweltbelastung drastisch zu senken."[281] Dass die Ökonomie die Ökologie aufzufressen drohe, wurde von Simonis bereits damals unterstrichen. Die Gesellschaft müsse Genügsamkeit lernen, also auch die Schadstoffbelastung der Umwelt zu reduzieren. Simonis und ähnlich Gesonnene konnten jedoch nicht verhindern, dass statt Genügsamkeit in unserer Gesellschaft – ganz im Interesse heutiger Ökonomie[282] – „Gier" zur Leitparole wurde. Mit Recht hatte der Berliner Professor gemahnt: „Die natürliche Umwelt wird durch die Produkte, die die Wirtschaft erzeugt, und die Technologien, die sie anwendet, in Mitleidenschaft gezogen. Die Harmonisierung von Entwicklung und Umwelt erfordert daher die ökologische Strukturanpassung der Wirtschaft im Sinne emissionsarmer (letztlich: emissionsfreier) Produkte und Technologien." Doch wo sind wir seither hingekommen?

Aus psychologischer Sicht stellt die ökologische Freiheitsfalle kein allzu großes Rätsel dar. „Dass die menschliche Freiheit begrenzt ist, ergibt sich aus der Endlichkeit des menschlichen Lebens"[283] – und diese Grundkränkung sucht der Mensch mit aller Energie zu überwinden. Er setzt ihr massive Selbstliebe entgegen, kraft derer er bestrebt ist, Freiheit und Leben für sich zu mehren und zu sichern. Solche folgenreiche Selbstverliebtheit nennt die Tiefenpsychologie *Narzissmus*. Im Zuge der krankhaften Durchsetzung seines Freiheitswillens schreckt das narzisstische Subjekt nicht davor zurück, die Freiheit anderer zu beschädigen. Wo sich nun der Narzissmus zu einem Kulturphänomen auswächst, dort kann man auch kollektiv von einer „narzisstischen Gesellschaft" reden, wie das der Psychotherapeut Hans-Joachim Maaz im Titel seines Bestsellers von 2012 tut. Er zeichnet das Diagramm einer Gesamtsituation, die sich kaum zufällig mit dem Fortschreiten der digitalen Revolution entwickelt hat.

Der Begriff des Narzissmus rührt her von dem altgriechischen Mythos über die Figur des *Narziss*, der – unterwegs auf der Flucht vor Unfreiheit und Abhängigkeit – im Wasser einer schlammfreien Quelle sein Spiegelbild entdeckte: Es bezauberte ihn derart, dass er sich gewissermaßen in sich selbst verliebte[284]. Mit Hilfe dieses Mythos lässt sich das Phänomen tiefsitzender Selbstverliebtheit, ja einer pathologischen Egomanie tiefenpsychologisch benennen und beleuchten. Gewöhnlich wird aber zunächst ein gesunder Narzissmus unterschieden von einem krankhaften: „Ein gesunder Narzissmus ist die Grundlage für erlebten Selbstwert und gelebtes Selbstvertrauen."[285] Solche Selbstliebe ist das Ergebnis von Zuwendung, Einfühlung, Bestätigung und Befriedigung individueller Bedürfnisse durch erfahrene Liebe. Schon das biblische Gebot „Du sollst deinen Nächsten lieben wie dich selbst" lässt – einschließlich seiner Analogien in anderen Religionen – eine durchaus angebrachte Selbstliebe geradezu als grundlegende Entsprechung zu der ethischen Forderung nach emphatischer Liebe zum anderen erkennbar werden. Im psychischen und moralischen Sinn „verkehrt" wird solche Selbstliebe, in der sich der Mensch als Geschöpf Gottes bejahen darf, erst dort, wo sie in Selbstverliebtheit umkippt und so das Element der Nächstenliebe und das gesunde Weltverhältnis unterminiert.

Das grundlegende Ja zu sich selbst bildet sich psychisch sehr früh aus nämlich zu einer Zeit, in der von einem auch nur ansatzweise reflektierten Selbst noch keine Rede sein kann und dennoch bereits eine Dynamik von Nehmen und Geben gefühlt wird. Die Tiefenpsychologie weiß um den sogenannten Primär-Narzissmus des Säuglings und versteht darunter innere Vorgänge und Verhaltensweisen, die sogar schon vorgeburtlich anheben und sich bis zum Aufbau von Ich und Ich-Ideal hinziehen. Narzisstische „Selbstverliebtheit" stellt ein rudimentäres Erleben und Leben von ursprünglicher Geborgenheit und naturgemäß selbstbezogener Erfülltheit dar, dem Mangel, Leid und Differenzerfahrung noch einigermaßen fremd sind – gewissermaßen eine Art „Wellness-Nirwana". Im späteren Leben kommt es immer wieder zu weithin unbewussten Rückbewegungen, zu „Regressionen" in jene frühen, fast raum-zeitlosen, fließendharmonischen Urzustände der Seele, in denen das Gefühl der Liebe primär als diffuse Selbstliebe erfahren wird. Auf sie lassen sich Allmachtsphantasien, Unsterblichkeitsempfindungen, ein quasi-mystisches Empfinden des „Eins-Seins mit dem All"[286] und magische Gefühle zurückführen, wie sie in reiferen Lebensstadien gerade dann gerne wieder auftauchen, wenn es um die Kompensation von schmerzlichen Ohnmachtsgefühlen geht. Narzisstische Urgefühle – so erläutert der Psychologe Wolfgang Bergmann – „wollen sich mit der realen Welt nicht abfinden", sondern zeigen in pathologischer Richtung „eine Triebkraft hin zur Rückführung in die Undifferenziertheit und Weltlosigkeit des frühesten seelischen Erlebens."[287] Repräsentiert wird hier eine Erfahrung des „verlorenen Paradieses", das sich ein wenig mit jenem märchenhaften Schlaraffenland vergleichen lässt, in dem die gebratenen Tauben dem Schläfer in den geöffneten Mund fliegen, Wunsch und Befriedigung also wie beim Fötus im Mutterleib als total gleichzeitig erlebt werden. Dadurch werden zugleich jene Allmachtsempfindungen genährt, die auch im späteren Leben sehnsuchtsvoll aufscheinen können.

Dass an diese narzisstische Gefühlswelt das Angebot der digitalen Technik von heute wunderbar anzudocken vermag, ja gezielt andocken möchte, ist unschwer zu erkennen[288]. Man lebt vielfach im Horizont lustbesetzter Allmachtsphantasien: „Mein Ich ist unendlich. Es gibt keine Herausforderung, die nicht bewältigt werden könnte…"[289] In der digitalen Welt gibt es Bergmann zufolge „kein Ich im herkömmlichen Sinn, schon gar keines, das unveränderlich ist und sich in irgendeiner Weise festlegen ließe."[290] Laut Schirrmacher ist das bisher gekannte Ich nurmehr eine störende Gewohnheit, ein Automatismus, der stumpf und träge macht – der Mensch als halbgöttlicher Avatar hingegen ist „befreit von den Zwängen der Wiederholung gleichsam körperlos, eine reine Idee."[291] Demgemäß löst sich das aufgeklärte Bewusstsein neuzeitlicher Autonomie auf zu Gunsten eines digitalisierten Freiheitsverständnisses, das die Luft der neuen Ära smarter Virtualitäten atmet. Und mit Blick auf das Jahr 2037 prophezeit die Trendforscherin Birgit Gebhardt: „Die Ich-Bezogenheit nimmt zu…"[292]

Schon Sigmund Freud hatte wahrgenommen, wie die Selbstverliebtheit des Menschen im Sinne einer Selbstvergötterung durch die moderne Technik befördert wird: Der Mensch, der früher ehrfürchtig die Götter verehrte, sei nun beinahe selbst ein Gott geworden, freilich nur „eine Art Prothesengott…, recht großartig, wenn er alle seine Hilfsorgane anlegt, aber sie sind nicht mit ihm verwachsen und machen ihm gelegentlich noch viel zu schaffen."[293] Wie emsig wird heute mit digitalen Mitteln daran gearbeitet, dass die „Hilfsorgane" immer weiter perfektioniert werden und so scheinbar den eigenen Selbstwert mehr als bestätigen! Beispielsweise wird die stolze Mobilfunk-Übertragungsrate von 100 Megabit pro Sekunde noch weiter auf 200 hochgepuscht, erbringen immer zahlreichere Smartphone-Apps immer tollere Dienstleistungen, ja können Menschen digital jetzt nicht nur Texte, sondern auch schon Gegenstände „drucken"[294]: Welch neue Freiheiten – und welch neue Risiken[295]! Es geht offenkundig in einer materialistisch orientierten Gesellschaft ersatzreligiös immer wieder „darum, das menschliche Selbstbewusstsein in seiner Selbstherrlichkeit aufzublähen – um unser Leben wertvoller erscheinen zu lassen."[296]

Innerlich aufgebläht sah bereits der Erfinder Nikola Tesla den Menschen als „fast Gott gleich" und als großen Kreator an: „Die Allmacht des Menschen reicht in seiner Vision sogar soweit, dass er die Größe dieses Planeten verändern kann, die Jahreszeiten kontrollieren, den Abstand zur Sonne bestimmen und seinen ewigen Weg in jede Richtung durch die Weiten des Universums leiten kann, ganz wie er mag'."[297] Erinnert solche Tendenz zur technisch basierten Selbstvergöttlichung nicht an Friedrich Nietzsche, der seinen Zarathustra bereits im 19. Jahrhundert hatte rufen lassen: „So schweigt mir doch von allen Göttern! Wohl aber könntet ihr den Übermenschen schaffen..."[298]? Und der seinen „tollen Menschen" nach der Entdeckung des „Todes Gottes" hatte fragen lassen: „Müssen wir nicht selber zu Göttern werden...?"[299] Ja der sein innerstes Bestreben ausformulierte: „*Wenn* es Götter gäbe, wie hielte ich's aus, kein Gott zu sein!"[300]? Sollte nicht hier bereits der sogenannte Transhumanismus philosophisch grundgelegt sein?

Die Richtung der digitalen Revolution ist unzweideutig. „Handy und Mail sind eine Art Nuckelflasche, aus der man sich süßen Brei holt", beobachtet Alex Rühle[301]. Und der Trendforscher Mathias Horx seufzt: „Wir merken noch nicht einmal, die bigott wir eigentlich sind!"[302] Das gilt nicht zuletzt hinsichtlich der ökologischen Rücksichtslosigkeit im Umgang mit den teuren Geräte-Materialien durch die Kundschaft, aber auch durch die herstellende Industrie. So unterstreicht Silvia Liebrich: „Kompostierbare und komplett recycelbare Kleidung und Verpackungen gibt es bereits. Bei Smartphones und einfacheren Mobiltelefonen ist das bislang nur eine Vision."[303]

Namentlich das Internet ist geeignet, einen forcierten, krankhaften Narzissmus in der Verbraucherschaft zu fördern: Der ersatzreligiösen Selbstvergöttlichung oder besser Selbstvergötzung dienen viele seiner Strukturen auf versuchlichste Weise[304]. Unter anderem zählt hierzu die ungebremste Internet-Kriminalität, deren Egozentrik es auf den Schaden anderer nicht im Geringsten ankommt. Der Umstand, dass dieses Internet dank Mobilfunk „mobil" geworden ist, hat dem digital geförderten Narzissmus deutlich weiteren Auftrieb verschafft. Bergmann erläutert: „Wenn sich nun also mit Hilfe der neuen Technologien urplötzlich Erlebnislandschaften und Kommunikationsfelder auftun, die den harten, widerständigen Charakter der gegenständlichen Welt zeitweise widerrufen – sollten dann die zurückgedrängten archaischen und narzißtisch-untröstlichen Wunschanteile nicht nach ihnen greifen wie nach einer unvergleichlichen Befreiung?"[305] Diese scheinbare „Befreiung" kommt allerdings der Ersatz-„Erlösung" eines Drogentrips nahe. Tatsächlich ist der Name *Narziss* verwandt mit dem Begriff der Narkose: „Die Unterdrückung des Fühlens, des Schmerzes wird damit Programm. Wer keinen Schmerz mehr empfindet, braucht auch keinen Trost, wird damit unabhängig und stolz, was die ,Grandiosität' des Narzissmus erklärt."[306]

Namentlich der Rückgang der Empathie in der „narzisstischen Gesellschaft" wird von daher verständlich: „Ein wesentliches Symptom des Narzissmus ist die Unfähigkeit zur Empathie. Der narzisstisch gestörte Mensch ist nur mit sich selbst beschäftigt, um die Wunden zu lecken, die durch Liebesmangel geschlagen wurden, da bleibt kein Raum für andere."[307] Der im *New Digital Age* immer öfter glücklich[308] betäubte, sich geradezu süchtig machende Mensch „surft auf der Welle der Moden und des Zeitgeistes und ist ständig Opfer von Suggestionen und Verheißungen."[309] Maaz zufolge sind die Störungen der Selbstliebe heutzutage so häufig geworden, dass man von einer „gestörten Normalität" sprechen kann. Nur noch die extremeren Formen werden als Krankheit wahrgenommen. Indes – die „,Ansteckung' und Verbreitung der narzisstischen Störung mit ihren zerstörerischen und lebensbedrohlichen Folgen lässt sich, ähnlich der Pest im Mittelalter, kaum noch beherrschen."[310]

Ursprünglich hatte schon Ovid im Zusammenhang mit Narziss von einer „Neuheit des Wahnsinns" gesprochen[311]. Um wieviel mehr wäre heute im Blick auf die durch digitale Neuheiten geprägte „narzisstische Gesellschaft" eigentlich von einer Wahnsinns-, nämlich dem Digitalisierungswahn verfallenen Gesellschaft zu reden! Hatte nicht passend dazu Nietzsche, jener Prophet des transhumanen „Übermenschen", tatsächlich an einen wahnsinnigen Gott geglaubt[312]? Und sollte sich nicht die von Schirrmacher inkriminierte, digital programmierte Übersteigerung menschlicher

Ego-Manie[313] ihrerseits als deutliches Zeichen von Irrsinn, im weiteren Sinn von „digitaler Demenz" einordnen lassen?

Es sind durchaus – wenngleich nicht ausschließlich – die Folgen der technizistischen, alles digitalisierenden Grundhaltung, die unsere psychisch kranke Gesellschaft charakterisieren. Maaz weiß: Der „Informationsreichtum der computervernetzten Welt überreizt das Nervensystem, lässt die natürliche Neugier und Entdeckerfreude erlahmen, fördert Abhängigkeit und Süchtigkeit und produziert neue Kriminalität."[314] Vorhandene seelische Kränkungen und Verletzungen würden durch Erfolge nur verschleiert und bemäntelt, wirkten aber „in der Tiefe weiter, um sich schließlich in unerwarteten Konsequenzen doch zu zeigen und sich nun destruktiv-energetisch abzureagieren." Fortschritt und Verbesserungen seien das Futter, mit dem die Minderwertigkeit und die Selbstunsicherheit, weil zwangsläufig erfolglos, genährt würden: „Die Hoffnung, die aus Selbstwertstörungen gespeist wird, ist stärker als alle Vernunft."[315] Ist es nicht solch narzisstisches Hoffen mit seinem irrationalen Drang, das die digitale Revolution vorantreibt? So wird gegen alle Vernunft auch umwelt- und gesundheitsschädigendes Verhalten mitnichten aufgegeben.

Das Hineinschlittern in die ökologische Freiheitsfalle wird nicht nur von narzisstischen Bedürfnissen nach Ersatzbefriedigung bewirkt[316], sondern es verdankt sich auch dem Umstand, dass Menschen mit narzisstischen Störungen problematische, leidvolle gesellschaftliche Verhältnisse geradezu brauchen: Sie helfen ihnen nämlich, ihr wirkliches, tief in der Seele sitzendes Leid zu vertuschen und zu vergessen[317]. Dass tiefes Leid oft auch ein religiöses, den irdischen Rahmen sprengendes Fragen nach dem letzten Sinn auslöst, ist nur zu verständlich. Wo nun aber keine Antwort auf solches Fragen, auf das sogenannte Theodizee-Problem[318] gefunden wird, dort muss das tiefe Leiden an Schmerz und Vergänglichkeit entweder in Gestalt konkreter Gegenwartserfahrungen zur Ablenkung am tiefer liegendem Schmerz benutzt werden – oder es muss verdrängt werden. In der narzisstischen Gesellschaft ist solche Verdrängungsleistung an der Tagesordnung: „Der Ablenkungszwang bedient sich heute vor allem des Fernsehens, des Internets und des Mobilfunks. Narzisstisch bedürftige Menschen machen sich zu Junkies der medialen Angebote, der Sintflut an sinnloser, überflüssiger und verwirrender Information aus dem Internet und der Erreichbarkeit über das Handy. Man beobachte nur einmal, mit welch nichtigen, überflüssigen Informationen ein unfreiwilliger Zuhörer auf Flughäfen, in Zügen oder Gaststätten durch den unablässigen Handygebrauch belästigt wird. Daran wird nicht nur die Kontaktnot der plappernden Menschen deutlich, sondern auch ihre versteckte Aggressionen, mit ihrer narzisstischen Bedürftigkeit andere zu stören und zu quälen."[319]

Tatsächlich verbindet sich mit der narzisstischen Haltung nicht nur ein Hang zur Rücksichtslosigkeit[320], sondern sogar zur Destruktion, ja zu Vernichtungsphantasien[321]. Denn im Dienst der narzisstischen Perspektive muss „alles andere als Mittel aufgeopfert" werden: „Absolute Idealsetzung bedarf absoluter Verleugnung dessen, was nicht dazu paßt."[322] Von daher erklärt es sich, dass die digitale Revolution in der narzisstischen Gesellschaft gegenwärtig Züge annimmt, die an noch nicht dagewesene totalitäre Bedrohungen mittels modernster Technologie denken lassen. Die Freiheit ist in Gefahr.

2. Gewissen und Wissenschaft im Zeitalter digitaler Explosion

Die ökologische Freiheitsfalle kann nur dort zuschnappen, wo Gewissen zunehmend manipuliert oder korrumpiert sind und wo daher auch die Wissenschaft ihr Ideal der Unbestechlichkeit aufgegeben hat. Im *New Digital Age* ist leider all dies offenkundig der Fall. Dabei gilt laut dem „Lexikon der Bioethik": „Angesichts des wachsenden Drucks der ökonomischen, konsumtiven, technischen, sozialen und informationellen Systeme, die den Alltag, die Lebenswelten und selbst die persönlichen Denkmuster der Einzelnen immer stärker durchdringen, stellt die institutionelle Garantie des Respekts vor dem individuellen Gewissen heute auch vor die Aufgabe, dieses substantiell zu stärken, damit es nicht einer strukturell bewirkten Ohnmacht und Ratlosigkeit erliegen muss."[323]

Psychologische Schulen haben über das menschliche Phänomen des Gewissens, seine Entstehung und Entwicklung in Kultur und Individuen unterschiedliche Theorien entwickelt. Die bekannteste ist die von Sigmund Freud, der vom „Über-Ich" spricht. Allein dieser Begriff signalisiert, was im Grunde unstrittig ist: dass nämlich das Gewissen, wie immer man es näherhin verstehen und definieren mag, eine seelische Größe darstellt, die in einem bestimmten, keineswegs deckungsgleichen Bezug zum „Ich" steht. Es handelt sich jedenfalls um eine psychische Instanz, die das Ego in einen kritischen Horizont stellt; ob dieser kulturell vermittelt, wandelbar oder religiös zu deuten ist, darüber gehen die Meinungen auseinander. Wiederum steht außer Frage, dass sich das Gewissen keineswegs auf eine völlig stabile Einrichtung im Menschen reduzieren lässt, sondern zugleich eine – obschon nicht gänzlich, so doch in Teilen – verdrängbare, korrumpierbare Größe darstellt.

In der Bibel ist klar, dass der menschliche Geist gar nicht bestehen könnte ohne die ihn erleuchtende und doch verborgene Präsenz des Schöpfergottes (Joh 1,9). Demnach eignet dem Gewissen ein im intentionalen Ahnen unerschütterlichen Grundwissen um das Gute, ja um den Guten: „Auch wenn die anderen Völker das Gesetz Gottes nicht haben, gibt es unter ihnen doch Menschen, die aus natürlichem Empfinden heraus tun, was das Gesetz verlangt. Ohne das Gesetz zu kennen, tragen sie es also in sich selbst. Ihr Verhalten beweist, dass ihnen die Forderungen des Gesetzes ins Herz geschrieben sind, und das zeigt sich auch an der Stimme ihres Gewissens und an den Gedanken, die sich gegenseitig anklagen oder auch verteidigen" (Röm 2,14-15)[324]. Gäbe es eine solche leise Stimme des Gewissens nicht, könnte in keiner Religion von einem göttlichen Endgericht für alle Menschen die Rede sein. Daneben kennt bereits die biblische Tradition das Wissen um kontextuell, auch spirituell unterschiedlich ausgeformte und wirksame Ausprägungen des Gewissens (z.B. 1. Kor 10,28; 1. Tim 4,2). Im Zeichen der befreienden Botschaft von Jesus Christus kann sogar ausdrücklich differenziert werden: „Wann immer unser Gewissen uns anklagt, dürfen wir wissen: Gott in seiner Größe ist barmherziger als unser eigenes Herz" (1. Joh 3,20). So schenkt der Geist Gottes den Glaubenden ein befreites, in diesem Vollsinn gutes Gewissen, das auf Grund der Erfahrung[325] lebendiger Gnade in ganz neuer Weise zur Quelle guten Handelns werden kann.

Umgekehrt weiß die Bibel auch um Verstockung, um verdüsternde Entzogenheit des Wortes, des Geistes Gottes und in solch doppeltem Sinn um schlechte Gewissen, ja um eine bestimmte Art von Gewissenlosigkeit. Die jeweilige Relation von Gott, Welt und Ich führt demnach zu entsprechenden Resultaten. Der lateinische Begriff für „Gewissen" macht das Miteinander dieser Bezugsgrößen deutlich: *conscientia* heißt wörtlich „Zusammenwissen". Es geht also bei der Rede vom Gewissen um einen ganzheitlichen Begriff.

Im Kontext einer Ersatzreligion muss theologisch mit der Vorherrschaft geschwächter Gewissen gerechnet werden. Gerade der Narzissmus der technokratisch durchgestilten Gesellschaft macht das digitalisierte Bewusstsein korrupt, weil es die Vorteile der technologischen Entwicklung nicht verpassen will und daher kaum nach Rücksichtnahme aufs eigene gesundheitliche Befinden oder auf das anderer zu fragen bereit ist. Oft ist ihm kein guter Gott mehr bewusst – oder es glaubt noch an ihn, sucht aber seine „leise Stimme" zu verdrängen. Gerade narzisstische Strukturen sind geeignet, das Gewissen zu schwächen[326], denn sie erlauben „die Phantasie, dass einem alles gegeben und erlaubt sei"[327]. Zwar sagt laut dem Apostel Paulus gerade das befreite Gewissen: „Alles ist mir erlaubt" – aber dies nun in der Bindung an den durch und durch als Liebe verstandenen Herrn, dessen Geschenk der Freiheit nicht mehr verspielt werden will: „Alles ist mir erlaubt, aber nichts soll Macht haben über mich" (1. Kor 6,12). Wo dieser Geist nicht herrscht, dort droht narzisstisch innere und äußere Haltlosigkeit.

Und mehr noch legt sich in einer narzisstisch ausgeprägten Gesellschaft das wenig gewissenhafte Motto nahe: Was machbar ist, ist auch erlaubt. Technokratie und Gewissenhaftigkeit wohnen in diesem Sinn selten beieinander. Psychologisch ergibt sich im Kontext eines narzisstisch bestimmten Gewissens „die Auflösung gewisser Grenzen in Wert, Wahrheit und Handlung."[328] Genau dies zeigt sich dort, wo digitalisierte Seele produzieren und konsumieren. Abgestumpfte Gewissen mit verfranstem Ich, gekoppelt an virtuelle Identitäten, verwahren sich gegen die Einsprüche warnender Stimmen – seien sie laut oder leise. Gebannt von den technologischen Versuchungen bestechenden Könnens, wollen sie nichts hören von letzter Verantwortung und transzendent verankerten Werten.

> So erläutert der große Ethiker Hans Jonas: „Das unvermeidlich ‚utopische' Ausmaß moderner Technologie führt dazu, daß der heilsame Abstand zwischen alltäglichen und letzten Anliegen, zwischen Anlässen für gewöhnliche Klugheit und Anlässen für erleuchtete Weisheit stetig schrumpft. Da wir heute ständig im Schatten ungewollten, miteingebauten, automatischen Utopismus leben, sind wir ständig mit Endperspektiven konfrontiert, deren positive Wahl höchste Weisheit erfordert – eine unmögliche Situation für den Menschen überhaupt, weil er diese Weisheit nicht besitzt, und für den zeitgenössischen Menschen im besonderen, der sogar die Existenz ihres Gegenstandes leugnet, die Existenz nämlich absoluten Wertes und objektiver Wahrheit."[329] Die technizistische Ersatzreligion kennt weder Weisheit noch Gewissen im letztgültigen Sinn.

Deshalb eignet sich das Gewissen unter Berücksichtigung seiner verformbaren, ja korrumpierbaren Dimension heutzutage auch kaum als gemeinsame Ebene für ein „Zusammenwissens", das letztgültige Wert- und Orientierungsmaßstäbe mit dem Wissen der Wissenschaft vereinen möchte: *conscientia* und *scientia* bleiben zweierlei. So erläutert der Philosoph

Georg Picht, es fehle eine wissenschaftliche „Theorie von den Zielsetzungen der Wissenschaft."[330] Müssten doch solche Zielsetzungen nicht nur zutiefst rational, sondern auch gewissenhaft begründet sein – im Sinne eines tiefen „Zusammenwissens" von Mensch, Gott und Welt! Zwar war Picht zufolge die europäische Wissenschaft schon immer „von dem in seiner tiefsten wurzelreligiösen Glauben getragen, daß die Menschheit in der Erkenntnis der Wahrheit ihre Bestimmung erfüllt, und daß deshalb alle übrigen Kräfte, Möglichkeiten und Mittel der Menschen in den Dienst dieses großen Zieles gestellt werden müßten. Im 20. Jahrhundert ergießt sich aber nun das ganze Pathos dieses Glaubens in die Erschließung der unbegrenzten Möglichkeiten der Technologie. Daraus erklärt sich, daß die große Mehrzahl von allem der Naturwissenschaftler auf jeden Zweifel an dem Satz, daß man alles *machen* soll, was man *machen* kann, wie Gläubige auf eine Gotteslästerung reagieren."[331] Die Utopie, aus der die moderne Wissenschaft ihre Impulse beziehe, sei tatsächlich das Bild einer total rationalisierten Welt, in der eine schrankenlose Technologie der Wissenschaft alles zu machen erlaube, was sie machen könne[332].

Im Kontext der heute sich ausbildenden technokratischen Ersatzreligion schieben sich für die Wissenschaft materielle, ökonomisch umsetzbare Werte noch weiter in den Vordergrund[333]. Forscher sind primär „an der Rationalität ihrer Geldgeber und damit an der Rationalität ihres Betriebes selbst interessiert", wusste schon Picht: „Die Tragweite dieser Feststellung wird erst sichtbar, wenn man sich klarmacht, welche Folgen es hat, daß eine Wissenschaft, die durch das Medium der Technik und der industriellen Produktion die Welt, in der wir leben, beherrscht, sich nicht nur jeder politischen Kontrolle, sondern auch ihrer Selbstkontrolle entzieht."[334] Heutzutage ist es in der ZEIT nachzulesen: „Wissenschaft muss profitorientiert sein."[335] Offenbar gebe es eine eigenartige Gewöhnung an die Ökonomisierung der Forschung: In einer Zeit, in der immer mehr Schulen, Krankenhäuser und Theater privatwirtschaftlich geführt würden, scheine es, als ob die Hochschulen zunehmend akzeptierten, dass Wissenschaft nicht in erster Linie Erkenntnis bringen müsse, sondern Geld. Studien würden gekauft und verkauft wie auf einem Markt.

Was aber kann angesichts einer derart ökonomisierten und digitalisierten Kultur noch die Gewissensfreiheit der politischen Verantwortungsträger bedeuten, die auf die angeblich so freien Wissenschaften erwartungsvoll hinblicken? Picht zufolge sind die rationalen Apparate der Wissenschaft und ihre unermesslichen Machtpotenziale dem blinden Spiel

von irrationalen Gewalten ausgeliefert: „Die Wissenschaft ist vernunfts-
los, weil sie zwar alles macht, was sie machen kann, aber nicht darauf reflektiert, was sie machen soll."[336] Das aber gilt erst recht unter den Bedingungen einer digitalisierten Wissensgesellschaft[337]. Neuere Untersuchungen zeigen, dass Wissenschaftsfälschungen längst an der Tagesordnung
sind: „Wer es schlau anstellt, verwischt als Forscher die Grenzlinie zwischen Irrtum und bewusstem Betrug. … Was einige Wissenschaftler tun,
ist Teil eines Geschäfts: Viele forschende Universitätsinstitute können
ohne den ständigen Geldstrom (Drittmittel) aus Industrie und Wirtschaft
nicht mehr existieren. Mehr denn je nutzen Firmen Studien als Marketing-
instrumente."[338] Wie auch sollte die unter dem Primat der Ökonomie digitalisierte Gesellschaft anders funktionieren als auf der Basis einer zum
Teil nicht einmal mehr verborgen gehaltenen Gewissenlosigkeit?

Die von daher sich aufdrängende Frage, ob die Welt durch die Emanzipation der Vernunft von den alten Bindungen der Religion und Moral vernünftiger, gerechter und menschenwürdiger geworden sei, ist mit Picht
entschieden zu verneinen: „Die Rationalisierungstechniken, welche die
Wissenschaft entworfen hat, wurden zum Ausbau von Terrorsystemen benutzt, wie sie die Weltgeschichte noch nicht kannte. Nie ist die Freiheit so
geknechtet, die Menschenwürde so geschändet, das Denken und Empfinden so zynisch manipuliert worden wie in der religionslosen Welt, in der
wir leben."[339] Diese bereits vor Jahrzehnten formulierten Sätze treffen in
unserer heutigen, von Digitalisierungszwängen und -exzessen durchsetz-
ten Welt noch weit mehr zu. Wissenschaftlichkeit ist kein Garant für
Wahrheit, Wahrhaftigkeit, Gewissenhaftigkeit und Freiheit. Der Heiligen-
schein eines ersatzreligiösen Szientismus bedarf der Entmythologisierung
– insbesondere seit im Begriff von *conscientia* aus der Dreiheit von Ich,
Welt und Gott die entscheidende Letztgröße entfernt und durch eine
quasi-magische[340] „IT" ersetzt wurde.

Seither blieb das Ich mit seiner Welt und Vernunft allein. Und so wurde es narzisstisch, um seine eigene Ersatzreligion auszuformen. Der Theologe Oswald Bayer warnt: Eine Vernunft, die sich ihrer Innerweltlichkeit
nicht bewusst bleibt, verliert ihre „Weltlichkeit und belastet sich mit
Glücks- und Heilsversprechen; sie wird zum Religionsersatz."[341] Picht
spricht als christlicher Philosoph von „einer gerade durch die Rationalität
immer mehr der Vernunftlosigkeit verfallenden Welt."[342] Heute bringt eine
wissenschaftlich gestützte, algorithmisch organisierte Ersatzreligion die
Digitalisierung der Freiheit mit revolutionärem Elan voran. Dabei hat schon

Picht prophetisch wahrgenommen: „Hinter dem Rücken der modernen Rationalität vollzieht sich, widerstandslos und ohne Kontrolle, eine kollektive Regression gesamtgesellschaftlichen Bewußtseins auf jene primitiven Stufen, welche die großen Religionen mit der Begründung der alten Hochkulturen und der Ausbildung der mythischen Formen des Denkens überwunden hatten. Dem Aberglauben sind keine Grenzen gesetzt, wenn man es unternimmt, den Glauben aus der Welt zu schaffen. Man braucht nur die futurologische Literatur zu studieren, um sich von der Wahrheit dieses Satzes zu überzeugen."

3. Das bedenkliche Veralten von Ethik schlechthin

Dem Ethiker Hans Jonas zufolge hat die moderne Technik „Handlungen von so neuer Größenordnung, mit so neuartigen Objekten und so neuartigen Folgen eingeführt, daß der Rahmen früherer Ethik sie nicht mehr fassen kann."[343] In der Tat wäre eine neue Ethik vonnöten – aber wer bringt hier überzeugende Angebote? Zumal die Korruption der Gewissen kollektive Gestalt annimmt, veraltet jede überkommene Ethik, ohne ersetzt zu werden. Denn „die Geschwindigkeit des Wandels führt automatisch zum Ausbleiben langfristiger Verpflichtungen und Planungen."[344] Dem Theologieprofessor und Altbischof Wolfgang Huber zufolge „handelt die Ethik von der Möglichkeit eines Lebens aus Freiheit."[345] Schwindet also die Ethik, dann stirbt die Freiheit. Welch eine Gefahr droht da in unserer technizistisch dominierten Zeit!

Nach den Maßstäben einer differenzierten Ethik besitzt unsere narzisstische Gesellschaft eine deutliche Nähe zu hedonistischen und utilitaristischen Grundhaltungen. Einfacher ausgedrückt: Ihre Handlungsorientierungen richten sich primär nach dem Lustprinzip und nach vordergründigem Nützlichkeitsdenken. So hat Papst Benedikt XVI. anlässlich seines Deutschlandbesuchs im September 2011 beklagt: „Der Religion gegenüber erleben wir eine zunehmende Gleichgültigkeit in der Gesellschaft, die bei ihren Entscheidungen die Wahrheitsfrage eher als ein Hindernis ansieht und stattdessen Nützlichkeitserwägungen den Vorrang gibt."[346] Immerhin verstehen sich auch hedonistische oder utilitaristische Konzepte im weiteren Sinn als ethische Modelle. Nach welcher Logik mithin Ethik funktioniert, welcher Grammatik sie folgt, das hängt von ihren Leitwerten und transzendentalen Bezugsgrößen ab.

In einer Gesellschaft, in der die stille Revolution der Digitalisierung am Werk ist, werden auch die soziokulturellen Leitwerte revolutioniert. Schon in den 70er Jahren hat Erhard Ratz erkannt: „Die technische Zivilisation brachte überall dort, wo sie sich durchsetzte, eine tiefgreifende Krise der überkommenen Normen und bewährten Traditionen. Menschen begannen sich anders zu orientieren. Neue Werte schienen den alten überlegen zu sein. Dementsprechend änderten sich die Normen – oft unbemerkt, langsam zögernd – aber in zunehmendem Maße spürbar deutlich. Religionen zerbrachen zwar nicht, aber ihre Normenkataloge gerieten in Vergessenheit."[347] Und Hans A. Pestalozzi notierte bereits damals: „So wie heute wohl kein vernünftiger Mensch mehr wagt, die These von der Wertfreiheit der Wissenschaft aufrechtzuerhalten, so ehrlich müssten wir auch in Bezug auf die Technik sein; es gibt also auch keine wertfreie Technik."[348] Drei Jahrzehnte später machte Axel Siegemund in seinem Buch „Technik als Wertsetzung und Lebenspraxis" (2009) deutlich, die fortschreitende Technisierung des Lebens scheine zwar eine Selbstverständlichkeit zu sein, auf die man sich global verständigt habe; gleichwohl erfasse Technik unsere Bedürfnisse und erkläre uns die Welt, indem sie einfach jeden betreffe. Erst langsam beginnt man in der Bevölkerung die Tragweite dieses Sachverhalts zu begreifen. Änderungen in der Wertehierarchie, ja in der Wertesubstanz sind die logische Folge eines veränderten, narzisstisch zugespitzten Wirklichkeitsverständnisses, dessen ursprünglich transzendenten Horizonte umso stärker in die Immanenz verlagert erscheinen, je verheißungsvoller das Diesseitige dank der technischen Fortschritte selber wird.

Die auf solche Weise sich ausbildende technizistische Ersatzreligion im Sinne der postsäkularen Zivilreligion unserer Tage fördert jenen Prozess, den Böhme in seiner Technik-Philosophie als das „Veralten der Ethik" bezeichnet hat: „Moral wird es noch geben, aber es wird eine andere Art Moral sein."[349] Tatsächlich ist Moral so biegsam wie die kontextuelle, korrumpierbare Dimension des Gewissens[350]. In diesem Sinn könnte man auch einfach von Änderungen der Ethik und ihrer Konzepte sprechen. Die Rede vom Veralten der Ethik ist radikaler: Sie meint den bedenklichen kulturellen Vorgang, dass Ethik überhaupt in Vergessenheit gerät oder als unzeitgemäß empfunden wird. Denn der digitalisierte Zeitgeist ist primär an Maschinen interessiert und weniger an transzendent verankerten, geschichtlich gewachsenen oder tradierten Wertesystemen, geschweige denn an tiefgründigen Reflexionen derselben. Maschinen aber haben werden Herz noch Seele, wie selbst Google-Chairman Eric Schmidt eingeräumt haben soll[351]. Und so haben sie auch kein Ethos. Schirrmacher gibt zu bedenken: „Maschinen haben die Macht, gesellschaftlichen Normen zu produzieren, ohne sie zu kommunizieren und ohne sie begründen zu müssen. Sie können, wie die Technikgeschichte gezeigt hat, wirksamer sein als gesetzgebende Apparate."[352] Aber sie sind eben zu keiner echten Empathie fähig[353]. Zwar mögen sie Abstände und Temperaturen berechnen und vielleicht auch technisch zurückspiegeln, ja menschliche Stimmen täuschungsecht imitieren können. Doch „Mitmenschlichkeit" werden sie nie fühlen. Deshalb lässt die digitale Revolution in ihrer Orientierung am intentionalen Wert der „Maschinen-Ähnlichkeit" Gefühle allenfalls vordergründig aufflammen; viel eher fördert sie *Coolness*. Solches *Erkalten* hängt mit dem *Veralten* der Ethik zusammen. Und so resümiert der Philosoph Günter Rohrmoser: „Das Ethische ist in die Technik hinein verschwunden. Die Ethik ist nicht mehr da."[354]

Der Verlust der Empathie-Fähigkeit[355] in der Kultur der digitalisierten Freiheit ist Ausdruck gedämpfter Gewissen, die den bewussten Bezug zu Gott als dem lebendigen Prinzip des Guten, der Güte, aber auch der Gerechtigkeit[356] verloren haben. Die spirituelle Entfremdung, die sie ersatzreligiös zu übertünchen suchen, spiegelt sich in mitmenschlicher Entfremdung, wie sie sich in einer „Ersatz-Ethik" technizistischer Wertschätzung und Wertesetzungen einerseits und einer sozial immer mehr um sich greifenden Egomanie und Rücksichtslosigkeiten andererseits auswirkt. So unterstreicht Manfred Spitzer als Hirnforscher, dass die digitalen Medien bzw. ihre Anwendungen erhebliche Effekte auf „emotionale und soziale psychische Prozesse, bis hin zu ethisch-moralischen Einstellungen" haben[357].

Schon früher hatte der amerikanische Wissenschaftsjournalist Nicholas Carr erklärt: „Der Preis, den wir für die Macht der Technik bezahlen, ist die Entfremdung. Dieses Opfer kann insbesondere bei unseren intellektuellen Technologien sehr hoch sein. Die Werkzeuge des Geistes verstärken und betäuben gleichermaßen die intimsten und menschlichsten unserer natürlichen Fähigkeiten – die Vernunft, die Beobachtungsgabe, das Gedächtnis und unsere Gefühle."[358] Experimente deuteten darauf hin, „dass wir mit zunehmender Zerstreuung immer weniger in der Lage seien, subtile und ausgesprochen menschliche Emotionen wie Einfühlungsvermögen und Leidenschaft zu empfinden."[359] In der Zukunft drohe die Gefahr, „dass wir dabei eines Tages unsere Menschlichkeit einbüßen, also genau jene Eigenschaften opfern, die uns von Maschinen unterscheiden."[360] Wie Carr weiter herausarbeitet, wohnt technischen Erfindungen selbst gewissermaßen eine Ethik inne; die aber werde „von ihren Erfindern nur selten erkannt."[361] Meist bleibe die Ethik einer Technik auch ihren Nutzern verschlossen[362]. Doch „regelmäßig ist es die geistige Ethik einer Erfindung, die schließlich die größte Wirkung auf uns hat. Die geistige Ethik ist die Botschaft, die ein Medium oder ein anderes Werkzeug seinen Nutzern vermittelt und damit deren Denken und Kultur verändert."[363] Althergebrachte Werte verfallen in der industriell hochgezüchteten Kultur[364], lassen Leerstellen übrig oder machen neuen, oft ethisch fragwürdigen Leitprinzipien Platz.

Solches Veralten der Ethik vollzieht sich in der Breite der digitalisierten Gesellschaft, die sich sogar selber zunehmend als „Maschine" vorstellt[365]. Rohwetters Beobachtung zufolge „drücken sich Technologiekonzerne dabei regelmäßig um die hässliche Frage, ob das, was da erfunden werden soll, dem Menschen letztlich wirklich dient. Ihnen geht es ums Geschäft, nicht um Ethik."[366] Immerhin spricht sich das bereits immer mehr herum. Trefflich schildert Miriam Meckel in ihrer Negativ-Utopie „NEXT" die Folgen. Da erinnert sich in der Zukunft ein Mensch an unsere Zeit mit dem Seufzer: „Empathie ist nun ein altes Wort. Eines aus der Vergangenheit."[367] In der Zukunft wird es heißen: „Wir brauchen die Empathie heute nicht mehr, weil wir alles über alle wissen." Hieran wird deutlich: Wissen an sich muss nicht per se zu mehr Freiheit führen, sondern kann auch in mehr Unfreiheit münden. Wird aus dem bisherigen kulturellen Geistesleben durch die fortschreitende Digitalisierung der Freiheit ein „Geistessterben"[368]?

Mag sein, dass die zunehmende ethische Demenz sich noch einige Zeit wird hinter dem faktischen Pluralismus[369] ethischer Konzepte verstecken können. Tatsächlich ist es alles andere als gleichgültig, ob Ethik und welche Ethik in einer Gesellschaft bestimmend ist. Dabei gilt es zu bedenken, dass christliche Ethik nicht einfach deckungsgleich mit den Regeln einer allgemeinen Sittlichkeit ist. Ein „Weltethos", wie es Hans Küng postuliert, will erst einmal allgemein überzeugend herausgearbeitet und bewiesen sein. Zwar ist theologisch an einer übereinstimmenden Tiefenorientierung jedes menschlichen Gewissens, wie oben dargelegt, nicht zu rütteln. Aber deren Überformung und Korrumpierbarkeit – traditionell Sünde genannt – führt im Konkreten zu einem ethisch schwierigen Ethik-Pluralismus, der überhaupt nicht mehr klar sein lässt, was jeweils als das Gute gelten soll. Innerhalb solcher Vielfalt steht christliche Ethik vom trinitarischen Gottesglauben her entschieden für die empathischen Leitwerte der Menschenwürde, der Nächstenliebe und der Barmherzigkeit. Dem gesellschaftlichen

Veralten dieser Grundorientierung in unserer Zeit stellt sie sich entgegen in der Gewissheit, dass ganz am Ende doch alle anders orientierten Haltungen veralten werden.

Zeitgeistkonform will und sollte christliche Ethik ohnehin nicht sein, sonst wäre sie spirituell kraftlos, leer und ihres Namens nicht wert. Daher stellt sie sich auch nicht naiv auf die Seite technokratischer Digitalisierungsbestrebungen in Politik und Wirtschaft[370]. Vielmehr besteht ihre Aufgabe im Ermahnen angesichts problematischer Entwicklungen und im Ermutigen zum Humanen. Das Gebot der Vorsorge[371] auf ökologischem Sektor versteht sich für sie – anders als für Posthumanisten – von selbst. Demnach ist klar, dass nicht alles Machbare schon per se ethisch vertretbar ist. „Weil es bereits so viel Fortschritt gibt, weil wir so unendlich viel mehr können als alle Generationen vor uns, gilt für uns eindringlicher als für jede andere Zeit, daß wir nicht alles dürfen, was wir können", hat schon der christliche Biologe Joachim Illies unterstrichen[372]. Die Theologin Elisabeth Gräb-Schmidt argumentiert: „In der Orientierung allein an der technischen Machbarkeit wird aber das Freiheitspotential des Menschen überstrapaziert, und zwar gerade weil es seinen personalen Bezug, der der Technik die Unverfügbarkeit ihres Könnens widerspiegelt, außer Acht lässt. Diese ist nämlich immer abzulesen an der ... Ambivalenz der Technik, das heißt letztlich an der Erhaltung der Freiheit in der Technik."[373] In der Tat – über das Problem der Erhalt der Freiheit in der digitalisierten Kultur wird viel zu wenig nachgedacht und geredet!

Wenn es stimmt, dass Ethik allenthalben zu veralten beginnt, gilt es aus christlicher Sicht umso mehr, den Sinn ethischer Reflexions- und Dialogbereitschaft überhaupt zu erläutern. Christen stehen schwerlich auf Seiten derer, die bezweifeln, dass Wertfragen als solche wissenschaftsfähig, ja überhaupt rational diskutierbar seien – um von daher womöglich „das fast völlige Fehlen solcher Diskussionen im heutigen Wissenschaftsbetrieb zu verstehen" oder gar zu rechtfertigen[374]. Ihnen steht es im Gegenteil gut an, die ethisch mangelhafte Gesamtsituation zu kritisieren: „Zahlreiche drängende ethische Fragen werden in der politisch-medialen Öffentlichkeit gar nicht erst thematisiert. ... Parlamente laden in Enquéte-Kommissionen einige wenige Probleme auf die Schultern überarbeiteter Abgeordneter, ohne daß es für deren besondere Qualifikation zur Lösung ethischer Fragen ein gutes Argument gäbe."[375] Die Anzeichen mehren sich, dass über die omnipräsenten Medien – namentlich dank der immer zahl- und qualitätsloser werdenden Talk-Shows und Internet-Blogs – eine „ethische *Meinungs*- statt einer ethischen *Argumentations*kultur entsteht."[376]

Das um sich greifende Veralten der Ethik und seine Folgen machen selbst Befürwortern der digitalen Revolution wie Markus Beckedahl und Falk Lüke Sorgen. Daher sehen sie sich zu der Mahnung gedrängt: „Wir müssen rechtzeitig die Normen und Werte festlegen, nach denen wir leben wollen, auch wenn die technischen Möglichkeiten unbegrenzt sind. Wir müssen für uns als Gesellschaft selbst Maßstäbe entwickeln."[377] Wie nun? Soll die digitale Revolution ihre eigene Ethik erst im Zuge digitaler Kommunikation entwickeln? Wer aber wären dabei eigentlich die Bestimmenden? Bleiben derlei Vorstellungen nicht in einer geradezu unethischen Weise vage? Was ethisch eigentlich ansteht, ist mitnichten die Fortschreibung der digitalen Revolution, sondern eine „Revolution unserer Lebensweise" – so der Theologe Gregor Taxacher, der freilich angesichts der Lage der Dinge sofort hinzuzufügen weiß: „Und – dagegen stehen alle gesellschaftlichen Beharrungskräfte."[378] Die digitalisierte Freiheit bedeutet Unfreiheit zu ethisch motivierter Korrektur.

4. Faszination Mobilfunk

Die ökologische Freiheitsfalle zeigt sich exemplarisch auf dem Gebiet des gesellschaftlich und wissenschaftlich durchaus umstrittenen, aber überall installierten Mobilfunks. Schon allein der Umstand, *dass* Mobilfunk umstritten ist – „da prügeln Wissenschaftler mit dem Vorwurf der Fälschung und der Verleumdung aufeinander ein, ziehen gegen Journalisten vor Gericht, ringen um Einfluss in Kommissionen und Fachjournalen"[379] –, sollte zu denken geben und einseitige Verharmlosungen dieser Risiko-Technologie verdächtig erscheinen lassen. Angesichts der Ungeklärtheit der Lage wird jedenfalls die Freiheit derer zu einer gesellschaftlichen Falle, die ihren Willen auf Kosten jener anderen durchsetzen, welche zu Vorsicht und Vorsorge mahnen und infolge der rabiaten, weil allgegenwärtigen Nutzanwendungen der einschlägigen Strahlentechnologie zu leiden haben. Die Falle besteht darin, dass technologisch immer mehr Freiheit versprochen und ökologisch zugleich immer mehr Unfreiheit – individuell wie strukturell – erzeugt wird.

Es handelt sich um ein Problemfeld, das ungefähr die gesamte Bevölkerung betrifft, weil systematisch dafür gesorgt wird, dass Funkstrahlung auch noch die letzten Winkel unseres Lebens erreicht – und zwar unabhängig davon, ob sie dort willkommen sein mag oder nicht. Die Lage ist ernst: „Würde jedes elektromagnetische Feld eine Nebelspur hinterlassen, wäre der Himmel über Europa so trüb wie der über Peking.“[380] Sowohl an der gesundheitlichen Unbedenklichkeit der hochfrequenten Mobilfunk-Strahlung als auch an ihrer angeblichen Nichtfühlbarkeit gibt es ernstzunehmende Zweifel, wenngleich diese merkwürdig wenig Raum zur Entfaltung bekommen und selten auf Gehör stoßen[381]. Die Faszinationskraft dieser Technologie ist stark genug, Bedenken und Kritik als abseitig erscheinen zu lassen.

Schon vor über hundert Jahren hatte der bereits erwähnte Erfinder Nikola Tesla begeistert prophezeit, mittels handlicher Geräte würden Individuen in nicht allzu ferner Zukunft rund um die Welt drahtlos telefonieren können[382]. Er wusste, „dass die vollkommene Aufhebung der Entfernung von allen Errungenschaften der Menschheit am meisten herbeigesehnt wird“[383]. Engagiert arbeitete er an einem technologischen „Welt-System“, das er von vornherein als gesundheitlich unbedenklich einschätzte[384]. Heute ist solch ein umfassendes technologisches Welt-System dank der digitalen Revolution mehr oder weniger Realität geworden.

Begonnen hatte die digitale Revolution mit der Erfindung des Mikrochips. Dessen stetige Leistungssteigerung machte schließlich mit den superschnellen Schaltungen von Verbindungen die Entwicklung des Mobiltelefons möglich. „Ein einzelnes heutiges Handgerät wie Taschenrechner oder iPod beinhaltet mehr Rechenleistung als z.B. dem amerikanischen Mondfahrtprogramm zur Verfügung stand. Die Vernetzung der heutigen Gesellschaft durch Internet und Mobiltelefonie wäre ohne die rasante Entwicklung der elektronischen integrierten Schaltkreise undenkbar.“[385] Als 1992 in Deutschland das D-Netz startete, begann der zunächst analoge Mobilfunk hier selber digital zu werden, und seit 2009 läuft er ausschließlich digital[386]. Dank Digitalisierung erreicht diese Technologie eine unglaubliche Schnelligkeit. Mit Datenkapazitäten von bis zu 384 kBit pro Sekunde erschlossen sich ab der dritten Mobilfunk-Generation (3G), nämlich mit dem UMTS-Standard neue Anwendungsfelder: Videokonferenzen, Fernsehprogramme und der Zugriff auf Daten aus dem Internet machten das Handy zum digitalen Informationsmedium. Namentlich der neue LTE-Standard, die sogenannte vierte Mobilfunk-Generation (4G), wird explizit als „Revolution“ gepriesen[387]. Bis zu 100 Megabit pro Sekunde „Highspeed“ und mehr schafft dieser Breitbandfunk. Bereits 2016 soll ein beschleunigter LTE-Ausbau Datenübertragungsraten bis zu 150

Megabit pro Sekunde ermöglichen – und das dann bei einer Bevölkerungsabdeckung von 85 Prozent[388]. Man arbeitet auch schon an der fünften Mobilfunk-Generation (5G); die EU-Kommission will die Erforschung und Entwicklung von Techniken, die diesen Mobilfunkstandard spezifizieren, mit rund 50 Millionen Euro fördern[389]. Sie soll Namen wie „Metis", „iJoin" oder „Tropic" tragen und ab 2020 die Kommunikation von Mensch und Maschine sowie von Maschine zu Maschine effizient, sicher und komfortabel ermöglichen[390]. Bis zu 100 GBit pro Sekunde werden für jede Funkstation angepeilt[391]!

Weitaus schneller als der Wind wird so die „Vernetzung der Welt" möglich – namentlich dank „mobilem" Internet. Inzwischen stellt „mobiles Breitband" die Vorderkante in Innovation und Entwicklung für Com-Internet-Technologie, Computing und Software dar[392]. Die Resultate sind derart faszinierend, ja wirken so „magisch", dass nach den Kosten in Gestalt weiter steigender Strahlenbelastung[393] kaum mehr gefragt wird: Mag die Strahlung den Körper treffen – einer Maschine machen sie nichts aus, und maschinengleich sollen wir doch alle werden! Expertenschätzungen zufolge dürfte der Datenverkehr per Funkstrahlung allein zwischen 2012 und 2016 ums Zehnfache steigen[394]. Dies wird „schicksalsmäßig" ebenso hingenommen wie der Umstand, dass mit der funktechnisch realisierbaren Omnipräsenz von individueller, gegenständlicher und struktureller Information sich nicht nur die Gesellschaft, sondern auch das Bewusstsein der Nutzer rund um die Welt verändert. Erzeugt die angewandte LTE-Technologie nicht gar ein Gefühl des „Heimkommens", wie ein TV-Werbespot suggeriert? Die Welt wird desto mehr zur Heimat, je beherrschbarer und überwindbarer ihre zum Teil widerspenstigen Strukturen werden. Sie wird dann zunehmend zur Wellness-Realität, zum maschinell hergestellten Schlaraffenland, zum technisch produzierten Paradies. Sie erscheint als Tor zu himmlischer Freiheit.

Ohne Funk, ohne hochentwickelte Mobilfunk-Standards gäbe es diesen Zauber nicht. Was immer mehr Züge einer Märchenwelt annimmt, basiert freilich auf handfester Physik. Der geradezu modisch gewordene Begriff *wireless* – viele einschlägige Geräte gibt es heute gar nicht mehr anders als mit Wireless-Funktion[395] – meint ja nicht, dass da keine oder nur eine rein magische Verbindung herrsche: Kabellos kann die Vernetzung allein deshalb sein, weil sie durch eine andere, nicht weniger reale Datentransportverbindung ersetzt wird. Drückt man den Sachverhalt nicht mit dem Wort *wireless* negativ aus, dann wäre da positiv von der elektromagnetischen, meist gepulsten Strahlung zu reden, nämlich von hochfrequenten Feldern, deren elektrisches und magnetisches Feld zwischen zigtausend und mehreren Milliarden Mal pro Sekunde die Richtung wechselt. Wegen der engen Kopplung von magnetischer und elektrischer Komponente spricht man von „elektromagnetischen Feldern" (EMF). Es handelt sich nach bisherigem Wissen um nicht-ionisierende Strahlung: Die Energie von Wellen mit einer Frequenz bis zu 300 Gigahertz reicht demnach nicht aus, um Atome und Moleküle in einen elektrisch geladenen Zustand zu bringen, also zu ionisieren – anders als bei Röntgen- und Gammastrahlen, die anerkanntermaßen ionisierend wirken und daher für den Körper gefährlich sind. Daraus zu folgern, dass nicht-ionisierende Strahlung per se ungefährlich sei, ist allerdings eine höchst einseitige Sicht der Wirklichkeit. Wie der Radiologe Professor Heyo Eckel von der Universität Göttingen schon 2006 dargelegt hat, handelt es sich durchaus um wesensverwandte Strahlung: „Die Schädigungen, die von radioaktiver Strahlung ausgehen, sind identisch mit den Auswirkungen von elektromagnetischen Wellen. Die Schädigungen sind so ähnlich, dass man sie nur schwer unterscheiden kann."[396]

Wie umstritten die Frage einer möglichen Gesundheitsschädlichkeit nicht-ionisierender Strahlung ist, habe ich in meinem Buch „Mythos Mobilfunk" (2012) näher dargelegt. Ich kann mich daher hier relativ kurz fassen und auf das Wesentlichste und Neueste beschränken. In den ökonomisch dominierten Kontexten unserer hochtechnisierten Gesellschaft besteht ein verständliches Interesse daran, dass die durchs digitalisierte Funken ermöglichte Ausweitung der digitalen Revolution in verschiedenste Lebensbereiche hinein nicht ernsthaft in Frage gestellt wird. Darum erfolgt der Streit um die biologische Wirkung der Mobilfunk-Strahlung weltweit unter ungünstigen Bedingungen für die Kritiker-Seite: Politik, Behörden, Medien, Medizin, Jurisprudenz und Wissenschaft wirken in unausdrücklichem Verbund sehr effektiv zusammen, um den „Fortschritt" der digitalen Revolution und der entsprechenden Gewinne zu sichern[397]. Die Strahlung darf einfach nicht als schädlich gelten, weil die dann notwendigen Umstellungen einen hohen Preis kosten würden[398]. Dementsprechend scheinen jene Mediziner, Naturwissenschaftler, Baubiologen und auch Geisteswissenschaftler, die zur skeptischen Minderheit zählen, auf verlorenem Posten zu stehen.

Das hängt insbesondere auch mit der programmatischen Orientierung an international sehr hohen Grenzwerten zusammen, die sich im Wesentlichen nur nach der Wärmewirkung von Mobilfunk richten[399]. Eine drastische Absenkung forderte schon im Jahr 2000 die deutsche Bundesärztekammer[400]; doch nichts geschah. Auch die Novellierung der diese Werte regelnden 26. Bundesimmissionsschutzverordnung erbrachte 2013 keine Kurskorrektur. Kurz zuvor hatte die Umwelt- und Verbraucherorganisation zum Schutz vor elektromagnetischer Strahlung namens *Diagnose-Funk* dagegen protestiert, dass im Bericht der deutschen Bundesregierung vom 3. Januar 2013 an den Bundestag[401] und dem zugrunde liegenden Forschungsbericht der Strahlenschutzkommission (SSK) vom 30. September 2011 die Öffentlichkeit über den Stand der Forschung zu den Risiken des Mobilfunks desinformiert worden sei: „Zur Frage der Krebsgefahr wird der Stand der Forschung manipulativ dargestellt, zur Spermienschädigung werden selektiv zwei Forschungen aufgeführt als Beweis, dass Entwarnung gegeben werden kann. Die Ergebnisse von fast 30 weiteren Forschungen werden unterschlagen. Die Erkenntnisse, dass die elektromagnetischen Felder des Mobilfunks oxidativen Zellstress – nachweislich ein Hauptschädigungsmechanismus – auslösen, fehlen komplett. Allein dazu liegen weit über 50 Forschungsergebnisse vor." Im Blick auf die heute mit WLAN bzw. Wi-Fi arbeitenden Tablet-PCs, Digitalkameras und Spielekonsolen mit ihren auch immer verführerischeren Darstellungs- und Sofortübertragungsmöglichkeiten[402] müsste im Interesse des Schutzes der Kinder und Jugendlichen eigentlich ein Review über die Wirkungen der WLAN-Strahlung erwartet werden[403]. Das sei aber nicht der Fall: Die Strahlenschutzkommission gehe vielmehr „sogar so weit, zu empfehlen, dass Forschung gänzlich eingestellt werden kann."[404] Ihre Berichte seien „von Lobbyisten diktiert, um den Mobilfunk-Betreibern den Weg freizumachen für ihr Milliardengeschäft. Wissenschaftler, die sie mit formuliert haben, lassen jede ethische Verantwortung vermissen."

Was aber, wenn sich wieder einmal auf die Länge der Zeit erweisen sollte, dass sich die Wahrheit nicht qua Mehrheit bestimmen und auch nicht dauerhaft von industriellen oder politischen Machthabern unterdrücken lässt? „Keine Lügen mehr!" hatte die ZEIT am 17. März 2011 nach der Katastrophe von Fukushima auf Seite 1 in großen Lettern getitelt. Was also, wenn eines vielleicht nicht fernen Tages in der breiten Öffentlichkeit eingestanden werden müsste, dass Mobilfunk und andere in der Digitalisierungswelle eingesetzte Funkarten wie Bluetooth oder RFID[405] tatsächlich gesundheitlich bedenklich waren und sind? Weist nicht alleine die ethische Pflicht zur Vorsorge in die Richtung einer höchst verantwortlich zu nennenden Technikfolgenabschätzung, die selbst ohne die gern geforderten „Beweise" einigermaßen restriktiv verfahren müsste? Forscher vom *Swiss Tropical and Public Health Institute* haben jedenfalls 2013 unterstrichen, es sei grundsätzlich zu wünschen, die gesamte hochfrequente „EMF-Belastung der Bevölkerung zu minimieren. Das betrifft sowohl die Strahlenbelastung durch Mobilfunkbasisstationen wie auch die Strahlenbelastung durch Handys."[406]

Doch inzwischen fragt sich längst, ob die Eigendynamik der digitalen Revolution solche Forderungen und ethische Einwände dieser Art überhaupt noch aufkommen lässt. Dass die technische Angewiesenheit der fortschreitenden Digitalisierung und Vernetzung unserer Lebenswelt auf Mobilfunk und andere Funkarten feststeht, drückt sich exemplarisch in dem Tatbestand aus, dass seit Sommer 2013 sogar Litfass-Säulen als Mobilfunk-Basisstationen missbraucht werden[407]. Solche Angewiesenheit bedeutet freilich eine fatale Verschränkung. Mit ihr ist ungeachtet allen wirtschaftlichen[408] und praktischen Nutzens eine anhaltende gesundheitspolitische und ethische Herausforderung gegeben. Diese ökologische Freiheitsfalle muss durchschaut und aufgebrochen werden.

5. Biologische Effekte?

Noch im Januar 2011 hatte dieselbe deutsche Bundesregierung, die 2010 die Laufzeitverlängerung für die Atomkraftwerke beschlossen hatte, in ihrem Vierten Mobilfunkbericht beschwichtigend formuliert: „Gesundheitliche Beeinträchtigungen infolge nicht-thermischer Wirkungen im Bereich niedriger Intensitäten hochfrequenter Felder wurden in jahrzehntelanger Forschung wissenschaftlich nicht nachgewiesen."[409] Einige Wochen später kam es zur Katastrophe von Fukushima – und Deutschland leitete bekanntlich alsbald die sogenannte Energiewende ein. Bei der Einschätzung nicht-ionisierender Strahlung jedoch kam es zu keiner Wende!

Dabei hätte es eine Wende gerade auch auf dem Gebiet des Mobilfunks allein schon aus Gründen der Energieverschwendung gebraucht! So fragt Peter Trechow in den Nachrichten des Verbands deutscher Ingenieure: „Wer würde es heute noch akzeptieren, wenn das Wasser rund um die Uhr mit Hochdruck aus der Leitung schösse? Ohne Möglichkeit, den Schwall zu unterbrechen, geschweige denn, ihn per Armatur bedarfsgerecht zu regulieren? – Genau das ist der Status quo im Mobilfunk. Die Sender funken rund um die Uhr mit Höchstleistung, ganz gleich, ob und wie viele potentielle Nutzer in den Funkzellen unterwegs sind."[410] Da hilft sogar die Energiewende am Ende wenig weiter, denn – so der Politologe Frank Umbach – „mit jedem neuen Tablet steigt auch der Stromverbrauch."[411] Merkwürdig, dass die angeblich in Deutschland so ökologisch orientierte Politik zwar den gesundheitlich unbedenklichen Glühbirnen[412] den Garaus gemacht, nicht aber bei Schnurlos-Telefonen den technisch längst verzichtbaren Dauersende-Modus verboten hat[413]!

Doch noch gravierender als der energetische Aspekt der Mobilfunk-Strahlung ist der gesundheitliche. Auch wenn es nicht gern gehört wird: Wer die biologische Wirksamkeit von Mobilfunk-Strahlung bezweifelt, beweist ein hohes Maß an Ignoranz oder Ideologisierung. Denn gerade im Zeitalter der digitalen Information kann man sehr wohl wissen, was Sache ist[414]. Industrieunabhängige Wissenschaftler informieren im Netz so, dass die kritischen Seiten dieser Technologie unschwer wahrgenommen werden können. Wer Ohren hat, zu hören, der höre! Wessen Freiheitsbewusstsein noch nicht eingelullt ist, der merke auf!

Zunächst sei hier erinnert an die bekannte Einstufung der Weltgesundheitsorganisation (WHO), die im Juni 2011 auf dem Hintergrund eines gründlichen Studienvergleichs ihre Warnung „*possibly carcinogenic*" für Handy-Telefonate ausgegeben hatte[415]. Franz Adlkofer bemerkt zu diesem Krebsrisiko-Hinweis: „Die Einstufung hochfrequenter elektromagnetischer Felder als ‚möglicherweise karzinogen' stellt zweifellos eine kaum noch übersehbare Warnung an die Mobilfunkindustrie und ihre Freunde aus der Politik dar. Die Bastionen, d.h. die nationalen und internationalen Beratungs- und Entscheidungsgremien, die sie sich im Verlauf von Jahrzehnten geschaffen und zum Erreichen ihrer Ziele mit angeheuerten Wissenschaftlern besetzt haben, sind offensichtlich schwer beschädigt."[416] Wen wundert's, dass der internationale Verband der Mobiltelefon-Produzenten CTIA den Bericht der WHO damals umgehend zurückwies[417]? Vielleicht kann sich aber der unbedarfte Laie selber denken, wer hier wohl in der Sache mehr Recht hat: die Weltgesundheitsorganisation, die aus ihrer Warnung keinen Profit zieht, oder der profitorientierte Verband der Mobiltelefon-Produzenten? Und wenn *Der Spiegel* hierzulande kommentierte, das von der WHO festgestellte Hirntumor-Risiko reduziere sich auf einen rein „zufälligen Befund"[418], dann wird man wiederum fragen müssen, in wessen Interesse hier wer zitiert wird – gegenüber internationalen Fachleuten bei der WHO und andernorts[419]. Jedenfalls hat am 1. Oktober 2012 das höchste Gericht Italiens ein Urteil des Berufungsgerichts von Brescia bestätigt, demzufolge die italienische Berufsgenossenschaft einen

Arbeiter entschädigen muss, nachdem er auf Grund jahrelanger Handy-nutzung an einem Hirntumor litt[420].

Merkwürdig, wie wissenschaftliche Befunde auf diesem Gebiet einander widersprechen! Der Leiter des Kölner Fachinstituts für elektromagnetische Verträglichkeit zur Umwelt, Peter Nießen, weiß allerdings: „Es gibt nur wenige Studien, die wirklich ‚ergebnisoffen' an die Untersuchung der Problematik herangehen und jegliche Art gesundheitlicher Auswirkungen in Betracht ziehen."[421] Einige Wochen vor der erwähnten WHO-Warnung hatte es der Ständige Ausschuss des Europarates in einer Resolution vom 27. Mai 2011 zur Mobilfunk-Thematik für unverzichtbar ausgegeben, „auf eine dringend notwendige Unabhängigkeit und Glaubwürdigkeit wissenschaftlicher Forschungsergebnisse zu bestehen, um hierdurch zu erreichen, dass es zu einer transparenten und ausgewogenen Bewertung möglicher negativer Auswirkungen auf die Umwelt und die menschliche Gesundheit kommt."[422] Im Januar 2013 warnte die Europäische Umweltagentur (EUA) vor den Risiken des Mobilfunks und forderte erneut Vorsorge: Ihr Bericht legt insbesondere dar, dass wissenschaftliche Unsicherheit – auch auf dem Gebiet der Mobiltelefonie – keine Rechtfertigung für Untätigkeit sei, wenn es plausible Hinweise auf potenziell schwerwiegende Gefährdungen gebe[423]. Der immer noch verbreiteten Annahme einer wissenschaftlichen Unsicherheit auf diesem Gebiet widersprach zum gleichen Zeitpunkt die *BioInitiative Working Group*, ein internationaler Zusammenschluss von 29 Wissenschaftlern. In ihrem zweiten Report, für den 1800 Studien aus dem Nieder- und Hochfrequenzbereich ausgewertet worden waren, kam die Gruppe zu dem Schluss, dass die Beweise für die Gesundheitsschädlichkeit der Mobilfunk-Strahlung durchaus vorlägen[424]. Kein Wunder, dass angesichts manch kritischer Forschungsergebnisse einer der weltweit größten Rückversicherer, die *Swiss Re*, im Herbst 2013 den Mobilfunk in die höchste Risikostufe eingruppiert hat[425]!

Schon ein Jahr zuvor hatte der Bund für Umwelt und Naturschutz Deutschland *BUND* vor dem von den Bundesländern geplanten weiteren Ausbau des Behördenfunks TETRA und der Mobilfunknetze mit dem Internetstandard LTE gewarnt: Die Folge sei ein weiterer Anstieg der Elektrosmogbelastung, gegen welche Anwohner von Sendeanlagen und Nutzer der Techniken unzureichend geschützt seien. Auf der Homepage der WHO wird inzwischen darauf hingewiesen, dass in einem so großen, von Mobilfunk „gesegneten" Land wie China von 109 epidemiologischen Studien fast alle (!) auf biologische Auswirkungen von Elektrosmog hindeuteten[426]. Und auch in Österreich haben Umweltmediziner erkannt: „Diese wunderbare neue Welt der Technik kann durchaus negative Nebenwirkungen haben"[427]. Selbst das verbreitete Burn-out-Syndrom lässt sich offenbar kausal hier zuordnen, wie Ulrich Warnke und Peter Hensinger aufzeigen: Die „Digitalisierung unserer Welt" bedeute „für unsere Zellen, dass sie seit ca. 1998 einer ständig ansteigenden Belastung durch nicht-ionisierende Strahlung (Mikrowellenstrahlung) im Frequenzbereich 400-5000 MHz ausgesetzt sind, an die sie nicht adaptiert sind. Es besteht eine Wechselwirkung zwischen der Stressauslösung durch Lebensumstände und durch Mobilfunkstrahlung. Die Forschungsergebnisse zu den Wirkungen der nicht-ionisierenden Strahlung auf die Zellen zeigen gleiche Wirkungsmechanismen wie die umweltmedizinische Burn-Out-Forschung. Die Forschungsergebnisse sind eindeutig, doch der Einfluss der Industrie ist so groß, dass sie nicht zur Kenntnis genommen werden."[428]

Umso erstaunlicher war im Frühjahr 2013 eine Veröffentlichung durch das deutsche WIK-Institut, dem von der Mobilfunkindustrie und der Bundesregierung die Risiko-Kommunikation zum Mobilfunk in Deutschland übertragen worden war: Unkommentiert wurden im Newsletter Nr. 101 die Ergebnisse von vier WLAN-Studien wiedergegeben, die alle eindeutig biologische Effekte nachweisen[429]. Laut Bernd I. Budzinski, Richter am Verwaltungsgericht a.D., steht überhaupt „das gesamte elektromagnetische Spektrum von der Niederfrequenz über die nicht-ionisierende bis zur ionisierenden Hochfrequenz im wissenschaftlich begründeten Verdacht teils schwerwiegender Gesundheitsgefährdung."[430] Langfristig sieht der schwedische Neurowissenschaftler Olle Johansson sogar die Gefahr, dass innerhalb von fünf Generationen eine irreversible Sterilität durch WiFi-Strahlung eintreten könnte[431].

Innerhalb der für Gesundheitsfragen zuständigen Ärzteschaft zeichnet sich in dieser Frage jene „digitale Polarisierung" ab, die auch gesamtgesellschaftlich zu beobachten ist. Eine größere Gruppe steht bislang auf Seiten der Verharmlosung. Eine kleinere Anzahl nimmt wissenschaftliche Mobilfunk-Kritik und die Klagen ihrer Patientenschaft ernster: Es handelt sich um ein gutes Drittel der Hausärzte, die von einem Zusammenhang zwischen elektromagnetischen Feldern und gesundheitlichen Beschwerden ausgehen, wie 2010 eine repräsentative Studie in Deutschland gezeigt hat[432]. 2011 hieß es im „Vierten Mobilfunkbericht der deutschen Bundesregierung" naserümpfend, ein beträchtlicher Anteil der Ärzte habe im Vergleich zur aktuellen wissenschaftlichen Risikobewertung „eine zu hohe

Risikowahrnehmung", und daher gelte es, den Ärzten die aktuelle wissenschaftliche Risikobewertung in Sachen Elektrohypersensibilität näherzubringen, damit sie darauf bei ihrer beratenden Tätigkeit zurückgreifen könnten[433]. Dass solche „wissenschaftliche Risikobewertung" und die darauf aufbauenden behördlichen Einstellungen zur Funk-Problematik durchaus kritisch zu sehen sind, dürfte sich langsam herumsprechen[434]. Sie scheint mit der gesamtgesellschaftlichen „Risikobewertung" zusammenzuhängen, über die mir ein namhafter christlicher Politiker nach Erhalt meines Mobilfunk-Buches schrieb: Es gebe ja doch „die Theorie des erlaubten Risikos, das in unserer Industriegesellschaft vielfach hingenommen wird (zum Beispiel bei der Zulassung des PKW-Verkehrs mit seinen unverkennbaren Opfern); das ist die geistige Grundlage für den Mobilfunk, dessen Vorteile für die große Mehrheit der Bevölkerung eindeutig überwiegen."

Inwieweit die hier genannte „Theorie des erlaubten Risikos" christlich vertretbar ist, wird man theologisch nicht ohne Skepsis rückzufragen haben. Und würde die Ärzteschaft auf dem Hintergrund ihres Berufsethos zustimmen können? Ist sie allerdings nicht selbst anfällig für Manipulationsversuche, wie sie durchaus unternommen werden? So hat 2007 der Schweizer Umweltärzte-Verein in einer öffentlichen Erklärung kritisiert: „Die Mobilfunk-Industrie versucht die gesundheitlichen Risiken der Mobilfunk-Technologie schönzureden. Sie nimmt dabei Einfluss auf die Forschung und versucht die Ärzteschaft zu beeinflussen."[435] Übrigens dürfte der Prozentanteil der Ärzteschaft, der einen Zusammenhang zwischen Mobilfunk und gesundheitlichen Beschwerden sieht, in der Schweiz wie auch in Österreich noch etwas höher liegen als in Deutschland, wo es allerdings durchaus mobilfunkkritische Publikationen von Medizinerinnen und Medizinern gibt[436].

Bereits Jahr 2002 war in Freiburg i.Br. der erste öffentliche Ärzte-Appell erschienen, der über die Risiken der Mobilfunk-Technologie informierte: Der sogenannte *Freiburger Appell* wurde in viele Sprachen übersetzt und über die Jahre von mehr als tausend Ärztinnen und Ärzte sowie rund 36000 Nichtmedizinern weltweit unterzeichnet. Darin hieß es: „Wir beobachten in den letzten Jahren bei unseren Patientinnen und Patienten einen dramatischen Anstieg schwerer und chronischer Erkrankungen... Aufgrund unserer täglichen Erfahrungen halten wir die 1992 eingeführte und inzwischen flächendeckende Mobilfunktechnologie und die seit 1995 käuflichen Schnurlostelefone nach DECT-Standard für einen der wesentlichen Auslöser dieser fatalen Entwicklung."[437] Therapeutische Bemühungen um die Wiederherstellung der Gesundheit blieben immer häufiger ohne Erfolg, weil das ungehinderte Eindringen der Dauerstrahlung in Wohn- und Arbeitsbereiche, speziell in Kinder[438]- und Schlafzimmer, pausenlosen Stress bedeute und deshalb eine grundlegende Erholung des Kranken verhindere.

Später folgten diesem Appell in Deutschland etliche regionale Ärzte-Appelle[439]. Hinzu kamen einschlägige Appelle in anderen Ländern. Aus Anlass des zehnjährigen Jubiläums des allerersten Appells erschien Ende 2012 ein *Internationaler Ärzte-Appell,* in dem unter anderem zu lesen ist:

„Trotz aller Warnungen werden immer neue Funk-Techniken in unsere Lebenswelt eingeführt: Handy-Netze, TETRA, LTE, Schnurlostelefone, WLAN, Babyphone, Funkablesegeräte, digitales Radio und Fernsehen u. a. m. Alle diese Funk-Techniken überlagern die biophysikalische Organisation des Lebens mit einer wachsenden Dichte und Vielfalt elektromagnetischer Felder. Das Leben von Menschen, Tieren und Pflanzen wird von natürlichen elektromagnetischen Feldern (EMF) und Signalen gesteuert. Tech-nisch erzeugte Felder können mit ihren sehr niedrigen bis sehr hohen Frequenzen die biologischen Stoffwechsel- und Kommunikationsvorgänge der Zellen tiefgreifend stören. Mit Hilfe von fein abgestimmten Regulationsmechanismen können die Selbstheilungskräfte des Organismus solche Störungen anfangs ausgleichen. Bei anhaltendem elektromagnetischem Stress kann es jedoch zu einer chronischen Schädigung dieser biologisch sinnvollen Organisation des Lebens und daraus folgend zu Erkrankungen kommen. Die Folgen dieser grundlegenden Störung der Selbstregulation sind wissenschaftlich vielfach bestätigt: erhöhte Durchlässigkeit der schützenden Blut-Hirn-Schranke, Veränderung der Hirnströme, Störungen der Ausschüttung von Nervenbotenstoffen und Hormonen (insbesondere der Anstieg von Stresshormonen), Schädigung von Immunsystem und Erbinformation und Minderung der Fruchtbarkeit, um nur einige der auffälligsten Beispiele zu nennen."[440] Als ein zentraler Wirkmechanismus der Strahlungseinwirkung zeichne sich immer deutlicher oxidativer Zellstress ab – eine Hauptursache vieler Krankheiten. Die von Ärzten weltweit gesammelten Beobachtungen seien konsistent und würden durch Erkenntnisse der Wissenschaft bestätigt.

Deutlich sieht der Internationale Ärzte-Appell einen zeitlichen und räumlichen Kausalzusammenhang zwischen dem Auftreten entsprechender Erkrankungen bzw. Symptome und dem Beginn einer stärkeren Funkbelastung. So sei die Relation zwischen dem Gebrauch von Handys oder Schnurlos-Telefonen und dem Anstieg von Gehirntumoren eindeutig genug belegt, um Vorsorgemaßnahmen zu rechtfertigen. Kinder und Jugendliche seien besonders gefährdet. Gehirntumore seien nach Leukämie die zweithäufigste Krebserkrankung bei Kindern. Ein suchtartiges Verhalten im Umgang mit Handys und anderen mobilen Online-Geräten schreite indessen weiter voran. Gefordert wird unter anderem Schutz der Unverletzlichkeit der Wohnung durch Minimierung der Funk-Strahlungen[441] sowie eine deutliche Senkung der Strahlenbelastung und der Grenzwerte auf ein Niveau, das Bevölkerung und Natur verlässlich vor schädigenden biologischen Wirkungen schützt. Der Text mündet in den Aufruf: „Wirken Sie insgesamt darauf hin, dass der Schutz von Gesundheit und Umwelt nicht nach kommerziellen Interessen bemessen und begrenzt wird!" Dass dieser Ärzte-Appell sich damit indirekt auch dem Fortgang der digitalen Revolution entgegen stellt, liegt auf der Hand. So warnt er auf seine Weise vor einer ökologischen Freiheitsfalle großen Ausmaßes.

6. Wie Funk-Sensible Freiheit und Lebensqualität einbüßen

Ein Artikel in der ZEIT hat im Sommer 2013 klar formuliert, wie sich die ökologische Freiheitsfalle mit Blick auf elektrosensible Mitbürgerinnen und Mitbürger darstellt. Der Streit um den Elektrosmog durch Mobilfunk berührt demnach „eine Grundfrage der Demokratie: Wie sehr darf die Mehrheit der Bevölkerung die Freiheit einer Minderheit beschneiden? Was ist, wenn Handys, mobiles Internet und Stromleitungen der Mehrheit das Leben bequemer machen, aber eine Minderheit leidet?"[442] Vor einigen Jahren schon hat der Buchtitel „Ein schönes Gefängnis. Auf der Flucht vor Elektrizität und Mobilfunkstrahlung" den Sachverhalt anschaulich zum Ausdruck gebracht: Der Freiheitsverlust vieler Betroffener wird von einer der Bequemlichkeit, also ihrem Freiheitsgewinn frönenden Mehrheit in der Gesellschaft rücksichtslos zugemutet. Das aber verändert den Charakter einer Gesellschaft insgesamt.

In der Schweiz vermeldete im Januar 2013 die *Wochenzeitung* auf Seite 1: „Elektrosmog lässt viele Menschen krank werden – und er ist überall." Auf drei Seiten wurde sodann das Thema „Elektrosensibilität" ausgebreitet[443]. Vorgestellt wurde exemplarisch der 38-jährige Marcel Bolli: Er „erträgt keine Handys. Er erträgt auch keine schnurlosen Festnetztelefone und keine Wireless-Systeme (WLAN)… Er reagiert allergisch auf sogenannte nicht-ionisierende Strahlung." Im Februar und März 2013 brachten mehrere Regionalteile größerer Zeitungen Berichte über das Ergehen von Elektrohypersensiblen: der *Münchner Merkur*[444] über den Suizid von Pfarrer i.r. Carsten Häublein, der der breitbandigen, von ihm sehr schmerzhaft empfundenen LTE-Strahlung nicht mehr auszuweichen wusste, die *Leipziger Volkszeitung* über die Lehrerin Silvia Czub[445], und die *Badische Zeitung* über die Amtsrichterin Barbara Domberger[446]. Schon im Mai 2011 hatte die *Frankfurter Allgemeine Zeitung* unter dem Titel „Sind das jetzt die Webers, die mich grillen?" ausführlich den Fall des elektrohypersensiblen Stuttgarters Frank Berner beleuchtet[447]. In all diesen Reportagen und Berichten werden diverse Symptome beschrieben. Die stellen sich freilich bei jedem Elektrohypersensiblen etwas anders dar – offenbar deshalb, weil sich Funkstrahlung je nach den akuten oder chronischen körperlichen Schwachstellen negativ auswirken kann. Häufig kommt es beispielsweise zu Kopf- oder Rückenkribbeln, Nerven-[448] und Gelenkschmerzen sowie in Kreislauf- und Herzbeschwerden – in wiederum unterschiedlicher Intensität[449]. Wie der emeritierte Physikprofessor Klaus Buchner darlegt, haben Studien gezeigt, dass gepulste Strahlung die Eigenschaften der Zellmembranen verändert – eine Tatsache, die bereits technisch genutzt werde: „Dieser Effekt ist es wohl, der bei einigen Menschen unerträgliche Schmerzen durch gepulste Funkwellen hervorruft."[450]

Ein tragisches Grundproblem des allergieähnlichen Beschwerde-Syndroms besteht in dem Umstand, dass Elektrohypersensibilität (EHS)[451] in den meisten Ländern dieser Welt[452] gar nicht als funkverursacht anerkannt, sondern systematisch auf rein psychische Kausalzusammenhänge reduziert wird. Wissenschaftliche Studien hätten kaum anderes herausgefunden, wird immer wieder beteuert. Und wenn doch einmal etwas Einschlägiges entdeckt wird, werden konsequent Wiederholungsstudien veranschlagt, die dann die Phänomene nicht zu bestätigen pflegen. Statt hier genauer zu fragen, warum die Bestätigung meist nicht gelingt – vielleicht, weil nicht dieselben Personen unter wirklich vergleichbaren Gesamtumständen getestet werden? –, scheint man sich allzu gern zufriedenzugeben mit dem negativen „Endresultat". Nur ein solches ist offenbar willkommen, nachdem auch nur dann, wenn es dabei bleibt, ein ungehinderter Fortgang breitenwirksamer Digitalisierung gewährleistet ist. Müssten doch andernfalls Rücksichtnahmen eingeführt und einigermaßen konsequent geregelt werden, die beträchtliche Einschränkungen der weiteren geplanten „digitalen Revolution" zur Folge hätten! Und so freut man sich auf Seiten ihrer entschlossenen Befürworter – sei es Industrie und Wirtschaft, sei es Politik und Behörden, sei es öffentliche Medien und begeisterte Nutzer –, solange von Seiten amtlicher Strahlenschutzexperten gebetsmühlenartig erklärt wird: „In keiner der bislang durchgeführten Studien konnte nachgewiesen werden, dass Personen, die sich als elektrosensibel bezeichnen, das Vorhandensein von elektromagnetischen Feldern eindeutig erkennen konnten."[453]

Derartigen Beteuerungen stehen allerdings nicht nur die authentischen Erfahrungen vieler Elektrohypersensibler rund um die Welt entgegen, die schätzungsweise einen Bevölkerungsanteil von bis zu zehn Prozent und mehr ausmachen[454] und oft genug davon zeugen, dass die Funkstrahlenquelle selbst erst *nach* Eintritt der jeweiligen Beschwerden bemerkt wurde, also nicht etwa die psychologische „Angst-Ursache" sein konnte[455]. Vielmehr gibt es durchaus auch wissenschaftliche Studien und ärztliche Erkenntnisse in verschiedenen Ländern, die klar darauf hindeuten, dass es hier mitnichten um rein psychisch Erklärbares geht, sondern biologische Reaktionen auf Funkstrahlung vorliegen[456]. In einem bekannten Medizin-Lexikon kann man denn auch nachlesen: „Die Wirkung elektrischer Felder für den Organismus ist nur im niederfrequenten Bereich irrelevant."[457] Das heißt: Im Hochfrequenz-Bereich des Mobilfunks ist sie sehr wohl relevant!

Im Jahr 2011 haben die kanadischen Umweltmediziner Stephen J. Genius und Christopher T. Lipp einen kompletten Forschungsüberblick zur EHS-Frage präsentiert. In ihrer Arbeit „Elektromagnetische Hypersensibilität – Tatsache oder Einbildung?" zeigen sie: „Wie bei anderen Multisystemerkrankungen, wie der multiplen Chemikaliensensibilität (MCS), der Fibromyalgie und dem chronischen Müdigkeitssyndrom (CFS), gibt es auch noch kein vollständiges Verständnis der genauen Pathogenese (Krankheitsentstehung) bei EHS. Neu auftauchende Beweise deuten jedoch darauf hin, dass der anormale biologische Prozess bei der Entstehung von EHS durch einen interessanten pathophysiologischen Mechanismus entsteht, welcher als sensibilitätsbedingte Krankheit (*sensitivity-related illness* = SRI) bezeichnet wird... Darüber hinaus haben jüngste Beweise ein Störungspotential bei der Katecholaminproduktion als Reaktion auf elektromagnetische Strahlung aufgezeigt. Dies kann sich in vielfältiger Weise auf den menschlichen Organismus auswirken."[458] Die Autoren erläutern zugleich, warum von Industrieseite aus kaum ein Interesse besteht, die Ursachen des EMF-Syndroms ernsthaft zu erforschen: In Wissenschaft und Medizin wie auch in anderen Disziplinen gebe es Vertreter, die so eng mit Lobbyinteressen verbunden seien, dass sie scheinbar immun blieben gegenüber der Wahrheit, glaubwürdiger Forschung und beobachteten Tatsachen. Wie zwingend die gegenteilige Beweislage auch sei, dienten manche skrupellosen und uninformierten Wissenschaftler weiterhin Lobbyisten, die sie finanzierten, oder sie dienten eingefleischten Denkweisen bzw. Ideologien, durch welche sie angetrieben würden[459]. Neue Analysen aus Deutschland bestätigen entsprechende Strukturen im „Strahlenschutz", der demnach eher als Schutz der Strahlen statt vor den Strahlen zu greifen scheint[460].

Herrscht bislang in der öffentlichen und „offiziellen" Wahrnehmung die beschwichtigende, entwarnende Linie erfolgreich vor, so nehmen in der Konsequenz viele Menschen „Elektrosensible" nicht wirklich ernst. Sie machen es sich alle zu leicht, indem sie bereitwillig an bloße Nocebo-Effekte glauben und Betroffene für Hypochonder halten, „die vor lauter Angst vor Mobilfunkstrahlung Symptome entwickeln, oder für Fehlgeleitete, die den Grund für ihre Beschwerden am falschen Ort suchen."[461] Umgekehrt behaupten Menschen mit entsprechenden Erfahrungen: Vielfach wird der Grund für ihre Beschwerden in der Tat am falschen Ort gesucht, nämlich leider nicht in den Mobilfunk-Sendern draußen oder im eigenen Haus, die doch oft die eigentlichen Auslöser sind.

Wer hier aufmerksam die Wahrheitsfrage stellt, kann leicht erkennen: Die Bestreitung eines tatsächlich auf Funk reagierenden Empfindens wird offiziell derart „einhellig" durchgehalten und propagiert, dass ihr allein schon deshalb mit Skepsis zu begegnen wäre. Mit einem Bestseller-Titel des Psychotherapeuten und Theologen Manfred Lütz könnte man sagen: „Irre! Wir behandeln die Falschen – unser Problem sind die Normalen" (2010[17]). Die fällige Grundüberlegung bleibt: Wenn eine Partei begründet *entwarnt*, eine andere Partei aber in derselben Sache begründet *warnt*, besteht dann nicht in der rationalen Abwägung des Konflikts aller Anlass zu verantwortlicher Vorsorge statt zu allzu einseitigem Setzen auf die Verharmlosung? Ist nicht überhaupt dann, wenn zahlreiche Studien keine biologischen Strahlen-Effekte finden, manche aber schon[462], logischerweise die Unbestreitbarkeit von Effekten bewiesen und ihre pauschale Negierbarkeit falsifiziert?

Ist folglich nicht Widerstand angesagt gegen eine oft bloß zweitrangige Einstufung der Gesundheitsfrage, statt das Grundrecht auf körperliche Unversehrtheit weiterhin und immer mehr mit Füßen treten zu lassen? Wäre nicht vertiefende, wirklich neutrale Forschung auf diesem schwierigen Gebiet anzuvisieren[463], statt Parolen auszugeben, mittlerweile könne man sich einschlägige Studien überhaupt sparen? Geht es inzwischen etwa – um es mit Gertrud Höhler ironisch zu formulieren – um eine digitale „Glücksorganisation, die auf einzelne Unglückliche nicht achten kann"[464]? Werden diese Freiheitsfalle erfahren oder durchschaut hat, kann zu ihr unmöglich länger schweigen.

Bei Kenntnis der Gesamtlage bisheriger Forschungsresultate und unter Berücksichtigung ihres Zustandekommens ist es schlicht obsolet, Menschen mit EMF-Syndrom pauschal als psychisch Gestörte abzufertigen. Vielmehr gilt es sie wahrzunehmen als ganzheitlich empfindende „Menschen, die aufgrund ihrer Wahrnehmungsbegabungen ihrer Zeit ein wenig voraus sind…"[465] Im Zuge der digitalen Polarisierung unserer Gesellschaft vertreten sie auf Grund ihrer körperlichen Beschwerden den legitimen Pol der Vorsichtigen im Gegenüber zum Pol der Robusten und Risikobereiten[466]. Dabei sind sie im Übrigen zumeist keineswegs weniger „normal"[467] als Letztere.

Wenn mittlerweile in den USA das EMF-Syndrom dem namhaften Umwelt-Mediziner William Rea zufolge deutlich zunimmt[468], dürfte Ähnliches etwas zeitversetzt auch in Europa drohen. Proteste gegen die zu großen Teilen funkgestützte digitale Revolution können jetzt gar nicht rechtzeitig genug formuliert und organisiert werden – eben auch mit der ausdrücklichen Begründung biologischer Funkempfindlichkeit eines obgleich noch kleinen Teils der Bevölkerung. Solcher Protest hat seine rechtliche Begründung in der *Charta der Grundrechte der Europäischen Union*[469] aus dem Jahr 2000 – und etwa in Deutschland in der grundgesetzlichen Verankerung des Rechts auf körperliche Unversehrtheit und Schutz der eigenen Wohnung. Dass er freilich in einer Zeit veraltender Ethik und ignoranter Gewissenlosigkeit wenig Aussichten auf Erfolg haben dürfte, ist bereits ein klarer Erfolg der digitalen Revolution. Dennoch müssen wenigstens spürbare Versuche unternommen werden, dem Wahnsinn einer weiter zunehmenden, rücksichtslosen Verfunkung unserer Lebenswelt im Zuge der totalen Digitalisierung nach Möglichkeit zu wehren – um der Menschlichkeit willen gegenüber jenen, die gar nicht anders können, als die fortschreitende „smarte" Revolution als Behinderung und Beschädigung ihres Lebens zu empfinden.

7. Folgenreiche Digitalisierung der Zähler

Nachdem das Wesen des Digitalisierens im Rechnen, Berechnen und Verrechnen besteht, erscheint es als naheliegend, im Zuge der digitalen Revolution solches Zählen und Berechnen zum Zweck systematischer Vernetzung in möglichst jedes Haus, ja in jede Wohnung zu zwingen. Strom-, Wasser-, Gas- und Heizungszähler sollen nicht länger analog funktionieren dürfen. Bisherige analoge Zähler werden in diesen Jahren immer öfter ausrangiert und durch digitale ersetzt, die – am besten in Echtzeit – nicht nur den oder die Wohnungsinhaber, sondern auch die betreffenden Lieferanten über den aktuellen Verbrauch informieren, ja sich mitunter sogar aus der Ferne steuern lassen können. Stromfirmen werden dadurch ebenso wie die Verbraucher in die Lage versetzt, effizienter zu verfahren und so Energie zu sparen, heißt es. Aus ökologischen Gründen also werden derzeit in Europa, in den USA, in Kanada, in China und fast rund um den Globus gigantische Zählernetze errichtet. Unter der Bezeichnung *Smart Grid* sollen sie noch viel größer werden als das Internet[470]. Mit solchen *BIG DATA* zeichnet sich ab, „dass die Technostrukturen anfangen, die Funktion gesellschaftlicher Integration zu übernehmen. Dabei ist vor allem an die Versorgungs- und Entsorgungsnetze zu denken…"[471]

Hinter dieser Entwicklung stehen keineswegs bloß ökologische, sondern insbesondere auch ökonomische Gründe. Denn all die quasi-intelligenten Zähler-Systeme verheißen riesige wirtschaftliche Gewinne. „Das Milliardengeschäft lockt Netzausrüster, Zählerfirmen und selbst IT-Konzerne wie Google, SAP und Deutsche Telekom an", weiß Notger Blechner[472]. So will etwa der Energiekonzern EnBW nicht zuletzt dadurch „profitabler werden", dass er „den Verkauf intelligenter Stromzähler und entsprechender Software" vorantreibt[473]. Sollte es sich bei genauerem Überprüfen der Motive bestätigen, dass es auch auf diesem Gebiet viel mehr um Ökonomie als um Ökologie geht? Stecken hinter dem geplanten Smart-Metering, das künftig in möglichst viele Häuser und Wohnungen hineingezwungen werden soll, noch ganz andere Interessen als die einer besseren Energie-Effizienz? Verdacht in diese Richtung drängt sich auf, weil eine verbesserte Energiebilanz bislang keineswegs erwiesen ist, wie *SPIEGEL Online* betont: „So ist noch immer nicht klar, wie groß die Kostenersparnis durch die Technologie tatsächlich wäre." Denn ein Problem sei, „dass sich der Einsatz intelligenter Stromzähler vor allem bei flexiblen Stromtarifen lohnen würde; sprich: wenn die Preise aufgrund von Angebot und Nachfrage deutlich schwanken. Derzeit sind die Stromtarife aber noch sehr unflexibel."[474] Hinzu kommt, dass neben den hohen Ausbaukosten[475] durchaus nennenswerte Anschaffungs- und Betriebskosten anfallen: „Um von flexiblen Tarifen zu profitieren, bräuchte ein Haushalt mindestens einen intelligenten Stromzähler, der Verbrauch und Strompreis miteinander abgleicht. Dazu müssten Haushaltsgeräte wie Waschmaschinen und Trockner mit einem Adapter aufgerüstet werden, damit sie mit dem Zähler kommunizieren können. Im Idealfall verfügt der Haushalt der Zukunft zudem über ein System, das Haushaltsgeräte automatisch so steuert, dass sie möglichst kostengünstig arbeiten."[476] Die Enzyklopädie *Wikipedia* resümiert zum Thema: „Bedingt durch die zusätzliche Kommunikation kommt es, verglichen mit einem bisher üblichen Ferraris-Zähler, zu einem höheren Eigenverbrauch."[477] Und die Computerzeitschrift *Chip* konstatiert: „Die Produktbezeichnungen ‚Stromsparzähler' oder ‚Energiesparhelfer' suggerieren, allein ihr Einsatz führe zu niedrigerem Verbrauch. Doch das stimmt natürlich nicht."[478]

Die fällige Kritik am Smart-Grid-Konzept[479] erschließt sich, indem man sich vor Augen hält, wie hier die digitale Freiheitsfalle sowohl in politischer wie in ökologischer Hinsicht zuschnappt. Der erste Aspekt betrifft Datenschutz und Datensicherheit: Die Frage, wie die unvorstellbar großen Datenmengen, die im Zuge digitalen Zählens erhoben, transportiert und gespeichert werden, mit den gewohnten Normen des Datenschutzes in Einklang gebracht werden können, bereitet verschiedenen Umfragen zufolge erhebliche Sorgen[480]. Denn eine womöglich minuten- oder gar sekundengenaue Übermittlung von Daten macht feinste Analysen möglich: Mittels „intelligenter" Stromzähler lässt sich extern sogar aufs aktuell geschaute Fernsehprogramm schließen[481]! Analyse-Software kann aus den Schwankungen des Stromverbrauchs leicht errechnen, welche Geräte in einem Haushalt zu welcher Zeit und zu welchem wahrscheinlichen Zweck betrieben worden sind. Auch lassen sich Regelmäßigkeiten des Verhaltens in der eigenen Wohnung ermitteln. Deshalb fordern die europäischen Verbraucherschutzverbände klare Vorgaben bezüglich der Häufigkeit solcher Messungen und der Nutzung dieser Daten[482]. Politik und Wirtschaft sind sich dieser Problematik natürlich bewusst und suchen nach praktikablen Auswegen. Wenn die verarbeiteten Daten rein technischer Art seien und sich nicht auf bestimmbare natürliche Personen bezögen, könnten die Betreiber smarter Zähler und Energiedienstleistungsunternehmen „solche Daten verarbeiten, ohne die vorherige Zustimmung der Netznutzer einholen zu müssen", heißt es von Seiten der EU-Kommission[483]. Doch Skepsis bleibt angesagt, zumal die Kommission vermerkt, es „könnten in den speziellen nationalen Rechtsvorschriften Anpassungen erforderlich sein, um einigen Funktionen der intelligenten Netze Rechnung zu tragen."

Tatsächlich verlangt das am 30. Juni 2011 im Deutschen Bundestag beschlossene Gesetz für die Neuregelung energiewirtschaftsrechtlicher Vorschriften zwar, personenbezogene Daten unkenntlich zu machen –

aber nur „soweit dies nach dem Verwendungszweck möglich ist und im Verhältnis zu dem angestrebten Schutzzweck keinen unverhältnismäßigen Aufwand erfordert."[484] Das klingt kaum nach einer wirklich „wasserdichten" Lösung. Lässt sich ein Missbrauch zu womöglich totalitären Zwecken für die Zukunft völlig ausschließen? Aus guten Gründen verlangen in Deutschland die Datenschutzbeauftragten des Bundes und der Länder in einer „Orientierungshilfe zum Smart Metering"[485] ausdrücklich, die Ablese-Intervalle sollten so groß sein, dass aus den Daten nicht aufs Nutzerverhalten rückgeschlossen werden könne. Außerdem müssten Stromkunden das Recht bekommen, Daten korrigieren zu lassen und zu widerrufen; ihnen sollten Kommunikations- und Verarbeitungsschritte intelligenter Stromzähler zu jeder Zeit sichtbar sein. Dazu gehört nicht zuletzt, dass sie erkennen können sollten, wenn auf das Gerät zugegriffen werde, und den Zugriff unterbinden dürften. Doch würden entsprechende Regeln überhaupt viel nützen? Markus Beckedahl und Falk Lüke haben da berechtigte Zweifel: „Selbst wenn es dafür Regeln gäbe, wie kann man garantieren, dass sie auch eingehalten werden? Derzeit ist das mit dem Schutz von Daten eine mittelmäßig frustrierende Sache. ... Bislang ist es für Unternehmen preiswerter und vorteilhafter, den Datenschutz zu ignorieren, als ihn zu beachten."[486] So funktioniert Freiheit für die einen auf Kosten der Freiheit vieler anderer.

Höchst unsicher ist auch auf diesem weitläufigen Sektor die „Datensicherheit". Denn die gigantischen Datenmengen, die im Zuge intelligenter Zähl-Technologie erhoben, bewegt und gespeichert werden sollen, sind potentiell Hacker-Attacken ausgesetzt. Angriffe auf digitalisierte Stromnetze sind als befürchtetes Szenario sogar Teil mancher staatlichen Verteidigungsstrategien im Blick auf künftige Cyberkriege[487]. Umso mehr fordern Thomas Fischermann und Götz Hamann in ihrem Buch „Zeitbombe Internet", das Stromnetz keinesfalls per Internet zu betreiben: „Solche kritischen Infrastrukturen, die wir für unseren Alltag dringend brauchen... – sie müssen unwiderruflich vom Netz."[488]

Auch dieses Problem ist der EU-Kommission nicht fremd: „Die Sicherheit und Robustheit der Infrastruktur, die die Realisierung intelligenter Netze unterstützt, müssen unbedingt gewährleistet werden." Doch ist das nicht bloße Rhetorik? Wer könnte hier eine Garantie aussprechen? Und wer wird gegebenenfalls für die Schäden aufkommen? Die EU-Kommission unterstellt, ohne *Smart Grid* sei „die Netzsicherheit gefährdet" – doch ist nicht eher das Gegenteil der Fall? In Österreich jedenfalls wurde im

Sommer 2013 – kurz nach dem Offenbarwerden des Ausmaßes, in dem Geheimdienste auf unsere Daten zugreifen – die Teilnahme am Smartmetering vorbildlich auf Freiwilligkeit umgestellt[489]. Die Freiheit der Wahl in Sachen Zähler-Technologie sollte sich eigentlich von selbst verstehen; doch das ist im Zeitalter der „digitalisierten Freiheit" keineswegs mehr der Fall. Dies bestätigt sich insbesondere bei der Frage nach der hier anzuwendenden digitalen Übertragungstechnologie. Die Strahlenbelastung durch Funk ist in unserer Lebenswelt bekanntlich schon reichlich hoch, so dass die Forderung vernünftig ist und der politisch gebotenen Vorsorge entspricht, dass sich Strom-, Wasser- und Gaszählen möglichst auf Technologien beschränken sollte, die kabelgebunden arbeiten, zumal sonst Funkfrequenzressourcen ohne jeglichen Mobilitätsgewinn für stationäre Anlagen vergeudet würden[490]. Eine politisch oder technisch erzwungene, flächendeckende Funk-Technologie für die Zähler in den zahllosen Haushalten wäre für nicht wenige Bürgerinnen und Bürger eine Horror-Vorstellung[491]. Mehr als die Hälfte der europäischen Bürgerschaft fühlt sich durch ihre nationalen Behörden nicht ausreichend vor den potenziellen Gesundheitsrisiken durch elektromagnetische Felder geschützt[492]. Dass dies vom Gesetzgeber und den technischen Planern eines funkbasierten *Smart Grid* auch nur halbwegs ernsthaft bedacht wird, ist bislang kaum erkennbar. Vielmehr sieht es danach aus, dass beim Ausbau des *Smart Grid* der Mobilfunk-Technologie zumindest eine Vorreiterrolle zugedacht ist – obgleich die Vernetzung im Prinzip auch kabelgebunden funktionieren würde.

Ein narzisstisch anmutender „Hang zur Totalität"[493] findet offenbar gar nichts dabei, in möglichst viele Häuser Mobilfunk direkt oder indirekt hineinzuzwingen. Stecken dahinter ökonomische Interessen der Industrie? Jedenfalls hat der BUND 2013 in seinen Erwartungen an die neu zu wählende deutsche Bundesregierung formuliert: „Besonders die zwangsläufige ‚Durchstrahlung' der zum Aufenthalt von Menschen dienenden Räume muss unterbunden werden. Es muss ein Vermeidungsprinzip bei hochfrequenter Funkstrahlung festgelegt werden, z.B. ein Vorrang kabelgebundener Lösungen (speziell bei Breitbandversorgung und ‚Smart-Metering')."[494]

Selbst wo die Datenübertragung nicht durch Mobilfunk, sondern übers Stromnetz per *Powerline Communication* (PLC bzw. DLAN) führt, wird gesundheitsbedenklicher Elektrosmog emittiert. Unter baubiologischem Aspekt ist dies problematisch, denn es wird elektromagnetische Strahlung im ganzen Haus messbar, sofern nicht geschirmte Kabel eingebaut sind[495]. Da für die

Wirkung auf Lebewesen nicht nur die Strahlungsintensität, sondern auch die Art der Strahlung (Signalbandbreite, Modulation, Polarisation, Pulsung) und ihre Dauer relevant sein dürften, kann kaum pauschal von einer Ungefährlichkeit dieser Strahlung gesprochen werden. Der Schweizer Ingenieur Peter Schlegel weiß: Der Frequenzbereich dieser Strahlung stört nicht nur den Empfang von Kurzwellen-Radiosendern, sondern „verursacht elektrosensiblen Personen spontane Beschwerden."[496] Einen politisch oder industriell herbeigeführten „Zwang" sollte es deshalb auch zum PLC-Modell nicht geben. Doch wieviel Freiheit wird das *New Digital Age* auf die Dauer zulassen?

So zeigt sich auch auf diesem Gebiet immer deutlicher eine digitale Polarisierung. Neben dem drohenden Daten-Zugriff wird ein bedrohlicher Strahlen-Zugriff gefürchtet. „Da wir in keinem totalitären System leben, darf es auch kein Automatismus werden, jemanden nur deshalb, weil er Strom beziehen möchte, zu zwingen, in seinem Hause oder seiner Wohnung Mobilfunk zu dulden", erklärt der Mediziner Karl Braun-von Gladiß[497]. Auch Bernd I. Budzinski, emeritierter Richter am Freiburger Verwaltungsgericht, und der Rechtswissenschaftler Eduard Schöpfer vom österreichischen Institut für Menschenrechte argumentieren entsprechend[498]. Immerhin wird in Österreich bereits die geplante flächendeckende Einführung von Smart-Metern durch das Referat für Umweltmedizin der Österreichischen Ärztekammer (ÖÄK) deutlich kritisiert[499]. Und in den USA hat 2012 erstmals eine internationale Ärzte-Vereinigung vor funkbasierten Stromzählern gewarnt, nämlich die *American Academy of Environmental Medicine*: Der Einsatz von drahtloser Zählertechnologie müsse künftig sorgfältiger in der Öffentlichkeit beraten werden; politische Entscheidungsträger hätten notwendige Vorsorge-Maßnahmen unter dem Aspekt eines verantwortlichen Gesundheitswesens zu prüfen[500]. Die Umwelt-Ärzte berufen sich auf aktuelle wissenschaftliche Literatur und betonen, die permanente Exposition gegenüber entsprechender Mobilfunk-Strahlung sei eine vermeidbare Gefährdung der Umwelt. Angesagt sei eine Bereitstellung von Soforthilfen zur Wiederherstellung der analogen Mess-Systeme.

Bereits einige Zeit zuvor hatten sich im US-Bundesstaat Kalifornien Bürger-Proteste gegen digitale Stromzähler gehäuft[501] – ähnlich wie in Kanada und Australien: „Viele Menschen lehnen diese Geräte ab, weil sie die Privatsphäre verletzen, zu höheren Kosten führen, keinen Strom einsparen und Elektrosmog verursachen."[502] Manche befürchten, dass die digitale Revolution im Zuge ihrer zunehmenden Machtergreifung totalitäre Züge anzunehmen droht.

Namentlich die Not von Menschen, die intensives Smart-Metering in ihren Wohnungen körperlich spüren, ist groß, und zwar nicht zuletzt in seelischer Hinsicht, insofern sie von ihren Mitmenschen oft ignorant oder zynisch als Hysteriker eingeschätzt und behandelt werden. Wie aber der Umweltmediziner Joachim Mutter über Erfahrungen aus seiner Praxis berichtet, haben Patientinnen und Patienten nach dem Einbau von funkenden Zählern an Heizungen „vielerlei Beschwerden und Krankheiten erworben" – obwohl sie oft nicht einmal wussten, dass sich neue Strahlenquellen im Haus befanden! Es handelte sich eben um das „Spektrum des Mikrowellensyndroms: Schlaflosigkeit, Kopf- und Körperschmerzen, Herzpalpitation, Blutdruckkrisen, Schwindel, Müdigkeit, Gedächtnisschwäche, Augenbrennen, Hautbrennen, Tinnitus, Depressionen etc. Diese wurden erst besser, nachdem die Fachfirma die elektronischen Wärmezähler demontiert und dafür wieder die alten Messröhrchen an den Heizkörpern angebracht hatte."[503] Blutanalysen in der sogenannten Dunkelfeld-Mikroskopie deuten auf ungesunde „Geldrollenbildung" der Blutzellen unter nahem Einfluss von Smart-Metern hin – ein typischer Effekt bei Mikrowellenstrahlung[504].

Manche Funksensiblen sind heutzutage vor der verbreiteten Mobilfunkstrahlung längst in die Keller geflohen. Würden nun gerade dort funkende Strom-, Gas- und Wasserzähler-Stationen installiert, liefe das auf einen quälenden Zustand für die Betroffenen hinaus. Und dies in besonderem Maße, wenn sie ihre Wohnung bereits nach außen gegen Funk abgeschirmt haben – denn elektromagnetische Hochfrequenzwellen werden durch die Schirmung reflektiert. Tangiert wären Funk-Sensible zudem von einem breitflächig durchgesetzten *smart metering* ohnehin überall dort, wo sie in Mehrfamilien- oder Hochhäusern entsprechendem Mobilfunk aus benachbarten Wohnungen ausgesetzt wären. Für sie ist allenfalls eine DSL-basierte Datenübertragung zumutbar, also eine kabelgebundene (jedoch nicht PLC-gestützte, mit eigenem Elektrosmog verknüpfte) Lösung – oder aber die im Kommen befindliche photonische Netztechnik[505].

8. Alternativlösungen in Sicht?

Wie es aussieht, nimmt im Zuge des geplanten Ausbaus der Digitalisierung die zu kommunizierende und zu transportierende Datenlast bald derart zu, dass die Funknetze ihr kaum mehr Herr werden könnten. So seufzt Padmasree Warrior, Strategievorstand bei dem US-Technologiekonzern Cisco und laut dem Magazin „Forbes" eine der hundert mächtigsten Frauen der Welt: „Die Datenmengen wachsen wirklich dramatisch, und künftig wird es entscheidend sein, ständig zwischen verschiedenen Übertragungswegen zu wechseln. Mal per Kabel. Mal per Mobilfunk, mal per WLAN. Die Kunst wird sein, diesen ständigen Wechsel so einfach und reibungslos wie möglich hinzubekommen. Vor allem der flächendeckende Ausbau von WLAN könnte helfen, Versorgungslücken zu vermeiden."[506] Funk allüberall, von Mobilfunk-Masten und zahllosen nahen WLAN-Stationen getaktet – ist dieses Arbeiten mit elektromagnetischer Hochfrequenztechnologie unter energie- und gesundheitspolitischen Aspekten wirklich so intelligent, wie viele Zeitgenossen immer noch glauben?

Zweifel stehen im Raum, auch wenn sie unter der Vorherrschaft des „Mythos Mobilfunk" nicht gern gesehen und möglichst unterdrückt werden. Protestierende Bürgerinitiativen stehen auf der Matte – neu provoziert durch die LTE-Technologie mit ihrer immer breitbandigeren, variableren Strahlung, von der nicht einmal klar ist, ob vielleicht die Frequenz-Zusammensetzung ihrer Funksignale und dabei auftretende Interferenzen schuld an macherlei empfundener Unverträglichkeit sind. Warum sieht sich angesichts der internationalen Mobilfunk-Kritik nicht die Industrie selbst verstärkt nach technologischen Alternativen um? Gero Modelung meint: „Die Beschränkungen oder Regelungen der Anwendung von Technik müssen meines Erachtens aus Einsicht und Respekt entwickelt werden und nicht aus blinder Angst vor der Technik."[507] Wo aber bleiben erkennbare Haltungen, die von Einsicht und Respekt sorgen, in Industrie, Wirtschaft und Politik? Warum kalkulieren die Technik-Hersteller nicht das Risiko, dass sich die Beweise für die Bedenklichkeit der Funktechnik eines Tages kaum länger werden unter den Teppich kehren lassen, erkennbarer ein[508]? Warum sind sie nicht von sich aus bereit, weitblickend den Grundrechten auf körperliche Unversehrtheit (Art. 2 GG), auf Umweltschutz (Art. 20a GG und Art. 174 des EG-Vertrags) sowie auf Eigentum (Art. 14 GG)[509] mehr Achtung entgegen zu bringen – noch bevor sie eines Tages vielleicht dazu gezwungen werden? Warum setzen sie nicht entschlossener auf die Entwicklung alternativer Technologien?

Technische Alternativen gibt es zum Teil bereits, zum Teil werden sie derzeit entwickelt. Das entscheidende Stichwort lautet in allen Fällen „Licht". Da ist zunächst an jene Lichtwellenleiter zu denken, die breitbandigen Datenfluss – statt durch die Luft wie bei Mobilfunk – in Gestalt von Glasfaserkabeln möglich machen. Deren Vorteil betont Björn Claassen, *Chief Operating Officer* bei Keymile: „Was die Bandbreiten angeht, übertrifft Glasfaser LTE im direkten Vergleich deutlich. Zugespitzt formuliert: Die Verwendung von Glasfaser verspricht nahezu grenzenlose Bandbreiten."[510] Für das Verlegen solcher Lichtwellenleiter direkt bis in die Wohnungen sei eine entsprechende Infrastruktur aufbauen, um der zu erwartenden hohen Nachfrage nach Bandbreite auch noch in 20 Jahren gewachsen zu sein. Aber faktisch wird der Ausbau dieser Technologie bisher in unseren Breitengraden erstaunlich wenig wenig vorangetrieben. Während Deutschland in Sachen Glasfaserversorgung hoffnungslos hinter herhinkt[511], will das ferne China just auf diesem Gebiet eine weltweite Vorreiterrolle einnehmen[512]. Im Übrigen wird oft selbst dort noch, wo eine optimale kabelgebundene Internetversorgung vorliegt, Funk meist obendrein eingerichtet und genutzt, weil kaum jemand auf den kabellosen Luxus lokaler Mobilät in Wohnung und Garten verzichten möchte. Die Betreiber richten sich danach: So hat die Deutsche Telekom auf einem Investorentag im Dezember 2012 die Pläne für den Netzausbau vorgestellt. Danach will der Konzern 6 Milliarden Euro für den Breitbandausbau in Deutschland mit Glasfaser (FTTC) und Vectoring ausgeben. FTTC steht für *Fibre To The Curb*: Eine ‚Hybrid-Box' soll Verkehr über Vectoring und LTE zu- und ableiten, um im Download sogar Geschwindigkeiten von bis zu 200 MBit pro Sekunde zu ermöglichen[513].

Bedenken gegenüber dem weiteren Ausbau des Breitbandfunks werden allenthalben verdrängt, Kritiker der unsichtbaren, aber physikalisch sehr realen Verbindungen gern verlacht. Immerhin kam aus deren Richtung mittlerweile die Ausformulierung eines Alternativkonzepts zum allgegenwärtigen Funk-Smog.

In einer Brennpunkt-Ausgabe von *Diagnose-Funk* heißt es unter dem Titel „Die Zukunft der Mobilen Kommunikation: Mobil und risikoarm kommunizieren" im Januar 2013: Die mit der heutigen Mobilkommunikation verbundenen gesundheitsschädigenden Auswirkungen elektromagnetischer Felder könnten zukünftig vermieden und damit den betroffenen Elektrohypersensiblen wieder Lebensraum und Lebensqualität eingeräumt werden. Offenkundige Leistungs- und Qualitätsmängel der heutigen Mobilfunknetze sollten von der Industrie, der Politik und Nutzerseite zum Anlass genommen werden, möglichst schnell einen Paradigmenwechsel in der Mobilfunk-Konzeption vorzunehmen. „Die folgenden Forderungen müssen dabei erfüllt sein: Alle Marktakteure nutzen gleichberechtigt (diskriminierungsfrei) eine einheitliche, allen zur Verfügung stehende Kommunikationsnetz-Infrastruktur analog zu Wasser, Strom, Gas und Schiene. Jede Wohnung wird an Breitbandkabelversorgung angeschlossen."[514] Die Benutzung von Funk als Festnetz-Ersatz für den Breitbandzugang ins Internet von Zuhause oder dem Arbeitsplatz aus verstopfe die Netze und sei ineffizient. Das Grundprinzip müsse lauten: „Alle Transportstrecken für Mobile Kommunikation werden so weit wie möglich mit Glasfaser-/Kupfernetzen abgewickelt. Nur dort, wo dies für die mobile Kommunikation notwendig oder gewünscht ist, wird eine möglichst kurze Funkstrecke mit minimalster Sendeleistung und den geringstmöglichen Immissionen zur Verfügung gestellt. Diese Umstellung kostet einerseits Geld und erfordert Zeit, bezahlt sich aber langfristig von selbst: Durch Gewinne an viel Transferkapazität, qualitativ hochwertiger und störungsarmer Dienste, weniger aufwändige Infrastruktur, weniger Energieverbrauch, weniger Unterhaltskosten, höhere Gewinne, günstigere Gebühren und weniger Stadt- und Landschaftsverschandelung. Aufgrund der viel geringeren Strahlenbelastung bedeutet dies weniger Schäden an Mensch und Natur." Zum Konzept gehört die strikte Trennung der Infrastruktur in Indoor- und Outdoor-Bereiche: Gefordert wird die Absenkung der Sendeleistung aller heutigen Außen-Basisstationen und Broadcast-Sender auf einen Immissionspegel, der lediglich zur Versorgung des Außenbereichs dient, also nicht Hauswände durchdringen können muss. „Eine Optimierung der Sender-Standorte ermöglicht, abhängig von Topographie, Zellgröße und Zellart, eine Immissionsminderung um mehrere Zehnerpotenzen."[515]

Eine deutliche Verminderung der Strahlenbelastung verheißen im Übrigen die neuen Nutzungsmöglichkeiten von Lichtfrequenzen per Laser- und LED-Technik. Solche *Visible Light Communication* (VLC) sollte freilich vor einem generellen Einsatz schnellstmöglich auf Gesundheitsverträglichkeit und nicht auszuschließende Effekte auf Tiere und Pflanzen hin untersucht werden. Sogenannte *Li-fi*-Lösungen dürfen in ihren Lichtsignalen keinesfalls wiederum biologisch gefährliche Frequenzanteile enthalten. Unter der Bedingung, dass dies gewährleistet bleibt, besteht tatsächlich Grund zu der Hoffnung, dass Lichtfunk eine hilfreiche Alternative zum Mikrowellenfunk sein könnte. So unterstreicht der Physiker Stefan Spaarmann zusammen mit Claus Scheingraber: „Ubiquitäre Datenkommunikation kann viel besser mit Lichtleiternetz und Nahbereich-*Optical-Wireless* realisiert werden. Sichtbares Licht ist aus evolutionsgeschichtlichen Gründen für Lebewesen verträglich."[516] Lichtfunk kann per Laser Strecken von bis zu zwei Kilometern überbrücken; entsprechende Systeme wären auszubauen.

Vorrangig ist jedoch für erste industrielle Realisierungen auf diesem Gebiet zunächst der Nahbereich, in dem Licht ohnehin zur Anwendung kommt – das sind insbesondere Büroräume in Wohnungen und Betrieben. Schreibtisch- und Deckenlampen können jetzt bereits drahtlos Datenübertragung per Licht realisieren. Bei optischem WLAN stehen mehr Wellenlängen zur Verfügung als bei herkömmlicher Funkübertragung, deren Spektrum zudem stark reguliert ist. Es geht also um durchaus effektive Alternativen: Leuchtdioden (LEDs) als Sender schaffen immerhin Übertragungsraten von einem Gigabit pro Sekunde[517]. Und man denkt bereits digital weiter: So „könnten etwa auf den Tisch, die Wand oder andere Objekte geleuchtete, intelligente digitale und personalisierte Avatare gehören, die dem Nutzer mit Informationen zur Seite stehen. Mit solchen ‚Digitalen Begleitern' (*Digital Companions*) könnten auch Alltagswerkzeuge dann ihre eigene Verhaltensweise, Persönlichkeit und Agenda zeigen."[518] Bei alledem erweisen sich Haus- und Zimmerwände, die der Funk bekanntlich überwindet, positiv betrachtet als hilfreiche Barrieren: Während Funkwellen das Signal aus dem Nebenzimmer stören oder umgekehrt gestört werden können, treten solche Interferenzen bei optischem WLAN nicht auf. Und rechtlich[519] wie moralisch fragwürdige Elektrosmog-Übergriffe in Nachbarwohnungen oder benachbarte Schlafzimmer entfallen bei dieser neuen Technologie auf jeden Fall. Spaarmann und Scheingraber rechnen damit, dass Lichtfunk ein Selbstläufer werden dürfte, „weil Photonik die höchste Leistung und Energieeffizienz verspricht, weil Organismen durch die Evolution auf eine Licht-Umgebung eingestellt sind, weil Schutz mit geringstem Aufwand möglich ist, weil keine unbeobachteten Emissionen möglich sind. ... Es winken weltweit Märkte mit riesigem Potential, das Funkstrahlungs-Umweltproblem kann so endlich eliminiert werden."[520]

Zunehmend entwickelt also die digitale Revolution selber Alternativen zu E-Smog emittierenden Geräten und Kommunikationstechniken, indem sie die Eigenschaften von Licht nutzt – nicht zuletzt auf dem Sektor von Chips[521]. Das hilft freilich wenig im Blick auf die unfrei machenden *psychologischen* Aspekte entsprechender Apparate und Maschinen. Digital evozierte innere und äußere Abhängigkeiten[522], Süchte und Demenzen dürften auf längere Sicht ein Problem bleiben: „Schlaflosigkeit, Depressionen und Sucht sind äußerst gefährliche Auswirkungen des Konsums digitaler Medien, deren Bedeutung für die gesamte gesundheitliche Entwicklung der jetzt noch jungen Generation kaum überschätzt werden kann."[523] Die digitalisierte Freiheit bleibt eines der Hauptprobleme unserer Zeit.

III. Die lebenspraktische Freiheitsfalle

> „Die Technik soll dazu dienen, dem Menschen das Leben zu erleichtern
> und ihn von schwerer körperlicher Arbeit zu befreien. Heute haben wir
> uns das Leben derart erleichtert und uns derart ‚befreit',
> dass wir an der Erleichterung sterben."[524]
>
> *Hans A. Pestalozzi*

1. Über die stete Beschleunigung des Lebens

Das breit angelegte Programm der Digitalisierung stellt als Unterwerfung aller Lebenswirklichkeit unter den binären Takt einen sich zuspitzenden Prozess dar, der den Namen „Revolution" durchaus verdient. Aber wollen wir eigentlich, was da vorbereitet wird und gleichzeitig immer mehr Züge einer Ersatzreligion[525] annimmt? Soll denen künftig die Macht in Staat und Gesellschaft gehören, die sie im Zuge dieser „stillen" Revolution immer mehr an sich zu reißen verstehen, indem sie uns mehr Sicherheit und Bequemlichkeit[526] verheißen? Jonathan Zittrain mahnt mit Recht: „Wir sollten uns nicht aus Bequemlichkeit in geschlossene Systeme locken lassen."[527] Und Timothy Taylor warnt: „Für die Zukunft muss man befürchten, dass die Schattenseite der Entwicklung von Apparaten zur Instrumentalisierung virtueller Realitäten in einer unendlich subtileren kulturellen Programmierung prägbarer Individuen zu technisch versierten Konformisten bestehen wird."[528]

Ganz frühe Ansätze zur Digitalisierung liegen weit zurück: Der erste vollständige Digitalrechner wurde bereits 1823 konzipiert – da hatte noch kaum die industrielle Revolution begonnen. Seit damals aber dürfte sich unser Kommunikationstempo um das Zehn-Millionenfache beschleunigt haben[529]. Von dieser Feststellung ist es nicht weit bis zu der Mutmaßung, dass der stete Zuwachs an Freiheit im Zuge solcher enormen Beschleunigung irgendwann kippen und fast notgedrungen zur lebenspraktischen Freiheitsfalle mutieren musste.

Insbesondere hat die Digitalisierung in den Jahrzehnten vor der Jahrtausendwende, nämlich mit der Einführung von Computern und Chips für jedermann, Fahrt aufgenommen. „Wie Zombies vollführen die ins digitale Netz verstrickten Bürger Banktransaktionen mit dem Bluetooth-Handy am

Ohr, streifen somnabul durch Geschäfte und probieren Kleider an, ohne ihre Konversation zu unterbrechen, um sich dann mit einem knappen Lächeln an der Kasse zu entschuldigen, wenn sie mit Telefon zwischen Schulter und Ohr bezahlen. Schließlich wollen sie doch nur Zeit sparen."[530] Hetze und immer mehr Beschleunigung hat diese digitale Revolution mit sich gebracht. Doch mit welchen Resultaten? Rechnet sich der totale Umstieg ins Verrechenbare – aufs Ganze gesehen?

In der letzten Weihnachtsbotschaft seines Pontifikats hat Papst Benedikt XVI. eine schöne Beobachtung festgehalten: „Je schneller wir uns bewegen können, je zeitsparender unsere Geräte werden, desto weniger Zeit haben wir."[531] Bundespräsident Joachim Gauck hat zum gleichen Zeitpunkt in seiner Weihnachtsansprache beklagt, die Menschen seien verunsichert „angesichts eines Lebens, das schneller, unübersichtlicher, instabiler geworden ist"[532]. Sieht so Fortschritt aus? Digitale Beschleunigung mag so manchen *flow* erzeugen, aber macht sie in Wahrheit nicht eher *slow*[533]? Worin gründet die wachsende, auch seelische Instabilität unseres digital so erfolgreich beschleunigten Lebens?

Die industrielle Revolution hat wegen ihres kapitalistisches Streben nach Effizienz und Expansion von Beginn an auf Beschleunigung gesetzt. Damit hat sie stets Begeisterung, aber auch Kritik und Protest hervorgerufen[534]. Denn bei allem Nutzen entspricht die zunehmende, oft chronisch gewordene Hetze im beruflichen und privaten Alltag der Natur des Menschen kaum; vielmehr schadet sie Leib, Seele und Geist. Die lebenspraktische Freiheitsfalle schlägt immer öfter zu.

Schon Friedrich Nietzsche hatte wachen Auges notiert: „Bei der ungeheuren Beschleunigung des Lebens wird Geist und Auge an ein halbes oder falsches Sehen und Urteilen gewöhnt, und jedermann gleicht den Reisenden, welche Land und Volk von der Eisenbahn aus kennenlernen. Selbständige und vorsichtige Haltung der Erkenntnis schätzt man beinahe als eine Art Verrücktheit ab…"[535] Wenn man heute Kritiker und Protestierende als Rückständige und Verrückte abzutun versucht, dann ist das also eine sehr alte Masche. Dabei ist entsprechender Protest heute mehr berechtigt denn je: Hat doch die kulturelle Neigung zur Beschleunigung mit jeder Stufe der industriellen Revolution ein neues Niveau erreicht, und deren im Zuge der digitalen Revolution schon zur Gewohnheit werdender Grad schreit zum Himmel[536].

Die meisten Entscheidungsträger unserer Zeit weisen freilich solchen Protest zurück – etwa mit der Bemerkung, jede Stufe der industriellen Revolution habe ihre Neuerungen gebracht, und Vertrauen sei angesagt auch angesichts der gegenwärtigen Entwicklung. Doch der Vergleich mit früheren Schritten der technologischen Evolution hinkt: Noch nie war Technik so invasiv, so hineinwirkend in die auch noch vorletzten Winkel der Lebensgestaltung und des Seelenlebens, wie das heutzutage der Fall ist und erst recht morgen der Fall sein wird. Noch nie waren die Folgen so weitreichend, die Effekte so tiefgreifend und anhaltend. Deshalb ist keineswegs blindes Vertrauen angesagt, sondern kritisches Hinsehen und – es kann nicht oft genug gesagt werden – gerade angesichts der „stillen Revolution" lauter, vernehmbarer Protest.

Digitalisierung bedeutet im Grunde schon per se „Beschleunigung"[537]. Immer noch schnellerer Verarbeitungsmöglichkeit durch Maschinen dient die digitale Transformation von Zahlen oder Signalen in binäre Zahlenwerte. Und solches Tempo ergreift mit dem Fortschreiten der digitalen Revolution immer größere Teile von Politik[538] und Gesellschaft[539]. So zeigt eine Studie der Friedrich-Ebert-Stiftung zur „Digitalen Arbeit in Deutschland", dass „sich Politik und Gesellschaft vom Tempo des technischen Fortschritts überrumpelt sehen."[540] Manuel Schneider bemerkt: „Die ständige Beschleunigung von technischen Abläufen, sozialen und kulturellen Veränderungsraten wie generell des Lebenstempos ist eine – wenn nicht die – Signatur unserer Zeit. Die soziale Beschleunigung in der Moderne ist zu einem sich selbst antreibenden Prozess geworden. Beschleunigung hat gleichsam nur noch sich selbst zum Ziel."[541]

Warnend bemerkt der Chefredakteur des Magazins „philosophie", Wolfram Eilenberger: „Der an sich gesunde Drang nach erneuernden Erfahrungen macht Gewohnheiten Platz, sich durch extrem hochtaktige Wiederholungen des Immergleichen dauerhaft zu betäuben."[542] Das Ganze ist nicht zuletzt deshalb so fraglich, weil es auch ein teurer Spaß ist[543]! Gerade in der Wirtschaft zeigen sich die negativen Folgen von Hektik, wie Ulrich Schnabel erläutert: „Zum einen, weil sich die Anzahl der Fehltage durch psychische Erkrankungen in fünfzehn Jahren fast verdoppelt hat, was laut Bundesarbeitsministerium zu jährlichen Produktionsausfällen in Höhe von 8 bis 10 Milliarden Euro führt. Zum anderen, weil eilig entworfene Produkte zunehmend als ‚grüne Bananen' auf den Markt kommen, die erst beim Kunden reifen. Klemmt dann beim neuen Auto Gaspedal oder Bremse, ist der Imageschaden immens. Sich Zeit zu lassen kann also enorm viel Zeit sparen."[544]

Hinter alledem steht das Format der Digitalisierung, obschon es natürlich nicht monokausal für die Masse einschlägiger Beschwerdebilder ins

Feld geführt werden darf. Tatsächlich lebt die digitale Revolution von der Schnelligkeit elektrischer bzw. elektromagnetischer Impulse. Sie machen es, dass die Beschleunigung des ganzen Lebens – nicht zuletzt des Sprechens – weiter an Fahrt gewinnt. Sie geben gewissermaßen den Takt vor, nach dem sich die Menschen immer mehr zu richten haben, egal, ob Leib und Seele mitkommen. Digitalkameras, Digitalradio, Digitalfernsehen, Navigationssysteme, Mobilfunk-Geräte, RFID-Chips – all das und noch mehr begeistert die Konsumenten als Nutznießer der digitalen Revolution[545]. Insbesondere die mobil gewordenen Computer sind es, die Zeitersparnis und neue Freiheiten garantieren sollen, während sie doch oft genug neue Zeitlasten und Unfreiheiten mit sich bringen. „Täglich zwei Stunden Mehrarbeit durch Handys und Tablet", titelte die Bild-Zeitung auf Seite 1 im Herbst 2012[546]. Wer seine „Zeit im Griff" haben will, dem wird vielleicht rasch die doch recht zeitaufwändige Lektüre eines Buches mit dem Titel „Zeitmanagement mit Microsoft Office Outlook" empfohlen. Aber dass über der digital naheliegenden Technik des Multitaskings[547] viele das angeschlagene Tempo körperlich und seelisch negativ zu erfahren beginnen, spricht sich langsam herum.

Michael Kirn gibt zu bedenken: „Der Computer vermag die Dualzahlenrechnung in alle Bereiche der Lebenssubstanz zu tragen und diese miteinander zu verrechnen."[548] Aufs Diktat der Verrechenbarkeit von ungefähr allem läuft mittlerweile ungefähr alles hinaus – es geht ums „Verschmelzen" von digitaler und physisch erfahrbarer Welt[549]. Dass sich diesem Programm nicht jeder Mensch bereitwillig unterwerfen und bei solcher Revolution mitmachen möchte, sollte eigentlich niemanden verwundern. Immer mehr Zeitgenossen merken wie Nicholas Carr: „Eine Auswirkung des Internets scheint es zu sein, dass es mir zunehmend schwerfällt, mich zu konzentrieren und intensiv nachzudenken. ... Still und leise, gezielt und ungehindert wird der lineare Geist von einem neuen Geist verdrängt, der Informationen in kurzen, zusammenhanglosen und oft überlappenden Stößen serviert bekommen möchte und muss – je schneller, desto besser."[550] Zunächst habe man den Eindruck, man werde schlauer, aber früher oder später sitzt man in der lebenspraktischen Freiheitsfalle: „Solche Gefühle sind wie süffiges Gift – so sehr, dass sie uns für die tieferen kognitiven Auswirkungen des Internets blind machen." Und zwar in manchen Fällen dermaßen blind, dass der entstehende Mangel als solcher gar nicht mehr bemerkt wird.

2. Der digitalisierte Leib

Der digitalisierten Freiheit entspricht der digitalisierte Leib des Menschen. In der neuen technokratischen Ersatzreligion geht es nicht mehr um die Ganzheitlichkeit von Leib und Seele, sondern um die von Leib und Maschine, von Körper und Computer. Miriam Meckel resümiert in ihrem Zukunftsroman: „Es war nicht nur der medizinische Fortschritt, der die Integration von Körper und Maschine vorangetrieben hat. Es waren vor allem die Vorstellungen von einem weltweiten Geist, der Zusammenführung allen menschlichen Denkens, aller maschinellen Kapazitäten, die diese Integration befeuert haben."[551] Hier klingt der innere Zusammenhang der „Maschinenebenbildlichkeit" des Menschen mit der IT-Ersatzreligion oder Ersatzmetaphysik deutlich an. Ebenso deutlich spricht Elisabeth Hurth davon, dass sich inzwischen der Körperkult, gestützt auf moderne Technik-Gläubigkeit, geradezu zu einer „neuen Religion" auswachse: „Die Technisierung mit allen Spielarten des ‚Human Enhancements' findet sich mit nichts mehr ab, sie nimmt Gegebenes nicht hin und erklärt den Menschen letztlich zum Geschöpf seiner selbst."[552] Soviel Autonomie aber wird mutiert zur Freiheitsfalle.

Der Start der Digitalisierung des Leibes ist namentlich auf dem Gebiet der Medizin erfolgt. Längst gewöhnt hat man sich bei medizinischen Anwendungen an Mikro-Chips: Sie sind der wohl bedeutendste Sektor, auf dem die Vermischung von Mensch und Maschine unter dem Aspekt von Heilung und körperlicher Funktionsoptimierung vorangetrieben wird[553]. Man kann diese Kleinstcomputer gespritzt oder implantiert bekommen, sie aber auch einfach verschlucken. So gibt es bereits funkende Pillen-Kameras, die weitgehend eine Darmspiegelung ersetzen können[554], und sogar Mini-Sensoren, die – ganz praktisch in Tabletten eingearbeitet – der Selbst- oder Fremdkontrolle, namentlich der Überwachung des Einnehmens dienen sollen: „Der Chip reagiert mit den Verdauungssäften und schickt eine Nachricht auf Smartphones. Mittels App können diese abgerufen werden. Die Innovation soll Ärzten helfen, die Medikamenteneinnahme ihrer Patienten besser kontrollieren zu können."[555] Per Funk kommunizieren hochentwickelte, in der Massenanwendung oft preiswerten Chips mit ihresgleichen und der Umwelt, so dass sie des Leibes Daten potentiell weltweit zu vernetzen vermögen. Anwendungen solcher Chips erstrecken sich selbstverständlich auf verschiedenste Gegenstände unserer Lebenswelt; sie in die Biologie von Pflanzen, Tieren und Menschen zu integrieren, ist ein besonders interessanter Ausschnitt im Nützlichkeitsspektrum. Auf Grund ihrer Winzigkeit, Haltbarkeit und Handhabbarkeit versprechen sie hohe Attraktivität auf den Gebieten der Kontrolle lebender Organismen.

Die Bezeichnung *Radio Frequency Identification* (RFID) verdeutlicht, dass der Funkaspekt entscheidend ist, um die quasi-intelligenten Funktionen solcher Chips umzusetzen. Das aber ist genau der Punkt, der ihre gesundheitsdienlichen Eigenschaften wieder ein Stück weit in Frage stellt. Forschungen auf diesem Sektor gibt es bezeichnenderweise nicht viele. Behördlich wurde aber in der Schweiz schon vor einigen Jahren festgestellt, dass die Messungen an Artikel-Überwachungssystemen zeigten, wie stark doch hier erzeugte elektromagnetische Felder sein könnten. Angesichts zunehmender Verbreitung von RFID-Anwendungen im Alltag bestehe ein Bedarf nach verstärkter Erforschung möglicher gesundheitlicher Auswirkungen dieser Technologie: „Die bestehenden offenen Fragen und Unsicherheiten bezüglich Gesundheitsrisiken von elektromagnetischen Feldern sind bei RFID-Anwendungen besonders stark ausgeprägt. Sie betreffen gesundheitliche Auswirkungen von Langzeitexpositionen insbesondere durch Lesegeräte am Arbeitsplatz, von nahe am Körper getragenen oder sogar implantierten Strahlungsquellen sowie von schlecht erforschten Frequenzbereichen. Forschungsbedarf besteht im Weiteren zu anderen RFID-spezifischen Gesundheitsrisiken wie z.b. möglichen kanzerogenen Effekten bei implantierten Tags."[556] Bis heute ist der Verdacht, implantierte Chips könnten Krebs hervorzurufen, keineswegs vom Tisch. Im Gegenteil: Laut einer neuen Studie hat sich bei Versuchstieren, denen experimentell Chips implantiert wurden, Tumorgewebe um den Chip herum gebildet[557] – so dass die Frage im Raum steht, ob und inwieweit diese besorgniserregende Beobachtung auf den Menschen übertragbar ist. Sollte nicht zumindest mit individuell unterschiedlicher Verträglichkeit implantierter Chips gerechnet werden?

Bedenklich ist bei den funkenden Mikrochips auch die Einhaltung eines angemessenen Datenschutzes[558]. So nützlich es sein mag, wenn automatisch laufende Direktverbindungen zum räumlich fernen Arzt, Pfleger oder Medizinzentrum Zeit sparen helfen[559], so übel ist die nie auszuschließende Gefahr des Missbrauchs medizinischer Daten, die auf Smartphones und im Internet angesammelt werden. Deshalb warnen Datenschützer vor den „Schnüffelchips": Behörden würden in die Lage versetzt, die Bewegung und das Verhalten des Einzelnen auch gegen seinen Willen zu überwachen, wie sie es mit Mobiltelefonen und öffentlichen Überwachungskameras bereits täten. So mancher Arzt erblickt – wie Otto Pjeta vom Medikamentenreferat der Österreichischen Ärztekammer – in einer übermäßigen Patienten-Überwachung eine Verletzung der Menschenrechte: „Das halte ich für ein Orwell'sches Szenario, das nicht stattfinden darf."[560] Im Übrigen sind nicht einmal Hacker-Attacken auf entsprechende Patienten ein Ding der Unmöglichkeit: Sie könnten mutwillig gefährliche Störungen bis hin zur Tötung[561] erzeugen, ja einen digitalen Virus einbringen[562] oder einen „Identitätsdiebstahl" begehen, weil sich die auf dem Chip gespeicherten, mehr oder weniger privaten Informationen relativ leicht auslesen lassen[563].

Ungeachtet all solcher Gefahren könnte laut Mark Gasson von der englischen Universität in Reading so etwas wie ein sozialer Zwang entstehen, bei Anwendungen von Chips im Leib schließlich „mitzuziehen", selbst wenn manche dies eigentlich gar nicht wollten[564]. Demgemäß fragt Marcus Rohwetter: „Die Maschine im Magen? Ein Roboter in der Blutbahn? Ist das sympathisch? Google-Manager Schmidt gibt sich pragmatisch: ‚Wenn so ein Ding den Unterschied zwischen Gesundheit und Tod ausmacht, dann werden Sie es haben wollen.'"[565] Mag sein, dass die digitale Polarisierung mitunter auch die psychosomatische Ganzheit eines Individuums spaltet! Gesamtgesellschaftlich kann derzeit jedenfalls noch von keiner überwiegenden Zustimmung zu funkenden Implantationschips die Rede sein[566]. Im Gegenteil – es gibt durchaus rationale Ängste vor dem Kontrollzugriff durch Chips[567]. Doch mit steigender Akzeptanzbereitschaft ist zu rechnen, zumal der Übergang der Wirkung hin zur „Gesundheitsoptimierung" fließend ist. Damit bestätigt sich die oben erläuterte *DEpP*-Formel: Digitale Entmündigung produziert Pseudofreiheit.

In Richtung Gesundheitsoptimierung weist etwa Apples neue *iWatch*: Sie diene der „Optimierung des Körpers"[568]. Die funkende Armbanduhr liefert Götz Hamann zufolge „die Daten für den physiologischen Feinschliff am Ich. Der Träger wird sich selbst gründlich vermessen, seine Körperwerte jederzeit abrufen und dieselben automatisch in eine große Statistik des persönlichen Wohl- oder eben Missbefindens einspeisen können." Die beschriebenen Funktionen seien keine Science-Fiction mehr. „Und natürlich gibt es schon kleine Programme fürs iPhone, ein paar Dutzend Apps, die anhand von rudimentären Körperdaten den Glückszustand des Trägers ableiten oder ihm eine wenigstens entspannte Haltung attestieren." *Watch* heiße nicht nur „Uhr", sondern auch „beobachten" und „überwachen"; das *i* sei von Steve Jobs multipel übersetzt worden als englisch „ich" oder für „Informationstechnologie". Die gesellschaftliche Bewegung zum Gerät gebe es längst –

unter der Bezeichnung ‚*Quantified Self* '. Die *iWatch* passt laut Hamann trefflich zum Hochleistungsarbeiter und Egozentriker, den Schirrmacher in seinem neuen Buch ‚Ego. Das Spiel des Lebens' als Leitbild der heutigen Zeit beschreibt. In der Tat: Mutet solch ein Produkt nicht recht narzisstisch an?

Im Frühjahr 2013 wurde eine Neuentwicklung vorgestellt, die auf die Haut gedruckte elektronische Tattoos darbot: Das netzartige Gebilde lässt sich wie entfernbare Tattoos auch wieder von der Haut ablösen, oder sie zersetzt sich durch den natürlichen Hautalterungsprozess mit der Zeit. So „kann der Nutzer Gesundheitssensoren ständig tragen, ohne von diesen in Alltagsaktivitäten beeinträchtigt zu werden."[569] Die Anwendung erfasst Werte wie Temperatur oder Hautfeuchtigkeit und vermag daraus Aussagen über den Gesundheitszustand des Nutzers abzuleiten. Sie könnte sogar nach einem operativen Eingriff den Wundheilungsprozess überwachen und drahtlose Rückmeldungen ans zuständige Spital liefern. Ferner sollen solch elektronische Tattoos bald schon der Authentifizierung dienen und so Passwörter ersetzen. Sogar Pillen sollen im digitalen Interesse für diesen merkwürdigen Zweck hergestellt werden: Da die *Proteus Digital Health Pill*[570] einen kleinen elektronischen Chip beinhaltet, sendet dieser, sobald er mit Magensäure in Verbindung kommt, ein 18-Bit-Signal aus, das von Smartphones, Laptops, Tablets und anderen Geräten empfangen werden kann. Die amerikanische Gesundheitsagentur FDA soll die Pille bereits als zulässig eingestuft haben.

Per Smartphone wird man in Kürze auch schon mal den Puls messen können: Ein japanischer Technologiekonzern will diese Erfindung im Lauf des Jahres 2014 auf den Markt bringen. Das Hightech-Handy könne anhand der durch den Blutfluss bestimmten Gesichtsfarbe nach etwa fünf Sekunden den Puls des Nutzers messen[571]. Wie verlässlich das Gerät funktionieren wird, bleibt abzuwarten. Eine ganz andere Frage ist, ob die digitalisierte Seele und ihr Leib durch die digital ermöglichte Dauerkontrolle der eigenen Körperdaten gesünder oder nicht vielleicht im hypochondrischen Sinn kränker werden.

Damit sind im Grunde nur die Anfänge der medizinischen Digitalisierung des Leibes skizziert. Die viel weiter gesteckten Ziele kann man etwa an der europäischen Initiative *IT Future of Medicine* ablesen[572]: Binnen eines Jahrzehnts soll jeder Mensch eine virtuelle Kopie seines Körpers besitzen, an dessen Modell simuliert werden kann, wie Medikamente wirken, welche Krankheiten in Zukunft ausbrechen und wie sie verhindert werden könnten. „Basis dieses virtuellen PatientInnen ist eine riesige Menge digitalisierter persönlicher Daten: vom Erbgut (Genom) über die gesamten Proteine (Proteom) und Stoffwechselprodukte (Metabolom) bis zu der Zusammensetzung der Darmflora, Informationen aus der PatientInnen- und Familiengeschichte und aktuellen Werten. Diese persönlichen Daten werden gesammelt, analysiert und in der Computersimulation mit weiteren Daten verknüpft."[573] Skeptische Stimmen wenden ein: Allein um für alle PatientInnen in Europa Simulationen am virtuellen Alter Ego durchzuführen, bräuchte es ein Mehrfaches der heute weltweit zur Verfügung stehenden Energie. „Gerade aus wissenschaftlicher Sicht stellt sich auch die Frage, was sich überhaupt aus dem extrem heterogenen Datengemenge herauslesen lässt. Kann das Internet ein verlässlicher ‚Seismograph menschlicher Emotionen und Bedürfnisse‘ sein, wie im Projekt ‚FuturICT‘ behauptet wird?"[574] Zudem werfe solches *Data Mining* eine Reihe rechtlich-ethischer Fragen auf: „Wer darf auf die Daten zugreifen, wie sie in den gigantischen elektronischen Patientendossiers ... gesammelt werden? Wer verwaltet diesen Daten-Korpus, und wem gehören die darin enthaltenen Informationen? Wie schützt man sie vor Missbrauch – durch Krankenkassen, Versicherer oder ArbeitgeberInnen?" Datenschützer warnen vor falschen Versprechungen hinsichtlich Vertraulichkeit und Anonymität. Vor allem drängt sich auch die Frage auf: Wann wird hier Freiwilligkeit zum Zwang? „Projektkoordinator Hans Lehrach ist überzeugt, dass wir bald so weit sein werden, dass PatientInnen ihre Gesundheitskosten von Krankenkassen nur noch zurück erstattet erhalten, wenn sie bereit sind, alle Ihre Daten elektronisch zur Verfügung zu stellen und in ihrem persönlichen virtuellen Patienten selber zu verwalten." Dass die digitale Revolution auch in dieser Hinsicht totalitären Druck ausüben dürfte, steht also zu erwarten: Die lebenspraktische Freiheitsfalle schlägt immer öfter zu.

Nicht zuletzt auf dem Sektor des Sports greift die Digitalisierung des Leibes. Joggen beispielsweise ist längst davon betroffen: Auf Hamburgs beliebtester Jogger-Strecke gibt es eine fest installierte Zeitmessung. Mit einem Chip am Schuh werden automatisch über verschiedene Stationen hinweg Zeit und Laufstrecken erfasst und die Daten ins Internet übertragen: „Im Netz können die Ergebnisse mit vorherigen Zeiten oder den Ergebnissen anderer verglichen werden."[575] Ebenfalls gibt es bereits den digitalisierten Fußballspieler: „200 Messdaten pro Sekunde überträgt ein kleiner Sender samt GPS-Empfänger, die jeder Spieler am Rücken trägt und der mit einem mit Sensoren bestückten Unterhemd unterm Trikot verbunden ist. Es wird praktisch jede Bewegung gemessen und auf Apple iPad-Computer der jeweiligen Mannschaft übertragen. Adidas-Chef Herbert Hainer und die Liga-Verantwortlichen sprachen bei der Vorstellung der Technik in New York von der weltweit ersten ‚intelligenten Fußball-Liga' (Smart Soccer League)."[576] Endlich also intelligenter Fußball? Sogar eine funkende Skibrille ist mittlerweile zu haben: „Die Brille ist mit einem sogenannten Head-up-Display ausgestattet, auf dem Informationen eingeblendet werden – von der eben eingegangen SMS bis hin zu Geschwindigkeit und Temperatur, aber auch Höhe, Weite und Flugzeit von Sprüngen." Per Bluetooth kann sich die digitalisierte Skibrille über eine App mit dem iPhone verbinden; am Handschuh befindet sich eine Fernbedienung. „Selbstverständlich kann man auch die Telefonnummer des Rettungsdienstes einspeichern. Falls man beim SMS-Lesen mal stürzen sollte."[577]

Zur Gesunderhaltung des Leibes im weiteren Sinn gehört das Streben nach Unverletzlichkeit und insofern auch nach Sicherheit. Ein Beispiel: Im Nationalen Informationszentrum in Mexiko etwa wurde 168 Mitarbeitern ein GPS-Chip implantiert, der einerseits ihren Zutritt zum Hochsicherheitsareal, andererseits aber auch ihre Überwachung ermöglicht: „Das Implantat erlaubt es nämlich, den Mitarbeiter jederzeit und überall per Satellit zu orten. Dieser Schritt soll die gefühlte Sicherheit besonders des hochrangigen Personals erhöhen; immerhin ist Mexiko nach Kolumbien die zweitgrößte Kidnapping-Hochburg. Ziel der Kidnapper sind dabei vor allem Personen in wichtiger Position oder aus reichen Familien. Der Chip wird im Arm des Mitarbeiters angebracht und soll nicht entfernbar sein. Wird er eines Tages nicht mehr benötigt, beispielsweise wenn der Besitzer pensioniert wird, kann er aber problemlos deaktiviert werden."[578] Bisher war es eigentlich üblich, nur Tiere und Verbrecher derart zu „sichern". Schöne neue Welt!

Manche Christen erblicken in implantierten Funk-Chips jene Malzeichen des endzeitlichen „Tieres", die dem letzten Buch der Bibel zufolge (Offb 13,16-18 und 14,9-11) an der rechten Hand oder der Stirn getragen werden müssen, wenn man überhaupt kaufen oder verkaufen möchte[579]. Es gibt zudem verschiedene Religionen, die jede Verletzung des menschlichen Körpers durch chirurgische Eingriffe und somit auch Implantate ablehnen. Bedenklich wird es jedenfalls, wenn implantierte Chips die Zugehörigkeit zur technokratischen Ersatzreligion von morgen ausweisen sollen. Frank Vogelsang hat Recht: Es gibt „aufgrund der leiblich-existentiellen Verfasstheit des Menschen ein unüberwindbares Potential zu einer Widerständigkeit der Lebenswelt gegenüber einer Überformung durch technische Gestaltung."[580] In diesem Sinn erstreckt sich die digitale Polarisierung der Gesellschaft auch auf die eingeleiteten Prozesse der Digitalisierung des Leibes.

3. Geld oder Leben?

Macht das Streben nach immer mehr Geld freier? Das wird so mancher, der es ausprobiert hat, energisch bestreiten. Und zwar nicht nur auf der Ebene von Managern, sondern auch auf der von ganz normal bemühten Mitmenschen. Der Sozialpsychologe Harald Welzer bemerkt: „Konsumismus ist heute totalitär geworden und treibt die Selbstentmündigung dadurch voran, dass er die Verbraucher... zu ihren eigentlichen Produkten macht" – indem er sie mit immer neuen Wünschen ausstattet, Wünsche, von denen sie vor kurzem nicht einmal ahnten, dass sie sie jemals hegen und dafür Geld ausgeben würden[581].

In solch selbstverschuldete Unmündigkeit kann freilich nur geraten, wer den Wert des Geldes angemessen einzuschätzen verlernt hat. Frank Schirrmacher konstatiert: „Umgeben von einer Welt, in der Informationen nicht nur an Börsen, sondern am Arbeitsplatz, in der Kommunikation und sogar bei Freundschaften von logisch arbeitenden Rechenmaschinen organisiert werden, die nach den Gesetzen der persönlichen Profitmaximierung den menschlichen Charakter kalkulieren, verändern sich gesellschaftliche Wertvorstellungen in staunenswerter Geschwindigkeit."[582] Von der Digitalisierung der Werte ist das Wertäquivalent „Geld" selbst betroffen. Kein Wunder: Geht es beim Digitalisieren ums Zählen und Rechnen, so kann es gar nicht anders sein, als dass sich die „stille Revolution" auch aufs Geld erstreckt.

Oder muss man sogar zuspitzen: Diese Revolution findet weithin um des Geldes willen statt? Und zwar nicht allein wegen der industriellen und gesamtwirtschaftlichen Gewinnaussichten auf dem breiten Sektor der Digitalisierung, sondern zunehmend auch wegen algorithmisch betriebener Finanzspekulationen[583]? „Das Monster Finanzkapitalismus", bemerkt Alexander Cammann, „verhalf der digitalen Revolution zum Durchbruch – iPhone und Investmentbanking sind insofern zwei Seiten einer Medaille. Erst durch die Möglichkeit, kurzfristig immense Investitionen zu bewegen, waren die gigantischen technologischen Schübe möglich."[584] Namentlich der Hochfrequenzhandel[585] mit seinem ultraschnellen Kaufen und Verkaufen von Aktienwerten enthumanisiert die Ökonomie vollends und verführt zu gewollter Unübersichtlichkeit[586]. Digitales Geldmachen – wahnsinnig beschleunigt nach dem Motto „Zeit ist Geld" – erweckt insofern bei Markus Zydra grundsätzliche Skepsis: „Der Börsenhandel wird dominiert von Naturwissenschaftlern, die Handelssysteme entwerfen, denen es gar nicht darum geht, wie gut die betriebswirtschaftlichen Aussichten eines Konzerns sind oder was der Vorstandschef kann. Es geht darum, Preisbewegungen im Sekundentakt zu antizipieren. Es geht ums Zocken – nicht mehr um langfristiges Investieren."[587]

„Geld regiert die Welt" – an der grundsätzlichen Gültigkeit dieses Sprichworts hat noch keine Revolution etwas geändert. Und im Horizont des *New Digital Age* ist es mehr denn je so, dass alle Lebensbereiche „weitgehend unter dem Gesichtspunkt der Ökonomie betrachtet" werden[588]. Dabei ist klar, dass dieser Kurs von den Regierungen allemal unterstützt wird: „Die Wirtschaft will Geld verdienen und die Politik sich im Glanze des Erfolges eines Wirtschaftszweiges sonnen, so dass Gentlemen Agreement."[589] Ökonomische „Sachzwänge" legitimieren die radikale Digitalisierung ebenso wie die damit verbundene Erosion humanistischer Werte[590]. Laut Gregor Taxacher „wird nun alles faktische ökonomische Geschehen gerechtfertigt durch seine unumstößliche innere Rationalität, selbst wenn die über Leichen geht."[591] Dabei gilt es mit dem Wirtschaftsexperten Tomás Sedlácek zu bedenken: „Ökonomie beruht nicht nur auf Mathematik und Analytik, sondern in hohem Grade auf Glaubensaussagen, Kultur und Normen."[592] Die durch und durch digitalisierte Wirtschaft beruht auf dem Glauben der technokratischen Ersatzreligion unserer Tage[593]. Mit Schirrmacher bleibt festzuhalten, dass im Kontext dieser technokratischen Ersatzreligion „jetzt das Immaterielle, die Seele selbst, zum Marktplatz werden sollte."[594]

Der Begriff des „Geldes"[595] gehörte ursprünglich sogar zur religiös-kultischen Sphäre: Er bezeichnete das, womit man Buße und Opfer erstatten bzw. entrichten konnte. Erst ab dem 14. Jahrhundert nahm er seine aktuelle Bedeutung als „geprägtes Zahlungsmittel" an und stand fortan für ein Wertäquivalent[596]. Geld kann in materieller oder immaterieller Form existieren. Als abstraktes Tauschmittel für Leistung oder Güter erhöht es für seine Besitzer Wahlmöglichkeiten und damit Freiheit[597] und Lebensqualität. Fast könnte man formelhaft sagen: Geld ist Leben. Aber die bekannte Formel „Geld oder Leben", die man bei Überfällen oft zu hören pflegt, bringt gerade kein Wertäquivalent zum Ausdruck, sondern macht drastisch deutlich: Das Leben ist mehr wert als aller Geldwert[598]. Und das gilt wiederum nicht bloß für das biologische, vergängliche Leben, sondern erst recht im Hinblick auf das unvergängliche Leben der Seele. So mahnt Jesus, der um die Alltagsnotwendigkeit des „leidigen Geldes" natürlich wusste (Luk 16,9), in der Bergpredigt: „Sammelt keine Schätze hier auf der Erde! Denn ihr müsst damit rechnen, dass Motten und Rost sie zerfressen oder Einbrecher sie stehlen. Sammelt lieber Schätze bei Gott. Dort werden sie nicht von Motten und Rost zerfressen und können auch nicht von Einbrechern gestohlen werden. Denn euer Herz wird immer dort sein, wo ihr eure Schätze habt" (Matth 6,19-21)[599].

Dies zu bedenken, kann nützlich sein, um der digitalen Freiheitsfalle zu entkommen. Wer aber in ihr gefangen ist, bleibt ein Sklave des Geldes, des ökonomischen Sogs. Ob er dann noch so etwas wie Wirtschaftsethik kennt, dürfte eher zweifelhaft sein: „Es gibt Wirtschaft, und es gibt Ethik – aber es gibt keine Wirtschaftsethik", bemerkt Niklas Luhmann im Sinne vieler Systemtheoretiker[600]. Das gilt insbesondere im Horizont jenes digitalen Werteumsturzes, der – wie oben (II.3) dargelegt – dazu beiträgt, dass Ethik überhaupt veraltet. Die Konturen einer postmodernen Ersatzreligion zeichnen sich gerade ab in Märkten, die um des Profits willen digital eine „fast göttliche Allwissenheit" erstreben[601]. Walter Schmidt weiß: „Der Markt bringt eine moderne Form von Religion hervor, nämlich eine ‚Religion der Ware'. Genau diese ‚Religion des Marktes' ist es aber auch, die eine Form des Götzendienstes hervorbringt. Die Schöpfergötter des kapitalistischen Konsummarktes produzieren endlos und bringen ihre neuesten Kreationen auf die Umlaufbahnen der Sehnsüchte der Konsumentenseelen. Die ‚Religion des Marktes' tritt mit einem alleinseligmachenden Anspruch auf und duldet keine anderen Götter neben sich."[602] Demgemäß hat die technokratische Ersatzreligion unserer Tage das eigentlich religiöse Verhältnis zum Ökonomischen kaum mehr im Blick[603]. Dem zur allgemeinen Maxime gewordenen Profitstreben fällt das Streben nach Gerechtigkeit, Ehrlichkeit und Hochhalten der Menschenwürde großenteils zum Opfer[604].

Hier ist nicht der Ort, dem Wesen des „digitalen Kapitalismus" näher nachzugehen. Festzuhalten bleibt allerdings, dass die digitale Revolution als primär materialistisch getragener Prozess dermaßen geldorientiert verläuft, dass auch gerade aus diesem Grund massiv Freiheit untergraben wird. So konstatiert Schirrmacher, der Informationskapitalismus unserer Tage wolle nicht nur Gedanken lesen, kontrollieren und verkaufen: Er „stellt zusammenhängende Lebensläufe und Identitäten von einzelnen Menschen infrage, er hat die Realwirtschaft für seine Zwecke eingespannt und

ist nun im Begriff, konstitutionelle und völkerrechtliche Ordnungen umzu-
schreiben. Denn nicht nur der Einzelne verliert seine Souveränität. Die in
der gegenwärtigen Eurokrise amputierten Souveränitätsrechte europäischer
Staaten und Parlamente sind keine Kunstfehler, sondern Teil seiner operativen Logik."[605]

Die Übersetzung der analogen Welt in digitale Realitäten betrifft naturgemäß die haptische Gestalt des Geldes: „Mit zunehmender Abstraktion
der Zeichen für Wert von den Dingen selbst – das Geld ist eine solche
Abstraktion des Gebrauchswertes – verliert auch das konkrete Aneignen,
Haben und Besitzen an sinnlicher Qualität: Heute sind weite Bereiche des
Habens nur in mathematischen Begriffen faßbar."[606] Bargeld soll in konsequenter Umsetzung der EU-Geld-Richtlinie (2009/110/EG) zunehmend
verschwinden zu Gunsten angeblich sicherer „E-Geld-Dienstleistungen"[607].
So fordert die EU für alle Bürgerinnen und Bürger der Mitgliedsstaaten
die „elektronische Geldbörse in Form einer Zahlungskarte oder einer
anderen Chipkarte" sowie „als Speichermedien für E-Geld", natürlich auch
mit Blick auf Mobiltelefone, mittels derer dann bezahlt werden kann.
Near Field Communication (NFC) heißt der Funkstandard für Smartphones, der „jetzt das Mobile Payment richtig ins Rollen" bringt[608] und die
Geldbörse künftig vergessen machen soll. Die betreffenden Geräte werden
das „mobile Bezahlverfahren" ebenso beherrschen wie EC- und Kredit-
karten. Noch befindet sich dieses Verfahren in der Probier- und Pionier-
Phase[609]. Aber per Handy im Laden bezahlen ist bereits möglich, z.B. seit
Frühjahr 2013 bei ersten Edeka- und Netto-Märkten[610].

Nadine Oberhuber erläutert: „Händler, Supermärkte und Gastronomieketten
experimentieren längst mit dem Bezahlen im Vorbeigehen. Es spart Zeit –
und Zeit ist Geld: Wenn Supermärkte schneller Kunden abkassieren, ist das
gut für ihren Umsatz. Gäste, die in Schnellrestaurants nur noch drei statt fünf
Minuten in der Schlange stehen, sind zufriedener und kommen eher wieder.
Und wenn Kunden nicht jede Münze in die Hand nehmen müssen, die sie
ausgeben, kaufen sie am Kiosk vielleicht etwas mehr ein, als sie geplant hatten. Geräteanbieter und Händler wittern daher im mobilen Bezahlen ein Rie-
sengeschäft."[611] Der Durchbruch ist nahe: „In Studien von Technologieken-
nern heißt es, mobiles Bezahlen sei der zentrale Trend im Zahlungsverkehr.
Bis 2020 soll fast jeder zweite Kaufvorgang im deutschen Handel kontaktlos
über Funkchips laufen, prognostiziert eine Studie des Center for Payment
Studies der Steinbeis Hochschule Berlin. ... Spätestens von 2015 an könnte
das mobile Bezahlen für uns alle ganz normal geworden sein." Zwar würden, laut Umfrage, zwei von drei Deutschen kontaktlose Bezahlmöglichkei-

ten nutzen – doch nur, wenn sie das nichts extra kostet. „Dabei ist es ohnehin nicht ganz einfach, die Bürger hierzulande vom Bargeld wegzubringen: Damit zahlen sich immer noch am liebsten. Schon die Zahlung mit Bank oder Kreditkarte an der Kasse widerstrebt vielen. Und bei Handyzahlungen treibt die Kunden vor allem die Sicherheitsfrage um. … Wird der Kunde dauerhaft mit Handy zahlen, wenn er weiß, dass er bei jedem Brötchenkauf eine breite Datenspur vom Bäcker bis zur Bank hinterlässt?"[612]

Auch hier zeigt sich die ditital Polarisierung: Auf der eine Seite bleiben – neben Teilen der Kundschaft[613] – insbesondere Experten für Datenschutz und Datensicherheit skeptisch[614]. Auf der anderen Seite drängt die Entwicklung zu einer radikalen Digitalisierung des Geldverkehrs, so dass am Ende Bargeld entweder ganz verschwinden und verboten oder zumindest besteuert werden könnte[615]. Dass dann, wenn alle Bezahlvorgänge einer Person für Waren und Leistungen vollständig erfassbar und nachvollziehbar geworden sind, sich rund um die Uhr vollautomatisch Personen- und Aufenthaltsprofile erstellen lassen, passt genau ins *New Digital Age*. Hinzu kommt das ökologische Problem: Muss E-Smog auch noch die alltäglichen Bezahlvorgänge begleiten? Die lebenspraktische Freiheitsfalle schnappt rundum zu.

4. Die Digitalisierung des Lesens

Zu den lebenspraktischen Freiheitsfallen der fortschreitenden Digitalrevolution gehört der zunehmende Umstieg aufs E-Book. Der Freiheitsgewinn: Nicht mehr mühsam große Zeitungsblätter oder die Seiten von Büchern umblättern müssen, sondern mit leichten Fingerbewegungen wischen, überhaupt schnell suchen, finden, ankreuzen und abspeichern, ja ganze Bibliotheken sichern können – und das sogar dank Batterien und Mobilfunk wegesparend allüberall zu jeder Zeit! Vergrößern, verkleinern, wie es passt – alles prima! Als wär's ein Himmelsgeschenk!

Doch viele Menschen wissen auch um den hier sich auftuenden Freiheitsverlust, und so nimmt die digitale Polarisierung selbst auf dem Gebiet des Lesens ihren Lauf[616]. Der Journalist Eckhard Fuhr etwa unterstreicht, das gedruckte Buch habe im Sturm der Digitalisierung zu kämpfen, aber es werde sich behaupten, denn es sei von so großer praktischer, ästhetischer und sinnlicher Attraktivität, dass dagegen tragbare Bildschirmchen aller Art nicht ankämen. Gefährdet bleibe das Buch trotzdem: „Die digitale Revolution droht die bürgerliche Kultur zu zerstören, auch wenn im

Internet noch so heiß über neue Bürgerlichkeit diskutiert wird."[617] Das sind harsche Worte. Haben sie ihre Berechtigung?

Die Marktentwicklung lässt sich immer noch Zeit: Bislang hält sich die Begeisterung für E-Books und digitales Lesen in Grenzen. Der Absatz liegt im deutschen Sprachraum im einstelligen Prozentbereich, in den USA vielleicht um zehn Prozent höher[618]. Nach wie vor erscheinen allein in Deutschland über 200 gedruckte Bücher pro Tag. Eine Karikatur im Sonntagsblatt zeigt einen Verkäufer, der vor dem staunenden Kiosk-Kunden eine Zeitung mit den Worten entfaltet: „Das neue i-pap: superflach und faltbar!!! Mit Raschelsound und dezentem Duft nach frischer Druckerschwärze…!"[619] Es ist eben doch das Haptische, das die Menschen lieben. In ähnlicher Weise machen sich deshalb auch andere Autoren über den E-Wahn lustig: Sie rücken analoge Güter in einen künstlichen „digitalen" Betrachtungsstil und verkaufen sie so den digitalisierten Seelen als fortschrittlichste Neuheit[620]. Gegenwärtige und kommende Auswüchse der digitalen Revolution werden auf diese Weise humorvoll als Rückschritt entlarvt.

Allerdings ist nicht zu übersehen, dass das Gedruckte gegenüber dem Digitalen an Boden verliert – insbesondere auf dem Sektor der Zeitschriften. Diese reagieren, indem sie zunehmend umsteigen und so den Wandel selber beschleunigen helfen. Die Süddeutsche Zeitung etwa bot im Sommer 2012 in einer ganzseitigen Anzeige ein „Digital-Paket" mit und ohne iPad an: schnell, interaktiv, multimedial. Bald darauf sprangen auch wichtige kirchliche Medien auf den fahrenden Zug – sie pflegen bei der „Mobil"-Machung relativ fix dabei zu sein[621].

Dem Tübinger Medienwissenschaftler Bernhard Pörksen zufolge „ist die Lage tatsächlich ernst: Laut der Bundesagentur für Arbeit gab es im vergangenen Jahr die größte Entlassungswelle in der Presse seit Kriegsende."[622] Denn namentlich gedruckte Zeitungen verkaufen sich immer schlechter[623]. Das aber bedeutet laut Pörksen intellektuell: „Diskursforen geraten unter Druck – und diejenigen in den Universitäten, die das Zeitungsmilieu als Reflexionsinstanz, Korrektiv und Widerpart brauchen und seit Jahrzehnten von seiner intellektuellen Energie profitieren, schauen zu und halten sich zurück. Ganz so, als gäbe es im digitalen Universum und auf ein paar Rezensionsportalen noch einmal eine vergleichsweise herausfordernde Parallelwelt und als würden die eigenen Bücher und Einfälle, sollten die Zeitungen tatsächlich sterben, dann notfalls eben auch bei RTL 2 besprochen und gespiegelt." Im Internet – „diesem großartigen, so ungeheuer plastischen Medium der blitzschnellen Kommunikation, an der jeder teilhaben kann – sind bislang keine vergleichbaren Diskurszentren entstanden, die mit dieser besonderen

Mischung aus Schärfe und Entschiedenheit intellektuelles Agenda-Setting betreiben könnten." Schließlich seien Online-Medien sehr viel stärker ereignisgesteuert und nachrichtengetrieben als Tages- und Wochenzeitungen, deren Produktionsrhythmus die verzögerte Interpretation der Ereignisse zumindest begünstige. Debatten aber brauchen Fixpunkte, dramaturgische Arrangements, wie Pörksen darlegt: „Und sie setzen eine Redaktion und Reflexionsorte voraus, in denen sie entwickelt und zugespitzt werden können. Wie aber kann es sein, dass die akademische Intelligenz sich kaum für ihre zentralen Resonanzräume und deren Überleben interessiert?" Pörksen beklagt, es gebe „eine fast kollektive Diskursverweigerung über den Niedergang der Printmedien und darüber, was dieser Niedergang für unsere Demokratie bedeutet."[624] Hier bestätigt sich Fuhrs pessimistische Befürchtung, die digitale Revolution drohe die bürgerliche Kultur zu zerstören.

Einen Niedergang kann man auch das digitale Phänomen der sogenannten Buchpiraterie nennen. Ungeachtet des bescheidenen Anteils von E-Books auf dem Büchermarkt haben die Piraten es als lohnendes Ziel entdeckt, von elektronischer Literatur Raubkopien anzufertigen und diese zu verbreiten: „Von Massenware wie Krimis, Science-Fiction, Fantasy und Liebesromanen bis hin zu Sachbüchern und wissenschaftlichen Werken wird beinahe alles kopiert, was in elektronischer Form verfügbar ist. Die Geschäftsmodelle der Piraten sind unterschiedlich: Gratis-Plattformen, Billig-Downloads und Abonnements – alles ist dabei, und das schon seit Jahren."[625] Besonders auf dem Sektor der Wissenschaften, wo Bücher teuer und die studentischen Budgets klein sind, sei die Zahl der illegalen Angebote und Downloads seit Anfang 2012 drastisch gestiegen. 2013 verursachte die Piratenplattform *boox.to* in der Buchbranche einen Aufruhr mit ihrer Ankündigung, künftig eine Pauschalgebühr für das Herunterladen geklauter Texte verlangen zu wollen: Zehn Euro für drei Monate werde man kassieren und mit den Einnahmen die entsprechende Technik weiter aufrüsten.

Zeichnet sich hier nicht eine kulturelle Revolution ab? Sie erstreckt sich auf noch weitere Felder der Digitalisierung des Lesens. In Meckels Zukunftsroman „NEXT" wird auf das digitale Lesegerät „Kindle" Bezug genommen mit dem Hinweis, man meine meist, der Name „Kindle" komme von dem englischen Adjektiv *kindly* (freundlich, gefällig); es könne aber ebenso das Verb *to kindle* (entfachen, entzünden) darin stecken. In diesem Sinn heißt es bei Meckel: „Der Kindle setzte die literarische Kultur der Menschheit in Flammen."[626] Dass Grund zu solcher Skepsis besteht, untermauert Kilian Trotier, der in einem Essay tatsächlich einen „Kulturkampf" heraufziehen sieht. Er beschreibt im Grunde die digitale Polarisierung im Blick auf den europäischen Buchmarkt der kommenden Jahre: „Auf der einen Seite stehen die ‚Modernisierer‘: die EU-Kommission und der größte E-Book-Verkäufer Amazon. Amazon will möglichst viele Menschen dazu bringen, digital auf dem Kindle zu lesen. Am besten bekommt man sie dazu, indem man die Preise senkt, und das geht nur, wenn die Buchpreisbindungen entfallen. Auf der anderen Seite sammeln sich all diejenigen, für die die Buchpreisbindung eine Errungenschaft ist, die es zu verteidigen gilt. Sie fürchten zu Recht, dass durch die E-Book-Hintertüre jegliche Preisregelung bei Büchern fallen und das Kulturprodukt Buch damit endgültig zur profanen Ware verkommen könnte."[627] Zusammen mit Maximilian Probst resümiert Trotier: „Der Buchkultur, wie wir sie kennen, droht der Kollaps."[628] Denn etwas besondere, gewagte Bücher jenseits des Mainstreams könnten hierzulande nur noch gemacht werden, weil kleinere und mittlere Buchhandlungen sie so gut vertrieben. Amazon versteht sich indessen als unsichtbarer Zwischenhändler, der die Verlage, Auslieferer und Buchhändler überflüssig machen möchte. Das bedeutet im Endeffekt: „Der große Verlierer der elektronischen Revolution sind die Buchhandlungen." Eine „Entprofessionalisierung der Branche" sei die Folge des wachsenden E-Book-Marktes.

Dieser prosperiende Markt impliziert gigantische Buch-Digitalisierungsprogramme – etwa das von Google[629], aber auch das der „Deutschen Digitalen Bibliothek" (DDB). Letztere „will das gesamte kulturelle Erbe Deutschlands präsentieren – alles, was die Bibliotheken, Museen, Archive und Sammlungen hierzulande in ihren Mauern bergen." Und das natürlich in Verbindung mit dem „Appell an die Politik, mehr Mittel für die Digitalisierung bereitzustellen."[630] Dabei werden die verschiedenen Vorteile der digitalen Revolution höchst einseitig zur Geltung gebracht und keineswegs ernsthaft mit den Nachteilen und Problemen abgewogen.

Wer hätte beispielsweise gedacht, dass eine genaue Prüfung ergibt, eine Zeitung offline auf Papier zu lesen sei im Endeffekt ökologischer als online im Internet[631]? Zu den Schattenseiten der E-Book-Kultur gehört aber insbesondere der von Medizinern und Gehirnforschern herausgestellte Punkt, dass es keineswegs einfach dasselbe ist, ob ein Mensch digital liest oder analog[632]. „Wenn wir Texte auf E-Readern lesen, lesen wir tatsächlich oberflächlicher, als wenn wir ein Buch lesen – das haben erste Vergleichstests ergeben."[633] Offenbar lässt man sich auch leichter ablenken. Insofern trägt die Digitalisierung des Lesens zur Gefahr einer „digitalen Demenz" (Manfred Spitzer) bei. Selbst für die Augen dürften Geräte dieser Art wegen der Hintergrundbeleuchtung auf die Dauer kaum gesund sein[634]. Hinzu kommt E-Smog-Belastung, vor allem wenn mittels WLAN[635] bzw. Mobilfunk heruntergeladen oder gearbeitet wird.

Zudem suchen Anbieter mittlerweile nach allen Regeln der Kunst die digitalisierte Leserschaft auszuspionieren – ähnlich wie das auch bei Musik-Streaming-Diensten, Online-Spielen und -Videoangeboten geschieht[636]. „Amazon lugt Ihnen heimlich über die Schulter. Bei gedruckten Büchern können Händler nur die Verkaufszahlen ermitteln, jetzt steht ihnen ein wahres Daten-Eldorado zur Verfügung. Damit lässt sich ein detailliertes Profil mit erschreckend vielen persönlichen Daten erstellen. Denn wie und was Sie lesen, verrät viel über Sie: E-Book-Anbieter wissen genau, wie Sie ticken."[637] Denn durch die Auswertung von Büchersuche und -kauf wird etwa auf Hobbys oder politische Einstellungen geschlossen. Darüber hinaus lassen sich anhand von Käufen und Suchen Rückschlüsse auf Vorlieben sowie den Familien- und Gesundheitsstatus ziehen. „Zudem wird erfasst, welche Seiten und wie oft und wie schnell Sie sie lesen und an welcher Stelle Sie das E-Book zur Seite legen – das erlaubt Rückschlüsse auf Ihren Bildungsgrad. Auch zu welchen Tageszeiten und wo Sie lesen, bleibt nicht verborgen. Geräte und Apps protokollieren diese Daten und übermitteln sie, sobald Sie sich mit dem Internet verbinden."[638]

Langsam sprechen sich diese Probleme herum. Die Journalisten Götz Hamann und Marcus Rohwetter ziehen ein Fazit: „Plötzlich steht die Welt nicht nur vor der Frage, was Technik kann. Sondern auch, wie diese Technik gesteuert wird. Von wem. Aus welchen Motiven. Mit welcher Legitimation. Und mit welchen Folgen. Auf einmal scheinen Gedankenspiele nah zu sein. Dass kritische Informationen einfach nicht mehr auffindbar sind. Dass exotische Meinungen, die nicht dem errechneten Mainstream folgen, von Computern für irrelevant befunden und weggedrückt werden. Dass irgendwann einmal der Leser eines E-Books seinerseits von seinem Lesegerät beobachtet wird."[639] Es geht also tatsächlich auch auf diesem Sektor in mehrfacher Hinsicht um einen Kulturkampf.

Und der betrifft nicht zuletzt die Frage des richtigen Umgangs mit Kindern und Jugendlichen. Während Forscher wie Manfred Spitzer und andere auf dem Hintergrund zahlreicher international präsentierter Studien warnen[640], setzen sich viele Politiker, Pädagogen und Interfreunde kräftig für die Digitalisierung des Lesens und Lernens ein[641]. Deshalb ist das „digitale Klassenzimmer" im Kommen, womöglich ausgestattet mit dauerfunkender Hochfrequenz- statt mit Kabeltechnik[642]. Von Steve Jobs etwa wird berichtet, er habe bereits im Gespräch mit Bill Gates überlegt, dass doch mehr mobile Geräte auch in Schulen verwendet werden sollten[643]. Inzwischen hat die deutsche Bundesregierung diese Entwicklung forciert: „Der Lösungsvorschlag der Enquete-Kommission ist ein ganz zentraler Punkt: Es sollen nicht mehr die Schulen, sondern die Schüler ausgestattet werden. Jede Schülerin und jeder Schüler soll einen eigenen Laptop oder einen eigenen Tablet-PC bekommen, preisgünstig und produziert in großen Losen und unterstützt durch staatliche Mittel"[644]. Einwände aus der Hirnforschung, der Entwicklungspsychologie und des Strahlenschutzes werden schlicht ignoriert und tauchen in den Bundestagsdrucksachen nicht einmal auf: „Wesentliche Informationen werden so allen Beteiligten und auch gerade den politischen Entscheidungsträgern vorenthalten", kritisiert die Verbraucherschutz-Organisation *Diagnose-Funk*[645]. Lars Klingbeil von der SPD-Bundestagsfraktion betonte, es dürfe nicht vom Geldbeutel oder der Internet-Affinität der Eltern abhängen, ob ein Kind Chancengleichheit in der digitalen Welt habe[646]. So wird im Zuge der industriell unterstützten Forderung nach „E-Learning" die freie pädagogische Entscheidung zur Kindererziehung – noch dazu entgegen eindeutigen wissenschaftlichen Empfehlungen[647] – unverblümt in Frage gestellt. Wohin entwickelt sich unsere Kultur im Kontext der digitalen Revolution?

Das fragte sich auch schon der Schweizer Trendsetter Rolf Dobelli, Mitbegründer der Firma *getAbstract*. Eines Tages entsorgte er Radio und Fernseher, kündigte alle Zeitungs- und Zeitschriftenabos und löschte die News-Apps von seinem iPhone, nachdem er die hektischen Nachrichteneingänge als ebenso störend wie irrelevant empfand[648]. Seither las er lieber Bücher und Hintergrundartikel, oder er führte Gespräche mit echten – nicht bloß digitalen – Freunden. Sein Resümee nach drei Jahren lautete, er genieße klareres Denken, wertvollere Einsichten, bessere Entscheidungen und habe viel mehr Zeit. Und das Beste sei: Noch nie habe er etwas Wichtiges verpasst[649]. Ist Dobelli nun ein altmodischer, reaktionärer Mensch – oder seiner Zeit voraus? Diese Frage wage ich immerhin zu bedenken zu geben, nachdem man in unserer Kultur bislang doch noch überwiegend das „Wohnen mit Büchern"[650] liebt. Eines Tages soll aber auch das noch ganz anders werden: Der Neurolinguist Horst Müller prophezeit, dass wir schließlich mit Büchern werden sprechen können; das Buch sei dann „so eine Art iPad hoch zehn. Allerdings mit einem ganz entscheidenden Unterschied: Es wird fast ohne Schrift auskommen."[651] Welch ein Fortschritt!

Werden die Religionen am Ende auch ohne ihre Heiligen Schriften aus-kommen[652]? Vielleicht ist man schon auf dem Weg dorthin, indem man das Gesangbuch durch Tablet-Computer ersetzt hat – so geschehen 2013 in einer englischen Kirchengemeinde in Mickleover, einem Vorort der mitteleng-lischen Stadt Derby: „Über ein drahtloses Netzwerk können die Liedtexte und Bibelverse empfangen werden. Ein Vorteil: Ältere Kirchgänger können diese nach Belieben vergrößern und – anders als im Buch – auch ohne Brille lesen. Aufwändige Projektionstechnik ist ebenfalls unnötig. ... Jetzt hilft die Internetfirma *The Cloud* bei der Umsetzung. Sie hat der Kirchen-gemeinde mehrere Tablet-Computer gespendet."[653] Auf diese Weise wird die digitale Polarisierung mitten in die Kirchengemeinde hineingetragen.

5. Die Digitalisierung des Wohnens

Dass die digitale Revolution nicht nur öffentliche Räume und Strukturen, sondern gerade auch private zu erobern sucht, ist bekannt und wenig ver-wunderlich. Gleichwohl bedarf dieser Umstand besonderer Reflexion, denn ganz selbstverständlich ist er keineswegs. Mittels der Verführungsmacht des Digitalen gelingt es offenbar zunehmend, dessen ökonomische und psy-chologische Ambitionen mitten in die „eigenen vier Wände" zu transpor-tieren[654]. Das smarte Heim ist angesagt. Sollte aber nicht gerade da das Gespür für lebenspraktische Freiheitsfallen besonders deutlich sein und folglich das Phänomen einer „digitalen Polarisierung" stärker noch als sonst hervortreten?

Ein *smart home* fasziniert heute all diejenigen, die den Zauber digitaler Geräte und Arrangements gern so weit treiben, wie er sich nur irgend trei-ben lässt. Denn gerade das eigene Zuhause kann dank perfekter Digitali-sierung – so hofft man bewusst oder unbewusst – etwas vom wiederher-gestellten Paradies abbilden, eine alle hässlichen Strukturen der Wirklich-keit hinter sich lassende Geborgenheit empfinden lassen. Es soll dank mo-dernster Technik zum ersatzreligiösen Tempel eines gesteigerten Narziss-mus werden. Darum werden entsprechenden Angeboten und Vernetzungs-programmen oft bereitwillig Tür und Tor auch zum Privatesten geöffnet.

Die Grundidee des in sich und nach außen vernetzten Privathauses ist es, allerlei Geräte mittels Sensoren, Funk und passender Hardware aufein-ander abzustimmen, um noch mehr Komfort, Sicherheit, Freiheit und Ener-gieeffizienz zu ermöglichen. Was wird da nicht alles anvisiert – und zum Teil heute schon angeboten! Die staunenswerte Palette reicht vom quasi-intelligenten Kühlschrank, der per digitalem Temperaturmanagement Regelungen nach den individuellen Gewohnheiten seines Besitzers trifft und auf dessen Anforderung ein Foto von seinem Inhalt aufs Smartphone schickt[655], über smarte Fernseher, die „mehr und mehr zum Home-Entertainment-System mit Vernetzung im ganzen Haus" werden[656] und deren kostenlose Apps ständig weiterflüstern, was von wem zu Hause gerade geschaut wird[657], bis hin zu extern steuerbaren Waschmaschinen. Sie reicht weiter von quasi-intelligenten Türanlagen, Jalousie- und Beleuchtungssysteme über mit WLAN ausgestattete Roboterstaubsauger und funkvernetzte Rauchmelder bis hin zu Pflanzen, deren Chips es dem Smartphone melden, wenn sie wieder gegossen werden wollen. „Der Kleiderschrank sucht das Outfit für den Geschäftstermin heraus."[658] Zum neuesten Schrei zählen WLAN-Lautsprecherboxen, die mit den Worten gepriesen werden: „Wenn Sie von Boxen ohne Kabelsalat träumen..." Als wäre die technische Eigenschaft „*kabellos*" die Erfüllung aller Freiheitsträume und jeder Elektrosmogbelastung vorzuziehen! Zu dumm ist bei diesen funkenden Boxen freilich, dass ihre Akkus nach einigen Betriebsstunden erst wieder aufgeladen werden müssen. Aber selbst das wird schon bald nicht mehr über Kabel notwendig sein: „Ladegeräte, die ohne Kabel funktionieren, gibt es schon."[659] Ob all solche das Heim mit vermehrtem E-Smog erfüllenden Steigerungen von Komfort, Effizienz und Autonomie unbedingt erstrebenswert sind und das digitalisierte Wohnen wie geplant in wirklich stimmiger, also auch biologisch verträglicher und preiswerter[660] Weise gelingen werde, ist allerdings zu bezweifeln. Peter Leppelt hat nur zu Recht, wenn er warnt: „Wir stehen kurz vor der Vernetzung aller, auch der unverdächtigsten Alltagsgegenstände, und niemand macht sich klar, was das für Konsequenzen haben kann."[661]

Es wird Zeit, aufzuwachen: *Big Data* klopft an im „intelligenten" Haus. Wie intelligent ist es, dem Hereindrängenden nachzugeben? „Die Verheißungen von Big Data können, sogar wo sie sich erfüllen, ganz unbeabsichtigte Auswirkungen haben. Widersprüchliche."[662] Wie weise ist es, alle ökologischen und sonstigen Bedenken um modischer und doch oft fragwürdiger Vorteile willen in den Wind zu schlagen?

Götz Hamann deckt auf, dass es mit der digitalen „Befreiung" eine eigene Bewandtnis hat: „Nähmaschinen fordern heute Software-Updates, Bügeleisen haben einen Prozessor, Waschmaschinen ihre eigene App."[663] Zu einem dermaßen technisierten Zuhause etwa ja oder nein zu sagen, wird – anders als heute noch – in nicht ferner Zeit kaum noch zur Disposition stehen.

„Denn eine Freiheit von der digitalen Technik gibt es nicht. So muss es um die Freiheitsgrade gehen, die der Einzelne im Umgang mit dem Digitalen erreicht, um die Frage, welche Hoheit er über die Technik behält – und damit über seine Welt." Eine sehr relative, ja bange Frage angesichts der sich abzeichnenden lebenspraktischen Freiheitsfalle! – Wie Hamann weiß, empfiehlt der amerikanische Technikjournalist Kevin Kelly in seinem Buch „*What Technology Wants*" einen radikalen Perspektivenwechsel: Er betrachtet digitale Geräte positiv als Teile eines gigantischen Ganzen, das er *Technium* nennt. Mit dem zusammen lebt der Mensch zunehmend eine Symbiose, in der beide noch ein Eigenleben haben, aber nicht mehr frei voneinander sind. Hinzu kommt das zunehmende Gefühl vieler Heutiger, im Vergleich mit der digitalen Perfektion Versager zu sein. Hamann meint, man sollte schließlich zum „Hacker" werden, um sich im smarten Heim wenigstens „für den Hausgebrauch" einen Freiraum schaffen zu können: „Wer sich vor der digitalen Maschine retten will und nicht bloß Regeln folgen, die andere durch ihre Algorithmen setzen, der muss sich die digitale Technik in einem Akt der Selbstermächtigung aneignen." Sollte es im Kontext der technokratischen Ersatzreligion von morgen keinen anderen Ausweg aus der Freiheitsfalle mehr geben, als digital zurückzuschlagen?

Gewiss werden die smarten Produkte angepriesen mit der frommen Versicherung, mit ihnen wolle man „dazu beitragen, dem Menschen das Leben zu erleichtern."[664] Wenn aber wachsende Bequemlichkeit zum Wellness-Terror, zum i-Wahn, ja zur selbstherrlichen Ersatzreligion wird, spätestens dann kippt der Fortschrittsgedanke, wird *Hightech* zur Technokratie. Dagny Lüdemann mahnt mit Recht: „Bevor allerdings unsere Seele online geht, sollten wir vielleicht kurz darüber nachdenken, wer hier eigentlich wen steuert. Und wie viel Alltagsnetz wir wirklich wollen."[665]

Indes – die digitalisierte Freiheit lässt nur noch begrenzten Spielraum. Schon von klein auf wird man heutzutage trainiert, *user* zu werden, so dass kritisches Nachfragen kaum mehr als Bedürfnis entsteht. Babys ab sechs Monaten sollen mit iPhones spielen können, das dann zugleich vor „Tröpfchen, Speichel und unerwünschten ausgehenden Anrufen" schützt, wie der Hersteller verspricht[666]. Das zweijährige Kind darf sich auf seinem Klo ans direkt hieran gebaute iPad gewöhnen[667] – und spätestens jetzt an sein „altersgemäßes" Handy[668]. Funkende Spielzeuge fürs heimatliche Nest herzustellen lässt sich die Industrie nicht entgehen[669] – in dem Bewusstsein, damit Kundenwünsche zu bedienen[670]. Dass die Fachgruppe Holzspielzeug e.V. digitales Spielzeug für Klein- und Kindergartenkinder ablehnt, verwundert nicht. Dass aber auch Hirnforscher wie Manfred Spitzer das tun[671], gibt schon eher zu bedenken. Und dass Mobilfunk-Kritiker hier mit guten Gründen warnen, sollte man keinesfalls ignorieren[672].

Aber auch für Erwachsene werden digitale Geräte immer mehr zum beliebten Spielzeug für zu Hause und unterwegs[673]. Wer möchte da noch an Daten-[674] oder Strahlenschutz denken! Für die Überbrückung der Strecken werden im digitalisierten *Home* neben Kabeln, Sensoren und Licht diverse Funk-Technologien zur Verfügung gestellt, auf die man teilweise schon deshalb angewiesen ist, weil sie oft gar keine Kabelanschlüsse mehr haben. Zur Bedenklichkeit pulsierender Funklösungen habe ich oben bereits das Nötigste ausgeführt. Auf der Basis weitestgehender Ignoranz dieser Problematik soll die quasi-intelligente Heimvernetzung bis etwa 2025 Standard werden[675] – so lange könnte es noch bis zum Erreichen eines einheitlichen Kommunikationsstandards dauern.

Wird man es in digitaler Ungeduld bis dahin aushalten? Manche freilich freuen sich, dass die angesagte „Horrorwelt" noch eine Schonfrist bis zu ihrer Rundum-Realisierung lässt. Wann wird man nicht nur individuell smart wohnen, sondern auch städtisch organisiert in *Smart Cities* leben dürfen und müssen[676]? Wie ambivalent die radikale Digitalisierung des Wohnens ist, bringt Marcus Rohwetter mit angemessenem Zynismus zum Ausdruck. Zum internetfähigen Kühlschrank etwa bemerkt er: „Das Problem dabei ist – wie bei den meisten Utopien – die Realität: Wer will immer nur dasselbe Zeug im Kühlschrank vorfinden? Und weiter: Ist es sinnvoll, wenn vom Kühlschrank eigenmächtig bestellte Joghurt, Milchtüten und Weichkäse an der Haustür in der prallen Sonne gammeln, weil der Lieferant leider keinen menschlichen Hausbewohner angetroffen hat? Denn noch macht der Kühlschrank die Haustür nicht auf."[677] Alles daheim smart? Rohwetter spricht Klartext: „Ich will das gar nicht. Vor allem aber will ich nicht ständig von vernetzten Küchenmöbeln oder dem intelligent gewordenen Zeug in meiner Putzkammer angemailt und zugetextet werden. … Hausgerätetechnisch bevorzuge ich es ruhig und dumm."[678] Wird man allerdings im fortgeschrittenen *New Digital Age* noch die Freiheit der Wahl haben? Oder wird nur noch das *DEpP*-Prinzip herrschen: „Digitale Entmündigung produziert Pseudofreiheit"?

6. Die Digitalisierung der Verkehrssysteme

Im Sommer 2013 warnte die ADAC-Zeitschrift *Motorwelt* vor kritischen Folgen der Digitalisierung beim Autofahren: Eigentlich sei der Mensch nicht fürs Multitasking gemacht, aber dies werde am Steuer oft vergessen; jeder Dritte etwa lese oder schreibe während der Fahrt SMS und Mails oder stelle das Navi ein – und so fort. „Vor allem die junge Generation, die im Zustand ständiger Erreichbarkeit groß wird, will ihren digital vernetzten Lebensstil auch auf vier Rädern pflegen. Das Auto als Offline-Zone? Nein danke!"[679] Wie also Abhilfe schaffen? Am besten durch die Digitalisierung des gesamten Straßenverkehrs, so dass der Kopf des Fahrers wieder freier wird? Welch lebenspraktische Freiheitsfalle!

Für den Hightech-Verband BITKOM, der über 1700 Unternehmen repräsentiert, ist klar, dass ein Bedarf an „intelligenten" Netzen nicht nur auf dem Sektor der Energiezähler, sondern auch der Verkehrssysteme besteht[680]. „Die gesamte Autobranche ist elektrisiert von den neuen Chancen der mobilen Kommunikation", heißt es demgemäß in der Stuttgarter Zeitung vom 28. März 2012 unter der Überschrift „Das Auto wird zum rollenden Smartphone". Bereits im Jahr 2016 sollen demnach rund 80 Prozent der weltweit verkauften Fahrzeuge vernetzt sein. Der industriellen Begeisterung hat die Politik auf beiden Feldern längst entsprochen: Neben der Installation von Smart-Metern ist auch die von *Smart Traffic* international auf den Weg gebracht. Anders könne „der Erhalt der Mobilität" nicht mehr gemeistert werden, versichert BITKOM-Präsident Dieter Kempf. Wer's glaubt, wird selig – im Kontext der technokratischen Ersatzreligion, versteht sich. Denn um die auch auf diesem Feld wabernden BIG DATA glüht „eine nahezu religiöse Debatte"[681] auf.

Das Netz soll alles aufeinander abstimmen helfen. Selbstverständlich muss die angedachte Digitalisierung des Straßenverkehrs länderübergreifend erfolgen, weshalb sie auch ein EU-gesteuertes Vernetzungsprojekt darstellt[682]. In Deutschland hat der Bundestag zum Frühlingsbeginn 2013 die Einführung „intelligenter" Verkehrssysteme im Straßenverkehr und für deren Schnittstellen zu anderen Verkehrsträgern in deutsches Recht umgesetzt. Das sei alternativlos gewesen, heißt es, denn es bestehe eine „Pflicht zur Umsetzung der Richtlinie 2010/40/EU", deren Ziel es sei, eine koordinierte und effektive Einführung von Intelligenten Verkehrssystemen im Straßenverkehr im Interesse einer effizienteren, umweltverträglicheren und sichereren Mobilität zu gewährleisten."[683] Die Stellungnahme des Bundesrates war weithin positiv: „Der Bundesrat unterstützt grundsätzlich die Einführung Intelligenter Verkehrssysteme in Europa, da hierdurch Voraussetzungen zur Steigerung der Verkehrssicherheit geschaffen werden."[684]

Die angeblich zu erhöhende „Sicherheit" ist freilich ein Selbstläufer im *New Digital Age* – ein Totschlag-Argument, das kaum überzeugt. Mit Recht protestiert Alexandra Neukum als Leiterin des Würzburger Instituts für Verkehrswissenschaften: „Ich finde es unseriös, damit zu werben, dass der Mensch der unsichere Faktor ist, den es auszumerzen gilt. Das sind Argumente aus den sechziger Jahren, die einer nicht mehr zeitgemäßen Technikgläubigkeit entstammen."[685] Gegenüber solcher ersatzreligiösen Gläubigkeit beweisen Tests, dass skeptisches Unbehagen begründet ist: „Viele neue Fahrzeugmodelle scheitern bei Testfahrten und verursachen Unfälle. Autofahrer plagt deshalb das Gefühl von Kontrollverlust und Unsicherheit."[686] Hinzu kommt: Die Verwandlung von Fahrzeugen in rollende Computer „hat auch Nachteile: Computer können gehackt werden."[687] Das Problem der Datensicherheit greift also auch im zunehmend digitalisierten Straßenverkehr.

Außerdem müsste gegengerechnet werden, zu wieviel Verunsicherung und Schäden „intelligente" Verkehrssysteme psychologisch und biologisch führen. Es leuchtet ja selbst das ökologische Argument zu Gunsten von *Smart Traffic* kaum ein: Umweltverträglicher sollen die Verkehrssysteme werden[688]? Biologisch verträglich soll die permanente Versetzung des *Smart Cars* in lauter E-Smog-Wolken von Mobilfunk bzw. WLAN[689] und Radar[690] sein? Das wird zwar vielfach unterstellt oder gar als gesichert angesehen. Aber hat man doch durchaus auch schon Besorgniserregendes gelesen: „Eine Dauerbestrahlung durch Radargeräte hingegen greift die Gesundheit an und erzeugt Krebs."[691] Der Dachverband für Bürger und Initiativen zum Schutz vor Elektrosmog namens *Bürgerwelle* warnt: „Mit der digitalen Vernetzung des Autos beginnt eine im anvisierten Endzustand massive Mehrbelastung durch Funkwellen. Es ist eine Mehrbelastung nicht nur der Fahrzeuginsassen, sondern auch großer Teile der Bevölkerung durch die Mobilfunksendemasten."[692] Klar: Wenn es um *Smart Traffic* geht, also um das Erfassen bewegter Objekte, sind Funksysteme in den Fahrzeugen und an den Straßenrändern in noch einmal ganz anderem Maße unabdingbar als bei stationären Zähler-Systemen[693]. Umso entschiedener wird die Frage ihrer gesundheitlichen Verträglichkeit gerade auch in diesem Kontext ausgeblendet, um nicht zu sagen: tabuisiert. Man forscht derzeit im Gegenteil daran, „nicht-kooperative Fahrzeuge" durch Anwendung elektromagnetischer Pulse und Hochleistungs-Mikrowellen zur Unterbrechung elektronischer und elektrischer Fahrzeugfunktionen, also zum Stoppen zwingen zu können[694]. Für den Verkehrsteilnehmer der Zukunft

dürfte es demnach Bedingung sein, dass er keine diesbezüglichen Vorsorge-Fragen stellt – und dass er nicht etwa elektrosensibel ist oder „hochsensible" Geräte wie etwa Herzschrittmacher an bzw. in sich trägt[695].
Eventuell könnte die erwähnte neue Lichtfunk-Technologie auch auf diesem Gebiet mancherlei Entlastung bringen; sie funktioniert sogar unter Tageslichtbedingungen. Aber selbst damit wären keineswegs alle Fragen und Probleme der quasi-intelligenten Verkehrssysteme geklärt. Denn es gibt noch weitere Bedingungen, die Schwierigkeiten bereiten werden: Man müsste in einiger Zeit einverstanden sein mit dem gewöhnungsbedürftigen – und vom derzeitigen Recht her noch gar nicht möglichen[696] – Umstand, dass Autos schließlich ohne Fahrer unterwegs sein sollen. So wird selbst im Straßenverkehr aus der Autonomie die sogenannte „Postautonomie": Digitale Entmündigung produziert Pseudofreiheit (*DEpP*). Es geht also nicht bloß darum, dass Autos künftig untereinander und mit der Verkehrsinfrastruktur kommunizieren können – das hatte schon das Funk-Genie Tesla vor rund einem Jahrhundert prophezeit[697]. Nein, anvisiert wird die völlige Automatisierung der Mobilität[698]. Das Auto wird zum Voll-Automat. In rund zehn bis zwanzig Jahren soll alles umgesetzt sein.

„Sobald tatsächlich alle Fahrzeuge serienmäßig als fahrerlose Autos ausgelegt sind, werden sich die vorhandenen Probleme natürlich auf ein Minimum reduzieren, denn alle Fahrzeuge können ja dann auch untereinander kommunizieren, Verkehrsdaten austauschen und sich gegenseitig vor möglichen Gefahrensituationen warnen. Sorgen bereitet Auto-Experten, Autofahrern und natürlich auch den diversen Versicherungen wohl eher die, sicherlich sehr lange, Übergangsphase, in der sich Autos mit Fahrer und fahrerlose Autos zum gleichen Zeitpunkt im Verkehrsgeschehen bewegen."[699] Im Jahr 2008 hatte der Zukunftsforscher Matthias Horx noch gespottet: Wo sind denn „die sprachgesteuerten Häuser und selbstfahrenden Autos?"[700] Doch heute schon fahren erste Roboter-Autos umher; nicht nur im amerikanischen Bundesstaat Nevada gibt es sie, wo der Internet-Konzern Google seit 2012 eine offizielle Lizenz für Testfahrten besitzt[701], sondern auch schon im deutschen Karlsruhe[702]. Lediglich im Ernstfall wird der menschliche Fahrer „eingeschaltet"[703]. Bis 2025 soll er – nach Vorstellungen des Automobilzulieferers Continental – gänzlich ausgeschaltet (!) sein[704].

Ob allerdings solch ein „postautonomes" Fahren überhaupt einem verbreiteten Kundenwunsch entspricht? „Viele Autofahrer wollen selbstfahrende Autos gar nicht haben", erklärt Johanna Pfingstl[705], und Jürgen Rees unterstreicht: „Für viele Autofahrer ist das eine Horrorvision"[706]. Man erkennt die Freiheitsfalle. Wo nämlich bleibt der Spaß an der Autonomie des Selber-Steuerns, des autonom gewollten Be- und Entschleunigens? Und brächte das von Industrie und Wirtschaft anvisierte Verkehrssystem nicht tatsächlich mancherlei neuartige Gefährdungen mit sich[707]? Der ins Nichtstun entlassene Autofahrer mag vielleicht vor Langeweile ermüden oder sich irgendwelchen anderweitigen Beschäftigungen hingeben – und ist er „abgelenkt, da er am Computer tippt oder seine Taschen durchsucht, wird er die Gefahr nicht rechtzeitig erkennen." Christian Rauch überlegt solches und erläutert die Folge: „Das Auto muss den Fahrer also erinnern, regelmäßig nach vorne zu schauen. Damit dies nicht nervt, muss der Computer wissen, wann der Fahrer wegschaut. Sensoren werden seine Tastendrücke messen und Kameras seine Bewegungen überwachen."[708] Ein wahrhaft nerviges Szenario! Rauchs technologische Reflexionen münden denn auch in den Seufzer: „Aber vielleicht wollen wir ja auch in Zukunft noch selbst das Steuer in die Hand nehmen?!"

Der Kampf zwischen Autonomie und Postautonomie dürfte also auch im Blick aufs Auto noch einigermaßen toben[709]. Oder wird die „stille" Revolution selbst hier in aller Ruhe weitergehen? Wer wollte denn schon ernsthaft und nachhaltig „intelligente Verkehrssysteme" in Frage zu stellen wagen? Müsste nicht jedes Gegenargument per se als „unintelligent" empfunden werden? Geschickt ringt die digitale Revolution um die rücksichtslose Durchsetzung ihrer technokratischen Machtansprüche. Diese lebenspraktische Freiheitsfalle wird sich kaum noch aufhalten lassen. Und schon macht man sich an die Digitalisierung des Schiffsverkehrs. Vor der Entführung von smarten Schiffen durch Hacker wird bereits gewarnt – im Übrigen aber auch vor Langeweile auf den Gewässern[710].

7. Die Digitalisierung der Freundschaft

„Selten sind in diesem Land innerhalb so kurzer Zeit so viele Gewissheiten, vertraute Institutionen, Werte und Verhaltensmuster in Frage gestellt, verworfen oder durch neue ersetzt worden wie in den vergangenen acht bis zehn Jahren."[711] Was der deutsche Journalist Thomas Hanke 2006 notierte, betrifft zusehens auch den Wert der Freundschaft. Dass dies ein sehr hoher Wert im Leben ist, bedarf keiner näheren Ausführungen. Nicht nur im säkularen Raum gilt das, sondern auch in spiritueller Hinsicht: Dem Johannesevangelium zufolge hat Jesus seine Jünger ausdrücklich als seine „Freunde" bezeichnet (15,14). Freundschaft ist aus neutestamentlich begründeter Perspektive eine Kategorie des Gottesreiches[712]. Wie inflationär ist dagegen dieser Wert geworden, seit er der Digitalisierung zum Opfer gefallen ist!

Die sogenannten „sozialen Medien" – über deren sozialen Charakter man durchaus streiten kann[713] – machen im digitalen Zeitalter aus der Freundschaft eine künstliche Status-Kategorie, die mit dem ursprünglichen Begriff nicht mehr allzu viel zu tun hat. Das Reden von Freundschaft wird im Horizont des Web 2.0 einer bewussten, missbräuchlichen Begriffsverwirrung unterworfen. An diesem Umstand ändert sich auch nicht viel dadurch, dass das größte aller sozialen Netzwerke, das mit über einer Milliarde Mitgliedern gesegnete *Facebook*, noch einmal die „engen Freunde" von der breiten Freundesmenge abgrenzt (und im Übrigen auch Feindschaften aufkommen lässt[714]). Wie Christian Ruch darlegt, lassen sich die Kontaktpartner auf Facebook am ehesten als „Freunde als ob" bezeichnen: „Man tut so, als wäre man befreundet, ist es im realen Leben aber gar nicht unbedingt. Nicht umsonst wählte der ‚Spiegel' für eine Titelgeschichte über Facebook die Formulierung ‚Fremde Freunde'. ... Insofern ermöglicht Facebook eine Kommunikation im geschützten Biotop der postmodernen Oberflächlichkeit und damit eigentlich auch nur eine ‚Kommunikation als ob'."[715]

Die lebenspraktische Digitalisierung der Freundschaft instrumentalisiert deren Wert, reiht ihn ein in die Kategorie des Berechenbaren, des Nachrechenbaren und funktionalisiert ihn so im digitalen Kampf um Aufmerksamkeit im weltweiten Web, in dem es letztlich „um eitle Selbstbespiegelung" geht: „Ich bin auf Facebook, also bin ich."[716] Werden so denkt und glaubt, der findet in den Sozialen Medien einen typischen Tummelplatz – und Erfüllung in jener digitaler Entmündigung, die zu Pseudofreiheit (*DEpP!*)[717], aber kaum zu echter Gemeinschaft führt[718].

Sascha Adamek hat die sich hier auftuende Problematik bereits 2011 in dem Buch „Die Facebook-Falle" ausgebreitet und betont: „Längst ist das Gefühl, dass uns das Internet gehört, eine naive Verklärung der Realität. Vielmehr gehören wir inzwischen den Internet-Konzernen, und zwar in Form einer massenhaften Wissensquelle, die sich beliebig anzapfen lässt."[719] Seitdem hat sich das Problemfeld noch deutlich erweitert. Facebook hat nämlich – wenige Monate vor seinem Börsengang – für seine Nutzer verpflichtend *Timeline* eingeführt – eine Art Lebenschronik auf der Basis sämtlicher Einträge. „Niemals zuvor hat es einen weiter reichenden Versuch gegeben, den gläsernen Menschen zu schaffen", kritisierte Johannes Boie am 26. Jauar 2012 auf Seite 1 der *Süddeutschen Zeitung* und erläuterte: „Die chronologische Übersicht macht das Leben der Nutzer transparenter, als es ohnehin war: etwa für Facebooks Werbekunden, die den dort registrierten Menschen stets das Produkt anbieten können, das sie gerade angeblich benötigen oder – künftig dank Timeline – schon einmal besessen haben." Wer ein bestimmtes Bild aus dem eigenen Profil entferne, markiere es wohl lediglich als unsichtbar; das bedeute nicht, dass es tatsächlich von Facebooks Großcomputern verschwinde. In Europa bereite diese Erweiterung viele Menschen Sorge, denn: „Gründer und Chef Mark Zuckerberg betont gern, er arbeite an der Vision einer vernetzten Welt. Da ist wenig Platz für vermeintlich kleinliche Bedenken." Kurz darauf hat der evangelische Ethiker und Altbischof Wolfgang Huber seine Mitgliedschaft in dem sozialen Netzwerk beendet und öffentlich erklärt: „Die Verfügungsgewalt über die einmal in Facebook eingestellten Daten geht für alle Zeit an den Internetkonzern über. Das halte ich mit der Wahrung der Persönlichkeitsrechte für nicht mehr vereinbar."[720] Facebook missbrauche seine Monopolstellung vor allem aus ökonomischen Gründen.

In der *Pforzheimer Zeitung* hieß es ein Jahr später, nämlich am 5. Januar 2013 auf Seite 1 über Facebook: „Das soziale Netzwerk hakt seit kurzem stellvertretend für die virtuelle Freundesschar in Statusfeld nach, wie es um das werte Befinden steht – und bringt die Antwort gleich unter die Leute. Kein Wunder also, wenn die Mitglieder künftig nicht mehr nur erfahren, wer gerade wo und mit wem an welchem Strand verweilt, auf welcher Party versucht oder welches Mini verkostet." Am 6. Februar 2013 meldete die BILD-Zeitung auf Seite 1: „Nach Informationen der Nachrichtenagentur Bloomberg arbeitet Facebook zurzeit an einer neuen Smartphone-App, die den Aufenthaltsort ihres Besitzers jederzeit protokolliert und die Daten ans soziale Netzwerk überträgt. ... Mit diesen Daten können Bewegungsprofile erstellt, ortsbezogene Werbung verkauft werden." Thilo Weichert, der Datenschutzbeauftragte Schleswig-Holsteins, kommentierte: „Ich halte diese Geschäftsmodelle für inakzeptabel, da Nutzerprofile kommerziell ausgebeutet werden!"[721] Tatsächlich gibt sich Facebook explizit das Recht, die Profilfotos und Namen seiner Nutzer sowie deren Inhalte für Werbung zu verwenden[722].

Zweifellos stellt der Daten-Zugriff durch die digitale Revolution auf dem Gebiet der sozialen Medien eine besondere Herausforderung dar[723]. Max Schrems, der die größte Datenschutz-Prüfung in der Geschichte von Facebook angestoßen hat, weiß: „So viele und so sensible Bürgerinformationen wie Facebook hat nicht einmal die Stasi gesammelt."[724] Außerdem fordert das über eine Milliarde Mitglieder zählende Netzwerk dazu auf, Freunde zu verpfeifen[725]. Dass all dies erstaunlich wenige dieser „Nutzergemeinde" stört, ist freilich nicht erstaunlich – man sitzt ja bereits in der Freiheitsfalle.

Zweifellos kann man über Soziale Netzwerke echte Freunde finden und sinnvolle Diskussionen – politischer[726], philosophischer, religiöser oder sonstiger Art – führen. Aber werden die geschickt auf menschliche Bedürfnisse abgestellten Vorteile nicht mit zum Teil horrenden Nachteilen auf individueller und gesellschaftlicher Ebene erkauft[727]? Hierzu gehört nicht zuletzt der ökologische Aspekt: Um die „Freunde" möglichst allezeit und überall treu und aktuell über das eigene werte Befinden informieren zu können, sollte man ja möglichst „mobil", also per Dauerfunk vernetzt sein[728]. Demgemäß verkündete Facebook zum Herbstbeginn 2012 als neue Strategie: *mobile first* – Schwerpunktsetzung auf funkende Kommunikationsgeräte[729]! Dass fast zur gleichen Zeit der erwähnte „Internationale Ärzte-Appell" vor den gesundheitlichen Gefahren der Mobilfunk-Strahlung warnte, wurde und wird von der Nutzer-„Gemeinde" mit digitaler Ignoranz quittiert.

Entsprechendes gilt für psychologische Bedenken. Wie der Wiener Psychologe Peter Hoffmann kritisiert, erschwert ständige Erreichbarkeit die selbstbestimmte Zeiteinteilung und psychische Handlungsregulation. Ständige Verbundenheit in den „Sozialen Netzen" lasse User kaum mehr richtig zur Ruhe kommen, weiß auch Angelika Kofler und fragt: „Inwiefern mutieren wir zu einem entmenschlichten Wesen, das nur auf Piep- und Klicklaute reagiert?"[730] Indessen marschiert Facebook mobil in seinem Bemühen voran, im Leben seiner zahllosen Nutzer möglichst viel präsent zu sein. So war im Frühjahr 2013 zu vermelden: „Facebook startet gerade den Angriff auf den Markt der mobilen Endgeräte: Mit einer neuen Anwendung für das Betriebssystem Android kapert es den gesamten Startbildschirm. Alle anderen Apps, die das Smartphone bevölkern, werden beiseite geschoben und durch den nie endenden Fluss von Bildern, Kommentaren und Likes der Freunde ersetzt. Aus dem Smartphone werde so ein ‚social phone', sagte Zuckerberg…"[731] Heimatgefühle wolle Zuckerberg bei den Nutzern wecken, heißt es weiter: Facebook als kuscheliger Rückzugshort, der allzeit „on" sei. Doch hiergegen wirft Kilian Trotier ein: „Heimat ist gerade auch da, wo Einkehr und Rückzug gegenüber dem ‚Man' möglich ist, gegenüber dem ewigen Gerede der Öffentlichkeit, wie es Heidegger beschrieb. Facebook selber aber ist genau dieses ‚Man‘, diese ewige Plauderei.“

Ewige Plauderei – dank Mobilfunk wird solch ersatzreligiöser Kommunikationshimmel möglich. In den „sozialen Netzen“ fällt auf, dass der Faktor wahrer *Selbstfindung* in der Gottesbeziehung, in der Freundschaft mit dem himmlischen Erlöser wie mit den Glaubensgeschwistern zurücktritt hinter Versuchen einer geschickten *Selbstverbergung*. Man pflegt hier gern eine ersatzreligiöse Quasi-Identität, eine Pseudo-Selbstfindung in einer Als-ob-Welt, ein regressiven Sich-Verlieren in der mehr oder weniger unüberschaubaren Vielheit von Als-ob-Freunden.

Wolfgang Bergmann erklärt als Psychologe: „In der digitalen Welt tragen wir alle Tarnkappen und unter ihnen austauschbare Gesichter… In den Netzkontakten, in denen es viel Intimität und keine Nähe gibt, bin ich der, der ich sein will. Und diese Erfahrung ist mir kostbar. Sie hält mich in diesen eigentlich extrem reduzierten Kommunikationsformen fest. Hier gibt es keine einzige kritische Instanz, kein konkretes Gegenüber, das mich dazu zwingen könnte, jene Anteile von mir, die mir selber inakzeptabel erscheinen, wahrzunehmen und anzuerkennen. Ich kann sie gewissermaßen ‚einschmelzen‘ in die grandiose Ausdehnung auf vielerlei Kommunikationsmöglichkeiten, die mir allesamt ein stabiles und unverletzbares Selbst widerspiegeln.“[732] Insofern eignen sich soziale Medien dazu, ein quasi-spirituelles IT-Selbst zu nähren, das im Halbdunkel virtueller Mystik seinen Existenzraum sucht. „Mein Bewusstsein dreht sich um und um und schnürt sich selbst geradezu ein. Deshalb muss ich das helle Bewusstsein meiner selbst ein wenig zur Seite schieben, wenn ich weiter im Netz funktionieren will! So entsteht beim stundenlangen ‚Surfen‘ vielleicht dieses hochaktive *und* abwesende Selbstempfinden, das mich immer tiefer in diese Kontakte hineintreibt und immer weiter weg von dem, was mir im Alltag als ‚Ich‘ zugänglich ist.“ Mit Nina Pauer formuliert: „Wie in einem offenen WLAN kann jeder sich am großen Ganzen beteiligen, lose hängen alle zusammen, jeder kann teilhaben, sich bedienen oder auch weiterziehen, wann es ihm passt, aber immerhin gibt es einen Zusammenhang, einen Rahmen, eine Art schwebende Gemeinschaft. Eine solche Gemeinschaft versprach einst auf Facebook zu sein.“ Man teile hier miteinander „das immaterielle, virtuelle Selbst“[733]. Immateriell – deutet dieses Wort, wenn doch hier auf keine Religion, dann umso mehr auf eine Ersatzreligion hin?

Dass Facebook & Co geeignete Medien für die Pflege frommer Kontakte und spiritueller Praktiken seien, glauben nicht wenige religiös Engagierte[734]. Aber sie blenden dabei sträflich all die problematischen Aspekte der *Social Media* weitgehend aus. Raimund Pretzer erkennt als Theologe:

„Kommunikation unterwirft sich dem Medium! Und wir sind damit ganz schnell bei der Tatsache, dass Medien kleine Diktatoren sind. Sie zwängen der Botschaft und Nachricht Postulate auf. Die muss man erkennen, interpretieren und damit umgehen, wie bei jeder Kommunikation... Was leitet uns, wenn wir ... unser Herzblut, unseren Glauben als Kirche dem Netz, diesem Moloch der Kommunikation anvertrauen?"[735] Und Linus Neumann ruft in Erinnerung: „Alle Daten, egal ob private Kommunikation über Chats und Direktnachrichten, öffentliche Pinnwand-Fotos oder Aufzeichnungen über Vorlieben: Interessen und Freundschaften befinden sich hier in einer Hand, auf einer zentralen Serverfarm. Betrieben wird diese Serverfarm nicht aus Liebe zu Kommunikation, Freiheit oder gar Revolution, sondern aus kommerziellem Interesse, verbunden mit einer x-seitigen Nutzungsvereinbarung, deren Inhalt aus einer langen Liste von Rechten besteht, die der Nutzer an Facebook abtritt."[736] In diesem Zusammenhang zeigt Neumann auch auf, warum selbst der Begriff der Revolution bei der Digitalisierung der Freundschaft kaum angebracht ist: „Revolutionen, egal ob von rechts, links, oben oder unten, richten sich per definitionem gegen das Bestehende und überwinden es durch das Brechen seiner Regeln und Gesetze: Das Undenkbare wird gedacht, dass Unmögliche getan. Ein Kommunikationsmedium, das sich aber diese Gesetze und Regeln einverleibt, ist daher für Revolutionen ungeeignet. Hinsichtlich der Wirkung einer solchen Maßnahme bietet sich ein Vergleich mit dem an, was man bei traditionellen Medien ‚Gleichschaltung' nennt. Wenn ein solcher Effekt jedoch nicht nur Massenmedien, sondern auch unseren halb öffentlichen und privaten Gedankenaustausch in Computer-Netzen befällt, dann unterscheidet uns von einer Orwellschen Dyspotie nur noch die Tatsache, dass wir uns die Teleschirme voller Begeisterung und freiwillig anschaffen." Genau so sieht digitalisierte Freiheit aus. Es bleibt dabei: Das *New Digital Age* bietet auch auf dem lebenspraktischen Gebiet der Freundschaft allen Anlass zu aufgeweckter Hinterfragung.

8. *Freiheitsverlust in virtuellen Welten*

Das Internet wird im digitalen Zeitalter zunehmend zur maßgeblichen Wirklichkeit[737]. Mehr noch: Es wird zum Tor in virtuelle Welten. Damit eröffnet es gleichsam ein innerweltliches „Jenseits". Die Digitalisierung schafft eine neuartige, so bislang gar nicht existente Transzendenz: menschengemachte Parallel-Universen, technikbasierte Utopien, künstliche und Fluchtwelten. Hierbei muss es sich gar nicht unbedingt um „Paradiese"[738] handeln; Ausweich- und Phantasieräume für die von der Alltagswelt gestressten oder gelangweilten, gehetzten oder frustrierten, geplagten oder geängsteten Erdenbürger tun es auch. Schließlich dreht es sich nur um die Dimensionen einer *Ersatz*religion, einer Digital-Metaphysik ohne Ontologie[739].

Im Virtuellen verschwimmen ohnehin die Unterschiede. Hier taucht die Psyche eine scheinbare Unendlichkeit, die nach oben so offen ist wie die Zahlenreihe, lässt sich regressiv fallen in ozeanisch ausgreifende Netze. Kein Wunder, dass „die Phänomene der Identitätsdiffussion immer häufiger werden"[740] – Menschen verlieren sich gern in digitalen Projektionen. Der Neurowissenschaftler Detlef B. Linke fragt sich angesichts der „entkörperten elektronischen Welt", wie „hier noch Welt oder Realität zu gewinnen sei… Was ist denn Wirklichkeit, wenn die Gameboy-Spiele der Zerstörung schon zur Wirklichkeit der Kids geworden waren und unser Verhältnis zu den Computerspielen, zur Spekulation des Bösen, uns längst von der Frage nach der Wirklichkeit enthoben zu haben schien? Die Frage nach der Wirklichkeit konnte in einer zum Spielcasino verwandelten Welt kaum noch angemessen formuliert werden."[741] Da zählt der Unterschied zwischen Diesseits und Jenseits, zwischen „Kohlenstoffwelt" und Virtualität, zwischen Mensch und Gott ohnehin nicht mehr viel. Im Gegenteil: Den Mediennutzern wird laut Ornella „suggeriert, dass das Eintauchen in diese multiplen Datenströme eine Bereicherung ihrer Erfahrung, ihrer Welterfahrung und ihres Wissens über die Welt sei. Eine ‚unmittelbare' Erfahrung von Wirklichkeit scheint dann einen geringeren Stellenwert gegenüber der medialen Realität und dem Datenfluss einzunehmen, ja unmittelbar erfahrene Realität scheint sich in den Medien und im Datenstrom aufzulösen."[742] Zumindest drohen die kognitive wie die emotionale Unterscheidung von Primär- und Sekundärwelt selber sekundär zu werden.

Mitunter wird sogar argumentiert, digitaler Fortschritt bestehe überhaupt in einer Vermehrung von Welten und insofern in der Ausweitung von Realität. Doch lässt sich bei alledem ernsthaft die Gefahr bestreiten, dass solcher Zuwachs von Wirklichkeit in Wahrheit einen schleichenden Verlust von Realität und insofern auch von Freiheit mit sich bringen könnte[743]? Darin eingeschlossen psychisch riskante Folgen[744]?

In der weltanschaulichen Konsequenz drängt sich immer stärker eine monistische Orientierung auf: Sie bildet die meist unreflektierte Metaphysik vieler Bewohner des Web-Universums. Dass sich solch eine Weltanschauung selbst religiös verstehen und auch im Philosophischen, ja sogar im Theologischen ansiedeln kann, ist keineswegs unmöglich. Schließlich gibt es monistische Denksysteme verschiedenster, nicht zuletzt spiritueller Art. Insofern verwundert es wenig, dass sich angesichts der Herausforderungen, die mit der digitalen Revolution einhergehen, immer mehr philosophische[745] und theologische[746] Stimmen zu Gunsten der Kategorie des Virtuellen hören lassen.

Doch selbstverständlich ist der digitale Monismus keineswegs. Es gibt kräftige Weltsichten, denen viel am Unterscheiden, an der Unterscheidung der Geister liegt. Namentlich die christliche Spiritualität und Theologie lebt von der Differenz zwischen Schöpfergott und Schöpfung, zwischen Heil und Unheil; andernfalls wäre ihre Heilsbotschaft hinfällig. Ohne solche Unterscheidungen wäre das Kommen Jesu Christi, mit dem die Grunddifferenz zwischen Göttlichem und Kreatürlichem überbrückt und das Verlorene gerettet wird, undenkbar oder zumindest kein Gottesgeschenk mehr. Dieser Grundsachverhalt ändert sich auch dadurch nicht, dass manche (post-)modernen Theologinnen und Theologen ihn notorisch verkennen. Christliches Denken ist geeignet, jeden Monismus, auch den digital grundgelegten zu hinterfragen. Zwar kennt es selbst einen zukünftigen „Monismus", nämlich den der vollendeten Schöpfung, wenn einst „Gott sein wird alles in allem" (1. Kor 15,28). Doch sogar in dieser Aussage hebt das Wörtchen „in" noch Gott und Welt ein Stück weit voneinander ab und negiert damit einen platten Pantheismus. Ohne diese bleibenden Grundunterscheidungen würde die Dynamik der Liebe, die Gott selber ist, verebben.

Gewiss, der Ausblick auf die Vollendung der Schöpfung, aufs kommende Gottesreich hat als solcher – zumal jene Zukunft inspirierend in unsere gegenwärtige Welt hineinwirken will – auch selber etwas „Virtuelles". Christliche Spiritualität lebt geradezu von der dynamischen Antizipation des angesagten Heils, von der Strahlkraft der Auferstehung, wie sie von Jesus Christus her das Leben der Getauften, ja viel mehr noch: des gesamten Kosmos (Kol 1,17-20) beflügeln will. Solches In- und Miteinander verschiedener Welten, nämlich der vergänglichen und der unvergänglichen Welt, lässt sich durchaus begrifflich mit der Kategorie des Virtuellen in Verbindung bringen. Und doch lebt solch spirituell gedachte und erfahrbare Virtualität von dem abgrundtiefen seinsmäßigen Unterschied zwischen der Wirklichkeit Gottes selbst und der seiner Schöpfungs-

welt. Demgegenüber sind die Sekundärwelten[747] des Internets Schöpfungs-
welten des Menschen, die innerweltlich bleiben. Ihre Schein-Transzen-
denz lässt sich leicht als verbrämte Immanenz entlarven.

Freilich begegnen Digitalisierungsfanatiker solchen Enttarnungsversu-
chen mit digitaler Ignoranz. Sie wollen oder können nicht einmal die Intention zur Unterscheidung nachvollziehen. Zu verführerisch sind ihre narzisstischen Spiel- und Fluchtwelten[748], als dass sie sich ernsthaftem Zweifel ihnen gegenüber aussetzen würden. Vielmehr glauben sie nach Kräften
den Vorgaben ihrer technizistischen Ersatzreligion. Weniger auf die Echt-
heit der oft genug harten, schmerzlichen und am Ende ja doch unausweichlichen Realität der „Kohlenstoffwelt" kommt es ihnen an als vielmehr auf die „Weichheit" jener virtuellen Halbwirklichkeiten[749], in deren
blöffenden Online-Horizonten sie sich bevorzugt bewegen.

Regelrecht abhängig, ja süchtig zu machen, wird manchen virtuellen Systemen nachgesagt. Menschen haben sie für Menschen ersonnen und konstru-
iert, auch um ihresgleichen auf die Dauer auszubeuten. Und solche Ausbeutung funktioniert nicht ohne Täuschung. Die Getäuschten aber werden möglichst anhaltend in ihrem Rausch belassen. „Den meisten Betroffenen ist zu
keinem Zeitpunkt bewusst, dass sie in einer selbst erschaffenen Wirklichkeit
gefangen sind", erläutert Astrid Kessler[750]. „Doch neben aller Tagträumerei
vollzieht sich auch eine technische Revolution, mit der viele von uns regelmäßig zu tun haben. Denn Computerspiele kommen unserer persönlichen
Erfahrungswelt immer näher. Bereits heute interagieren Gamer nur per Kör-
perbewegungen mit dreidimensionalen virtuellen Welten, senden Avatare –
digitale Stellvertreter ihrer selbst – aus, um Schlachten zu schlagen, Aufgaben zu lösen, ein nächstes Entwicklungslevel zu erreichen... Tests im Labor
zeigen: Menschen verändern sich, wenn sie Avatare spielen. Größere Avatare erhöhen das Selbstbewusstsein, besonders schöne lassen viele Nutzer
wärmer und sozialer agieren." Versuche haben klargemacht, „dass unsere
Gedankenwelt sich schnell auf eine künstliche Welt einlässt – jedoch nur
schwer an beiden Orten gleichzeitig sein kann... Bleibt nur noch die Frage,
ob man irgendwann sogar das eigene Selbst ganz im Virtuellen aufgehen
lassen kann." Es ist dies die Frage nach der Unsterblichkeit der digitalisierten Seele. Als könnte man auf technologischem Weg der Sterblichkeit ent-
fliehen! Das ist eine typisch ersatzreligiöse Phantasie, die völlig verkennt,
dass Unsterblichkeit und Gottesfrage thematisch eigentlich nicht zu trennen
sind (mehr dazu unter IV.).

Es kann nicht darum gehen, das Internet und seine virtuellen Möglichkeiten zu verteufeln. Auf ein Schlechtreden der digitalen Revolution wol-

len all diese Überlegungen mitnichten hinaus. Vielmehr kommt es darauf an, das Unterscheiden nicht zu verlernen, ja es mit dem klaren Wissen um seine Dringlichkeit gerade im Kontext des *New Digital Age* verstärkt zu üben. Wiederum liegt das Heil nicht im Unterscheiden als solchem, aber ohne spirituelles Differenzieren ist die Erkenntnis des Heils schwerlich denkbar – es sei denn, man hängt einem regressiven Heilsverständnis an, das im wohligen Verschwimmen aller Unterschiede das Allerletzte zu finden meint.

Dort, wo das Heil, wo Ganzheit und Vollendung dem jetzt Seienden verheißen und zugesprochen wird, kann Erlösung nicht als Auflösung, als Zerfließen propagiert werden. Um mehr auch als um Seelenunsterblichkeit muss es da gehen, nämlich um die Befreiung der „Kohlenstoffwelt" zur Herrlichkeit ewigen Seins in der Gemeinschaft mit Gott. Das und nicht weniger ist intendiert, wenn das christliche Bekenntnis von der „Auferstehung der Toten", ja wörtlich von der „Auferstehung des Fleisches" spricht. Und darum ist der Botschaft des Neuen Testaments nicht allein das Kommen des Schöpfungswortes ins „Fleisch" (Joh 1,14) wichtig, sondern ebenso der Umstand, dass Jesus leiblich auferstanden und sein Grab leer gewesen ist, wie alle Evangelien berichten. Darin spiegelt sich mehr als eine christologische Aussage: Es ist eine Verheißung für die gesamte kosmische Wirklichkeit[751], nämlich die Ansage herrlicher Freiheit für die ganze Kreatur (Röm 8,21).

IV. Die spirituelle Freiheitsfalle

„Transzendenz hat eine heilsame Ordnungsfunktion,
auf die menschliche Kulturen um den Preis des
Untergangs nicht verzichten können."[752]

Matthias Horx

1. Wahrheit, Freiheit und Identität

Ludwig Ganghofer schreibt in dem Roman „Waldrausch" (1907): „…und das haben alle Menschen von Wert als schlummerlose Eigenschaft an sich, daß sie das Unverständliche gerne begreifen und die Wahrheit scheiden möchten von der Lüge."[753] Kein halbes Jahrhundert später war deutlich, dass sich eine derartige Aussage überhaupt nicht mehr von selbst verstand: Da stellten Max Horkheimer und Theodor W. Adorno „den Sieg der technologischen Vernunft über die Wahrheit" fest[754]. Und seit dem Beginn der sogenannten Postmoderne stehen die Aktien für die Wahrheitsfrage und auch für die Frage nach der Identität eines Menschen[755] prinzipiell ungünstig.

Dementsprechend hat sogar das Fragen nach der Freiheit an Intensität abgenommen. Kein Wunder – denn all diese Fragen hängen in der Tiefe durchaus zusammen: Wenn es keine letzte Wahrheit gibt, ja wenn wenn die Wahrheitsfrage angeblich nicht einmal mehr gestellt werden darf, dann ist auch über mich selbst keine letzte Wahrheit, keine wirkliche Gewissheit möglich – also auch nicht über meine Freiheit. Es bleibt unklar, wer ich bin –„und wenn ja: wieviele" (Richard David Precht). Erst recht bleibt im *New Digital Age* offen, wer ich bin, wenn ich *online* bin (Nicholas Carr) – und nicht minder, wer ich bin, wenn ich *offline* bin. Denn „Daten vernichten Individualität."[756] Schirrmacher drückt den Sachverhalt wie folgt aus: „Die Zeiten, wo das digitale Ich dem empirischen Menschen aus Fleisch und Blut wie ein Schatten folgt, sind bald vorbei. Das digitale Ich, jetzt noch Nummer 2, wird Nummer 1 immer häufiger ersetzen, verändern und zumindest in wesentlichen Teilen übernehmen."[757] Ob das digitalisierte Ich aber auf die Dauer freier oder unfreier sein wird als das herkömmliche – wer fragt im anhebenden *New Digital Age* noch konsequent danach?

Ist das Fragen nach Wahrheit und Freiheit nicht überhaupt obsolet geworden?

Tatsächlich gilt in unserer „nachmetaphysischen" Zeit schon das Fragen nach letztgültiger Identität und Freiheit bereits als unzeitgemäß, zumal das Subjekt solchen Fragens in seiner Konsistenz selber fraglich geworden ist[758]. In der postreligiösen Ära der sich zuspitzenden digitalen Revolution potenziert sich solche Fraglichkeit geradezu. Während die digitale Informationsflut immer gigantischer wird, erfahre ich über mich selbst, mein inneres Wesen und den letzten Horizont aller Dinge immer weniger. Für das digitalisierte Bewusstsein um Freiheit verschwimmt die Subjektivität ebenso wie die Objektivität. Wahrheit, Freiheit und Identität werden zu immer unschärferen, zu entgleitenden Begriffen[759] und in der technokratischen Ersatzreligion gern durch andere Größen ersetzt.

Diese Entwicklung hat nicht nur philosophische, sondern auch psychologische Gründe. „Der Narzissmus akzeptiert keine Wahrheit", erklärt Maaz[760]. Denn Wahrheit könnte ja die eigenen narzisstischen Flucht- und Kompensationsversuche samt allen Allmachtsphantasien in Frage stellen. Gültige Wahrheit überhaupt annehmen zu wollen, würde schließlich bedeuten, den eigenen Egoismus[761] konsequenter gewissenhaft hinterfragen zu müssen. Doch wo keine Identität, dort auch keine Schuld; wo multiple Identitäten, dort allenfalls fragmentierte Schuld. Sind es nicht – der tiefenpsychologische Verdacht drängt sich auf – deutlich regressive Tendenzen, die sich in der digital so erleichterten Verleugnung von greifbarem Ich und handfester Wahrheit manifestieren? Demgemäß vergrößert sich die Versuchlichkeit zum Lügen. Psychologen wissen genau, was die Erfahrung ohnehin lehrt: dass der Mensch eine Neigung zum Lügen in sich trägt, die sogar erstaunlich oft zum Zuge kommt[762]. „Und ist Lüge nicht die Basis des ganzen Geschäftslebens?"[763] Just die neuen Maskierungs- und Täuschungsmöglichkeiten in den virtuellen Dimensionen verführen zum Ausbauen der betrügerischen Veranlagung.

Dabei bleibt Lügen ein zentrales ethisches Problem[764]. Das achte der biblischen Zehn Gebote mahnt von Alters her: „Du sollst nicht falsch Zeugnis reden wider deinen Nächsten!" Andere Religionen kennen ähnliche Gebote, mögen sie auch nach Gewichtung und Deutung variieren. Schließlich geht es um ein auf Dauer angelegtes Sozialleben in den verschiedenen Gesellschaften, das ein Grundmaß an kommunikativem Vertrauen und daher entsprechende Ächtung des Lügens braucht. So unterstreicht der Moraltheologe Eberhard Schockenhoff: „Die Einsicht der modernen Psychoanalyse in die langfristigen Wirkmechanismen der menschlichen Seele lehrt aber zur Genüge, dass die Verdrängung des Unrechtsbewusstseins weder in der individuellen Lebensgeschichte noch im kollektiven Zusammenleben eines Volkes zu einer annehmbaren Lösung moralischer Konflikte führen kann."[765]

Seelisch geht es beim Lügen um die Integrität der Identität – da ist er wieder, der innere Zusammenhang der Fragen nach Wahrheit und Selbstverständnis! Wer andere oder sich selbst bewusst – und sei es auch nur halb bewusst – täuscht, sucht sich einen oder mehrere Vorteile zu verschaffen, und zwar auf Kosten entsprechender Nachteile des Getäuschten. Das muss das Gewissen belasten, selbst wenn solche Störung verdrängt wird. Gerade „Selbstbetrug" erweist sich hier als ein interessantes psychologisches Phänomen, da man hier Schaden für sich selbst, ja um einer gewissen Stabilität des Selbst willen in Kauf nimmt, den man von der Vernunft oder vom „Über-Ich" her eigentlich doch nicht gebilligt weiß: Man schützt so „einen Teil des Gewissens vor dem anderen"[766]. Beide, Lüge und Selbsttäuschung, stehen insofern für eine schizophrene Haltung, die sich wiederum dadurch über sich selbst täuscht, dass sie sich wegen der Vorteilsnahme für einen Akt der Freiheit hält, während sie in Wahrheit zur Selbstentfremdung, zu Sucht oder sozialer Entfremdung führt, ja letztlich bereits aus Entfremdungserfahrungen heraus resultiert. Insofern gehört das neue Phänomen der „digitalisierten Freiheit" genau in diesen Bereich der Selbsttäuschung.

Ersatzreligiöse Orientierungen helfen aus dieser Freiheitsfalle unmöglich heraus. Schirrmacher überlegt: „'Lüge' ist in dieser Welt eine außer moralische Angelegenheit, und die planmäßige Unwahrhaftigkeit ist dabei das geringste Problem: Auch Selbstbetrug, Illusionen, Strategien, mit denen Menschen ,sich etwas vormachen', fallen in der Epoche von ,Big Data' – der Totalvernetzung aller Daten von Menschen und Dingen – in diese Kategorie."[767] Lüge als außermoralisches Problem – wäre das nicht eine wunderbare Problemlösung? Das umso mehr, als die Welt der Digitalisierung der verbesserten Deckung des Lügens dient! Man könnte sagen: Die digitalisierte Kultur verschafft den Lügen immer längere Beine.

Das gilt nicht zuletzt auch für die tief greifende Selbstlüge, es gebe kein Selbst, also auch keine letzte Verantwortung, keine Schuld und keine Wahrheit, die zum Maßstab werden könnte. Bis den Lügner die Wahrheit einholt, vergeht so oft sehr lange Zeit, und groß muss die Not erst sein, bis sie die Täuschung zur Kapitulation zwingt. Auch für die gesamtgesellschaftliche Ebene trifft zu: Man kann Wahrheiten über längere Zeiträume hinweg verdrängen, die Folgen der Lüge womöglich anderen Generationen vererben. In diesem Sinne stehen die Bedingungen günstig für die digitale Revolution: Sie ist in der komfortablen Lage, ihren breit angelegten Ausbau einigermaßen ungehindert vorantreiben auf der Basis zutreffender und trügerischer Verheißungen – unter Verbergung der Risiken und realer Gefahren. Sie vermag sogar die Vernunft zu digitalisieren und so alle Liebhaber der Wahrheit in ernste Bedrängnis zu bringen.

Dabei steht es insgesamt tatsächlich nicht so einfach um die Fragen nach Wahrheit und Lüge, nach Identität und Selbstverhältnis. Gewissermaßen liegt die Wahrheit oft genug „dazwischen"; je nach Perspektive sieht sie etwas anders aus. Wieviel Wahrheit ist überhaupt noch möglich im digitalen Zeitalter, da eine Vernunft herrscht, „die Wahrheit und Information vertauscht und in der es nicht mehr darum geht, eintreffende Informationssignale zu verstehen und zu durchdringen, sondern lediglich zu empfangen und weiterzuleiten"[768]? Und wer ich selber nicht nur real oder virtuell, bewusst oder unbewusst, sondern im Sinne letzter Wirklichkeit bin, wird sich vielleicht nie innerhalb des irdischen Zeitlaufs entscheiden. Sondern mir erst vermittelt werden im Angesicht Gottes, so es den Allmächtigen gibt – wobei dann seine Sicht auf die Dinge meines Lebens freilich nicht nur die meine, sondern auch die meiner Mitmenschen an Tiefe und Wahrheit allemal übertreffen dürfte. Solch theologische Überlegungen einer Relativierung irdischen Erkennens gegenüber dem Blick des Gottes der Liebe und seiner Gerechtigkeit sind etwas ganz anderes als nihilistische Spekulationen, deren Vergleichgültigungen menschlicher Identität jeden Boden entziehen. Zu beweisen gibt es in dieser Hinsicht nichts, weder in dieser noch in jener Richtung.

Und doch ist da etwas zu erweisen – zu Gunsten der Gesundheit des inneren Menschen, seiner Freiheit, Integrität und Identität: dass es nämlich langfristig Sinn macht, auf Sinn, auf letzten Sinn zu setzen[769]. Weil Hoffnung, umfassende Hoffnung für mich und die Welt im Ganzen tiefsten Sinn denken lässt – und so innere Freiheit ermöglicht. Und weil der Glaube an die Sinnlosigkeit aller Dinge logischerweise wenig Sinn ergibt. Das ist der Grund, warum die immanentistisch gefasste, digitalisierte Freiheit nicht glücklich, nicht selig macht. In ihrem Rahmen hat man lediglich die Möglichkeit, ähnlich wie einst Nietzsche[770] einfach zu glauben, dass der Nihilismus der Lüge seinerseits etwas Göttliches in sich trage, so dass es Freude mache, sich im Bewusstsein der Täuschung und des Getäuschtwerdens dem Rausch des Lebens und des Scheins hinzugeben. Solcher

Glaube setzt allerdings wiederum voraus, dass Lüge sogar das Allerletzte beherrscht. Ersatzreligion mag sich damit begnügen. Wer jedoch die Wahrheit liebt, wird sie – gerade in letzten Fragen – nicht mit Lüge vermischt sehen, nicht einmal verwechselt haben wollen. Sollten Wahrheit und Lüge im relativistischen Sinn als identisch oder austauschbar gelten, würde das in der Konsequenz den Endsieg der Lüge bedeuten. Und das wäre ein nicht göttlich, sondern eher teuflisch zu nennender Gedanke.

Demgegenüber besagt die religiöse Botschaft vom Endsieg der Wahrheit, dass Lüge und Falschheit keinen Bestand haben werden. Das ist gut, und darum kann die Wahrheit insgesamt nur eine gute sein. Dem Neuen Testament zufolge ist sie identisch mit Liebe und Barmherzigkeit. Und darum ist das Evangelium wesenhaft eine Botschaft der Freiheit, der Befreiung vom Bösen und Verkehrten: „Gott befreit Menschen aus allen falschen Bindungen, von Sünde, Tod und Teufel – auch von allen Menschensatzungen, die innerhalb wie außerhalb der Kirche die Menschen der Knechtschaft unterwerfen."[771] Vor allem aber macht solch frohe Botschaft positiv frei zu einer neuen, bleibenden Identität, die sich nur gewinnen lässt im Glauben an diese verlässliche Wahrheit.

Erst im Blick auf diese Identität mit klarem Ewigkeitsbezug ist auch im eigentlichsten Sinn von einem wirklich freien, nämlich von Gott her und zu ihm hin befreiten Willen zu sprechen[772]. Solch theologische Überlegungen stellen allerdings die bürgerliche Freiheit keineswegs in Abrede. Es muss vielmehr auch theologisch Besorgnis erregen, wenn das bürgerliche Freiheitsethos brüchig wird und zum Beispiel ein Professor für Telekommunikationstechnologie rät, jetzt schon „darüber nachzudenken, was für eine Form von Rechts-, Regierungs- und Wirtschaftssystem wir brauchen werden für eine Welt, in der unsere alte Konzeption des freien Willens nicht mehr gilt."[773]

2. Der Zug zur Maschinenebenbildlichkeit des Menschen

Das Wahnsinnsunternehmen, unsere gesamte Kultur nach Kräften durchzudigitalisieren, verdient unbedingt mehr geisteswissenschaftliche Aufmerksamkeit. Was läuft da eigentlich ab? Wer will das – und warum, wozu? Und wer lehnt es – aus welchen Gründen wiederum – ab? Gehen wir auf eine Technokratie zu, die unsere Demokratie wenn nicht ablöst, so doch aushöhlt? Welches Menschenbild liegt der digitalen Realutopie zu

Grunde? Sind hier nicht sogar religiöse Motive im Spiel? Oder werden sie zumindest aufgegriffen und ihrerseits „digitalisiert"?

Wie Frank Schirrmacher erläutert, „haben Ökonomen den Seelenhaushalt des modernen Menschen zu ihrer Sache gemacht."[774] Und zwar vollzieht sich das auf digitalem Wege: „Im Informationskapitalismus wird der Mensch zur Summe seiner Algorithmen. Deshalb ist es so gewinnbringend, sie zu erfassen, zu analysieren und zu vergleichen."[775] Der Seelenhaushalt des Menschen von heute – keine Angelegenheit mehr von Psychologen oder Seelsorgern, „sondern das Ergebnis eines einfachen, fast geistlosen Prozesses"? Der Freiheitsgedanke – keine Sache von Philosophen und Theologen mehr, sondern das Resultat eines technologischen Prinzips?

Die Digitalisierung des inneren Menschen hat ihre Vorgeschichte. Sie beginnt mit dem alten Ansinnen, Mensch und Maschine einander ähnlicher zu machen. Ist nicht die Maschine selbst ein Produkt des Geistes? Verdankt sich nicht die Technik als solche Ideen und Zielen der menschlichen Seele? Sollte also nicht das Maschinenprodukt in lebendiger Analogie zum *homo technicus* gedacht und umgekehrt der so intelligente Mensch immer mehr als Ebenbild seiner zunehmend perfekten Maschinen aufgefasst und angepeilt werden? Sind gar Cyborgs angesagt – also Mischwesen, halb Mensch, halb Maschine[776]? Warum erscheinen Computer digital inspirierten Visionären als die „besseren Menschen"[777]?

Zunächst baut die digitale Revolution durchaus auf den Autonomiegedanken der Neuzeit. Dieser kennt die Freiheit als geistige Eigenschaft des Menschen. Der Philosoph René Descartes (1596-1650) hatte sie als *res cogitans* kategorial unterschieden von den *res extensae*, den ausgedehnten, materiellen Dingen, zu welchen er übrigens die Tiere zählte, die er folglich als Automaten auffasste. Seit im weiteren Verlauf der Neuzeit eine materialistische Weltsicht immer mehr an Zuspruch gewann und der Mensch zunehmend in seiner Verwandtschaft mit Tieren betrachtet wurde, lag es nahe, das 1748 von Julien-Offray de Lamettrie vorgelegte Konzept „*l'Homme machine*" immer ernster zu nehmen.

Damit aber wurde die Autonomie des Menschen von einer ontologisch abgehobenen Eigenschaft selber zu einer relativen, ihrerseits verrechenbaren, ja manipulierbaren Größe. Einerseits war sie es, die gemäß ihrem Selbstverständnis danach strebte, mit quasi-intelligenten Maschinen immer mehr Kontrolle, nämlich besonders sicheres, rundlaufendes Funktionieren ins Dasein bringen und so die Kategorie der Machbarkeit weiter ausbauen zu können. Dass just von daher andererseits der Autonomiegedanke selbst zu zerbröseln begann, nahm der moderne Mensch wahr, ohne daran zu verzweifeln. Sich und seine Freiheit weltanschaulich auf das Gebilde einer *mind machine*[778] reduzieren zu lassen, fand er nicht unbedingt ehrenrührig. So willigen viele Zeitgenossen heute in ihre Digitalisierung ein, ohne zu fragen: „Wenn der Mensch sich als Computer begreift: Wer schreibt dann die Programme? Wer gibt ihm die Probleme auf?"[779]

Noch herrscht weithin jener trügerische Schein der Machbarkeit, der zukunftsverbessernden Herrschaft des technikproduzierenden Menschen. Aber in Wirklichkeit verliert dieser Mensch zunehmend die Kontrolle, eben weil er sie an herzlose Maschinen delegiert und ihnen eigene Intelligenz, also der Machbarkeit entsprungenen „Geist" zutraut[780]. Hartmut von Hentig betont: „Der Computer generiert die Möglichkeiten seiner Verwendung schneller, als wir sie vorhersehen können. Und eben das gefährdet unsere Herrschaft über ihn – das macht uns zum leichtsinnigen Zauberlehrling, den der eilfertige Besen mit seiner Wasserträgerleistung einfach davonschwemmt."[781] Wohin das führen dürfte, ist bislang für die meisten Zeitgenossen nur in Gestalt von utopischen Romanen und Erzählungen[782] erkennbar gewesen. Doch jetzt bricht die Epoche an, in der die digitale Revolution entsprechende Utopien mehr oder weniger realisieren möchte.

Es war der schon erwähnte Kulturprophet Aldous Huxley, der 1932 in seinem Roman „Schöne neue Welt" aufgezeigt hat, dass in der Zukunft der Menschheit keineswegs eine bessere, im humanen Sinn fortschrittlichere Welt warten, sondern das technologische Fortschreiten des in sich unvollkommenen, ja korrupten Menschen zu nur scheinbar wunderbaren, in Wahrheit horriblen Zuständen einer Pseudo-Wohlstandsgesellschaft führen dürfte. Sechs Jahrhunderte später könnte es soweit sein, hatte der amerikanische Autor damals gemutmaßt. Bereits 1949 aber sah er es auf Grund des rasanten technischen Fortschritts als wahrscheinlicher an, dass die „Wohlfahrtstyrannei Utopias" bereits binnen eines einzigen Jahrhunderts Wirklichkeit werden könnte. Doch auch mit dieser korrigierten Annahme hat er offenkundig immer noch zu weit gegriffen. Im Zuge der digitalen Revolution ist die Menschheit hier und heute im Begriff, eine „schöne neue Welt" direkt anzusteuern. Wie sehr sich Huxley mit seinen Prognosen verschätzt hatte, zeigt sich beispielsweise an dem Umstand, dass in seinem Roman gleich auf der ersten Seite ein Student – noch in 600 Jahren! – krampfhaft in sein Merkheft kritzelt und dass gegen Ende ein Reporter seine Funkanlage in einem Aluminium-Ofenrohr als nicht zu lüpfendem, schwerem Hut auf dem Kopf herumschleppt.

Die Zeit ist nahe, ja sie ist da, dass die Welt, dass die Freiheit digitalisiert wird. Bundespräsident Joachim Gauck hat am 3. Oktober 2013, dem Tag der Deutschen Einheit, in seiner Festansprache erklärt, man befinde sich inmitten eines Epochenwechsels: „Ähnlich wie einst die industrielle Revolution verändert heute die digitale Revolution unsere gesamte Lebens- und Arbeitswelt, das Verhältnis von Bürger und Staat, das Bild vom Ich und vom Anderen. Ja, wir können sagen: Unser Bild vom Menschen wird sich wandeln."[783] Die Frage ist freilich die, welch ein Wandel das sein wird. Gauck ist sich bewusst: „Wohin dieser tiefgreifende technische Wandel führen wird, darüber haben wir einfachen ‚User' bislang wenig nachgedacht." Und in der Tat könnte seine folgende Aussage Zweifel an hinreichender Reflexion wecken: „Wir wollen die Vorteile der digitalen Welt nutzen, uns gegen ihre Nachteile aber bestmöglich schützen." Denn wiewohl sich die Wucht der Rundum-Digitalisierung unserer Welt nur bedingt wird aufhalten lassen, so ist doch ein Ja zu den Vorteilen der digitalen Welt allemal mit deutlicher Vorsicht und Einschränkung auszusprechen. Sollte das problemlos zusammengehen: Vorteile der digitalen Revolution nützen und sich zugleich gegen ihre Nachteile schützen? Ich halte das nach allem bisher Ausgeführten für zu kurz gedacht. Vertieftes Hinterfragen der Digitalisierungskultur lässt sich insgesamt zu oft vermissen. Das gilt auch für die visionären Sachbücher unserer Tage, die meist merkwürdig positiv, ja freudig zu klingen[784]. Technologischer Fortschritt macht die Verwirklichung von Utopien zeitnah möglich.

Das Ganze funktioniert allerdings nicht ohne das geschmeidige Einstimmen und Zustimmen der Gesellschaft: Es ist eine gleichsam zivilreligiöse Akzeptanz der sich anbahnenden Technokratie nötig – und sie wird allenthalben angestrebt. Sogar Theologie und Kirchen üben sich weithin ins Mittun ein, indem sie sich der Digitalisierung mit erstaunlich geringen Vorbehalten öffnen[785]. Bereits vor Jahrzehnten erkannte Klemens Brockmöller, man habe „die Funktion der Technik für den modernen Menschen als Ersatz für die alte Magie erklärt, mit der man in primitiver Natur-Religiosität sich die Natur dienstbar zu machen versuchte, so daß also Technik als Religionsersatz dient."[786] Technokratie als Ersatzreligion – das ist eine unausgesprochene Devise der digitalen Revolution, je länger, desto deutlicher[787]. Im Streben nach absoluter Macht mit den Mitteln der Technik könnte die Versuchung stecken, sich von der transzendentalen Abhängigkeit befreien zu wollen, hatte bereits Brockmöller überlegt. Heute entdeckt Wulf Bertram ersatzreligiöse Konturen in der digitalisierten Gesellschaft: „Machen sich die Kritiker des Medien- und IT-Hype etwa auch einer Art Gotteslästerung schuldig? Einer Schmähung des allgegenwärtigen, omnipotenten und segenspendenden www-Gottes, der es Kraft seiner unbegrenzten Möglichkeiten zum Wohle der Menschheit ‚schon richten‘ wird (etwa per liquid feedback)? Man könnte auf die Idee kommen, dass eine konspirative Lobby der Computer- und Medienindustrie am Werk sei, wenn man sich nach den Gründen für die ungewöhnlich rabiate Reaktion auf die besorgte Kritik an ausufernder *Social Network*-Nutzung, *Ego Shooter*-Spielen und unreflektierter Ausweitung der digitalen Medien in Schule und Unterricht fragt."[788]

Smarte Ersatzreligion verdient es, als solche durchschaut zu werden. Führt der digitale „Turmbau zu Babel" nicht statt zu glorioser Erhabenheit zu großer Verwirrung? Gewiss, die um sich greifende Digitalisierung verheißt fortschreitende Emanzipation. Aber trügt nicht der Schein? Steht die „stille Revolution" nicht in Wahrheit im Begriff, die Freiheit des Menschen, seine Autonomie und seine innere Entscheidungsmächtigkeit zu unterminieren? Der französische Philosoph und Soziologe Jean Baudrillard seufzt: „Bin ich nun Mensch oder bin ich Maschine? Es gibt heute keine Antwort mehr auf diese Frage: realiter und subjektiv bin ich Mensch, virtuell und praktisch bin ich Maschine. Dies bezeichnet einen Zustand anthropologischer Ungewißheit."[789] Ob sich der Mensch frei oder entfremdet empfinde, stelle sich angesichts der virtuellen Maschinen nicht einmal mehr als Problem, so Baudrillard.

Der berechenbar gewordene, mit Maschinen korrespondierende oder als Cyborg gar mit ihnen verwachsene Zeitgenosse sucht kaum mehr seine Vollkommenheit in Relation zum ihn gnädig emporziehenden Gott, sondern viel eher seine Perfektion in der Affinität zum technischen Produkt. Das zeigt sich exemplarisch an jenen ganz neuartigen Rechnern, die wie Kleidungsstücke oder Accessoires am Körper getragen werden und daher *wearables* heißen: Das übergeordnete Ziel dieser funkenden Brillen (*glasses*) oder Armbanduhren „ist die möglichst natürliche Interaktion zwischen Mensch und Technik."[790] Wenig Wert legt der mit solchen Geräten verwöhnte Zeitgenosse noch auf die religiös überlieferte Gottebenbildlichkeit. Vielmehr bedient er sich mitunter „in den Vitrinen der Theologie" dank der „Aussicht, die neuen Technologien verwirklichten die Jenseitsversprechen der Religion, und zwar nicht erst im Himmel, sondern schon auf Erden."[791] Darum kommt es ihm mittlerweile primär auf seine Maschinenebenbildlichkeit an[792]. Doch Maschinen haben keine Seele. Und demgemäß achtet er kaum mehr darauf, dass er selber eine Seele hat, eine Gottesbeziehung und eine Zukunft bei Gott. Den Verlust des Bewusstseins um einen letzten Sinnbezug jenseits dieser Welt bemerkt er eher unbewusst – dort, wo der „unbewusste Gott" (Viktor E. Frankl)[793] seinen unverlierbaren Sitz in der Seele hat.

In allem Strudel der „stillen" digitalen Revolution des Daseins bleibt ein stilles Ahnen, dass die Seele größer ist als das eigene „Ich" und tiefer verankert als alle nach ihr greifenden Strukturen dieser Welt. Weil mit dem Begriff „Seele" sozusagen ein Mehrwert ausgedrückt wird und keineswegs nur ein flüchtiger Lebensatem, darum gibt es ihn nach wie vor. Ist er „unkaputtbar", da er eine von Gott geschaffene Lebendigkeit anspricht, die in Richtung Ewigkeit weist? Und dies nicht allein im Sinne einer fernen jenseitigen Ewigkeitszukunft, sondern einer überaus nahen, mystischen Gegenwärtigkeit des verborgenen Ewigen tief in uns drinnen?

Von diesem Verständnis her wird verständlich, dass im Begriff „Seele"[794] ein Mehrwert mitschwingt gegenüber dem aus dem Griechischen stammenden Wort „Psyche". So ist er aus dem deutschen Sprachschatz bis heute keineswegs verschwunden. Beim Ausruhen kann man die *Seele baumeln* lassen. Oder jemand spricht mir *aus der Seele*. Man schreit sich sozusagen die *Seele aus dem Leib*. Wellness-Angebote versprechen Wohltaten *für Leib und Seele*. Und gute Worte sind *Balsam für die Seele*. Es ist, als möchte der Volksmund nach wie vor nicht auf die Kennzeichnung dessen verzichten, was eben mehr bedeutet als etwa die Ersatzbegriffe Person, Psyche, Ich, Subjekt, Identität oder Selbst. Mit dem scheinbar so unscharfen Wort „Seele" bleibt eine Größe angesprochen, die meistens durchaus irgendwie leibbezogen, aber doch als erhaben über die Hinfälligkeit unseres Leibes vorgestellt wird. Dass mit ihm das Wort „Seligkeit" verwandt ist, sollten sich all die materialistischen und digitalisierungsbegeisterten Glückssucher unserer Tage neu in Erinnerung rufen.

3. Virtuelle Erhabenheit über die „Kohlenstoffwelt"

Bekanntlich wird in der digitalen Kultur die reale Welt im Gegensatz zur virtuellen gern als „Kohlenstoffwelt" bezeichnet. Das klingt irgendwie abwertend nach dumpf-materieller Dimension der Wirklichkeit – sogar die Assoziation zum Stoff „Kohle" und demgemäß zur Farbe schwarz mag für manche Laien bei diesem Ausdruck unterschwellig mitschwingen. Demgegenüber erscheint die virtuelle Welt als leicht und licht. Dort, wo alles geistig, nämlich in Information und Kommunikation verwandelt und entsprechend „feinstofflich" verflüssigt ist, wo überhaupt die materielle Vergänglichkeit überwunden scheint, da ist nach Auffassung der Digitalisierungsideologen die eigentliche, die wahre Ebene des Seins erreicht.

Und hier zeigt sich, dass die digitale Ersatzreligion in ihrer Stellvertreterfunktion immer noch deutliche religiöse Züge trägt. Indem sie meint, die Differenz zwischen Materiellem und Geistigem restlos kassieren zu können, stellt sich die Weltanschauungsfrage: Erweist sich nicht das digital erfasste Geistige – andersherum betrachtet – am Ende als so etwas wie das eigentliche „Göttliche" der Wirklichkeit? Erschließt sich vielleicht von diesem virtuellen Über-Sein her gleichsam eine digitale Metaphysik? Drängt sich da nicht der spekulative Gedanke auf, die derart aufscheinende Geist-Realität als das Ursprüngliche zu nehmen – und hier gewissermaßen eine Ontologie der digitalisierten Seele zu verankern? Kann nicht „das vernetzte Subjekt durchaus als transzendentes Subjekt bezeichnet werden"[795]?

Das aber wären die typischen Konturen eines in Digitale transferierten Gnostizismus. Zur Erläuterung: Bei der sogenannten „Gnosis" handelt es sich um einen Religionstypus, um ein gewisses Religionsmuster, dessen Grundstruktur in der Religionsgeschichte bis in die Gegenwart hinein an verschiedenen Orten und zu verschiedenen Zeiten begegnet – eben auch im Kontext unterschiedlicher Religionen. Wörtlich heißt Gnosis „Erkenntnis"; gemeint ist die Selbsterkenntnis des Geistes inmitten der materiellen Weltwirklichkeit mit der Intuition, sich über die Strukturen des Hinfälligen und Vergänglichen zu erheben und sich zu finden im ursprünglich Geistigen[796]. Dieses Grundmuster – so hat bereits der Gnosis-Forscher Gilles Quispel um die Mitte des 20. Jahrhunderts gezeigt, also nur wenige Jahre, nachdem die einschlägige Forschung durch umfangreiche Schriftenfunde neuen Auftrieb bekommen hatte – stellt eine Art „Weltreligion an und für sich" dar; die *gnosis* ist im Kern zu allen Zeiten dieselbe[797]. Von daher lässt sich erklären, warum die religionsgeschichtliche Frage nach dem „Ursprung" der Gnosis offenbar kaum schlüssig zu beantworten ist. Ein so renomierter Gnosis-Forscher wie Alexander Böhlig resigniert diesbezüglich: „Ich fürchte, der Kampf der Meinungen ist bereits zu einem Circulus vitiosus geworden."[798] Nachdem Böhlig sich den verschiedenen Thesen einer iranischen, griechischen, jüdischen oder gar innerchristlichen Herkunft des religionsgeschichtlich so vielgestaltig etablierten Phänomens nicht restlos verschreiben kann und auch nicht einfach an den Ursprung aus einer Mischung verschiedener religiöser Richtungen glaubt, kommt er zu der Überzeugung, die historische Größe des Gnostizismus sei „eine Entfaltung der allgemein menschlichen religiösen Erscheinung Gnosis."[799] Die Gnosis sei „im Menschen von vorneherein als Möglichkeit angelegt" und objektiviere sich insbesondere im blühenden Gnostizismus der Spätantike.

Warum also sollte sie sich nicht unter den kulturellen Bedingungen der heutigen Zeit in einem digitalisierten Gnostizismus ausgestalten? Schließlich gibt es nicht nur weltfeindliche, sondern ebenso weltfreundliche Gnosis-Varianten – etwa libertinistische Ausprägungen[800]. Oft ist zwar der gnostische Dualismus von Licht und Finsternis ein charakteristisches Merkmal, aber daneben existieren auch monistische Ansätze gnostischen Denkens. Letzteres hat der Philosoph und Gnosis-Experte Hans Jonas mit Blick auf die Valentinianische Gnosis herausgearbeitet: „Als nach außen getretene Verdichtung innerer Zuständlichkeit bezeichnet so die Materie den tiefsten Punkt des Abfalls des Geistes von sich selbst, der in ihr sozusagen seine Fixierung gefunden hat."[801] In diesem Sinn kann heutzutage eine digitalisierte Gnosis gewissermaßen dualistisch denken und doch im Grundansatz monistisch am säkularen oder auch schon postsäkularen Zeitgeist orientiert sein.

Allerdings ist die gnostisch angepeilte Transzendenz im Horizont der digitalen Revolution schwerlich jene letztlich völlig jenseitige, die echter Gnostizismus meint. Die technologisch verankerte Identität der „Seele" ist dafür denn doch zu weltgebunden, im Kern zu sehr säkularisiert. Sie lässt das Absolute sozusagen Absolutes sein und kümmert sich vor allem um die letztlich alle von ihm herkommenden Ebenen des Weltlichen in seinen unendlich vielfältigen, magischen Bezügen, während sie doch in alledem eine nicht der „Kohlenstoffwelt" verhaftete Identität anpeilt.

Derlei Grundzüge können sich in modernen Religionen konkretisieren. Eine solche ist *par excellence* die 1954 gegründete „Scientology Church"[802]. Sie versteht sich im Kern selber als Technologie, Philosophie und Religion gleichermaßen. Kritiker haben ihr immer wieder den Religionscharakter abgesprochen und versucht, sie auf ein „Wirtschaftsunternehmen" zu reduzieren[803] – als sei das für eine Kreation des Computerzeitalters ein Gegensatz! Der „geistige Vater" von Scientology, der US-Amerikaner Ronald Hubbard (1911-1986)[804], hat bereits in der von ihm entwickelten Vorform namens „Dianetik" – der Begriff soll „durch den Geist" bedeuten – ein Menschenbild vertreten, wonach die Evolution im Laufe der Zeit mit dem Gehirn des Menschen so etwas wie einen vollkommenen Computer zuwege gebracht habe. Dass der nicht perfekt funktioniere, liege nur daran, dass man es mit dem Einbau falscher Daten in den menschlichen Geist zu tun habe, die Hubbard „Engramme" nennt. Im Kern aber zeige sich beim experimentellen Umgang mit dieser „optimalen" Maschine eine unsterbliche Größe, der Hubbard den Namen „Thetan" gegeben hat (das griechische Wort „Titan" klingt in dem von dem griechischen Buchstaben *theta* abgeleiteten Kunstbegriff durchaus an). Die gnostische Selbstfindung des Thetans stellt sich als eine Art Selbsterlösung dar, die es unter enormem Aufwand zu erarbeiten und mithilfe der Erkenntnisse der *Scientology-Church* zu erreichen gilt. Barbara Lieser hat als Pressesprecherin der Scientology Kirche Frankfurt/Main einmal formuliert: „Der Unterschied zwischen Scientology und Christentum ist, dass wir keinen bestimmten Gottesbegriff vorgeben. Es gibt keine Aussagen über bestimmte Eigenschaften oder ein konkretes Gottesbild"[805]. Das ist bezeichnend für eine sektierisch ausgestaltete Ersatzreligion im digitalen Zeitalter. In meinem Buch „Scientology – Religion oder Geistesmagie?" (1995²) habe ich demgemäß näherhin dargelegt, wie sich das Changieren zwischen religiösen und pseudoreligiösen Gehalten bei dieser neumodischen, gnostisierenden Weltanschauung erklärt. Man sucht hier Daseinszustände „oberhalb der Ebene, auf der sich der Mensch befindet", zu erlangen – ein Ziel, das heute der Posthumanismus ohne sektiererische Ausgestaltung ähnlich formuliert.

Was bedeutet es solch digitaler Gnosis gegenüber, wenn heutige Gehirn- und Bewusstseinsforschung betont, in den neueren Konzeptionen der Funktionsweise des Gehirns werde dieses „nicht mehr mit einer Maschine, auch nicht mehr mit einem hochentwickelten Computer verglichen"[806]? Wie steht es um das Selbstverständnis digitalisierter Identität, wenn der Mediziner und Biologe Francisco J. Varela erklärt, inzwischen sei es „unangemessen, das Gehirn als Computer mit zielgerichtetem, durch einzelne neuronale Aktivitäten in Gang gesetzten Fluss aufeinanderfolgender Informationen zu beschreiben"[807]? Man lässt sich durch solche Aussagen keineswegs beirren, sondern arbeitet nur umso entschiedener daran, in Bälde diese Differenz einholen und das menschliche Gehirn im Computer vollständig simulieren zu können. Dank eines solch virtuellen Gehirns möchte man künftig neurologische Erkrankungen und seelische Depressionen behandeln und heilen, aber auch das Hirn als Vorbild für künftige Supercomputer hernehmen. Der menschliche Geist und die von ihm in Gang gesetzte Supermaschine arbeiten dann miteinander immer perfekter an der fortschreitenden Befreiung von den einengenden Strukturen der materiellen, vergänglichen „Kohlenstoffwelt". Sie ringen weiter um die „Verwandlung des menschlichen Fleisches in einen Stoff unvorstellbarer Voll-

kommenheit, ein Akt geistiger Wiedergeburt und körperlicher Unsterblichkeit"[808].

Bei alledem befinden sie sich durchaus auf einem Weg, der sich in (er-
satz-)religiöser Weise gnostisch deuten lässt – und zwar mit Überlegungen des französischen Philosophen Henri Bergson (1859-1941). In dessen
Spätwerk findet sich sein Appell an die Menschheit, die nötigen Anstren-
gungen zum Überleben zu leisten, „damit sich auch auf unserm widerspenstigen Planeten die wesentliche Aufgabe des Weltalls erfülle, das dazu da ist, Götter hervorzubringen."[809] Der Auftraggeber an das Weltall
aber kann doch kein anderer als Gott selbst gewesen sein. Insofern ist eine
Vervollkommnung des Menschen mit technologischen Mitteln weit davon
entfernt, sich im religiösen Sinn als „Wiedergeburt"[810] bezeichnen zu dürfen – denn letztere meint ein Neuwerden des inneren Menschen in der
gnadenhaft eröffneten Verbindung mit Gott durch seinen Geist. Solche
Wiedergeburt zu ewiger Identität bedeutet zugleich die Geburt einer Freiheit, die nicht von dieser Welt ist.

4. Wie es zum digitalen Zugriff auf die Seele kommen konnte

Miriam Meckel blickt in ihrem Zukunftsroman „Next" prophetisch zurück:
„Mit der Digitalisierung kam der ‚Ordnungsschwund', nämlich der Ordnung jenseits der Dinge an sich, durch welche Menschenwürde göttlich
garantiert war. ... Als der Glaube schwand, wuchs die Eindeutigkeit. Und
sie ließ keinen Platz mehr für eine menschliche Seele..."[811] Eben dorthin,
in solche Zukunft ist die sich heute ausbildende technokratische Ersatzreligion unterwegs. Das ist tatsächlich eine Revolution, denn bislang haben
ungefähr alle Religionen einen Begriff von der Seele gehabt, mag er auch
im Einzelnen je nach Kulturkreis und geschichtlichen Kontext mit recht
unterschiedlichen Vorstellungen verbunden gewesen sein. Mitunter handelte es sich sogar um mehrere Begriffe. „Seele" – hebräisch *näfäsch*, latei-
nisch *anima*, griechisch *psyche* – bezeichnet fast immer eine lebendige Innerlichkeit des Menschen, die bei aller Leibbezogenheit seine Sterblichkeit
transzendiert, also auch über das Leben im Diesseits hinausweist.

Im Neuen Testament, in der römisch-katholischen Kirche und ebenso
für die Reformatoren stand die „Unsterblichkeit der Seele" außer Zweifel
– freilich stets bezogen auf die Auferstehungshoffnung. Diese schließt die
Erlösung[812] der gegenständlichen Schöpfungswelt mit ein: „In der Aufer-
stehungsdialektik muß sich die Seele nicht vom Körper zurückziehen, son-

dern wird sich im Gegenteil verleiblichen und Fleisch werden."[813] Solch biblisch grundgelegtes Verständnis von Seelenunsterblichkeit ist übrigens nicht – wie das platonische oder asiatische – mit dem (insbesondere gnostisch gepflegten) Gedanken an eine vorweltliche Präexistenz der Seele verknüpft[814]. Vielleicht hängt es mit dem Glauben an Gott als den Schöpfer und Erlöser zusammen, der seine Schöpfung vollenden wird.

„Was hülfe es dem Menschen, wenn er die ganze Welt gewönne und nähme doch Schaden an seiner Seele? Oder was kann der Mensch geben, womit er seine Seele auslöse?" Dieses Jesus-Wort aus dem Matthäus-Evangelium (16,26), hier wiedergegeben in der Luther-Übersetzung von 1984, klingt in modernen Übersetzungen meist etwas banaler, wenn sie das Wort „Seele" mit „Leben" wiedergeben. So heißt es etwa in der „Guten Nachricht": „Was hat ein Mensch davon, wenn er die ganze Welt gewinnt, aber zuletzt sein Leben verliert? Womit will er es dann zurückkaufen?" Die schlichte Tatsache, dass jeder Mensch am Ende sein Leben verliert, ist es aber keineswegs, auf die Jesus hier abhebt. Ihm geht es um den Gottesbezug des Menschen, der über den Tod hinausweist, wie Matth 10,28 beweist. Auch die Aussage des Hebräerbriefs, es sei den Menschen bestimmt, „einmal zu sterben, danach aber das Gericht" (9,27), setzt wie viele andere Bibelstellen (z.B. 2. Kor 5,1-10; Offenbarung 6,9) den Gedanken an eine Kontinuität über den Tod hinaus voraus. Darum ist es angemessen und korrekt, in Matth 16,26 mit Luther den Seelenbegriff zu verwenden.

Martin Luther selbst hat keineswegs, wie teilweise behauptet worden ist, ein „ganzheitliches" Menschenbild vertreten, demzufolge die Seele im Tode mitsterbe[815]. Luther war gerade in Wittenberg Professor geworden, als die Kirche 1513 die Unsterblichkeit der Seele zum Dogma erhob. Darüber machte er sich allenfalls insofern lustig, als er die Selbstverständlichkeit dieser Lehre durch das Dogma in völlig unnötiger Weise untermauert sah. Die Seelenunsterblichkeit bejahte er prinzipiell[816]. Allerdings suchte er sie nicht philosophisch zu begründen, sondern theologisch: Christi Erlösungstod sei so effektiv gewesen, dass „er alle andere Toten getauft hat, dass sie nicht Tote, sondern Schläfer heißen..."[817] Von daher konnte er sagen: „Was ist's, dass wir uns viel bekümmern um andere oder gleich selber sterben und begraben werden? Stirbt doch nur ein Mensch – und dennoch nicht der ganze Mensch, sondern das eine Stück allein, der Leib!"

Auch die Philosophiegeschichte kennt und favorisiert einen Seelenbegriff, der Unsterblichkeit impliziert. Bei dem Aufklärungsphilosophen Immanuel Kant reduzierte sich der Unsterblichkeitsgedanke bereits auf ein Postulat. Um die Mitte des 19. Jahrhunderts, als mit der industriellen Revolution weltanschaulicher Materialismus immer mehr um sich griff, kam es schließlich zur begrifflichen Grundunterscheidung zwischen dem betont immanentistischen Begriff der „Psyche" und dem traditionellen Begriff „Seele". So war fortan die Psychologie die moderne Wissenschaft der Seelenärzte, deutlich abgehoben von der religiös praktizierten „Seelsorge". Das Reden von „Seele" sollte fortan Theologen und Philosophen überlassen bleiben, während der Begriff „Psyche" den naturwissenschaftlich-empirischen Zugriff signalisierte. Friedrich Lange sprach damals programmatisch von einer „Psychologie ohne Seele".

Zu jener Zeit, nämlich im Jahre 1852 starb mit dem Tübinger Professor Carl August Eschenmayer einer der letzten Vertreter einer philosophisch begründeten Psychologie. Er hatte noch argumentiert, dass die Seele unsterblich sei und wesenhaft über die Endlichkeit hinausrage. Ja sie sei das Organ für eine allerhöchste Dimension, die sogar noch oberhalb der Dimension des Ewigen liege: die Dimension der *Seligkeit*[818]. Im selben Jahr 1852 hatte ein merkwürdiges Teilfach der Psychologie seine Geburtsstunde: die sogenannte Parapsychologie[819]. In England gründete damals nämlich ein Theologiestudent die *Ghost Society*, frei übersetzt: die „Gesellschaft zur Erforschung des Geisterwesens". Gleichzeitig mit der rein naturwissenschaftlich orientierten Psychologie erblühte also jener ihrer Zweige, der sich sozusagen dem Bereich des Übersinnlichen, Mysteriösen nähern wollte. Insbesondere der Frage des nachtodlichen Schicksals der Seele suchte man nun methodisch näherzutreten – vor allem durch die Erforschung spiritistischer Durchgaben aus dem Jenseits. Doch immer mehr verlegte sich dann auch die junge Parapsychologie auf ein Deutungsmodell, das okkulte Phänomene als Produkte rein diesseitiger psychischer Aktivitäten zu erklären versuchte. Nach dem lateinischen Begriff für Seele *anima* nannte man es das „animistische" Modell und stellte es dem „spiritistischen" gegenüber.

Der traditionelle Begriff der „Seele" verlor infolgedessen weiter an Attraktivität, und zwar sogar in der Theologie, die auf protestantischer Seite sogar die Lehre vom „Ganztod" zu entwickeln begann[820]. Dennoch ist die Rede von der Seele – wie bereits dargelegt – aus dem deutschen Sprachschatz bis heute keineswegs verschwunden. Hat sie doch einen Anhalt im Unbewussten selbst, wie selbst die Schulpsychologie weiß. So hat der Tiefenpsychologe Carl Gustav Jung 1940 prophezeit, die moderne Geisteshaltung werde „sich an die Seele wenden...als an eine letzte Hoffnung."[821] Jung konnte das Wort „Seele" durchaus gelegentlich in seine Arbeiten einbringen und betonen: Es ist verfehlt, wenn der Mensch meint, er habe seine Seele „erfasst", und wenn er daraus eine Wissenschaft macht „in der absurden Annahme, dass der Intellekt, der ja nur Teil und Funktion der Psyche ist, genüge, das viel größere Ganze der Seele zu erfassen." Bei der Frage, was denn die Seele überhaupt sei, ist Jung zufolge „die ganze Wissenschaft am Ende."[822] Und das ist eine weisere Aussage als etwa der materialistisch ansetzende Reduktionismus eines Francis Crick, dessen aufklärerisch betiteltes Buch „Was die Seele wirklich ist"[823] (1994, deutsch 1997) es in erschreckendem Maße an hermeneutischer und geistiger Tiefenschärfe fehlen lässt.

Sigmund Freud beleuchtete das Verhältnis des seelisch Unbewussten zur Frage von Tod und Unsterblichkeit durch einen Bezug auf die Auffassung des vorgeschichtlichen Menschen. Der Begründer der Psychoanalyse, der das Unbewusste mit Metaphern aus der Maschinenwelt – wie Druck, Verdrängung, Energie – zu beschreiben suchte[824], hielt fest: „Unser Unbewußtes glaubt nicht an den eigenen Tod, es gebärdet sich wie unsterblich. Was wir unser ‚Unbewußtes' heißen, die tiefsten, aus Triebregungen bestehenden Schichten unserer Seele, kennt überhaupt nichts Negatives, keine Verneinung ... und kennt darum auch nicht den eigenen Tod, dem wir nur einen negativen Inhalt geben können... Im Grunde glaube niemand an seinen eigenen Tod oder, was dasselbe ist: im Unbewußten sei jeder von uns von seiner Unsterblichkeit überzeugt."[825] Diese unbewusste Überzeugung ist allerdings keineswegs, wie es bei Freud klingt, eine naturwissenschaftlich überholte Angelegenheit, die zum modernen Menschen eigentlich gar nicht mehr passt. Vielmehr entzieht sich die Frage einer welttranszendenten Seele erkenntnistheoretisch der Zuständigkeit der Naturwissenschaft. Sie bleibt in Bejahung wie Verneinung Gegenstand des Glaubens. Positiv lässt sich in unseren Tagen beispielsweise der emeritierte Mathematikprofessor Günter Ewald auf den Begriff der Seele ein. Sein Buch „Gehirn, Seele und Computer" stellt sich am Schluss der Frage der Unsterblichkeit: „Die Seele steigt nicht in den Körper wie ein Fahrgast in ein Taxi, um nach einem Zweckaufenthalt wieder auszusteigen. Wir vermögen die materiell-geistige Identität des Menschen zwar nicht zu entwirren. Aber in einem erweiterten Kosmosverständnis und angesichts des weiten Möglichkeitsraums, den quantenphysikalische, archetypische und paranormale Vorstellungen öffnen, ist das Fortbestehen des

Ich in einen neuen ‚Tonträger' kein allzu ferner Gedanke."[826] Ewald denkt hier an ein „‚Überspielen' der Seele in die transzendente Wirklichkeit"[827], wenn der Tod eintritt. Zur Veranschaulichung verweist er auf sogenannte Nahtodeserfahrungen, wie sie mittlerweile zu Tausenden dokumentiert sind[828]. Die Seele und ihre Unsterblichkeit sind offenbar auch für naturwissenschaftlich orientierte Denker von heute nicht notwendig tabu.

Tabu ist aber in unserer modernen, säkularen Kultur nach wie vor der Tod[829]. Wenn laut psychologischer Einsicht alle Kultur aus dem Bestreben geboren ist, eine Bewältigung der Todesangst zu leisten[830], so scheint gerade die Digitalisierungskultur in diese Richtung zu weisen. Hier dienen die Kräfte unterschwellig und bewusst dem Anliegen, entweder an die Vergänglichkeit der Welt nicht erinnert zu werden[831] – oder aber ihr zu entkommen, so dass da eine Ersatzreligion unverkennbar an einer Ersatzewigkeit baut. Digitalisierte Seelen sollen unsterbliche Seelen der anderen Art werden[832]. Bezeichnend ist die Äußerung des sterbenden Apple-Designers Steve Jobs gewesen, beim Tod verhalte es sich möglicherweise wie beim An- und Aus-Schalter einer Maschine: „Vielleicht wollte ich deshalb nie An- und Aus-Schalter an den Apple-Geräten haben."[833]

5. Vernünftige Sehnsucht nach Transzendenz in säkularer Zeit

Freiheit und Unsterblichkeit waren Leitgedanken des Aufklärungszeitalters und bestimmen die Intention aufgeklärten Denkens vieler Menschen bis heute. Die Autonomie des Menschen und seine innere Unvergänglichkeit hängen zutiefst zusammen und machen miteinander seine Würde aus. Wo das verkannt wird, hat die digitalisierte Freiheit alle Chancen, sich einzunisten.

Die von Sigmund Freud herausgestellte Überzeugung des Unbewussten von der je eigenen Unsterblichkeit könnte man tiefenpsychologisch als narzisstische Grundannahme einordnen und religionskritisch als bloßen Wunschgedanken und fromme Illusion abzutun versuchen. Derlei Deutungen freilich tun zum einen dem Faktum, dass solche Überzeugung laut Freud im Seelenhaushalt eine Rolle spielt, keinen Abbruch. Zum andern gilt es zu bedenken, dass Gefühle im Kern oft sehr vernünftig sind[834] – und dass auch der unbewusst „gefühlte" Unsterblichkeitsgedanke bei näherer Betrachtung einen durchaus rationalen Kern hat. Das seelische Bedürfnis nach Unvergänglichkeit lässt sich keineswegs pauschal als irrational abweisen – und hat auch heutzutage sein gutes Recht[835].

Im Grunde geht es hierbei um die Sinnfrage in ihren Letztbezügen, um die Frage nach dem Sinn des Ganzen. Schon die Frage als solche wird zwar heute, wie dargelegt, im Kontext der Postmoderne als Wahrheitsfrage gern so behandelt, als sei sie „nachmetaphysisch" obsolet geworden[836]. Aber ob die Wahrheitsfrage überhaupt relativiert werden darf, ist wiederum eine Wahrheitsfrage. Und die führt direkt zur Gottesfrage. Wenn nämlich die Seele in ihrer Tiefe die Idee ihrer Unsterblichkeit kennt, so muss dies keine rein selbstbezügliche Vorstellung sein. Theologisch liegt vielmehr nahe, dass sich darin ihr Bezug auf Gott ausdrückt. Und dieser Bezug ist deswegen unvergänglich, weil der ewige Gott ihn bejaht. Mit Martin Luther formuliert: „Die Person des redenden Gottes und sein Wort weisen darauf hin, dass wir solche Geschöpfe sind, mit denen Gott bis in Ewigkeit und auf unsterbliche Weise reden will. Allein mit dem Menschen redet er. Wo also und mit wem auch immer Gott redet – ob im Zorn oder in Gnade –, der ist mit Sicherheit unsterblich."[837] Insofern hängen die Unsterblichkeitsidee und der Gottesgedanke nicht nur indirekt zusammen. Die Seele, die sich als Subjekt zutiefst dem Du Gottes zu verdanken weiß, erblickt in ihm ihre nachhaltige Seinsgarantie[838].

Von daher ist es interessant, die These Immanuel Kants zu bedenken, wonach der Vernunft zwar nicht die Kenntnis von Antworten über Gott innewohne, wohl aber die Frage nach Gott[839]. Und zwar so, dass diese Frage als solche allemal vernünftig ist! In der „Kritik der reinen Vernunft" betont Kant: Gerade in den Erkenntnissen, die „über die Sinnenwelt hinausgehen, wo Erfahrung gar keinen Leitfaden, noch Berichtigung geben kann, liegen die Nachforschungen unserer Vernunft... Diese unvermeidlichen Aufgaben der reinen Vernunft selbst sind Gott, Freiheit und Unsterblichkeit."[840] Der Mensch trägt demnach von Natur aus den Impuls in sich, über sich selbst und den Horizont der erfahrbaren Welt hinauszufragen. Kant unterstreicht, dass diese Fragen als solche völlig legitim sind: „Die menschliche Vernunft geht unaufhaltsam, ohne dass bloße Eitelkeit des Vielwissens sie dazu bewegt, durch eigenes Bedürfnis getrieben bis zu solchen Fragen fort, die durch keinen Erfahrungsgebrauch der Vernunft ... beantwortet werden können."[841]

Als solches Fragen, solches Ahnen sind die Ideen Gottes, der Freiheit und der Unsterblichkeit auch ein Teil des Seelenhaushalts. Ihre Beantwortung, der bewusste Umgang mit ihnen ist eine andere Sache. Festzuhalten bleibt zunächst einmal die Rationalität und Sinnhaftigkeit, ja die Gesundheit metaphysischen Fragens. Die Seele ist offenbar tatsächlich eine *anima naturaliter religiosa* – von Natur aus religiös, wie der Psychiater Viktor E. Frankl konstatiert hat[842].

Der Theologe Wolfhart Pannenberg drückt den Sachverhalt so aus: „Daß die Frage nach Gott zum Menschsein des Menschen gehört, das besagt noch nicht, daß ein Gott existiert und welcher Gott das ist. Nur als Problem ist die Gottesfrage dem Menschsein des Menschen unveräußerlich. In diesem Sinne ist der Mensch in der Tat, wie schon Cicero gesagt hat, von Natur aus religiös. Die Unveräußerlichkeit der Gottesfrage als Problem bedeutet allerdings, dass es sich hier nicht um ein Thema handelt, von dem man sich ebenso gut distanzieren, das man auf sich beruhen lassen kann, ohne solche Distanzierung mit einer Einbuße an Offenheit für die eigene Wirklichkeit bezahlen zu müssen. ... In der religiösen Thematik des menschlichen Lebens gehören also der Gedanke einer göttlichen, alles Endliche übersteigenden Wirklichkeit und der Gedanke einer irgendwie gearteten unsterblichen Bestimmung des eigenen Daseins über Vergänglichkeit und Tod hinaus zusammen."[843]

Richtet sich aber das über die Welt hinausgehende Glauben und Hoffen des Menschen im Horizont der laufenden Digitalisierungdprozesse in einem zunehmend religionslos gewordenen Gesellschaftskontext kaum mehr auf die göttliche Transzendenz, sondern immer mehr auf Virtuelles, so schafft es sich Ersatzgrößen, die an die Stelle des leer gewordenen Himmels treten[844]. Die „Zeitlosigkeit der Elektronik"[845] tritt an die Stelle des religiösen Ewigkeitsgedankens. Die digitalisierte Seele füllt sich mit neuen Inhalten. Das fällt ihr umso leichter, als sie hinsichtlich ihrer Identität ohnehin längst philosophisch und psychologisch derart verunsichert war[846], dass ihr die Angebote der IT-Welt als höchst willkommen erscheinen mussten.

Das Ganze geht einher mit einer breitenwirksamen Revision des traditionell vorherrschenden, christlich inspirierten Menschenbildes im Zeichen der zunehmenden Verschmelzung von Mensch und Maschine. Ja das gesamte Wirklichkeitsverständnis ändert sich, wo sich die Seele derart wandelt. Und auch die Wertesysteme erfahren einen Umsturz[847]. Es dreht sich heutzutage um „Indoktrination nicht durch Bücher, Worte oder Argumente, sondern mithilfe von Technologien, die einem ihre Spielregeln aufzwingen – seither eine nie mehr verstummte Angst der westlichen Industriegesellschaften."[848]

In diesem Sinn nimmt die digitale Revolution mit ihren Zielen, die in mancher Hinsicht dem Turmbau von Babel gleichen, tatsächlich Züge einer „Ersatzreligion" an. Der Begriff „Ersatzreligion" mag polemisch klingen, ist aber beschreibend gemeint[849]. Polemik legt sich allerdings fast selbstverständlich aus der Erkenntnis der betreffenden Sachverhalte und Zusammenhänge nahe. Gerade weil ich aus Achtung vor dem Prinzip der Religionsfreiheit auch Ersatzreligionen nicht einfach pauschal verunglimpfen möchte, bin ich durchaus um Sachlichkeit und Fairness, übrigens auch um Seriosität und Wissenschaftlichkeit hinsichtlich der Grundlagen, auf denen ich mich bewege, bemüht. Aber es geht – wiederum ganz sachlich bemerkt – bei den absehbaren Anliegen der digitalen Ersatzreligion um die Durchsetzung einer sehr zweifelhaften Freiheit gegen traditionelles Freiheitsverständnis, was mit der Durchsetzung eines digitalen Überdauernskonzepts gegen traditionelle Unsterblichkeitshoffnung zusammenhängt. Die traditionellen, im Zeitalter der Aufklärung unterstrichenen Ideen von Gott, Freiheit und Unsterblichkeit sind seelische Gehalte von vernünftigem Gehalt, die sich zumindest im Modus der Frage auf wirklich universalen Sinn beziehen. Die neuen digitalen Ersatzgehalte mögen einer ökonomischen, einer nachmetaphysischen, einer kommunikativen[850] und einer technischen Vernunft genügen, nicht aber dem in der reinen Vernunft verankerten, seelischen Bedürfnis nach Ganzheit im umfassenden Sinn. Die digitalisierte Seele mag Zukunft haben „auf einer entkörperlichten Ebene, die ihrerseits doch wieder auf die Materie, auch wenn dies nur Datenleitungen sind, angewiesen ist."[851] Ihr mag virtuelles, schnelles, schales Glück verheißen sein, aber eben keine Seligkeit.

6. Die Digitalisierung der unsterblichen Seele

Wem „Glauben unter leerem Himmel" (Heinz Zahrnt) schwer fällt, der hat jede weiterreichende Zukunftshoffnung im Nebel verloren. Winfried Becher hat das einmal so formuliert: „Die am tiefsten reichende Wurzel unserer heutigen Lebensangst scheint mir die transzendentale Obdachlosigkeit zu sein. ... Über uns Geschöpfen des 21. Jahrhunderts wölbt sich eine grenzenlose schweigende Leere. Unsere fortschreitende Welterkenntnis haben wir mit dem Verlust der Transzendenz bezahlt. Daher die Lebensangst, die eigentlich immer die Angst vor dem Nichtsein ist."[852] Die Bewältigung genau dieser Angst aber lässt sich als Aufgabe jeder Kultur beschreiben. So ist der Psychoanalytiker Ernest Becker überzeugt, dass „die Furcht vor dem Tode ein universelles Phänomen" ist, welches den Menschen „wie nichts sonst" prägt und als maßgeblicher Faktor in seiner Kulturbildung wirksam wird[853]. Eine amerikanische Forschergruppe hat die daraus resultierende „Todesangst-Bewältigungstheorie" experimentell überprüft und bestätigt[854].

Kann hier etwa die digitale Revolution helfen? Immerhin gibt es seit 2013 bei Google eine „Testament-Funktion": Mit ihr können sich Nutzer auf ihr „digitales Leben nach dem Tod" vorbereiten[855]; gemeint ist allerdings nur das geordnete irdische Nachwirken auf Datenebene. Doch wie steht es um ein jenseitiges Leben nach dem Tod? Das menschliche Bewusstsein der Endlichkeit wirft die Frage nach dem Unendlichen notgedrungen auf und drängt auf gestaltende Antwort. Sollte sich die so gestaltungswillige und gestaltungsmächtige „digitale Revolution" nicht sogar dieser Problematik annehmen? Liegen hier nicht womöglich ihre tiefsten Antriebskräfte?

Der Verdacht in diese Richtung verstärkt sich, wenn man bedenkt, dass nicht nur der Himmel über uns „leer" geworden ist, sondern sich – wie bereits dargelegt – auch die Zukunft vor uns zunehmend apokalyptisch verdüstert. „Wir sind an den Grenzen der physikalischen Welt angelangt, auch wenn wir dies nicht gerne wahrhaben wollen", erklärt der Zukunftsforscher Matthias Horx[856]. Und er weiß: Manche meinen, „dass sich um uns herum eine Supertechnik entwickelt, die demnächst jenen großen Durchbruch in die transzendente Hypertechnologie bringt, der uns von allen Nöten der Sterblichkeit, der Krankheit, des Leidens befreien wird. Künstliche Intelligenz wird alle Probleme über kurz oder lang lösen."[857] Tatsächlich schreibt die digitale Revolution solches auf ihre Fahnen. Die radikalen Veränderungen der letzten hundertfünfzig Jahre bestanden darin, dass unser faktischer Fortschritt alle früheren Erwartungen erfüllt und sogar übererfüllt hat – „ohne jedoch die Hoffnungen zu rechtfertigen, sich ursprünglich auf ihn gründeten."[858] Dieser Ur-Intention wird mit dem Fortgang der digitalen Revolution zu entsprechen versucht.

Ein Digitalisierungskritiker schrieb einmal: „Selber denken müsst ihr nicht mehr, wie herrlich, wie bequem, es gibt für alles eine App. Nur fürs Sterben noch nicht." Wozu auch, so würden Digitalisierungsbefürworter antworten, wir sind doch dabei, den Tod zu besiegen! Der britische Philosoph und Diplomat Stephen Cave hat ein Buch veröffentlicht, das den aufschlussreichen Titel trägt: „Unsterblich. Die Sehnsucht nach dem ewigen Leben als Triebkraft unserer Zivilisation" (2012). In einem Interview[859] erläuterte er: „Es gehört zum Menschsein, unsterblich sein zu wollen. Denn wir werden alle mit unserer Sterblichkeit konfrontiert, und damit zurechtzukommen ist für jeden sehr schwierig. Der Tod ist das Ende von allem, von unseren Projekten, von unseren Träumen, eine Art persönliche Apokalypse; etwas, was nicht passieren darf und dennoch unweigerlich passiert." Doch in der digitalen Gesellschaft nehme die Hoffnung keineswegs ab: „Viele scheinen eine Art digitalen Doppelgänger zu haben. Gedanken, Bilder, Freundschaften – das alles existiert auch in der virtuellen Welt. So hegen manche die Hoffnung, dass ein digitales Selbst die Person überlebt als diffuses Selbst oder Avatar – vorausgesetzt, es habe genug von der Psyche oder dem Geist der Person übernommen. Die sogenannten ‚Transhumanisten‘ denken, das Gehirn ließe sich mit Software speichern und rekonstruieren. Sie sammeln sogar Geld, um die Forschung in diese Richtung zu unterstützen."[860]

Dass das sogenannte Leib-Seele-Problem aus der Philosophie- und Theologiegeschichte in der bevorstehenden digitalen Zukunft veralten werde, beschreibt Miriam Meckel in ihrem Roman „NEXT" hellsichtig[861]. Sie formuliert im fingierten Rückblick, „dass ‚Materialisten‘ am Ende unsere Verbündeten in der Bemühung wurden, der Menschheit zu einem Zustand physischer Unabhängigkeit zu verhelfen." Die Digitalisierung habe „dem Menschen die Möglichkeit eröffnet, die bis dato mit seinem materiellen Leben unvereinbaren Vorstellungen der Unsterblichkeit neu aufzuladen." Der Trend sei eindeutig auf die digitale Ewigkeit zugelaufen[862]. „Aber wir haben vergessen, dass wir nicht alle Konstanten der Gleichung kennen", merkt Meckel an.

Der Zukunftsforscher Hans Moravec zeigt sich indessen überzeugt von den Heilsmöglichkeiten künftiger Technik. Stück für Stück unseres versagenden Gehirns könne durch überlegene elektronische Ersatzteile erhalten werden: „So könnten Persönlichkeiten und Gedanken des Menschen klarer als vorher fortbestehen, obwohl am Ende keine Spur des ursprünglichen Körpers oder Gehirns mehr übrig ist."[863] Aber die Verheißungen der technokratischen Ersatzreligion vermögen offenkundig nur Ersatz-Erlösungen propagieren. Das zeigt sich an dem russischen Milliardär Dimitry Itskov, Gründer der „Initiative 2045"[864], die sich zum Ziel gesetzt hat, Menschen bis zum Jahr 2045 unsterblich zu machen[865]. Funktionieren soll das, indem das Bewusstsein nur noch in elektronischer Form existiert. Bereits bis 2020 soll es möglich sein, Roboter-Avatare durch Gedankensteuerung zu kontrollieren; 2025 könnten die Gehirne von Menschen, deren Körper kurz vor dem Exitus stehen, in Roboter verpflanzt werden, was ihnen ein „aktives" Leben ermöglichen soll. Um 2035 sollen Wissenschaftler fähig sein, das menschliche Gehirn und Bewusstsein auf Computer zu kopieren und so in Roboter zu verpflanzen, wodurch ein Weiterleben nach dem Tod möglichen werden soll. 2045 werde es schließlich Unsterblichkeit in Form von rein in künstlichen Medien existierenden Menschen geben, die durch holographische Avatare repräsentiert werden.

Ähnliches verkündet in Amerika der Erfinder, Technik-Prophet und Geschäftsmann Ray Kurzweil, den inzwischen der Google-Konzern unter Vertrag genommen hat: Er ersehnt den Triumph der künstlichen Intelligenz über die menschliche – und die baldige, ihm persönlich noch zugute kommende Realisierung des utopischen Ziels, dass die Technik ewiges Leben bringe[866]. Auch er meint, bis etwa 2045 solle die Unsterblichkeit erreicht, weil das Altern besiegt sein[867]. Dabei wird bereits im Ansatz übersehen, dass es einen „Triumph künstlicher Intelligenz" schon deshalb nicht geben kann, weil deren Begriff selbst ein Paradox darstellt. So erklärt Horx: „In der Verwechslung von operativen Fähigkeiten mit ‚Intelligenz', die sich im Paradox ‚künstliche Intelligenz' manifestiert, zeigt sich nichts anderes als das, was die Kognitionspsychologie Anthropophormismus nennt. Menschen neigen seit Urzeiten dazu, die sie umgebende unbelebte Welt zu vermenschlichen. ... Der Glaube an die erlösende Hypertechnologie ist nichts als ein fernes Echo aus der Zeit der existenziellen Bedrohung, übertragen auf eine ungewisse Zukunft."[868]

Bei der ersatzreligiösen Erwartung einer digitalisierten Seelenunsterblichkeit handelt es sich aber auch auf der Sachebene um einen naiven Fehlschluss. So erläutert der Zukunftsforscher Andreas Eschbach: „Dass unser Geist, das Bewusstsein letztlich eine Art Software sei, die zufällig auf der Hardware Gehirn abläuft, aber genauso gut auf jede andere Hardware übertragbar sein soll, ist ein moderner Mythos, aber keinesfalls gesicherte Tatsache. Gesicherte Tatsache ist, dass es darüber, wie Geist, Intelligenz, überhaupt Bewusstsein zustande kommen – wie es also kommen kann, dass wir *ich* sagen können; wie es zugeht, dass wir *sind* und, schlicht gesagt, aus unseren Augen hinaus in die Welt gucken können –, noch keinerlei gesicherte Tatsachen gibt."[869] Desgleichen betont Reinhold Popp, Leiter des Zentrums für Zukunftsstudien der Fachhochschule Salzburg: „Das menschliche Bewusstsein ist unendlich komplex; die Annahme, es könne auf Maschinen übertragen werden, ist blauäugig."[870] Mit Horx formuliert: „Das Hirn ist eine Komplexitätsmaschine, die den Körper als Korrektur und Basis braucht."[871] Da gibt es keine abstrakte Transformation von Hirn in Digitalität.

Entsprechendes dürfte für den endgültigen Sieg über das Altern gelten. Die Unsterblichkeitsfrage muss aufs Ganze gesehen offen bleiben; digitale

Scheinlösungen sind für die kritische Vernunft allzu leicht durchschaubar. Wenn der Stecker aus der Dose gezogen wird oder spätestens wenn Speicher gelöscht werden, ist es mit den digitalen *doubles* zu Ende. Digitale Seelen sind mitnichten unsterblich. Selbst wenn Informationseinheiten jahrhunderte- oder jahrtausendelang aufbewahrt würden – das ist es ja nicht, was die Seele ausmacht. Und ein womöglich nicht weiter alternder Körper wäre auch noch kein Heilsprodukt. Wer vermag aus solchem Digitalisierungswahn ernsthaft und anhaltend Trost oder Hoffnung angesichts der Endlichkeitsbedingungen ziehen, die uns alle doch irgendwann einmal einholen werden?

O doch, es gibt sie durchaus, die solches ausdrücklich wollen und sich mit einer digitalen Ersatzreligion zufriedengeben: Das sind die schon erwähnten Posthumanisten oder Transhumanisten. Wie diese Namen sagen, erstreben sie Veränderungen des Menschseins und der Menschheit durch technologische Weiterentwicklung. Dabei verfolgt der Transhumanismus „Ziele, die durchaus mit religiösen Termini beschrieben werden können: Erlösung, Ewiges Leben, Schöpfung."[872] Dem Posthumanismus zufolge soll „die Technik genutzt werden, um wie Gott zu werden"[873]. Die vernünftige Hoffnung auf Gott und die von ihm her gewollte Unsterblichkeit der Seele, also die von ihm her garantierte Kontinuität im Umbruch des Todes findet in der Ersatzreligion der Digitalisierungskultur eine Umgestaltung in eine Ersatzhoffnung, in eine zu erwartende Pseudoseligkeit, die irrationale[874] Züge trägt und der seelischen Manipulierbarkeit Tur und Tor öffnet. Denn die digitalisierte Seele ist kaum noch auf Gott, auf den Garant des Guten als Letztsinn bezogen; sie erhält ihre innere Würde nur noch aus einem Selbstbezug des *homo technicus*, der gar keine rechte Auskunft mehr darüber zu geben vermag, wer oder was dieses Selbst überhaupt sei[875]. Im Gegenteil könnte – so meint man – dieses Innerste selbst bald noch infolge der anvisierten kybernetischen Erweiterungen des Körpers „hackbar" gemacht werden, genannt *ghost hacking*: „Alles, was also Sicherheit bieten könnte, selbst die eigenen Erinnerungen, alles, was dem Sinn des Selbst, der eigenen Identität und Subjektivität im herkömmlichen Verständnis zugrunde liegt, entartet zu einem bloßen Schein."[876] Der Paradiesersatz der digitalisierten Seele verkommt zur Ersatzhölle.

Und was ist zu alledem von Theologie und Kirche zu hören? Hatten sie nicht im 20. Jahrhundert fleißig daran gearbeitet, zeitgemäß die Seele zu „entmythologisieren"? Vergessen hatten sie das Wort Jesu: „Fürchtet euch nicht vor denen, die nur den Leib, aber nicht die Seele töten können. Fürchtet euch vor Gott, der Leib und Seele ins ewige Verderben schicken kann" (Matth 10,28). Gewiss kann man über Seelenvorstellungen im Einzelnen diskutieren; fraglos ist aber in dem zitierten Bibelvers an eine Größe gedacht, die in Relation zu Gott steht und den Tod überdauert. Damit eröffnet sich eine Dimension, an die menschengemachte Technologie definitiv nicht heranreicht.

7. Die digitale Revolution erobert die Welt der Religionen

Digitalisierte Freiheit ist keineswegs bloß das Produkt einer diffus bleibenden Zivilreligion technokratischen Stils. Vielmehr wird sie nicht zuletzt gefördert durch die konkreten Religionen selbst, sofern sich diese – zeitgeistgemäß und ungeachtet einzelner Bedenkenträger in ihren Reihen – eifrig der kulturellen Durchdigitalisierung geöffnet haben. Tatsächlich ist eine solche Öffnung spiritueller Institutionen und Organisationen auf breiter Front zu beobachten. Eingeschlichen hat sich diese Haltung oft schon vor der Erfindung des Internets.

So hatte auf dem Gebiet der römisch-katholischen Kirche bereits das Zweite Vatikanische Konzil im Jahre 1963 ein Dekret „Über die sozialen Kommunikationsmittel" (*Inter Mirifica*) verabschiedet – gemeint waren damals Presse, Film, Rundfunk, Fernsehen und Ähnliches. Es forderte in großer Aufgeschlossenheit für den industriellen Fortschritt dazu auf, in technologischer Hinsicht „rechtzeitig für die Ausbildung von Geistlichen, Ordensleuten und Laien zu sorgen. Sie müssen genügend Sachkenntnis besitzen, um diese Mittel für das Apostolat zu gebrauchen."[877] Sogar Missmut gegenüber Zögernden wird im selben Zusammenhang laut: „Es ist ein unwürdiger Zustand, wenn es von den Mitgliedern der Kirche untätig hingenommen wird, daß das Wort des Heiles durch technische Unzulänglichkeit und unzureichende Mittel gefesselt und gehindert ist."

Was aber bedeutet dies ein halbes Jahrhundert später angesichts der fortschreitenden, mit immer mehr sozialen und ökologischen Problemen einhergehenden „digitalen Revolution"? Angesichts der deutlichen Mahnung, jene Weisungen „gewissenhaft" zu befolgen, und angesichts entsprechender Verstärkung durch Papst Johannes Paul II. in seinem Dekret *Redemptio missio* (1990) sowie in seinem Apostolischen Schreiben „Die schnelle Entwicklung" (2005), das sich an alle Medienschaffende und Mitarbeiter im Bereich der Kommunikation richtet, kommt es heutzutage offenbar in Abwägung zwischen kirchlichem Missionsauftrag und sich gegenwärtig abzeichnenden Problemlage meist zu einer Vernachlässigung der Letzteren sowie zu einer klaren Präferenz der technischen Nutzungsmöglichkeiten.

Ausdrücklich vermerkte der Papst aus Polen gegen Ende seines Lebens, die Kirche sei „nicht nur dazu berufen, die Medien zur Verbreitung des Evangeliums zu nutzen, sondern die heilbringende Botschaft heute mehr denn je in die ‚neue Kultur' zu integrieren, die die machtvollen Instrumente der Kommunikation schaffen und verbreiten. Sie ist sich bewusst, dass die Nutzung der Techniken und Technologien der Kommunikation unserer Zeit fester Bestandteil ihrer Sendung im dritten Jahrtausend ist."[878] Ja sie beschreite technologisch bewusst „Wege, die Gottes Vorsehung unserer Zeit geschenkt" habe. Ob solche Geschenke wirklich Gottes Vorsehung waren oder eher die der Industrie für unsere Gesellschaft, schien dem Pontifex keine Erörterung wert zu sein: Gott selbst habe sie „uns zur Verfügung gestellt" – dass findige Konzerne sie uns verkaufen wollen, wurde nicht reflektiert. Keineswegs nur die hauptberuflich in den Medien Tätigen sollten diese „Geschenke" wertschätzen, unterstrich Johannes Paul II., sondern überhaupt die ganze kirchliche Gemeinschaft. Gegen Schluss erklang der päpstliche Appell: „Fürchtet euch nicht vor den neuen Technologien!"

Und so hat sich auch Papst Benedikt XVI. nicht geniert, Weihnachten 2011 mittels funkendem Tablet einen riesigen Lichterbaum aus 230 Kilometern Entfernung anzuknipsen, Industrie und Wirtschaft mit dem frommen Begleitsatz unterstützend: „Ich hoffe, dies ist wie ein Licht in der Dunkelheit!"[879] Vorbildlich twitterte er[880]. Und unter dem Pontifikat seines Amtsnachfolgers Franziskus, der obendrein auf Facebook präsent ist, wurde im Sommer 2013 vermeldet: „Wer den Weltjugendtag in Rio per Twitter verfolgt, kann auf vorzeitige Entlassung aus dem Fegefeuer hoffen – dieses Urteil hat der vatikanische Bußgerichtshof gefällt. Den Ablass gebe es aber nicht einfach per Mausklick, hieß es: Ein bisschen Glaube gehöre schon dazu."[881]

Die missionarische Motivation bei der Empfehlung digitaler Funkgeräte leuchtet ja ein Stück weit ein – natürlich auch auf protestantischer Seite. Aber hat etwa angesichts der digitalen Revolution selbst auf dem Feld der christlichen Religion der ethische Grundsatz seine Geltung verloren, dass der Zweck nicht per se die Mittel heiligt? „Danken wir Gott für diese machtvollen Mittel"[882], appelliert Papst Johannes Paul II. an die Gläubigen, ohne ihre – seit 1990 allerdings erst zunehmend aufkommende – Ambivalenz ernsthaft genug zu bedenken. Wie aufmerksam hat die katholische Führung den mahnenden Schluss des vatikanischen Dekrets von 1963 in Erinnerung hier Augen behalten? Das Konzil ruft dort nämlich alle Menschen guten Willens und vor allem die verantwortlichen Leiter der Sozialen Kommunikationsmittel auf, diese „ausschließlich zum Wohl der menschlichen Gemeinschaft zu verwenden, deren Schicksal von Tag zu Tag mehr von ihrem rechten Gebrauch abhängt." Immerhin weiß auch noch Johannes Paul II. 1990: „Wegen der starken Verbindungen der Medien zur Wirtschaft, Politik und Kultur ist es nötig, ein System zu schaffen, das in der Lage ist, die Zentralität und die Würde der Person, den Vorrang der Familie als der grundlegenden Zelle der Gesellschaft, und die richtige Beziehung zwischen den einzelnen Subjekten zu wahren." Alle seien aufgefordert, durch eine gesunde Kritikfähigkeit ein aufmerksames Urteilsvermögen und ständige Wachsamkeit gegenüber der Überzeugungskraft der Kommunikationsmittel zu entwickeln. In diesem ethischen Sinn erinnert der Papst an die Macht des Bösen: „Auch die Welt der Medien bedarf der Erlösung durch Christus." Gleichwohl muten solche mahnende Sätze im Gesamtduktus der zitierten Verlautbarungen eher wie Nebenbemerkungen an.

Es geht bei der Frage der theologischen Bewertung der anhaltenden digitalen Revolution um sehr ernste, weitreichende Probleme, angesichts derer oberflächliche Bemerkungen und Attitüden schwerlich am Platze sind. So ist es keineswegs gleichgültig, auf welchen technologischen Wegen spirituelle Botschaften kommuniziert werden. Marshall McLuhan weiß: „Das Medium ist die Botschaft."[883] Denn die „Botschaft" jedes Mediums und jeder Technik „ist die Veränderung des Maßstabs, Tempos oder Schemas, die es der Situation des Menschen bringt." Dem Theologen Ornella zufolge „ändert sich durch die Art und Weise, wie und in welchen Kontext religiöse Symbolik angeboten wird, auch das Verständnis von Religiosität und Spiritualität der Rezipienten."[884] Es ändert sich sogar das Weltbild[885]. Das beweist die hohe Relevanz dieser Thematik für Theologie und Kirche – und ihre Brisanz auf dem Gebiet der Spiritualität. Ehrfürchtig und begeistert die Magie der digitalen Technik als „Gottesgeschenk" zu feiern, greift hier eindeutig zu kurz, ja zeugt von ideologischer Verblendung durch den Geist der digitalen Revolution.

Bereits der durch den Religionssoziologen Niklas Luhmann hervorgehobene Umstand, dass es in unserer modernen Welt sehr wohl ein Bewusstsein darüber gebe, wie wenig im Grunde den Massenmedien als Informationsquellen zu trauen sei[886], lässt skeptisch fragen: Kann die Ver-

mittlung der christlichen Botschaft über solche Medien der Weisheit letzter Schluss sein? Zwar haben wir uns durch die Allgegenwart der Medien
„derart an die mediale Kommunikation gewöhnt, dass sie uns mittlerweile
als natürlich erscheint", wie Ornella vermerkt[887]. Aber diese Kommunikation ist mitnichten natürlich, sondern sie bleibt eine medial-künstliche, der
alle Ambivalenzen moderner Technologien anhaften[888].

Das Internet beispielsweise ist ein Medium von solch offenkundiger
Ambivalenz, dass man gerade angesichts seiner weitgehenden Unumgäng-
lichkeit[889] in der heutigen Kultur eigentlich von Theologie und Kirche
klare Artikulierungen ethisch, spirituell und pastoral angebrachter Vorbe-
halte erwarten könnte[890]. Jedenfalls kaum werbende Appelle – ist doch das
Wissen um die Vorteilhaftigkeit der Web-Nutzung ohnehin längst Allge-
meingut geworden. Auch Christen kennen beispielsweise die eventuel-
len[891] Möglichkeiten zu verstärkter „Demokratie" selbstverständlich. Sie
wissen, dass Vernetzung ihre individuellen und institutionellen Vorteile
hat[892]. Unterm Strich finden sich jedenfalls in Theologie und Kirche deutlich mehr Einladungen und Appelle zur Nutzung der digitalen Kommuni-
kationswege und -welten als Warnungen und kritisch abwägende Stimmen. Als greife in religiösen Kontexten eine Schlussverkaufspanik um
sich, als müsse man Kirchen und Seelen davor retten, den letzten digitalen
Zug zu verpassen! In der Folge aber bildet sich die Struktur digitaler Polarisierung nicht zuletzt innerhalb der organisierten Religion ab[893].

Die spirituelle Freiheitsfalle schlägt selbstredend auch im Netz zu.
Mehr Möglichkeiten zur Weitergabe von Religion stehen mehr Verluste
an verbindlich gelebter Gemeinschaft und tief erkannter Weisheit gegenüber. Der Journalist Markus Reiter unterstreicht: „Das Netz ist nicht nur
die Agora des 21. Jahrhunderts, der Marktplatz des antiken Athens, wo die
großen Rhetoriker die öffentliche Sache in gesetzten Worten behandelten.
Das Internet ist auch die Gosse."[894] Hier tummeln sich Sektierer ebenso
wie „Heilige Krieger", seichte Esoterik ebenso wie aggressiver Funda-
mentalismus. Seelische Verformungen haben gerade dort eine Chance, wo
Kommunikation schnell und oberflächlich funktioniert. Der Verdacht etwa,
dass die digitale Nachrichtenflut per Netz den Menschen informationell
überfordern könnte, ist nicht erst von Manfred Spitzer geäußert worden,
der im Übrigen kritisiert: „Dass im Netz mehr gelogen, schlechter ge-
sucht, oberflächlicher gedacht und deutlich schlechter gelernt wird als in
der realen Welt und dass man dessen Nutzung daher, insbesondere im
Hinblick auf die noch in Entwicklung befindlichen Gehirne von Kindern

und Jugendlichen, beschränken muss, steht nirgends!"[895] Tatsächlich wird erst in jüngster Zeit auf breiterer Ebene die Gefahr erkannt, dass das Internet manche Menschen auch moralisch verunsichern oder charakterlich überfordern könnte. Das Buch der Journalisten Götz Hamann und Thomas Fischermann „Zeitbombe Internet" (2011) spricht hier ebenso Bände wie etliche Titel, die inzwischen auf die Sucht-Gefahren aufmerksam machen, wie sie sich im Netz und durch das Netz auftun[896]. So hätten gerade Religionsvertreter wahrlich genug Anlass zu einer differenzierteren Haltung gegenüber dem Internet wie der digitalen Revolution insgesamt.

Aber offenkundig übt die technokratische Ersatzreligion ihren Einfluss auch spürbar innerhalb der verfassten Religionen aus. Selbst engagierte Christen, die ihre Spiritualität authentisch leben, sind keineswegs davor gefeit, neben der leisen Stimme des Gewissens auch den Suggestionen der „leisen" digitalen Revolution Raum zu geben. Deren Chancen und Versuchungen tragen dazu bei, dass sich ersatz- und zivilreligiöse Elemente des technikbegeisterten Zeitgeists mit dem Gottesgeist in ihren Seelen und in ihrer Praxis bedenklich mischen, weshalb man hier und da ein merkwürdiges Changieren zwischen Gottesherrschaft und Technokratie im selben frommen Individuum beobachten kann – mit entsprechend auseinander driftenden Früchten[897].

Gewiss sind auch bewusste Christen immer noch Sünder vor Gott, die bleibend von seiner Gnade leben. Aber ihr Glaube sollte doch intentional darauf aus sein, den Gottesgeist nicht zu „dämpfen" (1. Thess 5,19) und nicht fahrlässig einer spirituellen Demenz Raum zu geben. Man bedenke: Die Digitalisierung der Freiheit ist kein Naturgesetz. Den typischen Versuchungen der Informationsgesellschaft gilt es zu widerstehen. Sonst mutiert die Informationsgesellschaft angesichts der drohenden Datenexplosion zur Desinformationsgesellschaft[898]. Es kann natürlich nicht darum gehen, dass kirchlich völlige Internet- und Digitalisierungsabstinenz praktiziert wird. Aber es muss sehr wohl künftig entschiedener und klarer darum gehen, die Ambivalenz der digitalen Revolution in ihrer Weiterentwicklung zur Sprache zu bringen und weisheitliches Verhalten unter Christen zu fördern[899].

8. Zweierlei Umbrüche: Digitale Revolution und Reich Gottes

Nachdem die digitale Revolution gewissermaßen das Himmelreich auf Erden schaffen möchte, gerät sie in die Nähe sektiererischer Ambitionen[900]

– mit dem Unterschied, dass ihr aufgrund der technologischen Möglichkeiten von heute und morgen die Zustimmung der Massen sowie die kommerzielle und immer mehr auch die politische Macht zur Umsetzung ihres gigantischen Programms gehören. Umso mehr bedeutet sie eine zentrale Herausforderung für die Kirchen und ihre Reich-Gottes-Verkündigung, ohne dass dies bislang deutlich genug gesehen und artikuliert worden ist. Dabei hatte einst schon Rudolf Bahro formuliert: „Wir müssen uns von der Megamaschine, diesem Ersatzhimmel des toten Geistes, statt von der Natur distanzieren, um die kolossale Disproportion unseres psychischen Energieeinsatzes und um seine Ausrichtung zu korrigieren."[901]

Was den Begriff „Reich Gottes" angeht, so hat er im Laufe seiner Geschichte vielfältige Deutungen erfahren[902]. Bereits im biblischen Schrifttum selbst reicht das Spektrum von immanent-politisch akzentuierten bis hin zu jenseitigen Heilsvorstellungen. Als Jesus als apokalyptischer „König" von Pontius Pilatus zum Tod verurteilt wurde, soll er betont haben: „Mein Reich ist nicht von dieser Welt" (Joh 18,36). In der Tat ist das neutestamentlich anvisierte Gottesreich keinesfalls im Sinne einer diesseitigen Theokratie zu verstehen, sondern als die universale Errichtung der Herrschaft Gottes über den gesamten Kosmos, also als Vollendung der Schöpfung, die mit dem Abbruch der bisherigen Geschichte und Raumzeit und dem Endgericht einhergeht. Verheißen ist nicht weniger als ein neuer Himmel und eine neue Erde (2. Petr 3,12f; Offb 21,8) – heraufgeführt von Gott selbst. Die Kirchen als organisierte und institutionalisierte Versammlungen von Christen inmitten der alten, dem Vergehen preisgegebenen Welt haben sich nie als – auch nur vorläufiges – Gottesreich verstanden, wohl aber als Menschen, die vom Geist des Kommenden ergriffen sind und unter denen der König Jesus Christus als Auferstandener bereits ein Stück von der Dynamik seiner künftigen Herrschaft Wirklichkeit werden lässt. In diesem Sinn ist das Wort des Nazareners zu verstehen gewesen: „Das Reich Gottes ist mitten unter euch" (Luk 17,21) – nämlich in seiner Person und in seinem heilvollen Wirken. Christen verstehen sich insofern als Zeugen des kommenden Gottesreiches[903], als Transporteure seiner Verheißung in Wort und Tat[904].

Darum gehört der Einsatz für Mitmenschlichkeit, Gerechtigkeit[905] und Barmherzigkeit zum ethischen Profil christlicher Existenz. Entsprechendes gilt für den Auftrag zur Bewahrung der Schöpfung im ökologischen Sinn. Theologie und Kirche dürfen von daher zu den Problemen, die sich infolge der fortschreitenden digitalen Revolution herauskristallisieren, nicht länger schweigen. Sie sind freilich „volkskirchlich" so in die gesellschaftlichen Entwicklungen involviert, dass der Zeitgeist in ihren Reihen oft genug dazu beiträgt, den Gottesgeist zu dämpfen. Kritische Stellungnahmen zu Gunsten von Menschenwürde und Ökologie sind zwar immer wieder zu hören und werden von den Kirchen sogar erwartet[906]. So hat etwa der Landesbischof der Evangelisch-Lutherischen Kirche in Bayern, Heinrich Bedford-Strohm, mit deutlichen Worten herausgestellt, „welch zentrale Rolle den Kirchen als Akteurinnen der Transformation in der weltweiten Zivilgesellschaft zukommt"[907]. Und die einstige Ratsvorsitzende der Evangelischen Kirche in Deutschland, Margot Käßmann, hat unterstrichen: „Wir können uns nicht ständig als Ausgelieferte in einem anonymen System betrachten. Wir sollten genau hinsehen und hinhören, selbst Verantwortung übernehmen und diejenigen zur Rechenschaft rufen, die für Fehlentwicklungen und Unrecht verantwortlich sind, sich bereichern, handeln und entscheiden, was nicht der Zukunft dient."[908] Aber hinsichtlich der radikalen Digitalisierungsprozesse mit den geschilderten, sich hier eröffnenden Problemen und Gefahrendimensionen ist es bisher in Theologie und Kirche insgesamt doch erstaunlich ruhig geblieben – als stellten etwa transhumanistische Ideen und Vorhaben, die drohende Verschwendung riesiger Energieressourcen durch die weltweiten Digitalisierungsexzesse und die mit ihnen verbundenen gesundheitlichen Risiken keine echte Herausforderung für theologisches bzw. kirchliches Denken und Handeln dar! Eher schon begegnet man einer Haltung, wie sie Bundeskanzlerin Angela Merkel auf dem Evangelischen Kirchentag in Hamburg 2013 demonstriert hat: „Seien wir neugierig auf eine Welt, die sich in einem unglaublichen Wandel befindet!"[909]

Christen sollten jedoch vielmehr neugierig sein auf die neue Welt Gottes – und sich von daher kritikfähig gegenüber innerweltlichen Heilsversprechen erweisen[910]. Sie sollten die Versuchungen der um sich greifenden technokratischen Ersatzreligion durchschauen, über sie aufklären helfen und mit neuem Elan von jener menschenfreundlichen Macht reden, der die wahre Zukunft gehört[911]. In diesem Sinn zeigt sich der Regensburger Regionalbischof Hans-Martin Weiss überzeugt: „Die Botschaft von der Menschwerdung Gottes kann dazu beitragen, dass wir eine Aktionsgemeinschaft gegen die Maschinenherrschaft über unser Leben bilden."[912] So haben Christen auch allen Anlass, der gesellschaftlichen Tabuisierung des Todes zu wehren, Auferstehung anzusagen und gegenüber digitalisierten Seelen mit neuem Mut Fragen ums Seelenheil anzusprechen. Wie lange wollen viele von ihnen noch verkennen, dass digitale Technokratie und Gottesherrschaft in wichtigen Aspekten konfligierende Kräfte darstellen – und zwar sogar auf dem Gebiet der Auferstehungshoffnung?

Der Naturwissenschaftler Frank J. Tipler hat bereits in seinem Buch „Die Physik der Unsterblichkeit. Moderne Kosmologie, Gott und die Auferstehung der Toten" (1994) gezeigt, wohin die digitale Spekulation führen kann. Als Physikprofessor, der sich als Astrophysiker und Kosmologe einen Namen gemacht hat, beansprucht er, „eine beweisbare physikalische Theorie" zu entfalten, „die besagt, daß ein allgegenwärtiger, allwissender, allmächtiger Gott eines Tages in der fernen Zukunft jeden einzelnen von uns zu einem ewigen Leben an einem Ort auferwecken wird, der in allen wesentlichen Grundzügen dem jüdisch-christlichen Himmel entspricht"[913]. Was zunächst nach einer physikalischen Untermauerung religiöser Zukunftshoffnung klingt, erweist sich bei näherer Betrachtung als großangelegter Versuch, traditionelle Auferstehungshoffnung in das Korsett einer digitalisierten Kosmologie zu zwingen. Gott gilt nicht mehr als der Schöpfer und Vollender des Universums, sondern pantheistisch als das Universum oder ein Teil davon, wie er der Physik im Prinzip zugänglich sein müsse. In ihm als „Omegapunkt" werde sich in ferner Zunkunft alle endliche Existenz vervollständigen. Die „Seele" des Menschen reduziert Tipler demgemäß auf ein „hochkomplexes Computerprogramm"[914]. Unsterblichkeit oder Auferstehung komme in ferner Zukunft zustande durch eine von Computern erzeugte exakte Simulation bzw. „Emulation" der Originale[915]. Der göttliche Omegapunkt werde wahrscheinlich die gesamte universelle Geschichte gleichzeitig erleben – aber doch nur „simultan"[916]. Das Attribut des Ewigen komme ihm zu, nachdem ihm die gesamte Information aus der Vergangenheit im physikalischen Universum zur Analyse zur Verfügung stehen werde. Hochspekulativ meint Tipler: „Tatsächlich ist die universelle Wiederauferstehung physikalisch möglich, auch wenn aus dem Vergangenheitskegel keinerlei Information über ein Individuum gewonnen werden kann. Denn nachdem die gesamte Computerkapazität grenzenlos zunimmt, je näher der Omegapunkt rückt, folgt daraus, daß irgendwann unvermeidlich eine Zeit kommt, in der genügend Computerkapazität vorhanden sein wird, um unsere heutige Welt, solange nur eine rudimentäre Beschreibung von ihr permanent gespeichert ist, einfach durch schiere Kraft zu simulieren, nämlich durch eine exakte Simulation – eine Emulation – aller logisch möglichen Varianten unserer Welt."[917] Die Toten würden auferstehen, sobald die Leistungsfähigkeit aller Computer im Universum so groß sein werde, dass die zur Speicherung aller möglichen menschlichen Simulationen erforderlichen Kapazität nur noch einen unbedeutenden Bruchteil der Gesamtkapazität dar-stelle werde. Doch selbst in diesem Fall werde es noch einige tausend Jahre bis zu „Auferstehung der Toten" dauern. Tipler unterstreicht: „Die menschliche Seele ist nicht von Natur aus unsterblich: Wenn der Mensch tot ist, ist er tot, bis der Omegapunkt ihn wiedererweckt. ... Was bei der Auferstehung, wie oben beschrieben, geschieht, ist nichts anderes als die Simulierung einer exakten Replik unser selbst im Geist der Computer der fernen Zukunft."[918]

Etwas anderes als eine Simulation, eine „exakte Replik" unserer Identität oder dergleichen hat eine technokratische Ersatzreligion freilich nicht anzubieten. Das hat Stanislaw Lem schon 1957 in seinem klugen Dialog „Die Auferstehungsmaschine" vor Augen geführt[919]. Und der Journalist Jörg-Uwe Albig hat 2013 nach gründlichen Recherchen resümiert: „Das ist eine Unsterblichkeit, die weniger der Auferstehung des Fleisches ähnelt als dem Nirwana."[920] Doch selbst in solch nebeliger Hinsicht besteht allenfalls eine entfernte Ähnlichkeit. Wer wollte wahrhaftig glauben, in der digitalen Realutopie seine Seligkeit finden zu können? Sind die religiösen Fragen über alles Innerweltliche und produzierte Virtuelle hinaus nicht zu ernst, als dass sie sich mit den Versprechungen und Verführungen der digitalen Revolution zudecken oder abspeisen lassen könnten?

Wer sie durchschaut, den kann ihre Wirkung in der Gesellschaft nicht kalt lassen. Widerspruch, Widerstand[921], Protest[922] und gegebenenfalls entschiedene Einseitigkeit sind angesagt. Das gilt insbesondere für Menschen, die bewusst im Glauben an den auferstandenen Gekreuzigten[923] und hoffnungsfroh im Horizont des kommenden Gottesreiches leben. Selbst ein Befürworter der digitalen Zukunft wie Jeff Jarvis sieht deren Gefahrenpotenzial: „Da wir uns einer epochemachenden Umwälzung gegenüber sehen, ist es nicht nur in Ordnung, sondern auch notwendig, dass wir uns fragen, was schiefgehen könnte und was wir gegen unsere schlimmsten Befürchtungen tun könnten."[924] Zu welchen Appellen sollten sich da erst Christen aufraffen – und dabei sich gegebenenfalls auch an die eigene Brust schlagen[925]!

Nicht dumpfe Digitalisierungsphobie steht an, sondern spirituelle Wachsamkeit im Blick auf das Drohende und Herausfordernde. Jetzt ist die Zeit da, sich energisch auf Bewährtes und ökologisch Sinnvolles zu besinnen, um notwendigen Protest öffentlich zu machen[926]. Denn jetzt wird der Fortgang der digitalen Revolution festgeschrieben; jetzt ist er zum Teil schon in die Wege geleitet. Übermorgen könnte es bereits für vieles zu spät sein. Deshalb gilt es, sich zu organisieren, sich – und sei es auf digitalem Wege – zusammenzuschließen und die vorhandenen Kräfte zu Gunsten einer analogen Konterrevolution zu sammeln. Die Chancen, dem Rad der totalen Digitalisierung erfolgreich in die Speichen fallen zu können, sind bereits gering; aber sie werden in Zukunft kaum wachsen. Mit Hans Jonas bleibt zu sagen: „Fatalismus wäre Todsünde"[927]! Es geht um nicht weniger als um die Gestaltung unserer künftigen Kultur – und um die Vermeidung oder effektive Reduzierung von Gefahren, wie sie die „stille Revolution" heraufbeschwört.

Sowohl gesamtgesellschaftliche wie individuelle Nöte nehmen infolge des beschriebenen, digital forcierten Veraltens der Ethik zu. Umso mehr Grund hat Bedford-Strohm zu der Ermahnung, angesichts der heutigen technologischen Möglichkeiten seien auch und besonders diejenigen gründlich zu hören, die selbst keine unmittelbaren Interessen mit deren Nutzung verbinden: „Sie müssen insbesondere dann gehört werden, wenn ihre Lebensmöglichkeiten dadurch sogar eingeschränkt werden."[928] Im Zuge der digitalen Polarisierung in der Gesellschaft von heute und morgen gilt es also deutlich Stellung zu beziehen. Die digitale Revolution hat begonnen – das Reich Gottes auch. Der „stille" Kampf um die Zukunft, um unsere Herzen, um unsere Freiheit ist in vollem Gange.

Schlussgedanken:
Was bleibt gegen die Digitalisierung der Freiheit zu tun?

> „Die Werkzeuge blühen und gedeihen, ihre Macht wird groß
> und größer, doch der Einzelne wird in Wahrheit abhängiger
> und möglicherweise immer schwächer."[929]
> *Frank Schirrmacher*

Nun ist alles gesagt – und doch wäre noch so viel zu sagen! Wenigstens meine ich, ungefähr das Wichtigste zum Thema deutlich gemacht zu haben. Aber alle Dinge haben ein Ende, so auch dieses Buch. Sollte das nicht sogar für den Fortschritt der digitalen Revolution gelten? Ich zitiere den Physik-Nobelpreisträger Robert B. Laughlin: „In etwa einem Jahrzehnt werden die Transistoren aber so klein geworden sein, dass sie quantenmechanisch werden – und somit anfangen, Fehler zu machen."[930] Wohin mag das führen? Darüber will ich nicht spekulieren, sondern nun zu einem kurzen Resümee kommen. Ich stelle es unter die drei großen Leitfragen des Aufklärungsphilosophen Kant: Was können wir wissen? Was sollen wir tun? Was dürfen wir hoffen?

Was wir über die Gegenwart und Zukunft der digitalen Revolution *wissen* können, ist weit mehr als das Technische und Ökonomische – und weit mehr als das Vorteilhafte und Nützliche an ihr. Sie hat auch enorme bedrohliche Dimensionen und ein für Wissende beängstigendes Potenzial. Ich wage die zugespitzte These: Die digitale Revolution frisst ihre Kinder. Neben dem datenfressenden, algorithmischen Zugriff kennt man bei ihr auch ökologisch, psychisch und spirituell bedenkliche Zugriffe mit entsprechenden Folgen für unsere gesamte Kultur. Ja, wir können es wissen: Unsere Freiheit ist mehrdimensional in Gefahr.

Was angesichts dessen heute zu *tun* bleibt, ist zu allererst die Weitergabe von aufklärender Information und Erkenntnis[931]. Das Vermitteln von kritischem Wissen arbeitet den durchschaubaren Bemühungen der digitalen Revolution entgegen, ihre technizistische Ideologie in höchst einseitiger Form – etwa durch direkte oder indirekte Reklame sowie durch kräftige Lobby-Arbeit – zu verbreiten und damit die Durchsetzung ihrer Konzepte entscheidend zu fördern. Der bekanntlich freiheitsliebende Bundespräsident Joachim Gauck hat am Tag der Deutschen Einheit 2013 un-

terstrichen: „Wie noch bei jeder Innovation gilt es auch jetzt, als aufgeklärte und ermächtigte Bürger zu handeln. So sollte der Datenschutz für
den Erhalt der Privatsphäre so wichtig werden wie Umweltschutz für den
Erhalt der Lebensgrundlagen."[932] Dafür und für entsprechende andere Entscheidungen wird man sich keineswegs einfach auf die Politik, auf den
Staat verlassen dürfen; vielmehr sind in der Tat die Bürgerinnen und Bürger gefragt. Individueller und organisierter Protest kann angesagt sein –
sei es durch lebenspraktische Entscheidungen etwa im Kaufverhalten oder
Meiden von einschlägigen Techniken, Orten und dergleichen, sei es durch
Unterstützung oder Gründung einschlägiger Vereine[933]. Hilfreich mag nicht
zuletzt das Weiterreichen einschlägiger Literatur sein. Selbst Widerstand
gegen übergriffige Strukturen dieser technokratischen Ersatzreligion kann
geboten sein, nämlich reflektierter Kampf um bürgerliche und geistige
Freiheitsrechte, die kassiert werden sollen. Mit Matthias Döpfner formuliert: „Die Freiheit, Nein sagen zu können, steht im Gegensatz zu der Unfreiheit, Ja sagen zu müssen."[934] Dem zunehmenden Digitalisierungsdruck
mutigen Freiheitswillen entgegenzustellen, statt freiheitsgewohnter Bequemlichkeit alle Wachsamkeit und Achtsamkeit zu opfern[935], ist heute
erste Bürgerpflicht. Und wer immer in Politik, Wirtschaft, Pädagogik und
Kirche Verantwortung trägt, sollte an je seinem Ort den ungezügelten Fortgang der digitalen Revolution kraft seines Gewissens in aller ihm noch
möglichen Freiheit bremsen helfen. Gleichzeitig gilt es, dadurch in besonderer Weisheit fortschrittlich zu sein, dass man so intensiv wie möglich
Rückbesinnung auf analoge, im Nahfeld praktizierbare und ökologisch
nachhaltige Lebensgestaltung fördert und genau darin Zufriedenheit oder
Glück für sich und andere sucht.

Was zu *hoffen* bleibt, ist zweierlei. Zum einen hat die Hoffnung auf
den natürlichen Freiheitsdrang ihre Berechtigung, der sich die digitale Revolution spätestens dann nicht mehr gefallen lässt, wenn der Mensch ihre
Folgen immer besser zu durchschauen in der Lage ist. Zwar gibt es zweifellos viel Trägheit und Mutlosigkeit in der Bevölkerung, und die technologischen Effekte der Digitalisierung dürften auf ihre Weise dazu beitragen, dass seelische Erhebungen zu froher Hoffnung sich oft nurmehr auf
digital Greifbares oder Machbares erstrecken. Aber zum andern ist da
auch noch jene große Hoffnung, die in allen Seelen schlummert, wenngleich in manchen nur unbewusst: die Urhoffnung auf das Umgreifende,
das mitnichten irrationale Setzen auf einen letzten Sinn, auf das letzte Ziel
aller Dinge. Uns auf dieses lebendige, lebenspendende Letzte immer wie-

der neu zu besinnen, hinzuhören auf entsprechende Botschaft und lebendige Verheißung, ihr in uns eine Chance zum Aufleben geben – das ist das
Allerwichtigste, was zu tun bleibt.

Vielleicht konnte ich insgesamt hinreichend verdeutlichen, wie sehr es
darauf ankommt, sich nicht an die Welt und ihre virtuellen Spiegelungen
oder Erweiterungen zu verlieren, sondern über all dies hinaus intensiv zu
fragen nach dem, was im Leben und Sterben wirklich trägt. Damit eröffnet sich eine innere Freiheit, die sich nicht digitalisieren lässt, die vielmehr im Stande ist, zur mächtigsten Gegenkraft gegen die Digitalisierung
unserer äußeren Freiheit zu werden[936]. Sie allein ermöglicht jene Emanzipation, auf die es heute ankommt.

181

Anhang

Literaturhinweise

Sascha Adamek: Die facebook-Falle: Wie das soziale Netzwerk unser Leben verkauft, München 2011

Franz Adlkofer/Karl Richter: Strahlenschutz im Widerspruch zur Wissenschaft, St. Ingbert 2011

Anonymus: Digital naiv. Warum die Piraten weder etwas von Politik noch vom Internet verstehen, Zürich 2013

Hanna Arendt: Elemente totaler Herrschaft, München 2011[14]

Petra Bahr: Haltung, bitte! Ethische Alltagsfragen zu Facebook, Fleischkonsum und ehelicher Treue, Frankfurt a.M. 2013

Rudolf Bahro: Logik der Rettung. Ein Versuch über die Grundlagen ökologischer Politik, Berlin 1990

Markus Beckedahl/Falk Lüke: Die digitalisierte Gesellschaft. Netzpolitik, Bürgerrecht und die Machtfrage, München 2012

Wolf Bergmann/Horst Eger: Mobilfunk-Einwirkungen auf die menschliche Gesundheit. Folgerungen und Forderungen aus ärztlicher Sicht, Stuttgart 2007

Wolfgang Bergmann: Abschied vom Gewissen. Die Seele in der digitalen Welt, Asendorf 2000

Paula Bleckmann: Medienmündig. Wie unsere Kinder selbstbestimmt mit dem Bildschirm umgehen lernen, Stuttgart 2012

H.-S. Bleuel (Hg.): Generation Handy. Grenzenlos im Netz verführt, St. Ingbert 2007

Gernot Böhme: Invasive Technisierung. Technikphilosophie und Technikkritik, Kusterdingen 2008

Volker Boehme-Neßler: Unscharfes Recht. Überlegungen zur Relativierung des Rechts in der digitalisierten Welt, Berlin 2008

Mark Bowden: Worm: Der erste digitale Weltkrieg, Berlin 2012

J. Brockman (Hg.): Was ist Ihre gefährlichste Idee? Die führenden Wissenschaftler unserer Zeit denken das Undenkbare, Frankfurt/M. 2009

Herwig Büchele: SehnSucht nach der Schönen neuen Welt, Wien/München 1993

Bundesverband Informationswirtschaft, Telekommunikation und neue Medien e.V. (Hg.): Gesamtwirtschaftliche Potenziale intelligenter Netze in Deutschland, Berlin 2012

Mercedes Bunz: Die stille Revolution: Wie Algorithmen Wissen, Arbeit, Öffentlichkeit und Politik verändern, ohne dabei viel Lärm zu machen, Berlin 2012

Nicholas Carr: The Big Switch: Der große Wandel. Cloud Computing und die Vernetzung der Welt von Edison bis Google, Frechen 2008

Nicholas Carr: Wer bin ich, wenn ich online bin... Und was macht mein Gehirn solange? Wie das Internet unser Denken verändert, München 2010

Ruediger Dahlke: Seeleninfarkt: Zwischen Burn-out und Bore-out, München 2012

Axel Dammler: Verloren im Netz. Macht das Internet unsere Kinder süchtig? Gütersloh 2009

Hans-Hermann Delz: Wege unserer Gesellschaft, Aachen 2013

Astrid Dinter: Adoleszenz und Computer. Von Bildungsprozessen und religiöser Valenz, Göttingen 2007

Mathias Döpfner: Die Freiheitsfalle. Ein Bericht, Berlin 2011

A. Donk/R. Becker (Hg.): Politik und Wissenschaft im Technikwandel: Neue Interdisziplinäre Ansätze, Münster 2012

Ulrich Eberl: Zukunft 2050. Wie wir schon heute die Zukunft erfinden, Weinheim/Basel 2011

Anitra Eggler: E-mail macht dumm, krank und arm. Digital-Therapie für mehr Lebenszeit, Zürich 2012

Anitra Eggler: Facebook macht blöd, blind und erfolglos: Digital-Therapie für Ihr Internet-Ich, Zürich 2013

Rudolf Englert u.a.: Gott googeln? Multimedia und Religion, Neukirchen-Vluyn 2012

Andreas Eschbach: Das Buch von der Zukunft. Ein Reiseführer, Berlin 2005[2]

Peter Fischer: Philosophie der Technik, München 2004

Thomas Fischermann/Götz Hamann: Zeitbombe Internet, Gütersloh 2011

Anne Foerst: Von Robotern, Mensch und Gott. Künstliche Intelligenz und die existentielle Dimension des Lebens, Göttingen 2008

Birgit Gebhardt: 2037. Unser Alltag in der Zukunft, Hamburg 2011

Matthias Giesel: Call me. Glaube, Hoffnung, Handy, Norderstedt 2014

Carsten Görig: Gemeinsam Einsam. Wie Facebook, Google & Co unser Leben verändern, Zürich 2011[2]

H. Graber u.a. (Hg.): Kultur digital: Begriffe, Hintergründe, Beispiele, Basel 2011

Glenn Greenwald: Die globale Überwachung. Der Fall Snowden, die amerikanischen Geheimdienste und die Folgen, München 2014

J. Hagenah/H. Meulemann (Hg.): Mediatisierung der Gesellschaft? Münster 2012

Byung-Chul Han: Digitale Rationalität und das Ende des kommunikativen Handelns, Berlin 2013

Byung-Chul Han: Im Schwarm. Ansichten des Digitalen, Berlin 2013

Karl Hecht: Zu den Folgen der Langzeiteinwirkungen von Elektrosmog, St. Ingbert 2012

Hartmut von Hentig: Der technischen Zivilisation gewachsen bleiben. Nachdenken über die Neuen Medien und das gar nicht mehr allmähliche Verschwinden der Wirklichkeit, Weinheim/Basel 2002

Stéphane Hessel: Engagiert Euch! Im Gespräch mit Gilles Vanderpooten, Berlin 2011

Thierry Hoquet: Cyborg philosophie. Penser contre les dualismes, Paris 2011

Matthias Horx: Das Megatrend-Prinzip. Wie die Welt von morgen entsteht, München 2011

Wolfgang Huber: Ethik: Die Grundfragen unseres Lebens von der Geburt bis zum Tod, München 2013

Stephan Humer: Digitale Identitäten. Der Kern digitalen Handelns im Spannungsfeld von Imagination und Realität, Winnenden 2008

Jeff Jarvis: Mehr Transparenz wagen! Wie Facebook, Twitter & Co die Welt erneuern, Köln 2012

Timothy Keller: Es ist nicht alles Gott, was glänzt. Was im Leben wirklich trägt, Aßlar 2011[3]

P. Kemper u.a. (Hg.): Wirklichkeit 2.0: Medienkultur im digitalen Zeitalter, Stuttgart 2012

David Kirkpatrick: Der Facebook-Effekt. Hinter den Kulissen des Internet-Giganten, München 2011

Michael Kirn: Der Computer und das Menschenbild der Philosophie, Stuttgart 1985

Thomas R. Köhler: Der programmierte Mensch. Wie uns Internet und Smartphone manipulieren, Frankfurt a.M. 2012

Thomas R. Köhler: Die Internetfalle. Google+, Facebook, Staatstrojaner – Was Sie für Ihren sicheren Umgang mit dem Netz wissen müssen, Frankfurt a.M. 2012

Joachim Kohlhof: Denkverbote. Ethische Metamorphosen zur Zeitgeschichte, Aachen 2012

St. Kraft (Hg.): Wer besitzt das Internet? ACTA, die Freiheit im Netz und das Urheberrecht, Wien 2012

Th. Kunze/W. Maier (Hg.): EINUNDZWANZIG. Jahrhundertgefahren – Jahrhundertchancen, Berlin 2010

Ray Kurzweil: The Singularity is Near. When Humans Transcend Biology, New York 2005

Jaron Lanier: Gadget. Warum die Zukunft uns noch braucht, Frankfurt a.M. 2010

Jaron Lanier: Wem gehört die Zukunft? Du bist nicht der Kunde der Internet-Konzerne, du bist ihr Produkt, Hamburg 2014[2]

Anne-Katrin Lück: Der gläserne Mensch im Internet. Ethische Reflexionen zur Sichtbarkeit, Leiblichkeit und Personalität in der Online-Kommunikation, Stuttgart 2013

Hans-Joachim Maaz: Die narzisstische Gesellschaft. Ein Psychogramm, München 2012

Werner Maes: Stress durch Strom und Strahlung. Baubiologie: Unser Patient ist das Haus, Bd. 1, Neubeuern 2013[6]

Viktor Mayer-Schönberger/Kenneth Cukier: Big Data. Die Revolution, die unser Leben verändern wird, München 2013

Miriam Meckel: NEXT. Erinnerungen an eine Zukunft ohne uns, Reinbek 2011

Jürgen Moltmann: Das Kommen Gottes. Christliche Eschatologie, Gütersloh 1995

Hans Moravec: Computer übernehmen die Macht. Vom Siegeszug der künstlichen Intelligenz, Hamburg 1999

Evgeny Morozov: The Net Delusion. The Dark Side of Internet Freedom, New York 2011

Evgeny Morozov: Smarte neue Welt. Digitale Technik und die Freiheit des Menschen, München 2013

K. Neumeister u.a. (Hg.): Technik und Transzendenz. Zum Verhältnis von Technik, Religion und Gesellschaft, Stuttgart 2012

Ilona Nord: Realitäten des Glaubens. Die virtuelle Dimension christlicher Religiosität, Berlin 2008

Karl Olsberg: Schöpfung außer Kontrolle. Wie die Technik uns benutzt, Berlin 2010

Alexander D. Ornella: Das vernetzte Subjekt. Eine theologische Annäherung an das Verständnis von Subjektivität unter den Bedingungen der Informations- und Kommunikationstechnologien, Wien 2010

Max Otte: Der Informationscrash. Wie wir systematisch für dumm verkauft werden, Berlin 2011[2]

Eli Pariser: Filter Bubble: Wie wir im Internet entmündigt werden, München 2012

Kathrin Passig/Sascha Lobo: Internet – Segen oder Fluch, Berlin 2012

Roger Penrose: Computerdenken. Des Kaisers neue Kleider oder Die Debatte um Künstliche Intelligenz, Heidelberg 1991

Hans A. Pestalozzi: Nach uns die Zukunft. Von der positiven Subversion, München 1979

Wätzold Plaum: Die Wiki-Revolution: Absturz und Neustart der westlichen Demokratie, Berlin 2012

Georg Picht: Mut zur Utopie. Die großen Zukunftsaufgaben, München 1969

Fritz Reheis: Entschleunigung. Abschied vom Turbokapitalismus, München 2003[2]

Markus Reiter: Dumm 3.0. Wie Twitter, Blogs und Networks unsere Kultur bedrohen, Gütersloh 2010

Karl Richter u.a.: Was ist vom Strahlenschutz-Auftrag geblieben? Eine Dokumentation zur deutschen Mobilfunk-Politik, St. Ingbert 2013

Hartmut Rosa: Beschleunigung. Die Veränderung der Zeitstrukturen in der Moderne, Frankfurt a.M. 2005

Marcel Rosenbach/Holger Stark: Der NSA-Komplex: Edward Snowden und der Weg in die totale Überwachung, München 2014

Jan Roß: Die Verteidigung des Menschen. Warum Gott gebraucht wird, Reinbek 2012

Theodore Roszak: Der Verlust des Denkens. Über die Mythen des Computerzeitalters, München 1986

Peter Schaar: Das Ende der Privatsphäre. Der Weg in die Überwachungsgesellschaft, München 2009

Hans-Christoph Scheiner: Mobilfunk – die verkaufte Gesundheit, Peiting 2006

Arnulf von Scheliha: Protestantische Ethik des Politischen, Tübingen 2013

Frank Schirrmacher: Ego. Das Spiel des Lebens, München 2013

Eric Schmidt/Jared Cohen: Die Vernetzung der Welt, Reinbek 2013

Eberhard Schockenhoff: Zur Lüge verdammt? Politik, Medien, Medizin, Justiz und die Ethik der Wahrheit, Freiburg i.Br. 2000

Stefan Scholz: Bibeldidaktik im Zeichen der neuen Medien. Chancen und Gefahren der digitalen Revolution für den Umgang mit dem Basistext des Christentums, Berlin 2012

Michael Schröder (Hg.): Die Web-Revolution. Das Internet verändert Politik und Medien, München 2012

John F. Schumaker: Das manipulierte Glück. Von den trügerischen Verheißungen der Konsumwelt, Berlin 2009

Christian Schwarke: Technik und Religion: Religiöse Deutungen und theologische Rezeption der Zweiten Industrialisierung in den USA und in Deutschland, Stuttgart 2013

John R. Searle: Die Wiederentdeckung des Geistes, München 1993

Rupert Sheldrake: Der Wissenschaftswahn. Warum der Materialismus ausgedient hat, München 2012

Barrie Sherman/Phil Judkins: Virtuelle Realität. Computer kreieren synthetische Welten. Eine Technologie, die unsere Gesellschaft radikal verändern wird, Bern 1993

Axel Siegemund: Technik als Wertsetzung und Lebenspraxis, Leipzig 2009

Manfred Spitzer: Digitale Demenz. Wie wir uns und unsere Kinder um den Verstand bringen, München 2012

Jakob Steinschaden: Phänomen Facebook: Wie eine Webseite unser Leben auf den Kopf stellt, Wien 2010

Christian Stöcker: Nerd Attack! Eine Geschichte der digitalen Welt vom C64 bis zu Twitter und Facebook, 2011

Don Tapscott: Die digitale Revolution: Verheißungen einer vernetzten Welt – die Folgen für Wirtschaft, Management und Gesellschaft, Wiesbaden 1996

Gregor Taxacher: Apokalypse ist jetzt. Vom Schweigen der Theologie im Angesicht der Endzeit, Gütersloh 2012

Werner Thiede: Der gekreuzigte Sinn. Eine trinitarische Theodizee, Gütersloh 2007

Werner Thiede: Mythos Mobilfunk. Kritik der strahlenden Vernunft, München 2012

Umweltbundesamt (Hg.): Späte Lehren aus frühen Warnungen, Band 1: Berlin 2001

Paul Verhaeghe: Und ich? Identität in einer durchökonomisierten Gesellschaft, München 2013

Martin H. Virnich: Baubiologische EMF-Messtechnik. Grundlagen der Feldtheorie – Praxis der Feldmesstechnik, München/Heidelberg 2012

Clara Völker: Mobile Medien: Zur Genealogie des Mobilfunks und zur Ideengeschichte von Virtualität, Bielefeld 2010

Carl Friedrich von Weizsäcker: Wohin gehen wir? München/Wien 1997

Harald Welzer: Selbst denken. Eine Anleitung zum Widerstand, Frankfurt a.M. 2013

Anmerkungen

1 Sherry Turkle: Simulation kontra Authentizität, in: J. Brockman (Hg.): Was ist Ihre gefährlichste Idee? Frankfurt/M. 2009, 279-282, hier 282.

2 Vgl. Thomas R. Köhler: Der programmierte Mensch. Wie uns Internet und Smartphone manipulieren, Frankfurt a.m. 2012.

3 Medienberichten im September 2013 zufolge können britische und US-amerikanische Geheimdienste gängige Verschlüsselungssysteme im Internet knacken, mit denen man bislang E-Mails oder gar Bankgeschäfte geschützt glaubte (vgl. z.B. http://www.welt.de/wirtschaft/article119782731/Wie-die-NSA-Verschluesselungen-knackt.html - Zugriff 8.9.2013).

4 Siehe http://www.derwesten.de/politik/us-geheimdienst-nsa-knackt-internet-verschluesselungen-id8408146.html (Zugriff 8.9.2013).

5 Michael Maurer: Unersättliche Datenkraken, in: Stuttgarter Zeitung vom 15.6.2013, 1 – zitiert nach: http://www.stuttgarter-zeitung.de/inhalt.internet-und-privatsphaere-unersaettliche-datenkraken.bd7e14ff-37ad-435e-a025-bb41f86e1fac.html (Zugriff 30.6.2013).

6 Vgl. dazu Werner Thiede: „New Age" in religionstheologischer Betrachtung, in: M. Moravčíková (Hg.): New Age, Bratislava 2005, 560-576.

7 Frank Schirrmacher: Die neue digitale Planwirtschaft, in: F.A.Z. Nr. 97 vom 26.4.2013, 31.

8 Solche bewusst kaum wahrnehmbare Reduktion geschieht infolge komprimierenden Verzichts aufs angeblich unhörbare Obertonspektrum; Genaueres hierzu unter http://www.harmonic21.nct/tag/obertone-eines-obertons/ (Zugriff 25.9.2013).

9 Vgl. Mercedes Bunz: Die stille Revolution: Wie Algorithmen Wissen, Arbeit, Öffentlichkeit und Politik verändern, ohne dabei viel Lärm zu machen, Berlin 2012.

10 Frank Schirrmacher: Ego. Das Spiel des Lebens, München 2013, 211.

11 Vgl. z.B. H. Hemminger (Hg.): Die Rückkehr der Zauberer. New Age. Eine Kritik, Reinbek 1987; Hans-Jürgen Ruppert: Durchbruch zur Innenwelt. Spirituelle Impulse aus New Age und Esoterik in kritischer Beleuchtung, Stuttgart 1988; Erwin Haberer: Herausforderung New Age, München 1989; Kurt Koch: New Age – eine vitale Herausforderung an das Christentum, Fribourg 1989.

12 Beispielsweise warnt Joel Garreau: „Wenn wir Menschen nicht in der Lage wären, unsere Werkzeuge zu steuern, sondern umgekehrt von ihnen gesteuert würden, so gingen wir einer technodeterministischen Zukunft entgegen" (Was, wenn Faulkner recht hätte? in: J. Brockman [Hg.]: Was ist Ihre gefährlichste Idee? Frankfurt/M. 2009, 255-258, hier 257).

13 Gernot Böhme: Invasive Technisierung. Technikphilosophie und Technikkritik, Kusterdingen 2008, 294.

14 „Im Grunde genommen ist das Ablehnen von technischem Fortschritt doch nur die Angst, sich nicht mehr mit dem Althergebrachten zu etablieren, oder damit in der modernen Welt Schritt halten zu können", meinte z.B. ein Diskutant zur ARD-Sendung „Handy an, Hirn aus – wie doof machen uns Apple und Co.?" vom 4.1.2013.

188

15 Siehe http://europa.eu/legislation_summaries/information_society/ strategies/
si0016_de.htm (Zugriff 1.10.2013). Zu Recht beklagt die Heidelberger Freiheits-
forscherin Ulrike Ackermann: „Das Heil sehen EU-Beamte, europäische Regie-
rungschefs und ihre Finanzminister in noch mehr zentraler Planung, Egalisierung
und Vereinheitlichung. ... Der Preis ist freilich hoch: Die schleichende Entwicklung
hin zum Bundesstaat wird begleitet von einem enormen Demokratiedefizit" (Ist
Europa zu retten? in: *Die Welt* vom 30.9.2013, 2). Ackermann zufolge stellt Europa
vom Grundansatz her ein Friedens- *und* Freiheitsprojekt dar. Was aber wird daraus
werden – insbesondere auch durch die sich fortsetzende digitale Revolution?

16 Werner Thiede: Mythos Mobilfunk. Kritik der strahlenden Vernunft, München 2012
(dazu www.werner-thiede.de/buecherinfos/mythosmobilfunk.htmlwerner-thiede.de).

17 Hinter der Bezeichnung „Ersatzreligion" – ich verstehe sie nicht nur individualis-
tisch, sondern auch gesellschaftlich – steckt ein funktionaler Religionsbegriff (zur
Diskussion vgl. z.B. Trutz Rendtorff: „Religion" nach der Aufklärung. Argumentationen für eine Neubestimmung des Religionsbegriffs, in: ders. [Hg.]: Religion als
Problem der Aufklärung, Göttingen 1980, 185-201, bes. 197f).

18 Schirrmacher betont in seinem Buch „Ego" (s.o.), der Mensch sei als Träger seiner
Entscheidungen abgelöst, und die Konsequenzen könnten im Ende der Demokratie,
wie wir sie heute kennen, bestehen. Jaron Lanier, Pionier des Cyberspace, spricht in
dem Buch „Gadget. Warum die Zukunft uns noch braucht" (Frankfurt a.M. 2010,
88) von „kybernetischem Totalitarismus". Vgl. auch Xuewu Gu: Demokratie oder
autoritärer Staat? in: Th. Kunze/W. Maier (Hg.): EINUNDZWANZIG. Jahrhundertgefahren – Jahrhundertchancen, Berlin 2010, 63-67; Albert Wieland: Moral als
Wille zur Macht. Wird unsere Demokratie totalitär? Bietigheim/Baden 2013.

19 Der Philosoph Peter Heintel stellt fest, „dass wir unsere Weltgesellschaft auf groß-
artiger Einseitigkeit (technologisch-ökonomisch) aufzubauen beginnen, die alles
gleichschaltet und denselben Prinzipien zu unterwerfen versucht. ... Noch bis vor
kurzem unfaßbare Grenzüberschreitungen gehen Hand in Hand mit selbstverschul-
deten Grenzsetzungen, die unserer Welt nur wenig Spielraum lassen, nur einen, ‚der
sich rechnet'. ... Kann es sein, dass ... wir uns selbst eingekerkert haben, dass wir
gegenüber dem, was uns betrifft, immer ohnmächtiger, immer mehr zum Zuschauer
werden?" (Innehalten. Gegen die Beschleunigung, für eine andere Zeitkultur, Freiburg i.Br. 2007, 135).

20 Gebotener Widerstand gegen die stille Aushöhlung unserer Freiheit mag ein Kampf
gegen Windmühlen sein. Und doch kann er ein Vorzeichen der kommenden Herrschaft jener Macht sein, der nicht nur ein Zeitalter, sondern die universale, ewige
Zukunft gehört und die wahre Freiheit (Joh 8,36) schenkt.

21 Das will ich im vorliegenden Buch nur in Andeutungen tun, nachdem ich auf meine
Bücher „Der gekreuzigte Sinn. Eine trinitarische Theodizee" (2007), „Auferstehung
der Toten" (1991) und „Mystik im Christentum" (2009) u.a. verweisen kann.

22 Volker Zastrow: Strom oder Nichtstrom, das ist die Frage, in: *F.A.Z.* vom 13.5.
1997, 3.

23 Vgl. z.B. Guy Kirsch: Freiheit – der nie erledigte Auftrag, Münster u.a. 2009.

24 Dass der Begriff der Autonomie erst in seinem Bezug zu dem der Theonomie klar
wird, ist eine philosophisch und theologisch geläufige Einsicht: Vgl. z.B. Hans Blu-
menberg: Art. Autonomie und Theonomie, in: RGG[3] 1 [1956], 788-792; Walter

Kasper: Autonomie und Theonomie, in: H. Weber/D. Mieth [Hg.]: Anspruch der Wirklichkeit und christlicher Glaube, Düsseldorf 1980, 17-41; Paul Ricoeur: Theonomie und/oder Autonomie, in: C. Krieg u.a [Hg.]: Die Theologie auf dem Weg ins dritte Jahrtausend, Gütersloh 1996, 324-345).

25 Wolfgang Huber: Meine Freiheit ist auch deine Freiheit, in: ZEIT Nr. 35/2013, 48. Vgl. auch Joachim Gauck: Freiheit. Ein Plädoyer, München 2012.

26 John R. Searl betont als Philosoph: „Der Begriff des unbewußten Geisteszustands impliziert Bewußtseinszugänglichkeit. Wir haben keinen Begriff vom Unbewußten außer als von etwas potentiell Bewußtem" (Die Wiederentdeckung des Geistes, Frankfurt a.M. 1996, 175).

27 Huber, a.a.O. 48.

28 Mathias Döpfner: Die Freiheitsfalle. Ein Bericht, Berlin 2011, 23.

29 Hartmut von Hentig: Der technischen Zivilisation gewachsen bleiben. Nachdenken über die Neuen Medien und das gar nicht mehr allmähliche Verschwinden der Wirklichkeit, Weinheim/Basel 2002, 121.

30 Ein Ehrenmitglied im Hackerverein Chaos Computer Club wird in *Focus* Nr. 19/2013 (89) zitiert mit der Aussage, im „Googleversum trete an die Stelle der Demokratie, eine totalitäre technokratische Ideologie', in der ‚Algorithmen unser Leben bestimmen'."

31 Dies geschieht u.a. durch aufs Internet zugreifende „Riesen" wie Google und Microsoft – Näheres dazu unter http://www.heise.de/ct/meldung/Microsoft-bedingt-sich-erweiterte-Nutzerdatenverwertung-aus-1734087.html?view=print (Zugriff 9.7.2013).

32 Vgl. Frank Rieger: Halten sich die Geheimdienste für Gott? in: *F.A.Z.* Nr. 209 vom 9.9.2013, 27: „Im Verborgenen waltet eine Elite von digitalen Allessehern, die bloß vorgibt, unser Bestes zu wollen. Weder Politiker noch Gerichte können sie kontrollieren. Die Demokratie wird zur Benutzeroberfläche. … Das Geheimnis, die Bewahrung einer geradezu mythischen Aura von Allwissenheit bei gleichzeitiger Undurchschaubarkcit ist wichtiger geworden als alle Prinzipien von Menschenrechten, Freiheit und Transparenz."

33 Vgl. Viktor Mayer-Schönberger/Kenneth Cukier: Big Data. Die Revolution, die unser Leben verändern wird, München 2013; Thomas Fischermann/ Götz Hamann: Wer hebt das Datengold?, in ZEIT Nr. 2/2013, 17f. Christoph Kucklick erklärt zu „Big Data": „Der Mensch streift der Welt und sich selbst eine Haut aus Daten über. Sie sind das am rasantesten wachsende Gebilde auf der Erde" (Der vermessene Mensch, in: *GEO* 8/2013, 80-98, hier 86). Und Jörg Häntzschel weiß: „Bid Data ist eine junge Technik. Doch die Hybris ihrer Apologeten ist schon voll entwickelt" (Leben im Heuhaufen, in: *Süddeutsche Zeitung* Nr. 196 vom 26.8.2013, 9).

34 Stefan Schmitt betont: „Kommunikation ist nicht mehr länger nur bewusste Korrespondenz. Sie ist auch eine Kaskade aus unzähligen Mitteilungen von Maschine zu Maschine. Der Einzelne ist nicht Absender dieser Kommunikation, eher ihr Auslöser. Er ist sich dessen selten bewusst, meist entblößt er sich unwissentlich und oft gegen seinen Willen" (Ein Bild aus tausend Spuren, in: ZEIT Nr. 32/2013, 27).

35 Vgl. bes. Thomas Fischermann/Götz Hamann: Zeitbombe Internet, Gütersloh 2011. Vom 11.1.2013 (http://www.heute.de/) stammt die Äußerung von EU-Innenkommissarin Cecilia Malmström: „Internetkriminelle erleben ein Goldenes Zeitalter."

36 Vgl. die Angaben unter http://www.blogspan.net/presse/das-waren-die-trends-der-cebit-2013-shareconomy-schreitet-voran-megatrends-social-business-cloud-big-data-und-mobility-internet-der-dinge-und-futuristische-anwendungen/ mitteilung/ 385599/ (Zugriff 12.3.2013).

37 Jana Gioia Baurmann weiß: „2005 betrug die digitale Datenmenge weltweit 130 Exabytes, 2015 sollen es knapp 8000 Exabytes sein, die Kurve verläuft weiter exponentiell" (Alles nur kalte Luft? in: ZEIT Nr. 38/2013, 30).

38 Siehe http://www.golem.de/1111/87579.html und http://europa.eu/rapid/press-release_IP-13-159_en.htm (Zugriffe 23.5.2013).

39 Gero von Randow: Blick ins große Datensieb, in: ZEIT Nr. 30/2013/31f, hier 31.

40 Diese Bezeichnung für unsere greifbare Welt findet sich z.b. öfter in dem Aufsatz von Wolfgang Lünenbürger-Reichenbach u.a.: Jenseits der Parochie. Kirche und Social Media, in: *Deutsches Pfarrerblatt* 2/2013, 105-110.

41 Marcus Rohwetter: Gott ist ein Computer, in: ZEIT Nr. 14/2013, 21-22, hier 22.

42 Eckart von Hirschhausen: Die Leber wächst mit ihren Aufgaben, Reinbek 2008,196.

43 Jens Jessen: Die Besten sind Bestien, in: ZEIT Nr. 22/2013, 45f, hier 46.

44 Der Philosoph Peter Fischer betont: „Die Totalisierung der technisch-wissenschaftlichen Welterschließung, die alle anderen Gegebenheitsweisen der Welt zur Bedeutungslosigkeit herabsetzt und die Technisierung von Lebenswelt, Gesellschaft und Politik vorantreibt, etabliert ein selbstreferentielles, autopoietisches System, zu dem keine externe Perspektive mehr eingenommen werden kann, welche allererst mögliche Sinnfragen erlauben würde" (Philosophie der Technik, München 2004, 228).

45 Licht- und Schattenseiten werden bereits aufgezeigt bei Don Tapscott: Die digitale Revolution. Verheißungen einer vernetzten Welt – die Folgen für Wirtschaft, Management und Gesellschaft, Wiesbaden 1996.

46 So die Grunddefinition der Wikipedia: http://de.wikipedia.org/wiki/ Digitale_ Revolution (Zugriff 28.6.2012).

47 Hubert Burda: Neue Ordnung, in: ZEIT Nr. 27 (28.6.12), 35.

48 Amrai Coen und Thomas Fischermann berichten: „Die Zahl der Burn-out-Opfer hat sich seit 2004 verneunfacht, Krankenkassen schätzen, dass jetzt bis zu 13 Millionen Arbeitnehmer von Burn-out betroffen sind. Außerdem melden sie steigende Zahl von Menschen, die krank am Arbeitsplatz erscheinen" (Bespaßt und gequält, in: ZEIT Nr. 44/2012, 21f, hier 22). Vgl. z.B. auch Franz-Josef Wetz: Burnout. Die Lebenslüge der Leistungsgesellschaft, in: MUT Nr. 532 (3/2012), 56-69; Susanne Kailitz: Wenn Arbeit krank macht, in: *Focus* Nr. 24/2013, 102-110.

49 Vgl. Manfred Spitzer: Digitale Demenz, München 2012, 258ff. Ein Beispiel für die deprimierende Wirkung der Digitalisierungskultur ist der Ersatz des Briefeschreibens durch E-Mails: „Wissenschaftler an der Missouri University of Science and Technology behaupten, dass depressive Menschen sehr viel mehr Zeit mit E-Mail und Internet Surfen verbringen, ja dass extrem hoher E-Mail-Verkehr auch eine negative Gemütsverfassung bedeute" (Claudia Steinberg: Die Übervernetzten, in: ZEIT Nr. 31/2012, 18).

50 Dazu s.u. II.6.

[51] Martin Heidegger: Die Technik und die Kehre, Pfullingen 1962[5], 46. Vgl. Silvio Vietta: Heideggers Kritik am Nationalsozialismus und an der Technik, Tübingen 1989.

[52] Schirrmacher vermerkt, „dass die Mensch-Maschine-Kommunikation von der Maschine-Maschine-Kommunikation abgelöst wurde" (EGO, a.a.O. 155).

[53] „Jeder Internetanschluss ist ein Einfallstor für Hacker", weiß Stein im Interview „Warum protestiert ihr nicht?" in: ZEIT Nr. 32/2012, 20. Folgende Zitate dieses Absatzes ebd.

[54] Hans Magnus Enzensberger: Wehrt euch!, in: F.A.Z. vom 28. 2. 2014 (zitiert nach http://www.faz.net/aktuell/feuilleton/debatten/enzensbergers-regeln-fuer-die-digitale -welt-wehrt-euch-12826195.html - Zugriff 12.5.2014). Die Wirtschaftspsychologin Elke U. Weber erklärt, warum sich innerlich Protestierende nicht immer zu echtem Protest aufraffen: „Fast automatisch suchen wir zunächst nach Argumenten für das, was wir augenblicklich und schon länger tun. Aus evolutionärer Sicht macht das Sinn. Hat man etwas über längere Zeit getan, heißt das meistens, dass es zu guten Resultaten führte und nicht gefährlich war. Daher halten wir am Status quo fest" (Jiu-Jitsu für die Psyche, in: ZEIT Nr. 45/2011, 44).

[55] Vgl. aber Anonymus: Digital naiv. Warum die Piraten weder etwas von Politik noch vom Internet verstehen, Zürich 2013.

[56] „Die Demokratie in der Europäischen Union ist eine windschiefe Konstruktion", bemerkt Matthias Krupa in der ZEIT Nr. 22/2013, 4. Von einem Defizit der Demokratie in Europa sprechen z.b. auch Sylvie Goulard und Mario Monti: De la démocratie en Europe, Paris 2012.

[57] „Wir werden die Digitalisierung realisieren und finanzieren", erklärt der bayerische Ministerpräsident Horst Seehofer in einem Interview im vbw-Magazin (6/2012, 15f) – der vbw ist ein Dachverband namens „Vereinigung der Bayerischen Wirtschaft".

[58] Vgl. z.B. die vom Bundesverband Informationswirtschaft, Telekommunikation und neue Medien e. V. (BITKOM) 2012 in Berlin herausgegebene Studie „Gesamtwirtschaftliche Potenziale intelligenter Netze in Deutschland" (http://www.bitkom.org/ files/documents/Studie_Intelligente_Netze(2).pdf - Zugriff 8.2.2013).

[59] So hieß es in der 3sat-Sendung „Angriff aus dem Internet" vom 3.2.2012 (ausgestrahlt zur besten Sendezeit), die Technologie wandele sich heutzutage schneller, als man über die neuen, mit ihr verbundenen Risiken nachdenken könne.

[60] „Tausende Augen blicken uns an? Von wegen: Es sind Hunderttausende… ‚Überwachung und Kontrolle sind überall da alltäglich, wo Informationstechnik das Leben leichter macht', erklärt der Technikforscher Nils Zurawski von der Uni Hamburg. … Die Gesellschaft muss sich verständigen, wie sie auf die ständige Beobachtung reagiert" (Götz Hamann/Marcus Rohwetter: Das Leben: Ein Film, in: ZEIT Nr. 23/ 2013, 19). „Droht uns die totale Überwachung?" fragte auch Harald Lesch in der ZDF-Sendung „Klicken wir uns blöd?" vom 3.9.2013 (ab 23.30 Uhr).

[61] Lévi-Strauss: Mythos und Bedeutung, a.a.O. 242.

[62] Dies zeigt Karl Löwith: Weltgeschichte und Heilsgeschehen. Die theologischen Voraussetzungen der Geschichtsphilosophie, Stuttgart u.a. 1966[5].

[63] Vgl. näherhin Friedrich Rapp: Fortschritt. Entwicklung und Sinngehalt einer philosophischen Idee, Darmstadt 1992.

[64] Böhme, a.a.O. 221. „Nach Jahrhunderten des Enthusiasmus in Bezug auf Technik und Wissenschaft, deren Fortschritt bisher als humaner Fortschritt gefeiert wurde, ist es heute sehr schwierig, nicht ein sehr düsteres Bild zu entwerfen und die Entwicklung nicht als einen Rückschritt zu sehen" (a.a.O. 106).

[65] Jörg Dierken: Technik als Kultur, in: K. Neumeister u.a. (Hg.): Technik und Transzendenz. Zum Verhältnis von Technik, Religion und Gesellschaft, Stuttgart 2012, 21-37, hier 27.

[66] Dierken, a.a.O. 31. „Nur durch Kultur als Technik können wir als empirische Freiheitswesen leben" (ebd.). Auch Elisabeth Gräb-Schmidt meint: „Technik bestimmt tief die Struktur menschlicher Freiheit" (Der Homo Faber als Homo Religiosus, in: K. Neumeister u.a. [Hg.]: Technik, a.a.O. 39-55, hier 42); doch dürfe sich technische Freiheit nicht als Freiheit überhaupt ausgeben (49).

[67] Wilfried Joest: Freiheit in Luthers Verständnis vom Menschen, in: Kerygma und Dogma 29/1983, 127-138, hier 137. „Der Mensch nimmt zunehmend alles Mögliche in die Hand seines Machens – aber hat er wirklich sich selbst in der Hand und das Ziel, dem er mit diesem Machen zusteuert? Er nicht eher der von anonymen Mächten Getriebene als der des Daseins Mächtige?" (ebd.).

[68] Friedrich August von Hayek: Die Ursachen der ständigen Gefährdung der Freiheit, in: Ordo. Jahrbuch für die Ordnung von Wirtschaft und Gesellschaft Bd. 12, Düsseldorf/München 1961, 104-106.

[69] Frank Vogelsang: Das Verhältnis von Technik und Werten, in: K. Neumeister u.a. (Hg.): Technik, a.a.O. 57-78, hier 72.

[70] George Orwell: 1984, Berlin 2009[43], 173f.

[71] Der Trendforscher Matthias Horx bemerkt: „Technologie stellt uns ständig eine Frage an uns selbst: Wohin wollen wir? Aber wir können in diesem Spiegel erst etwas erblicken, wenn wir uns vom linearen, weil Fortschrittsglauben verabschieden" (Das Megatrend-Prinzip. Wie die Welt von morgen entsteht, München 2011, 205).

[72] Dazu s.u. III.1.

[73] Vgl. Rudolf Bahro: Logik der Rettung, Berlin 1990, 118.

[74] Georg Picht: Mut zur Utopie. Die großen Zukunftsaufgaben, München 1969, 30.

[75] Siehe http://swetlan.ch/vorlagen/hp18z/apollo/Kennedy.pdf (Zugriff 13.2.2013).

[76] „Das Vorsorgeprinzip ist in der deutschen und europäischen Umwelt- und Gesundheitspolitik als wichtiges Grundprinzip verankert. Doch in der Praxis wird es kaum umgesetzt. So werden neue Technologien ungebremst vermarktet, selbst wenn sich Hinweise auf mögliche Umwelt- und Gesundheitsrisiken häufen" (Bund für Umwelt und Naturschutz: Bundestagswahl 2013: Was der BUND von den nächsten Bundesregierung erwartet, Berlin 2013, 9).

[77] „Deshalb stehen Technologie-Kritiker meist auf so lächerlich verlorenem Posten: Selbst wenn weite und informierte Kreise ihre Bedenken teilen, ist der Widerstand gegen etwas schon Erfundenes und Mögliches faktisch ein Rückzugsgefecht. Technologiefolgenabschätzung in der von Projekttraditionalität geprägten Gesellschaft führt in der Regel dazu, Technik durch noch mehr Technik in Schach zu halten, – nicht dazu, auf ein Projekt zu verzichten" (Gregor Taxacher: Apokalypse ist jetzt. Vom Schweigen der Theologie im Angesicht der Endzeit, Gütersloh 2012, 47).

[78] Vgl. z.B. eine Meldung in *Die Welt* vom 23.5.2011: „Deutsche Großkonzerne geben weiterhin Geld in Rekordhöhe für Lobbyarbeit in den USA aus…, um Einfluss auf politische Entscheidungen zu nehmen" (http://www.welt.de/print/die_welt/wirtschaft/article13388348/Deutsche-Millionen-fuer-die-USA.html). Jene Lobbyisten, die in Brüssel unternehmerische Interessen vertreten, machen mit rund zwei Dritteln die weitaus größte Gruppe aus – und haben „viel zu viel Einfluss", klagt Pia Eberhardt von CEO (Corporate Europe Observatory) laut Caroline Ischinger: Im Dschungel der Lobbyisten, in: Süddeutsche Zeitung Nr. 222 vom 26.9.2011, 19. Der Artikel zeigt: „In Brüssel kommen auf einen Abgeordneten 20 Interessenvertreter. Das hat drastische Folgen." Unter der Koalitionsregierung habe der Lobbyismus freie Fahrt gehabt, kritisiert auch die Organisation „Lobbycontrol": Politische Entscheidungen wurden zunehmend durch personelle und finanzielle Verflechtungen von finanzstarken Lobbygruppen geprägt (Mittelbayerische vom 25.6.2013). Zwei Jahre nach Einführung eines Lobby-Registers in Brüssel fällte übrigens die „Organisation für Lobby-Transparenz" ein vernichtendes Urteil: Mehr als 100 Firmen, die nachweislich auf die Gesetzesarbeit einwirken, haben sich noch nicht registriert (vgl. ZEIT Nr. 26/2013, 26).

[79] Vgl. Werner Thiede: Auferstehung der Toten – Hoffnung ohne Attraktivität? Göttingen 1991, 204; Erik H. Erikson: Jugend und Krise. Die Psychodynamik im sozialen Wandel, Stuttgart 1970, 108 und 116. Man denke auch an die Wendung *spero ergo ero* bei Ernst Bloch: Atheismus im Christentum, Frankfurt/M. 1977[2], 290.

[80] „Der eschatologische Gedanke vermag die Zeitlichkeit der Zeit zu beherrschen, die ihre eigenen Geschöpfe verschlingt, wenn sie nicht durch ein letztes Ziel sinnvoll begrenzt wird", bemerkt Löwith, a.a.O. 25f.

[81] Döpfner, a.a.O. 235.

[82] Kucklick, a.a.O. 94.

[83] Vgl. Thomas Palzer: Die Hörrohre sind wieder da. Inmitten der Wissensgesellschaft macht sich ein absolutistischer Schnüffelstaat breit, in: *Cicero* 8/2013, 128f.

[84] Zit. nach: Günter Flegel: Die langen Arme des Staates, in: *Fränkischer Tag* vom 29.8.2013, 4.

[85] Im ZEIT-Interview „Stoppen Sie das, Mister Obama!" (Nr. 26/2013, 43f).

[86] Vielen geht schon die „Planwirtschaft" der Brüsseler EU-Politik zu weit – vgl. z.B. Kurt Biedenkopf: Wir haben die Wahl. Freiheit oder Vater Staat, Berlin 2012.

[87] http://www.golem.de/news/imho-von-der-hinterlist-einer-lichtscheuen-politik-1306-100028.html (Zugriff 27.6.2013). Der SPD-Politiker Thomas Oppermann mahnt: „Der Staat darf nicht alles machen, was technisch möglich ist" (zit. nach: *Stuttgarter Zeitung* Nr. 149 vom 1.7.2013, 6).

[88] Jochen Bittner/Yassin Musharbash: Jäger im Datendschungel, in: ZEIT Nr. 27/2013, 3.

[89] Ulrich Clauss: Verkaterte Netzgemeinde, in: *Die Welt* vom 30.9.2013, 3.

[90] http://www.faz.net/aktuell/wirtschaft/reportage-auf-der-kirmes-der-nerds-12008135.html (Zugriff 28.12. 2012). Eindringlich hat auch schon seit Jahren der Whistleblower William Binney, der als ehemaliger NSA-Mitarbeiter an der Entwicklung der Überwachungsprogramme des amerikanischen Geheimdienstes beteiligt war, auf die Datensammelwut der NSA und die totalitäre Gefahr aufmerksam

gemacht (http://www.golem.de/news/nsa-whistleblower-sie-errichten-einen-totalitaeren-staat-1306-100098.html - Zugriff 2.7.2013).

[91] Gero von Randow: Im Schatten der Macht, in: ZEIT Nr. 25/2013, 7. „Da kann es geschehen, dass harmlose Bürger auf eine Liste von Verdächtigen geraten, die ausgeforscht werden sollen."

[92] So Kai Biermann: Jeder ist verdächtig, in: ZEIT Nr. 26/2013, 27. Ebd. heißt es: „Wer nichts zu verbergen hat, hat nichts zu befürchten? Das stimmt nicht. ... Unschuldig bis zum Beweis der Schuld? Dieses Konzept kennen Algorithmen nicht." Vgl. auch Konrad Ege: USA: Obrigkeitsgläubigkeit und Telefonüberwachung, in: *Der Sonntag* Nr. 27/2013, 12.

[93] Vgl. http://www.fr-online.de/politik/empoerung-ueber-internet-ueberwachung-durch-deutschen-geheimdienst,1472596,23360242.html; siehe ferner http://www.golem.de/news/nsa-geheimdienste-lassen-sich-sicherheitsluecken-liefern-1306-99821.html?utm_source=nl.2013-06-17.html&utm_medium=e-mail&utm_campaign=golem.de-newsletter (Zugriffe 18.6.2013).

[94] So titelt die *Tageszeitung* (tz) vom 8.7.2013 auf Seite 1: „Unsere Post US-Geheimdienst!" Alle Briefe würden fotografiert, heißt es, und auf Seite 2 lautet die Überschrift: „So tief steckt Deutschland im NSA-Sumpf". Ein hoher Sicherheitsbeamter wird zitiert: „Wir sind erpressbar. Wenn die NSA den Hahn zudreht, sind wir blind!"

[95] http://www.spiegel.de/politik/ausland/nsa-affaere-jimmy-carter-kritisiert-usa-a-911589.html (Zugriff 18.7.2013).

[96] Götz Hamann: Der Moment der Bürger, in: ZEIT Nr. 27/2013 (http://www.zeit.de/2013/27/snowden-grundrechte-freiheitsrechte/seite-1 (Zugriff 17.7.2013). Wolfgang Thielmann hat Recht: „Die Sicherheitsarchitektur der westlichen Welt darf nicht konzipiert sein wie ein Bürohaus, das unbewohnbar wird durch die Wasserschäden der Sprinkleranlage, die einem Feuer Einhalt gebieten soll. Sie darf die Freiheit nicht zerstören, die sie schützen will" (ZEIT/*Christ & Welt* vom 11.7. 2013, 1).

[97] Döpfner, a.a.O. 52.

[98] Markus Beckedahl/Falk Lüke: Die digitalisierte Gesellschaft. Netzpolitik, Bürgerrecht und die Machtfrage, München 2012, 95.

[99] Heinrich Wefing: Die Daten sind los, in: ZEIT Nr. 30/2013, 1. „So schaffen längst die Ingenieure die Fakten, und die Demokratie hechelt hinterher", vermerkt Wefing, um zu fordern: „Die Parlamente, die Regierungen müssen auch in der digitalen Welt steuerungsfähig bleiben."

[100] http://www.bitkom.org/files/documents/Grundsatzpapier_Industriepolitik_BITKOM.pdf (Zugriff 28.4.2012), 3.

[101] Hans A. Pestalozzi: Nach uns die Zukunft, München 1979, 151.

[102] Pestalozzi, a.a.O. 153. Hanna Arendt mahnt: „Denn es ist durchaus denkbar und liegt sogar im Bereich praktisch politischer Möglichkeiten, daß eines Tages ein bis ins letzte durchorganisiertes, mechanisiertes Menschengeschlecht auf höchst demokratische Weise, nämlich durch Majoritätsbeschluß, entscheidet, daß es für die Menschheit im ganzen besser ist, gewisse Teile derselben zu liquidieren" (Elemente totaler Herrschaft, München 2011[14], 618).

[103] Peter Hahne betont: „Manipulation – das ist längst der ‚Kunstgriff' der Politikpropaganda, der Wirtschaftswerbung und der Informationsindustrie. Manipulation ist der gezielte Einfluss auf Entscheidungen von Menschen, den diese als gezielten Einfluss (und damit als Beeinträchtigung ihrer freien Entscheidung!) gar nicht wahrnehmen. … Menschen machen etwas mit Menschen. Bestimmte Menschen sollen mit bestimmten Mitteln zu bestimmten Verhaltens- und Denkweisen gebracht werden. Und ganz bestimmte Menschen wollen unter raffiniertester Ausnutzung technischer, psychologischer und soziologischer Mittel ganz bestimmte Ziele erreichen. Da es das Bestreben der Manipulatoren ist, möglichst unerkannt zu bleiben, bedarf es eines wachen und kritischen Geistes, diese Machenschaften zu entlarven" (Nur die Wahrheit zählt, Friesenheim-Schuttern 2011[6], 54f).

[104] Hans-Joachim Maaz: Die narzisstische Gesellschaft. Ein Psychogramm, München 2012, 209. Erhard Ratz sagt ähnlich: „Die Kontrolle der technischen Intelligenz wird erschwert und nahezu unmöglich durch die Differenzierung des technologischen Prozesses. … Kontrolle durch die Politiker ist heute kaum gegeben. Jeder Parlamentarier wird eingestehen, daß sein Sachverstand nur in seltenen Fällen ausreicht, um sachgerechte Entscheidungen zu treffen, ganz besonders dann, wenn dies mit komplizierten technisch-naturwissenschaftlichen Problemen verknüpft ist" (Erhard Ratz: Kriterien für eine humane Zukunft. Probleme der Humanisierung des Technologieprozesses, in: *Nachrichten der Evangelisch-Lutherischen Kirche in Bayern* 31 [1976], 381-385, hier 384).

[105] Schon H. Arendt wusste: „Die ungeheure Gefahr der totalitären Erfindungen, Menschen überflüssig zu machen, ist, daß in einem Zeitalter rapiden Bevölkerungszuwachses und ständigen Anwachsens der Bodenlosigkeit und Heimatlosigkeit überall dauernd Massen von Menschen im Sinne utilitaristischer Kategorien in der Tat ‚überflüssig' werden. Es ist, als ob alle entscheidenden politischen, gesellschaftlichen und wirtschaftlichen Tendenzen der Zeit in einer heimlichen Verschwörung mit den Institutionen sind, die dazu dienen könnten, Menschen wirklich als Überflüssige zu behandeln und zu handhaben" (a.a.O. 942).

[106] Alexander D. Ornella: Das vernetzte Subjekt. Eine theologische Annäherung an das Verständnis von Subjektivität unter den Bedingungen der Informations- und Kommunikationstechnologien, Wien 2010, 131.

[107] Vgl. Eric Schmidt/Jared Cohen: Die Vernetzung der Welt, Reinbek 2013 – und dazu Schirrmacher: Digitale Planwirtschaft, a.a.O. 31.

[108] Siehe http://www.golem.de/news/ueberwachung-bundestag-erlaubt-polizei-abfrage-von-pin-und-passwoertern-1303-98336.html (Zugriff 24.3.2013). Die Neuregelung des Gesetzes war notwendig geworden, weil das Bundesverfassungsgericht schon die alte Norm für verfassungswidrig hält. Patrick Breyer, der die Klage vor dem Bundesverfassungsgericht angestrengt hatte, will nun auch gegen das neue Gesetz klagen- in der Überzeugung, dass auch die neu verabschiedete Fassung gegen die Verfassung und gegen das Urteil der Verfassungsrichter verstößt. Beispielsweise sei Datenübermittlung schon erlaubt, wenn die Polizei nur wegen einer Ordnungswidrigkeit ermittelt. Auch dass bei jeder Kleinigkeit die IP-Adresse herausgegeben und so Internetnutzer identifiziert werden könnten, sei ein Verstoß.

[109] Vgl. z.B. Michael Baas: Segen und Fluch der „Wolke". Warum die Speicherung von Daten in der „Cloud" riskant bleibt, in: *Faktor C* (3/2012), 30-33; Heike Buchter:

Dunkle Wolke, in: ZEIT Nr. 26/2013, 27. Die Mehrheit der deutschen misstraut denn auch dem Cloud-Computing (laut *Die Welt aktuell* vom 28.8.2013, 8).

110 Schirrmacher: EGO, 147. Nächste Zitate: 166f und 179.

111 EGO, a.a.O. 101f. Wahlen, Meinungsbildung, Politik, selbst die konstitutionelle Verfassung westlicher Demokratien – all das stehe davor, in automatisierte Märkte verwandelt zu werden.

112 Schirrmacher: EGO, 191.

113 Vgl. Alfons Auer: Umweltethik, Düsseldorf 1989, 160.

114 Günther Anders: Die Antiquiertheit des Menschen, Bd. II: Über die Zerstörung des Lebens im Zeitalter der dritten industriellen Revolution, München 1980, 439.

115 Schon im 18. Jahrhundert wurde überlegt, „bis zu welchem Organisationsgrad der Staat eine Maschine sei und ab wann die Maschine aus dem Staat eine Tyrannei machen würde" (Schirrmacher: EGO, 120; vgl. Böhme, a.a.O. 95). Siehe auch meinen Aufsatz „Die ‚Digitalisierung aller Dinge' als totalitäre Gefahr. Wird die digitale Revolution zur weltanschaulichen Herausforderung? in: *Materialdienst der EZW* 4/2014, 125-135.

116 Kurt Hübner: Kritik der wissenschaftlichen Vernunft, Freiburg/München 1993[4], 384. Auch Gertrud Höhler erläutert: „Noch heute halten viele Wissenschaftler die ‚Selbstläufe' der Technik und der Naturwissenschaften für unausweichlich... Seit unsere wissenschaftliche Neugierde ohne die Korrekturen des Warum arbeitet, laufen tatsächlich viele selbstzündende Prozesse – gewissermaßen ohne uns –, deshalb vielfach gegen uns" (a.a.O. 99).

117 Walther Zimmerli: Technik als Natur des westlichen Geistes, in: H.-P. Dürr/W. Ch. Zimmerli (Hg.): Geist und Natur, Bern 1989, 389-407, hier 403.

118 Zimmerli, a.a.O. 404. Vgl. A. Grundwald (Hg.): Handbuch Technikethik, Darmstadt 2013. Gerhard Baum betont, heutiger Handlungsbedarf erschöpfe sich „nicht im Schutz unserer Daten, sondern durchzieht alle Politikfelder und wirft grundlegende ethische Fragen auf" (http://www.faz.net/aktuell/feuilleton/debatten/die-digital-debatte/politik-in-der-digitalen-welt/gerhart-baum-antwortet-auf-martin-schulz-auf-dem-weg-zum-weltueberwachungsmarkt-12810430.html - Zugriff 15.5.2014).

119 Martin Gropp: Der unsichere Datenhafen, in: *F.A.Z.* Nr. 132 (11.6.2013), 9.

120 So Horst Seehofer in besagtem *vbw*-Interview (a.a.O. 15f). So ist z.B. das „digitale Schulhaus" in Planung (vgl. „FAU bildet bayerische Lehrer für digitales Schulhaus aus", in: *uni kurier aktuell* Nr. 91 [Juli 2013], 9).

121 Die Technik dringt „immer stärker in den Intimbereich der Menschen vor... Dabei scheint sich auch die Wahrnehmung des Menschen selbst zu reduzieren auf eine Ansammlung von Bits und Bytes" (Franziska Meister: Technototalitäre Visionen, in: *Wochenzeitung* [WOZ, Schweiz] Nr. 4 vom 24.1.2013, 20f, hier 21). Wenn aber eines Tages alles digital offenbar wäre, dann „wäre der Konformitätsdruck auf den Einzelnen so enorm, dass wir uns wahrscheinlich alle in einer kollektiven Irrenanstalt wiederfänden" (Beckedahl/Lüke, a.a.O. 53f).

122 Interview mit Joachim Gauck in: Günther Klempnauer: Suche nach Sinn, Wuppertal 2006[2] (zit. nach: Was glaubt eigentlich Gauck? in: *idea Spektrum* 11/2012, 17).

123 Andreas Eschbach sieht in seinem „Buch von der Zukunft" (Berlin 2012) totalitäre Gefahren derzeit so weit entfernt wie nie zuvor (28).

124 Von Hentig, a.a.O. 18, 33, 154 und 24f.

125 War Jesus Vegetarier? in: ZEIT/Christ & Welt Nr. 36/2011, 2.

126 Vgl. Stéphane Hessel: Empört Euch! Berlin 2011. Siehe auch Harald Welzer: Selbst denken. Eine Anleitung zum Widerstand, Frankfurt a.M. 2013. Bereits Pestalozzi appelliert: „Wenn wir uns einmal … der heutigen Bedrohung bewusst geworden sind – und wir stecken schon viel tiefer in Totalitarismus drin, als wir wahrhaben wollen –, dann verliert alles, was wir in Richtung alternativer Lebenshaltung versuchen, das Anrüchige des Sektierertum, das Gefühl mangelnder Effizienz, die Unbestimmtheit des Sinns. Denn dann wissen wir, dass jeder einzelne, jede Familie, jede Gruppe, sich der Normierung und Uniformierung zu entziehen vermag, eine Zelle ist im Kampf gegen den Totalitätsanspruch und gegen totalitäre Entwicklung" (a.a.O. 155).

127 Alexander Kissler: Der digitale Mensch muss seine Ketten sprengen, in: Cicero (Juli 2013) - http://www.cicero.de/salon/totalueberwachung-der-digitale-mensch-muss-seine-ketten-sprengen/54942 (Zugriff 4.7.2013). Kissler bemerkt ebd.: „E-Mails, Chats und die sozialen Medien lassen sich an die Kandare der Selbstbeschränkung nehmen. Sie dienen klar definierten Zwecken, sachlich und kühl, sind aber keine Welt- oder Selbsterlösungsprogramme."

128 So etwa Bunz, a.a.O. 133.

129 Döpfner, a.a.O. 51. Josef Foschepoth, Autor des Buches „Überwachtes Deutschland" (Göttingen 2013), bemerkt in der *Mittelbayerischen Zeitung* vom 3.7.2013: „Es geht um den Verfall von Grundrechten" (2).

130 Helmut Schmidt: Als Christ in der politischen Entscheidung, Gütersloh 1977[2], 162.

131 Pestalozzi, a.a.O.130f. „Technologische Entwicklungen müssen strikte abgelehnt werden, wenn sie uns gesellschaftliches oder politisches Verhalten aufzwingen, über das wir nicht eigenständig haben entscheiden können" (134).

132 Peter Kümmel: Wenn das Jenseits zweimal klingelt, in: ZEIT NR. 3/2010, auch in: http://www.zeit.de/2010/03/Google-Earth/seite-2 (Zugriff 28.4.2013).

133 Vgl. ZEIT Nr. 41/2013, 15.

134 Günter Flegel: Gelegenheit macht Daten-Diebe, in: *Fränkischer Tag* vom 29.8.2013, 4.

135 Michael Maurer: Unersättliche Datenkraken, in: *Stuttgarter Zeitung* vom 15.6.2013, 1 – zitiert nach: http://www.stuttgarter-zeitung.de/inhalt.internet-und-privatsphaere-unersaettliche-datenkraken.bd7e14ff-37ad-435e-a025-bb41f86e1fac.html (Zugriff 30.6.2013). „Wikileaks-Gründer Julian Assange … sieht die Welt bereits in einem ,postmodernen Überwachungsalbtraum'" (ebd.). Thomas Fischermann weiß: „In Sachen Datensicherheit und Privatsphäre ist Deutschland eine Zweiklassengesellschaft" (Die Unbelauschbaren, in: ZEIT Nr. 40/2013, 27).

136 Maurer, a.a.O. 1. Jörg Dechert mahnt: „'Wer nichts zu verbergen hat, hat auch nichts zu befürchten' – dieser Satz steht im Handbuch einer Diktatur, nicht in dem einer Demokratie" (Ist es ein Problem, wenn meine E-Mails überwacht werden? in: *idea Spektrum* 27/2013, 15).

137 Thomas Assheuer: Die Moderne ist vorbei, in: ZEIT Nr. 31/2012, 52. Vgl. auch J. Hagenah/H. Meulemann (Hg.): Mediatisierung der Gesellschaft? Münster 2012.

138 Böhme, a.a.O. 138.

139 Vgl. z.B. Wolf Singer: Verschaltungen legen uns fest. Wir sollten aufhören, von Freiheit zu sprechen, in: C. Geyer (Hg.): Hirnforschung und Willensfreiheit. Zur Deutung der neuesten Experimente, Frankfurt a.M. 2004, 30-65.

140 Der Sozialphilosoph Edward Skidelsky differenziert im Interview („Endloses Wachstum ist sinnlos", in: ZEIT Nr. 10/2013, 19): „Ein Staat übt immer Einfluss auf seine Bürger aus, durch den Straßenbau, der zum Autofahren einlädt, durch den öffentlichen Nahverkehr, der es einem erleichtert, das Auto stehen zu lassen. Das ist paternalistisch, aber kein Zwang. Wir treten für einen solchen Paternalismus ein, der ohne Zwang auskommt..." Wird aber die digitale Revolution solches „staatlich" zulassen?

141 Marcus Rohwetter erläutert: „Glaubt man Eric Schmidt, so hat die Menschheit gar keine Wahl. Der Google-Manager spricht von *forced upgrade* – also erzwungener Verbesserung... Menschen, Gesellschaften, Systeme werden sich diesem Wandel nicht entziehen können" (Gott ist ein Computer, a.a.O. 22). Das bedeutet: „Wer von Zwang redet, ist nicht mehr weit weg von der Diktatur – mag es auch eine Diktatur des Guten sein."

142 Vgl. BITKOM (Hg.): Gesamtwirtschaftliche Potenziale, a.a.O. 7.

143 Miriam Meckel: NEXT. Erinnerungen an eine Zukunft ohne uns, Reinbek 2011, 140. Am Ende, auf der letzten Seite des Algorithmus-Teils des zweigeteilten Romans, steht der digitale Befehl: „Lösche alle Komponenten von ‚Freiheit'" (146).

144 Vgl. Wolfgang Erich Müller: Evangelische Ethik, Darmstadt 2011^2, 20.

145 Ratz, a.a.O. 383. So „entstehen einheitliche Denkstrukturen und entsprechend einheitliche Wertvorstellungen. Eine materialistische Lebenseinstellung ist global zu beobachten... Einzig und allein maßgebend sind die Gesetze technischer Evolution und der Industrialisierung, die offensichtlich in allen Teilen der Welt gleiche Organisationsformen nötig machen und Lebensgewohnheiten in einheitlicher Weise festlegen" (ebd.).

146 So unterstreicht Britta Weddeling: „Das prognostizierte Ende der Privatsphäre und der Google'sche Absolutheitsanspruch rufen bei Netzpolitikern und Internet-Aktivisten harsche Kritik hervor" (Wer schützt uns vor Google? In: *Focus* Nr. 19/2013, 88f, hier 88).

147 Sie „beginnen/enden bei Sensoren/Aktoren, denen sie Daten entnehmen bzw. zuführen, werden über Kommunikationskanäle verschiedener, meist breitbandiger Access-technologien aggregiert und münden in zentralen Plattformen zur Speicherung bzw. Weiterverarbeitung über anwenderbezogene Dienste" – so S. Hirschke/P. Knauth (Hg.): Digitale Infrastrukturen. Arbeitsgruppe 2 des Nationalen IT-Gipfels. Jahrbuch 2011/12 (http://www.zukunftbreitband.de/BBA/Redaktion/PDF/Publikationen/digitale-infrastrukturen-jahrbuch-ag-2,property=pdf,bereich=bba,sprache=de,rwb=true. pdf), 295.

148 Horx, a.a.O. 202.

149 Hanno Rauterberg: Der neue Welt-Geist: An der lieben Hand der Daten, in: ZEIT Nr. 3/2010 – und in http://www.zeit.de/2010/03/Google-Earth/seite-2 (Zugriff 28.4.2013).

150 Vgl. Sven Schirmer: Hilfe, mein Smartphone spioniert mich aus!, in: BILD (Bundesausgabe) vom 26.8.2013, 25. Das Mikro des Moto X ist sogar im Standby-Modus

aktiv – das „bietet Hackern ganz neue Möglichkeiten, die Privatsphäre der Handy-Nutzer auszuspionieren" (ebd.). Schirmer weiter: „Die meisten Smartphones kennen sogar unseren genauen Tagesablauf, denn sie greifen auf den privaten Terminkalender zu!"

[151] Zu entsprechenden Vorgängen in Texas vgl. Martin Klingst: Zur Hölle mit dem Chip, in: ZEIT Nr. 51/2012, 5.

[152] Vgl. Schirrmacher: EGO, 142.

[153] „Von der Deutschen Bahn verfolgt" heißt ein einschlägiger Bericht von Sebastian Horn in der ZEIT-Online. Demnach sieht die Bahn es so, dass ja der User die Geschäftsbedingungen akzeptiere, welche die Erfassung der Bewegungsdaten erlaube: „Nach erfolgreich durchgeführter Anmeldung wird bis zur Abmeldung periodisch der Standort des Smartphones ermittelt." Das System verfolgt offenbar durchgehend (jedenfalls zur Zeit der Abfassung des hier zitierten Artikels), mit welchen Zellen des Mobilfunknetzes sich ein Smartphone verbindet (http://www.zeit.de/digital/2011-09/bahn-fahrschein-berlin Zugriff 3.6.2013).

[154] Vgl. Schirrmacher, a.a.O. 181. Siehe auch Heinrich Wefing: Ich sehe was, was du nicht siehst, in: ZEIT Nr. 50/2012, 3.

[155] Vgl. Peter Schaar: Das Ende der Privatsphäre. Der Weg in die Überwachungsgesellschaft, München 2009.

[156] Nach einem Maßnahmenpapier, das der Bürgerrechtsorganisation „European Digital Rights" (EDRi) zugespielt wurde, sieht „Clean IT" vor, dass im Internet kritische Inhalte ohne Weiteres gesperrt werden können und die gesamte Kommunikation durch Unternehmen überwacht werden soll. Anonyme Nutzung des Netzes soll verboten werden. Auch „komplett legale Inhalte" sollen entfernt werden dürfen, zitiert EDRi aus dem Papier im September 2012. Ein Zeitplan regele, in welchen Zeiträumen die Gesetzgeber welche Rahmenbedingungen schaffen sollten, um die Vorgehensweise von Clean IT zu legitimieren. Zunächst solle ein Meldeknopf im Internetbrowser eingerichtet werden, über den jeder Bürger (nicht die Justiz!) „terroristische oder extremistische Inhalte" melden könne, danach sollen die Provider sich „freiwillige Zensurmaßnahmen" auferlegen, bevor sogar die Verlinkung mit „verbotenen Inhalten" strafbar werden soll. Siehe http://de.wikipedia.org/wiki/Clean_IT (Zugriff 23.3.2013).

[157] „Die Konsumkultur versteht es, die Menschen mit falschen Bedürfnissen vollzustopfen und sie gleichzeitig von echten Bedürfnissen, die wahrem Glück viel eher dienlich wären, abzukoppeln", bemerkt John F. Schumaker: Das manipulierte Glück. Von den trügerischen Verheißungen der Konsumwelt, Berlin 2009, 32). „Aber mittlerweile wird dem Glücksbegriff derart gehuldigt, dass er fast einem Kult oder Religionsersatz ähnelt" (17).

[158] EU-Kommissarin Viviane Reding unterstreicht: Dass „die privaten Daten unbescholtener Bürger millionenfach ausgespäht wurden und womöglich auch heute noch werden, kann und darf nicht sein und verstößt dazu noch gegen internationales Recht und die geltende EU-Datenschutzrichtlinie aus dem Jahre 1995" (Interview in: ZEIT Nr. 39/2013, 26).

[159] Gräb-Schmidt, a.a.O. 52. „Kriterium der Technik als Ausdruck der Freiheit des Menschen ist es mithin, im Dienste der Erhaltung dieser Freiheit zu stehen" (55).

160 Ornella formuliert dialektisch: „Die Vernetzung ermöglicht einerseits die Autonomie, Freiheit und Selbstständigkeit des Subjekts, andererseits wird es dadurch immer auch zu einem gewissen Grad entmündigt. Die Freiheit und die Möglichkeiten, die z.B. das Internet ermöglichen sollen, werden gleichzeitig immer auch eingeschränkt" (a.a.O. 132). Von daher wird überlegt, „ob die medialen und technologischen Entwicklungen dem einzelnen Subjekt eine umfassendere Realisierung der von Gott gewollten menschlichen Freiheit ermöglichen" (229). Ornelaa fordert hierzu „weitere theologische Forschung" und eine „theologische Anthropologie", die das reflektiert.

161 Assheuer, a.a.O. 52. Demgemäß entwickelt sich gewissermaßen eine *Postheteronomie*: Man kann sich nur noch durch Selbstversklavung gegen die Fremdversklavung durch digitale Technologie wehren – und findet dies gar mehr schlimm.

162 Ornella, a.a.O. 97.

163 Ornella, a.a.O. 98.

164 Vgl. Schirrmacher: Planwirtschaft, a.a.O. 31.

165 Böhme, a.a.O. 90.

166 Byung-Chul Han: Transparent ist nur das Tote, in: ZEIT Nr. 3/2012, 41.

167 Orwell, a.a.O. 7.

168 Vgl. Carsten Dierig: Datenklau kostet deutsche Wirtschaft 43 Milliarden, in: *Die Welt kompakt* vom 1.2.2013, 2. „Computerkriminalität entwickelt sich zu einem zunehmend großen Problem für die deutsche Wirtschaft." Die Mehrzahl der Schadensfälle erkläre sich durch mangelndes Risikobewusstsein. Joachim Jakob betont: „Für Industriestaaten ist es letztlich auch nicht akzeptabel, wenn Risiken fortbestehen, die mit einem weiteren Ausbau der modernen Informations- und Kommunikationstechnik immer gefährdender werden können. Datenverarbeitung muß zuallererst sicherer werden, damit der Weg in die Informationsgesellschaft nicht in eine Art von Chaos führt" (Schutz der Persönlichkeitsrechte auch in der vernetzten Welt, in: A. Roesler/B. Stiegler [Hg.]: Microsoft. Medien – Macht – Monopol, Frankfurt a.M. 2002, 239-256, hier 254).

169 Thomas Fischermann: Die Löcher im Netz, in: ZEIT Nr. 4/2013, 7. „Und Cyberspionage ist inzwischen nicht mehr nur der Stoff für Krimis und James-Bond-Filme, sie ist eine reale und äußerst ernste Gefahr geworden. ... Über die Jahre sind die unbekannten Täter immer wieder in die Rechner und Mobiltelefone von Botschaften, Ministerien, Militärs und Energiekonzernen in 31 Ländern eingebrochen und haben dort etwas mitgehen lassen: Dokumente, Tabellendaten, E-Mails, Kalendereinträge. Weder die IT-Experten diese Einrichtungen noch die Virenschutzprogramme haben etwas davon gemerkt."

170 Vgl. z.B. Christian Heinrich: Die fliegenden Kuriere, in: ZEIT Nr. 36/2013, 37.

171 Vgl. Göran Schattauer: Modell „11.September", in: *Focus* Nr. 52/2012, 52.

172 Rohwetter: Gott, a.a.O. 22.

173 Antje Vollmer: Töten ... aus sicherer Distanz, in: ZEIT Nr. 26/2013, 58.

174 Laut einer *ntv*-Sendung über „Aufklärungssysteme" vom 14.2.2013 (20.10-21.00 Uhr). Sinngemäß hieß es am Ende ironisch: „Lächle, wenn du zum Himmel schaust, denn irgendjemand schaut immer zu."

175 Siehe http://www.fr-online.de/politik/bundeswehr-unbehagen-ueber-de-maizi-res-kampfdrohnen,1472596,21607348.html (Zugriff 17.4.2013).

176 Ulrich Ladurner: Brauchen wir Drohnen? in: ZEIT Nr. 7/2013, 6.

177 Ulrich Ladurner: Wenn Roboter töten, in: ZEIT Nr. 3/2013, 10.

178 Vgl. bereits Ulrich Heerd: Das HAARP-Projekt. Über Mobilfunk zur Strahlenwaffe – über Wetterveränderung zur Bewußtseinskontrolle, Peiting 1998. Dass sich auf diesem Gebiet manches, aber nicht alles im Internet findet, liegt auf der Hand.

179 Vgl. Mark Bowden: Worm: Der erste digitale Weltkrieg, Berlin 2012.

180 http://www.3sat.de/page/?source=/scobel/167247/index.html (Zugriff 16.4.2013); die instruktive 3-sat-Sendung über das „digitale Schlachtfeld" wurde am 24.1.2013 ausgestrahlt. Vgl. auch Hauke Friederichs: Der ferngesteuerte Krieg, in: ZEIT Wissen Nr. 3/2013, 42-44, bes. 43f.

181 Maaz, a.a.O. 60.

182 In der Debatte über die Nutzung bewaffneter Drohnen durch die Bundeswehr hat der katholische Militärbischof Franz-Josef Overbeck gemahnt, es gelte, „die Beliebigkeit des Tötens" zu verhindern (laut *F.A.Z.* Nr. 96 vom 25.4.2013, 5).

183 Jochen Bittner: Brauchen wir Drohnen? in: ZEIT Nr. 7/2013, 6.

184 So der Völkerrechtler Robin Geiß in der einschlägigen *Scobel*-Sendung auf 3sat am 24.1.2013 (siehe http://www.terrorschutzamt.com/bibliothek/cyberwar/cyberwar-das-digitale-schlachtfeld.html - Zugriff 17.4.2013).

185 Bastian Brinkmann: Feuer frei. Export von Spähtechnik, in: Süddeutsche Zeitung Nr. 206 vom 6.9.2013, 17.

186 Picht, a.a.O. 134.

187 Picht, a.a.O. 133.

188 Kaum zufällig entpuppt sich Richard Dawkins, der mit seinem Buch „Das egoistische Gen" (1978) die biologische Grundlegung roboter- und algorithmusgesteuerter Finanzmärkte und Gesellschaften geschaffen hat (vgl. Schirrmacher: EGO, 137f), später mit seinem Buch „Der Gotteswahn" (2007) als Propagandist atheistischer Weltanschauung.

189 Über die geistigen Grundlagen des modernen Materialismus informiert z.B. Searle, a.a.O. 23ff.

190 Dazu Charles T. Tart: The End of Materialism. How Evidence of the Paranormal Is Bringing Science and Spirit Together, Oakland 2009; Rupert Sheldrake: Der Wissenschaftswahn. Warum der Materialismus ausgedient hat, München 2012.

191 Sigmund Freud: Das Unbehagen in der Kultur, in: ders.: Kulturtheoretische Schriften, Frankfurt/M. 1986, 191-270, hier 222.

192 Vgl. Werner Thiede: Esoterik – die postreligiöse Dauerwelle, Neukirchen-Vluyn 1995; ders.: Theologie und Esoterik, Leipzig 2007.

193 Vgl. Michael Krause: Wie Nikola Tesla das 20. Jahrhundert erfand, Weinheim 2010, 203ff.

194 Vgl. z.B. Oliver Simón: Nikola Teslas Äther-Energie Auto. Geheime Dokumente zur Nutzbarmachung Kosmischer Energie, in: Newsage Online 3/2010 (http://newsage.de/2011/04/nikola-teslas-ather-energie-auto/ - Zugriff 12.3.2012).

[195] Hans-Peter Dürr: Materie ist geronnener Geist. Interview, in: *Lutherische Monatshefte* 35, 1/1996, 8-13, 8. Nächstes Zitat ebd. 12.

[196] Vgl. Hans-Peter Dürr/Marianne Oesterreicher: Wir erleben mehr als wir begreifen. Quantenphysik und Lebensfragen, Freiburg i.Br. 2001, 129. Siehe auch Hans-Peter Dürr: Geist, Kosmos und Physik, Amerang 2010.

[197] Hans-Peter Dürr: Materie ist geronnener Geist, a.a.O. 12.

[198] James Redfield: Das Buch von Celestine, München 2000, 304. Gedacht wird insbesondere an den Einsatz „grüner Technologie" (565 und 586).

[199] Redfield, a.a.O. 567. Unter anderem sollen die Verkehrsmittel automatisiert werden (590) – das beginnt freilich heute schon (s.u. III.6).

[200] Redfield, a.a.O. 586.

[201] Carl Friedrich von Weizsäcker: Zeit und Wissen, München/Wien 1992, 342.

[202] Vgl. Jean Guitton/Grichka und Igor Bogdanov: Gott und die Wissenschaft, München 1996, 169. Ist dann nicht das ganze Universum Information? Die Autoren fragen ebd.: „Wenn wir die Idee akzeptieren, daß das Universum eine geheime Nachricht ist – *wer* hat diese Nachricht abgefaßt?" Carl Friedrich von Weizsäcker hatte bereits früher prognostiziert: „Letzten Endes wird sich Materie als Energie und Energie als Information erweisen" (Die Wissenschaft als ethisches Problem, in: Physikalische Blätter 10/1968; vgl. ders.: Carl Friedrich von Weizsäcker: Wohin gehen wir? München/Wien 1997, 77). Siehe auch Werner Gitt: Am Anfang war die Information, Berneck 2002.

[203] Schirrmacher: EGO, 130.

[204] Schirrmacher, a.a.O. 149f. Nächstes Zitat ebd. 197 und 211.

[205] Zitiert nach Schirrmacher, a.a.O. 212. 1998 hielt der amerikanische Unternehmer George Gilder eine Rede im Vatikan, in der er die digitale Revolution mit den Worten pries: „Die Wurzel aller ökonomischen Veränderungen unserer Zeit ist die Überwindung der materiellen Substanz"; es gehe um das Ende der „Tyrannei der Materie" (zit. nach Schirrmacher, a.a.O. 216f).

[206] Gert Pickel: Säkularisierung und Konfessionslosigkeit im vereinigten Deutschland, in: R. Hempelmann/H. Schönemann (Hg.): Glaubenskommunikation mit Konfessionslosen (EZW-Texte 226), Berlin 2013, 11-36, hier 35. „Forcierte Säkularität als Trend" beschreibt ebd. Tobias Kläden (37-53).

[207] Böhme, a.a.O. 297 und 104.

[208] Säkularisierung wurde selbst im Raum von Theologie und Kirche zu einem positiven Begriff hochstilisiert. Namentlich der protestantische Theologe Friedrich Gogarten hat ein entsprechendes Programm vorgelegt: Durch die Säkularisierung komme die Welt sozusagen zu ihrer Eigentlichkeit, zu ihrer Freiheit. Denn sie lasse sich nunmehr nüchtern als Schöpfung Gottes denken und sei also „entmythologisiert", befreit vom Glauben an Götter, Teufel und allerlei magische Zwischenwesen, die sie scheinbar regierten. Der Prozess der Säkularisierung mache aus der Welt einen Raum, in dem die Freiheit erstarke. Dass die Säkularisierung jedoch nicht nur vom Glauben an Götter, Götzen und Dämonen befreite, sondern auch vom Glauben an Gott den Schöpfer selbst, hat Gogarten zu wenig realisiert. Er hat zwar darum gewusst, dass Säkularisierung in puren Säkularismus und Ersatzreligiosität umkippen kann, aber er hat diese Gefahr unterschätzt.

[209] Vgl. Werner Thiede: Wiederkehr der Religion in Westeuropa? in: *Materialdienst der EZW* 74 (2011), 3-15; Thomas Großbölting: Der verlorene Himmel, Göttingen 2013. Dem Religionssoziologen Detlef Pollack zufolge hat der Rückgang des kirchlichen Mitgliederbestandes seine „Ursache vorrangig nicht in einem Mangel kirchlichen Engagements, sondern in erster Linie in kirchenexternen Veränderungen" (Säkularisierung auf dem Vormarsch, in: zeitzeichen 9/2012, 14-16, hier 16).

[210] Zit. nach: *idea Spektrum* 11/2013, 28: „Die Wirtschaft wird zur neuen Zivilreligion". 127. Siehe auch Werner Thiede: Ökonomisierung als ethische Maxime? in: M. Heesch u.a. (Hg.): Theologie im Spannungsfeld von Politik und Kirche. Festschrift für Hans Schwarz zum 75. Geburtstag, Frankfurt a.M. 2014 (im Druck).

[211] Vgl. Erik Brynjolfsson/Andrew McAfee: Race Against The Machine: How the Digital Revolution is Accelerating Innovation, Driving Productivity, and Irreversibly Transforming Employment and the Economy, Digital Frontier Press 2011.

[212] Vgl. Ornella, a.a.O. 27.

[213] Ornella, a.a.O. 33.

[214] Bezeichnend ist folgende Äußerung Angela Merkels: „Das größte Missverständnis zwischen Politik und Bevölkerung besteht darin, dass die Politik die Sicherung des Lebensstandards nicht versprechen kann, wenn er nicht erarbeitet wird. Deshalb bestehe ich ja auch so auf der Notwendigkeit von Innovationen, von weltmarktfähigen Produkten, von Spitzentechnologie" (Angela Merkel: Mein Weg, Hamburg 2005, 170).

[215] Max Horkheimer/Theodor W. Adorno: Dialektik der Aufklärung. Philosophische Fragmente (1944), Frankfurt a.M. 2003, 129.

[216] Mit Ratz wäre zu fragen: „Welche Auswirkungen hat ein neues Produkt oder eine neue Produktionsweise auf die Psyche dessen, der im Produktionsprozeß steht? Wie wirkt es auf den, der das Produkt erwirbt und benutzt? Sind die Folgen wünschbar im Sinne einer aufgeklärten demokratischen Gesellschaft? Um die Beantwortung dieser Fragen nicht einseitig bestimmten Interessengruppen zu überlassen, sollten Gremien gebildet werden, die die unterschiedlichen Interessen und Forderungen der Gesellschaft berücksichtigen" (a.a.O. 385). Ratz kritisiert ebd. das „Gefühl der totalen Abhängigkeit, das Ausgeliefertsein an Apparate". Vgl. auch Spitzer: Digitale Demenz, 258ff.

[217] Ornella, a.a.O. 39.

[218] Rohwetter: Gott ist ein Computer, a.a.O. 22.

[219] Florian Illies: Der neue Welt-Geist: Eine Frage des Glaubens, in: ZEIT Nr. 5/2010 – und http://www.zeit.de/2010/03/Google-Earth/seite-2 (Zugriff 28.4.2013). Thomas Assheuer ergänzt ebd.: „Google produziert einen irdischen Gottestext, der sich nicht mehr transzendieren lässt." Und Schirrmacher betont: „Kein Google, Apple oder Amazon lassen sich da, wo es ernst wird in der angeblich transparenten Welt, wirklich in die Karten schauen. Sie sind wie Priester, die eifersüchtig über die Deutung des Wortes Gottes wachen" (260).

[220] Lars Hartfelder: Zivilreligion in Deutschland (http://suite101.de/article/zivilreligion-in-deutschland-a42048 - Zugriff 23.3.2013).

[221] Vgl. z.B. Linus Hauser: Kritik der neomythischen Vernunft, Bd. 2: Neomythen der beruhigten Endlichkeit. Die Zeit ab 1945, Paderborn 2009.

204

[222] Vgl. Robert R. Talbot: Die letzte Prophezeiung, Berlin 2009, 327.

[223] Gegen die uns in Wahrheit versklavenden Ersatzgötter unserer Zeit wendet sich Timothy Keller: Es ist nicht alles Gott, was glänzt. Was im Leben wirklich trägt, Aßlar 2011[3].

[224] Vgl. Joh 4,24: „Gott ist Geist..." – und viele entsprechende Aussagen in der Bibel.

[225] So sagt Marcus Rohwetter, Menschen wie Eric Schmidt seien „die Propheten, die heute Bilder von einer besseren Welt entwerfen" (Gott, a.a.O. 21). Tatsächlich wollen die beiden Google-Vordenker Eric Schmidt und Jared Cohen glauben machen: „Vernetzung und Technologien sind der beste Weg, um das Leben in aller Welt zu verbessern" (Vernetzung, a.a.O. 369).

[226] Vgl. Schirrmacher: EGO, 228.

[227] Hierzu habe ich mich näher in „Mythos Mobilfunk" geäußert (a.a.O. bes. 210ff). Ulrich H. J. Körtner definiert Sünde treffend als „ein verfehltes Gottesverhältnis, das sich in einem verfehlten Selbstverhältnis und einem verfehlten Verhältnis des Menschen zu seinen Mitmenschen wie zur gesamten Schöpfung manifestiert" (Rechtfertigung – Botschaft für das 21. Jahrhundert, in: *Materialdienst des Konfessionskundlichen Instituts Bensheim* 6/2012, 113-115, hier 114).

[228] So bereits die positive Technik-Deutung des II. Vatikanischen Konzils 1963 (http://www.vatican.va/roman_curia/pontifical_councils/pccs/documents/rc_pc_pccs_doc_04121963_inter-mirifica_ge.html - Zugriff 24.3.2013).

[229] Im Interview in: ZEIT Nr. 24/2013, 24.

[230] Vgl. Evgeny Morozov: The Net Delusion. The Dark Side of Internet Freedom, New York 2011; Olaf Pursche/Anne Widder: Die dunkle Seite des Internets, in: ComputerBild 18/2013, 42-45. Die Trendforscherin Birgit Gebhardt informiert über Pornographie im Netz (2037. Unser Alltag in der Zukunft, Hamburg 2011, 147f).

[231] Alain de Botton: Religion für Atheisten, Frankfurt a.M. 2013, 195f.

[232] Siehe dazu Ornella, a.a.O. 100 und 140 passim. Hanna Arendt erklärt: „Das eigentliche Ziel der totalitären Ideologie ist nicht die Umformung der äußeren Bedingungen menschlicher Existenz und nicht die revolutionäre Neuordnung der gesellschaftlichen Ordnung, sondern die Transformation der menschlichen Natur selbst, die, so wie sie ist, sich dauernd dem totalitären Prozeß entgegenstellt" (a.a.O. 940f).

[233] Vgl. meinen Aufsatz „Du meine Seele..." in: P. Schulze (Hg.): Beffchen, Bibel, Butterkuchen. Expeditionen ins evangelische Leben, Frankfurt a.M. 2009, 62-70.

[234] „Viele Leute dürften durch den inhärenten Wunsch motiviert sein, menschliche Mängel und Grenzen zu überwinden, indem sie Roboter konstruieren, die besser als wir oder gar frei von Sünde und Entfremdung sind", überlegt Anne Foerst: Von Robotern, Mensch und Gott. Künstliche Intelligenz und die existentielle Dimension des Lebens, Göttingen 2008, 52f.

[235] Meckel: NEXT, a.a.O. 26.

[236] Meckel, a.a.O. 232. Nächstes Zitat ebd. 159.

[237] Vgl. Svenja Flaßpöhler: Leben wir zu schnell? in: *philosophie* 2/2013, 37-41, hier 41.

[238] Dennis Meadows, der Erfinder der „Grenzen des Wachstums", erklärt: „Gerade weil wir es in den vergangenen Jahrzehnten verpasst haben, etwas zu tun, ist es jetzt unmöglich geworden, einen signifikanten Klimawandel wirklich noch zu vermeiden. Selbst wenn wir jetzt einen Knopf zum Ausschalten drücken könnten, wäre es zu

spät, weil so viele Treibhausgase schon in der Pipeline stecken. Was zu tun wäre? Praktisch glaube ich nicht, dass wir das als Menschheit in den Griff bekommen. ... Der gegenwärtige Energieverbrauch wird uns in einen katastrophalen Klimawandel führen" (Interview-Äußerung in: *F.A.Z.* vom 4.12.2012, http://www.faz.net/aktuell/feuilleton/debatten/dennis-meadows-im-gespraech-gruene-industrie-ist-reine-phantasie-faz-11980763.html - Zugriff 5.12.2012).

[239] Vgl. z.B. Richard Rickelmann: Tödliche Ernte. Wie uns das Agrar- und Lebensmittelkartell vergiftet, Berlin 2013.

[240] Taxacher, a.a.O. 37. „Die Selbsterhaltungstendenz des politischen wie des ökonomischen Systems bedroht die des ökologischen" (46). Vgl. auch Geiko Müller-Fahrenholz: Heimat Erde: Christliche Spiritualität unter endzeitlichen Lebensbedingungen, Gütersloh 2013; Stephen Emmott: Zehn Milliarden, Frankfurt a.m. 2013.

[241] Alexander Kenneth Nagel im Interview: Mensch, Computer, Deute-Engel, in: *zeitzeichen* 11/2012, 43-46, hier 44.

[242] Das tut denn z.B. auch in Bezug auf digitale Kommunikation Anitra Eggler: E-mail macht dumm, krank und arm. Digital-Therapie für mehr Lebenszeit, Zürich 2012.

[243] Kreatives und Hilfreiches, auch ethisch Reflektiertes und politisch Positives der informationellen Revolution muss hier nicht eigens herausgestellt, sondern kann als geläufig vorausgesetzt werden – zumal es allenthalben hinreichend propagiert wird.

[244] Vgl. Werner Thiede: Zunehmende Vernetzung – Segen oder Fluch? in: *Brennpunkt Gemeinde* 3/2012, 86-91; Kathrin Passig/Sascha Lobo: Internet – Segen oder Fluch, Berlin 2012.

[245] Skeptisch urteilt auch Hartmut Rosa in seiner Habilitationsschrift „Beschleunigung. Die Veränderung der Zeitstrukturen in der Moderne" (Frankfurt a.M. 2005). Der aufgeklärte Säkularismus mit seinem Doppelengagement für Selbstbestimmung und Großtechnologie verabschiede sich vor unseren Augen in einer globalen Verwahrlosung: Die Dinge liefen jetzt, wie sie wollten. Rosa entwirft als wahrscheinlichstes Zukunftsszenario ein ungebremstes Weiterlaufen in den Abgrund mit nuklearen und klimatischen Katastrophen und einem Zusammenbruch der modernen Wert- und Sozialordnung.

[246] Heutzutage ist z.B. offenkundig, dass Funk eine tragende technische Rolle im Vollzug der digitalen Revolution spielt (s.u. II.4.). Nicht zuletzt wegen dieses Umstands ist mittlerweile die Ansage „Apocalypse now!" am Platze: Die kulturellen und gesundheitlichen Folgen der ständigen, zumeist gepulsten Funkstrahlung dürften mittelfristig von ganz erheblichem Ausmaß sein – auch wenn das im Augenblick erst wenige Zeitgenossen, unter ihnen immerhin verschiedene Wissenschaftler, Ärzte und Philosophen – wahrnehmen und wahrhaben wollen.

[247] Vgl. Günter Burkart: Handymania: Wie das Mobiltelefon unser Leben verändert hat, Frankfurt/M. 2007; Inga Leister: Wer bin ich ohne iPhone?, in: *Brigitte* 5/2013, 119.

[248] Vgl. Cornelia Waldmann-Selsam/Horst Eger: Baumschäden im Umkreis von Mobilfunksendeanlagen, in: *Umwelt – Medizin – Gesellschaft* 26 (2013), 198-208; Werner Thiede: Mythos Mobilfunk. Kritik der strahlenden Vernunft, München 2012, 177ff; ders.: Die Bäume schlagen aus – aber wie? in: *zeitzeichen* 4/2013, 20; ders.: Elektrosensible Bäume? in: *Paracelsus-Magazin* 3/2013, 32-35.

249 Unheilspropheten waren und sind selten beliebt, aber beliebt zu sein war oder ist auch keineswegs das Motiv ihres Handelns und Redens. Vielmehr wenden sie sich aus Liebe zur erkannten Wahrheit, ja aus Liebe zu den durch sie Gewarnten an die Öffentlichkeit – selbst wenn es für sie damit gefährlich werden sollte. Ich fühle mich als ethisch engagierter Theologe wie solch ein Unheilsprophet, der gegen den mächtigen Strom seine schwache Stimme erhebt – und dies wagt in dem Bewusstsein, durch den Geist der Wahrheit und Wahrhaftigkeit ermächtigt und durch hinreichend erworbene Sachkenntnis dazu befähigt zu sein.

250 „Die Macht einiger Lobbys ist groß. Teilweise haben sie über Jahrzehnte aufgebaute Kontaktnetze und ausreichend Manpower in Form von bezahlten Lobbyisten" (Beckedahl/Lüke, a.a.O. 204). Sascha Adamek und Kim Otto haben in ihrem Buch „Der gekaufte Staat. Wie Konzernvertreter in deutschen Ministerien sich ihre Gesetze selbst schreiben" (2008) für Deutschland gezeigt: Die Politik ist längst unterwandert; über hundert Vertreter deutscher Großkonzerne haben in Bundesministerien eigene Schreibtische bezogen, um politisch immer am Ball zu bleiben.

251 Vgl. z.B. Gunda Schneider-Flume: Weniger niedrig als Gott? Biblische Lehre vom Menschen, Leipzig 2013; Hans Joas: Ist die Menschenwürde noch unser oberster Wert? in: ZEIT-Philosophie (Beilage zur ZEIT Nr. 25/2013), 10f. Döpfner mahnt, Freiheit sei ein universeller Wert, ein „universelles Menschenrecht" (a.a.O. 43).

252 Huber: Freiheit, a.a.O. 48.

253 Vgl. Horx, a.a.O. 191f und 195.

254 Vgl. Peter Glotz: Die beschleunigte Gesellschaft. Kulturkämpfe im digitalen Kapitalismus, München 1999.

255 Vgl. Kai Strittmatter: Marx statt Mikroblog: Chinas Zensoren schüchtern populäre Internet-Autoren ein, in: *Süddeutsche Zeitung* vom 29.8.2013, 1. Der Artikel zeigt, wie derzeit digitaler Freiheitsgewinn und Meinungsfreiheit in China politisch zur Farce gemacht werden.

256 Entsprechendes hat bereits vor über drei Jahrzehnten Hans A. Pestalozzi in dem Buch „Nach uns die Zukunft" (a.a.O. 129f) beschrieben.

257 Vorsicht: Auch Digitalisierungsverfechter können sich mitunter vernünftig mit dem Begriff „Entschleunigung" arrangieren (vgl. z.B. „Mensch bleiben. Wie man Business Trips entschleunigt", in: *Business Traveller* 1/2013, 15ff).

258 Guido Bohsem: Ein Maximum an Vorschriften, in: *Süddeutsche Zeitung* Nr. 79 vom 5.4.2013, 4. „Fehltage durch Burn-Out nehmen dramatisch zu", weiß der *Fränkische Tag* vom 7.6.2012, 6; „Deutschland ist gestresst", titelt *Die Welt kompakt* vom 30.1.2013 auf Seite 1. Bereits 43 Prozent der Berufstätigen klagen über wachsenden Stress, wie der „Stressreport Deutschland 2012" zeigt. Arbeitsministerin Ursula von der Leyen wird in der Presse zitiert: „Wir haben 2011 59 Millionen Arbeitsunfähigkeitstage wegen psychischer Erkrankungen registriert. Das ist ein Anstieg um mehr als 80 Prozent in den letzten 15 Jahren." Daraus ergäben sich Produktionsausfälle in Höhe von sechs Milliarden Euro. „Psycho-Krankheiten so häufig wie Schnupfen!" titelt die *BILD-Zeitung* am 18.8.2013 auf Seite 1.

259 Heintel, a.a.O. 134f und 140. Weiteres zum Thema s.u. III.1.

260 Beispielsweise bietet der Internetbrowser *Firefox* ersatzreligiöse Züge – etwa mit dem „Buch Mozilla". Mozilla-Chef Gary Kovacs räumt selbst ein: „Je näher man

dem Programm kommt, desto mehr ähnelt es eine Religion" (zit. nach: Marcus Rohwetter: Gary und die Füchse, in: ZEIT Nr. 13/2013, 36).

261 „Depressionen sind eine der düstersten Entwicklungen der westlichen Welt. Die Häufigkeit dieser Krankheit hat sich in den vergangenen fünfzig Jahren verzehnfacht" (Schumaker, a.a.O. 24). Ein berühmtes Beispiel ist der Suizid von Aaron Swartz im Januar 2013: Er schrieb bereits im Alter von 13 Jahren sein erstes Computerprogramm und wurde zu einem der berühmtesten Hacker und Internetaktivisten. Zwar bedrohte ihn schließlich eine Gefängnisstrafe, aber bereits einige Jahre zuvor hatte er gebloggt: „Alles, woran du denken kannst, erscheint dir freudlos, die Dinge, die du getan hast, und jene, die du noch tun möchtest. Du willst den ganzen Tag im Bett liegen, ohne Licht" (vgl. Daniel Müller: Requiem für einen Hacker, in: ZEIT Nr. 5/2013, 2). Allein in den U.S.A. werden jährlich rund 11 Milliarden Dollar für Antidepressiva ausgegeben (laut der ARD-Sendung „Gefährliche Glückspillen" vom 18.2.2013, 22.45-23.30 Uhr).

262 Vgl. z.B. WELT-Online vom 23.6.2012: „Ertrinken wir in der Datenflut? Arbeitspsychologen, Krankenkassen und Gewerkschaften warnen: Dauerstress macht krank." Wie ungesund die fortschreitende Industrialisierung ist, lässt sich schließen aus dem auffälligen Umstand, dass die U.S.A., die doch wohl den Titel „Spitzenindustrienation" verdienen, heute laut einer Vergleichsstudie mit 16 anderen Industrienationen hinsichtlich der Lebenserwartung ihrer Bürger auf dem letzten (Männer) bzw. vorletzten Platz (Frauen) liegt. Die Ergebnisse sind insofern erstaunlich, als die U.S.A. im Vergleich in einem Punkt die Liste klar anführen: Sie investieren am meisten in die Volksgesundheit – und doch liegen sie bei praktisch jedem Gesundheitsindikator knapp vor oder auf dem letzten Platz (http://www.spiegel.de/ gesundheit/diagnose/usa-lebenserwartung-junger-amerikaner-niedriger-als-in-deutschland-a-876726.html - Zugriff 10.1.2013).

263 Beispielsweise im Innern des größten Online-Kaufhauses der Welt „herrscht enormer Druck. Die Technik gibt den Takt vor... Ist jemand nicht schnell genug, wird er zum gespräch zitiert. Wer sich auch dadurch nicht ausreichend beschleunigen lässt, dem droht eine Abmahnung. ... Wer dem Druck nicht standhält, muss damit rechnen, schneller draußen zu sein, als er reingekommen ist" (Gunhild Lütge: Gnadenlos flexibel, in: ZEIT Nr. 47/2012, 26).

264 Taxacher, a.a.O. 83. „Da unsere Zivilisation auf universaler Ausbeutung alles Gegebenen beruht, bezieht sie konsequent auch den Menschen darin ein" (85).

265 „Das Gefühl des Gehetztseins ist ein zentrales Charakteristikum unserer modernen ‚Beschleunigungsgesellschaft', die durch ständig steigende Erwartungen und den Drang zum Immer-mehr und Immer-schneller gekennzeichnet ist" (Ulrich Schnabel: Einladung zur Langsamkeit, in: ZEIT Nr. 50/2012, 57). Weil die Zunahme von Burn-out-Fällen und Depressionen in der digitalen Gesellschaft unübersehbare Ausmaße annimmt, setzen sich Politiker inzwischen dafür ein, dass etwa die digitale Erreichbarkeit außerhalb beruflicher Dienstzeiten ihre deutlichen Grenzen haben müsse (vgl. z.B. „Abschalten!" auf S. 1 der Süddeutschen vom 21.2.2013). Aber wer spricht von der Verführungsmacht der digitalen Technologien gerade auch in der Freizeit? Das neue, digitale Sklaventum kennt kaum noch uhrzeitliche oder räumliche Grenzen. Die Menschen bleiben Gejagte bis in ihre Träume hinein bzw. bis die Funkuhr sie pünktlichst weckt.

266 So meldet *Welt aktuell* am 9.11.2012: „Vielen Jüngeren bereitet Druck auf der Arbeit oder in der Schule schlaflose Nächte" (2). Solcher Stress mache 57 Prozent der 14- bis 29-Jährigen zu schaffen. Sollte nicht auch die Seite-1-Meldung der Süddeutschen vom 30.1.2013 „Immer mehr ‚Zappelphilipp'-Diagnosen" hierher gehören? Es geht um einen Anstieg um 42 Prozent seit 2006.

267 So titelt *WELT-Online* vom 23.6.2012 und schreibt: „Ein Phänomen macht Karriere. Psychologen, Krankenkassen und Gewerkschaften warnen vor dem Stress durch Internet und Handy."

268 Das gilt auch im Pfarrberuf – der Zwang zum Handy ist nicht mehr fern (vgl. meinen Artikel „Ständig unter Strom? Das Gesetz der ständigen Erreichbarkeit", in: *Korrespondenzblatt* 11/2012, 156-158).

269 Beckedahl/Lüke, a.a.O. 219.

270 Khué Pham/Heinrich Wefing: Ausgeschwärmt, in: ZEIT Nr. 45/2012, 3.

271 Ornella, a.a.O. 127.

272 Rohwetter: Gott ist ein Computer, a.a.O. 21.

273 Stéphane Hessel: Engagiert Euch! Im Gespräch mit Gilles Vanderpooten, Berlin 2011, 27.

274 Vgl. z.B. Schirrmacher: EGO, 105 und 125. Und s.u. Kap. II und III.

275 Hans-Peter Dürr: Geist, Kosmos und Physik, Amerang 2010, 49.

276 Vgl. z.B. Armin Reller/Heike Holdinghausen: Wir konsumieren uns zu Tode, Frankfurt 2013.

277 Es gibt über zehntausend solcher Supercomputer weltweit, von denen jeder etwa so groß ist wie ein Fußballfeld; ohne sie im Hintergrund würden Smartphones oder Tablet-Computer nicht funktionieren (vgl. den Bericht „Neue Kreaturen" in der ZEIT Nr. 10/2011, 21). Siehe auch Andrew Blum: Kabelsalat: Wie ich einem kaputten Kabel folgte und das Innere des Internets entdeckte, München 2012.

278 Franziska Meister: Technototalitäre Visionen, in: *Wochenzeitung* (WOZ, Schweiz) Nr. 4 vom 24.1.2013, 20-21, hier 21.

279 So zeigt z.B. das *Schweizer Nationale Forschungsprogramm* (57) zum Thema „Nichtionisierende Strahlung – Umwelt und Gesundheit" (Bern 2011), dass hochfrequente elektromagnetische Felder durchaus „biologische Auswirkungen haben" könnten (30). Insbesondere „dokumentierten die Untersuchungen zur Hirnphysiologie und Zellbiologie nicht nur Auswirkungen von EMF, sie machten darüber hinaus auch erste Schritte zur Aufklärung der zugrundeliegenden Wirkungsmechanismen", und so „scheint angesichts der gefundenen physiologischen und zellulären Auswirkungen eine vorsichtige Politik in Bezug auf EMF-Exposition angemessen zu sein" (48).

280 Huber: Freiheit, a.a.O. 48. Vgl. aber Andreas Krone: Im Haus der Erde leben ohne Tugenden? Zum Verhältnis von Ökologie und Ökonomie, in: Deutsches Pfarrerblatt 8/2013, 449-452.

281 Udo Ernst Simonis: Entwicklung und Umwelt, in: *Universitas* 44 (1989), Nr. 521, 1030-1039, hier 1030. Nächste Zitate ebd. 1033f, 1037 und 1939.

282 Vgl. Schumaker, a.a.O. 32ff u.ö.

283 Wolfgang Huber: Freiheit, a.a.O. 48.

284 Vgl. Wolfgang Bergmann: Abschied vom Gewissen. Die Seele in der digitalen Welt, Asendorf 2000, 109ff.

285 Maaz, a.a.O. 13. Bergmann zufolge ist Narzissmus „etwas wie ein lebensgeschichtliches Gefäß des ursprünglichen Glücks, er kann gar nicht aufgegeben werden" (a.a.O. 117).

286 Vgl. Sigmund Freud: Das Unbehagen in der Kultur (1930), in: ders.: Kulturtheoretische Schriften, Frankfurt 1986, 191-270, bes. 204.

287 Bergmann: Gewissen, 132. „Die schmale Pforte der Wirklichkeit, deren Zugang für die infantilen Bedürfnisse durch Zensur und Verbote geregelt ist, die Maß und Aufschub verordnen, sie wird im Netz magisch aufgerissen, und triumphierend erkennt das Ich, das sich an einen imaginären Code verloren hat, daß es im Fluß der beschleunigten Datenströme die eigene Entwicklungsgeschichte widerrufen und bis zu den Quellen des primären Narzißmus, der vergessenen Wünsche vordringen kann" (43).

288 Schumaker unterstreicht: „Die Konsumkultur hat in den Narzissmus ... hohe Investitionen gesteckt" (a.a.O. 173). Aber „Gesellschaften, die in ihren Mitgliedern Narzissmus erzeugen, funktionieren nicht..." (175).

289 Svenja Flaßpöhler: Leben wir zu schnell? in: *philosophie* 2/2013, 40.

290 Bergmann, a.a.O. 46f.

291 Schirrmacher: EGO, a.a.O. 257.

292 Gebhardt, a.a.O. 106.

293 Freud, a.a.O. 222.

294 Digitaler 3-D-Druck existiert bereits und wird stark kommen: Vgl. Christian Fink: Brrrt, ssst, fertig, in: ZEIT Nr. 41/2012, 25f. Ein „Megatrend der Zukunft", der viele Arbeitsplätze kosten und die Regeln in der Gesellschaft verändern wird, wie das bei industriellen Revolutionen üblich ist! Götz Hamann erklärt: „Diese Geräte arbeiten nach einer digitalen Vorlage. Und jeder, der einen 3-D-Scanner hat, kann eine digitale Druckvorlage erstellen, das Objekt also problemlos kopieren. So wird der Schutz geistigen Eigentums endgültig zur Frage für Wohlstand und Wachstum im 21. Jahrhundert" (Der Alles-Drucker, in: ZEIT Nr. 41/2012, 15).

295 Vgl. Stefan Schmitt: Der zensierte 3-D-Drucker, in: ZEIT Nr. 35/2013, 27.

296 So der theoretische Psychologe Nicholas Humphrey in: J. Brockman (Hg.): Das Wissen von morgen, Frankfurt a.M. 2008², 143.

297 Krause, a.a.O. 282.

298 Friedrich Nietzsche: Zarathustra II (Kritische Studienausgabe [Neuausgabe 1999] Bd. 4, 109 und 111).

299 Nietzsche: Die fröhliche Wissenschaft (1882), zit. nach: Kritische Studienausgabe Bd. 3, 481.

300 Zarathustra II, a.a.O. 110; vgl. ferner 325.

301 Alex Rühle: Jenseits der Stille, in: *Süddeutsche Zeitung* vom 21.6.2009. Schumaker zufolge „rebellieren wir auch nicht gegen die Formulierung ‚Ich bin mit meinem Handy sehr glücklich'" (a.a.O. 29).

302 Horx, a.a.O. 123. „Egoismus und Narzissmus sind letztlich missglückte Individualisierungen, denn als genuin soziale Wesen können wir das eigene Wesen nur im Spiegel der Anderen erkennen" (127).

[303] Silvia Liebrich: Handy für den Komposthaufen, in: *Süddeutsche Zeitung* Nr. 224 vom 27.9.2013, 18. „Selbst Akkus werden so eingebaut, dass sie nicht ausgetauscht werden können, wenn sie defekt sind" (ebd.).

[304] Deshalb mahnt Dagny Lüdemann: „Bevor allerdings unsere Seele online geht, sollten wir vielleicht kurz darüber nachdenken, wer hier eigentlich wen steuert. Und wie viel Alltagsnetz wir wirklich wollen" („Wenn Kühlschränke Gedanken lesen", in: ZEIT ONLINE am 13.12.2012 –http://www.zeit.de/digital/internet/2012-12/internet-of-things-web/seite-1).

[305] Bergmann, a.a.O. 150. „Das Selbst des Körpers ist nicht das Selbst der Kommunikation im Netz" (51).

[306] Maaz, a.a.O. 7. Vgl. auch schon Christopher Lasch: Das Zeitalter des Narzißmus, München 1980.

[307] Maaz, a.a.O. 27. Siehe auch Schumaker, a.a.O. 174, und unten Kap. IV.3.

[308] Schumaker beobachtet, dass „viele Menschen, die unter deprimierenden Bedingungen leben und sogar auf der Schwelle zu einer schwerwiegenden Depression stehen, sich selbst weiterhin als glücklich wahrnehmen können" (a.a.O. 26f). Eine verbreitete narzisstische Selbsttäuschung!

[309] Maaz, a.a.O. 12. Vgl. auch Spitzer, a.a.O. 274: „Digitale Medien machen süchtig und rauben uns den Schlaf."

[310] Maaz, a.a.O. 17.

[311] Vgl. Bergmann, a.a.O. 112.

[312] Vgl. Werner Thiede: „Wer aber kennt meinen Gott?" Friedrich Nietzsches „Theologie" als Geheimnis seiner Philosophie, in: Zeitschrift für Theologie und Kirche 98 (2001), 464-500.

[313] Vgl. neben Schirrmachers „EGO"-Buch auch die Erkenntnis des Trendforschers Horx: „Die Botschaft der Ichwerdung ist längst in der Mitte der Gesellschaft angekommen" (a.a.O. 118).

[314] Maaz, a.a.O. 21 (nächstes Zitat ebd. 22). Vgl. auch Axel Dammler: Verloren im Netz. Macht das Internet unsere Kinder süchtig? Gütersloh 2009.

[315] Maaz, a.a.O. 24.

[316] Maaz, a.a.O. 81; vgl. 129.

[317] Vgl. Maaz, a.a.O. 85. „Je größer und bedrohlicher das reale Leid ist, desto wirksamer ist auch dessen Ablenkungspotential. Für mich ist das die einzige Erklärung, weshalb wir beispielsweise selbst ernsthafte ökologische Bedrohungen unseres Lebens hinnehmen…" (89). Svenja Flaßpöhler zufolge ist das „hohe Maß an Opportunismus, das der Wachstumsgesellschaft entgegengebracht wird, … auf diesen Narzissmus gegründet – an dem sie selbst mitarbeitet" (a.a.O. 40).

[318] Dass es aus christlicher Sicht sehr wohl eine Antwort gibt, zeigt mein Buch „Der gekreuzigte Sinn. Eine trinitarische Theodizee" (Gütersloh 2007).

[319] Maaz, a.a.O. 95f. Beispielsweise fühlt sich Ex-Bischöfin Margot Käßmann durch Handy-Telefonate beim Zugfahren sehr gestört: „Manche Zugfahrten machen mich geradezu aggressiv, weil alle permanent in ihr Telefon reden… Mich stört, dass viele überhaupt keine Stille mehr kennen und auch nicht mehr aushalten" (laut Sonntagsblatt Nr. 24/2013, 10).

320 Vgl. Jörg Schindler: Die Rüpelrepublik. Warum sind wir so unsozial? München 2012.

321 Vgl. Bergmann, a.a.O. 149. Lebensenergien und Todeswünsche wohnen im Narzissmus eng beieinander (vgl. 119, 140 und 215). Siehe auch Wilhelm Meng: Narzißmus und christliche Religion. Selbstliebe – Nächstenliebe – Gottesliebe, Zürich 1997, 180ff.

322 So Leon Wurmser: Die zerbrochene Wirklichkeit. Psychoanalyse als das Studium von Konflikt und Komplementarität, Berlin u.a. 1993², 76.

323 Konrad Hilpert: Art. Gewissensfreiheit, in: Lexikon der Bioethik, Bd. 2, Gütersloh 2000, 159.

324 Auch hier wie im Folgenden in der Übersetzung „Die Gute Nachricht".

325 Dazu mein Art. Erfahrung, in: Praktisches Lexikon der Spiritualität, hg. Chr. Schütz, Freiburg i.Br. 1988, 308-314.

326 Vgl. Bergmann, a.a.O., 186f und 220.

327 Wurmser, a.a.O. 77.

328 Wurmser, ebd.

329 Hans Jonas: Das Prinzip Verantwortung, Frankfurt a.M. 1979, 14.

330 Picht, a.a.O. 103.

331 Picht, a.a.O. 89.

332 Picht, a.a.O. 91.

333 Vgl. dazu A. Donk/R. Becker (Hg.): Politik und Wissenschaft im Technikwandel: Neue Interdisziplinäre Ansätze, Münster 2012

334 Picht, a.a.O. 91. „Die Wissenschaft selbst ist rational, doch ihre Anwendung ist blind und wird von undurchsichtigen Interessen bestimmt" (99).

335 Vgl. Kerstin Kohlenberg/Yassin Musharbash: Die gekaufte Wissenschaft, in: ZEIT Nr. 32/2013, 13 15. „Das öffentliche Bild von der unabhängigen Wissenschaft hat Kratzer bekommen", heißt es am Ende des aufschlussreichen Artikels.

336 Picht, a.a.O. 103. „Die geschichtliche Existenz der Vernunft ist von gesellschaftlichen Bedingungen abhängig" (9).

337 Valentin Groebner bemerkt dabei kritisch: „Das Netz hat den Zwang zur Selbstdarstellung innerhalb der Wissenschaft unübersehbar gemacht und dramatisch beschleunigt. Es ist ... unendlicher Informationsreichtum plus narzisstischem Geschwätz..." (Muss ich das lesen? im F.A.Z.-Fueilleton vom 13.2.2013 (http://www.faz.net/aktuell/feuilleton/forschung-und-lehre/wissenschaftliches-publizieren-muss-ich-das-lesen-12051418.html).

338 http://www.hese-project.org/de/wissenschaft_kritik/index.php?lang=de (Zugriff 27.12.2012). Wie Firmen in problematischer Weise Forschung fianzieren, hat aktuell im ZDF die Frontal 21-Sendung „Gekaufte Wissenschaft?" am 9.4.2013 herausgestellt.

339 A.a.O. 134. Nächstes Zitat ebd.

340 Schirrmacher spricht von der „Rückkehr des magischen Denkens mithilfe der Wissenschaft in die Welt des 21. Jahrhunderts" (a.a.O. 217).

341 Oswald Bayer: Zweierlei Freiheit, in: zeitzeichen 2/2012, 16-19, hier 18.

212

342   Picht, a.a.O. 138 (nächstes Zitat ebd. 136). Ori und Rom Brafman haben Recht: „Tatsache ist, dass jeder von uns durch Faktoren beeinflusst wird, die nichts mit Logik und Vernunft zu tun haben. ... Nur wenn wir die verborgenen psychischen Strömungen erkennen, können wir ihren Einfluss schwächen und ihnen die Macht über unser Denken nehmen" (Kopflos. Wie unser Bauchgefühl uns in die Irre führt – und was wir dagegen tun können, Frankfurt a.m./New York 2008, 197).

343   Jonas: Verantwortung, a.a.O. 26.

344   Sergej P. Kapitza: Wie viele werden wir sein? in: Th. Kunze/W. Maier (Hg.): EINUNDZWANZIG. Jahrhundertgefahren – Jahrhundertchancen, Berlin 2010, 125-135, hier 134.

345   Huber: Freiheit, a.a.O. 48.

346   http://www.pv-ramsdorf-wallerfing.de/global_pfarrei/downloads/papst/dbesuch/1-2011-09-22-begruessung.pdf (Zugriff 4.4.2013). Zum Problem der Wahrheitsfrage siehe mein Buch „Die Wahrheit ist exklusiv" (Gießen 2014), Kap. I.

347   Ratz, a.a.O. 382.

348   Pestalozzi: Zukunft, a.a.O. 133.

349   Böhme, a.a.O. 87, 92 und 273. Schirrmacher weiß: Moral spielt „aus durchaus verständlichen Ursachen keine große Rolle" (EGO, 33). In dem neuen, digitalisierten Markt-Staat würden Werte wie der Respekt, Loyalität oder Familie gleichgültig sein (185).

350   Böhme vermerkt, „dass die Ethik selbst der Funktionalisierbarkeit unterliegt und der professionelle Ethiker in Abhängigkeit von der ihn finanzierenden Institution oder der weltanschaulichen Gruppe, der er dient, in seiner Argumentation interessenbestimmt sein wird" (a.a.O. 276).

351   Laut Rohwetter: Gott, 22.

352   Schirrmacher, a.a.O. 127.

353   So weiß Taxacher um das „durch keine Mitleidsmoral getrübte Streben der Einzelnen nach einem Höchstmaß an Erfolg" (a.a.O. 49; Kursivierung: W.T.).

354   Günter Rohrmoser: Platon hochaktuell II, Bietigheim 2008, 3.

355   „Diese Fähigkeit ist Grundlage der menschlichen Kommunikation", betont Detlef B. Linke: Religion als Risiko. Geist, Glaube und Gehirn, Reinbek 2003, 245.

356   Gott ist auch der endgültige Richter. Wie indes der Physiker Lee Smolin betont, folgt aus der säkularen, im digitalen Zeitalter noch gängiger gewordenen Vorstellung, die irdische Zeit sei die einzige Realität und Wahrheit sei nur im Augenblick angesiedelt, „dass es keinen zeitlosen Richter über Bedeutung und keine transzendente oder absolute Quelle für Werte oder Ethik gibt" (Die Realität der Zeit, in: J. Brockman [Hg.]: Welche Idee wird alles verändern? Die führenden Wissenschaftler unserer Zeit über Entdeckungen, die unsere Zukunft bestimmen werden, Frankfurt a.M. 2010, 371-374, hier 374).

357   Vgl. Spitzer: Digitale Demenz, a.a.O. 15.

358   Carr, a.a.O. 326. Vgl. ferner Frans de Waal: Das Prinzip Empathie. Was wir von der Natur für eine bessere Gesellschaft lernen können, München 2011; Helmut J. Wagner: Der Homo Empathicus, München 2013.

359   Carr, a.a.O. 342.

360 Carr, a.a.O. 321; vgl. 342. „Die enge Verbindung, die wir zu unseren Werkzeugen herstellen, hat zwei Richtungen. Unsere Technik wird zu Erweiterungen von uns selbst, doch werden wir auch zu Erweiterungen unserer Werkzeuge" (323).

361 Carr, a.a.O. 81. Nächstes Zitat ebd.

362 Zumal Nutzer meist nicht ausreichend organisiert sind, bleibt die Zivilgesellschaft in der Regel außen vor, wenn Wirtschaftsvertreter und Politikern ihre Planungsrunden abhalten – wegen fehlender Technikkompetenz, wie gern argumentiert wird (vgl. etwa Beckedahl/Lüke, a.a.O. 196-198).

363 Carr, a.a.O. 81. „Wir sollten den Wachhund in unserem Innern durch die Segnungen der Technik nicht darüber hinwegtäuschen lassen, dass wir möglicherweise einen wichtigen Teil von uns selbst betäubt haben" (329).

364 Walter Jackson Ong betont: „Technologien sind keine bloßen äußeren Hilfsmittel, sondern grundlegende Veränderungen unseres Bewusstseins" (Orality and Literacy, New York 2002, 82 – übersetzt vom Verf.). Einen Werteverlust durch technologischen Fortschritt beobachtet in unserer Zeit nicht zuletzt der Mythenforscher Claude Lévi-Strauss (Mythos, a.a.O. 221). Vgl. auch Werner Thiede: Grenzen des Wertepluralismus? (= Studienbrief Religion 12 – Beilage zu: *Brennpunkt Gemeinde* 2/ 2006).

365 Vgl. Böhme, a.a.O. 95.

366 Rohwetter: Gott ist ein Computer, a.a.O. 22. Hans A. Pestalozzi fragt: „Haben wir derart den Maßstab verloren, dass wir glauben, der Mensch müsse sich neuen Technologien anpassen, statt dass wir als Vorbedingung jeder neuen Technologie fordern, dass sie den Menschen angepasst sein müsse?" (Auf die Bäume, ihr Affen, Bern 1990[6], 32).

367 Meckel: NEXT, a.a.O. 208. Nächstes Zitat ebd.

368 Vgl. Pierangelo Maset: Geistessterben. Eine Diagnose, Stuttgart 2010. Franz Alt weiß: „Unser Gewissen sorgt dafür, daß bei allen wesentlichen Entscheidungen nicht nur unser Ego, sondern auch Gefühle und Empfindungen anderer Menschen sowie Gefühle und Empfindungen von Pflanzen und Tieren Sitz und Stimme haben" (Der ökologische Jesus, München 1999, 339f). Was aber, wenn die Gewissen durch die moderne Technologie immer mehr korrumpiert werden (s.o. II.2.)?

369 Der protestantische Ethiker Martin Honecker betont, bei der Wahl der Methoden der Überprüfung sei „Pluralismus durchaus angebracht. Denn nur wer eine Wahl zwischen unterschiedlichen Argumentationsverfahren hat, kann sich gegen Indoktrination und Vereinnahmung durch eine Ideologie schützen" (Pluralismus in der Begründung christlicher Ethik, in: *Materialdienst des Konfessionskundlichen Instituts Bensheim* 56 [2005], 2-6, hier 5).

370 Hingewiesen sei hier auf die 2013 erfolgte Einrichtung des ersten Lehrstuhls für Medienethik mit philosophischem Schwerpunkt, und zwar an der Münchener Jesuiten-Hochschule für Philosophie. Inhaber ist Alexander Filipovic, der seine Dissertation an der Katholischen Fakultät Bamberg zum Thema „Christliche Sozialethik und die öffentliche Kommunikation der Wissensgesellschaft" verfasst hat.

371 Eine starke Formulierung des Vorsorgeprinzips hält technische Entwicklungen nur dann für zulässig, wenn wissenschaftlich ausgeschlossen werden kann, dass für Mensch und Umwelt Schaden entstehen kann; eine schwache Formulierung hat Ein-

wände nur bei ernsthaften Gefahren oder wenn irreversible Schäden drohen (vgl. Ornella, a.a.O. 103).

372 Joachim Illies: Gottes Welt – in unserer Hand. Der Aufbruch des ökologischen Gewissens, Freiburg i.Br. 1985, 52.

373 Gräb-Schmidt, a.a.O. 51.

374 Vgl. Christoph Fehige/Georg Meggle: Gut, besser, Praktische Ethik, in: *Universitas* 44 (1989), Nr. 521, 1093-1102, hier 1095.

375 Fehige/Meggle, a.a.O. 1097. „Klerikal (oder auch nur religiös) gebundene Arbeiten und Verlautbarungen zur Moral enthalten oft ernstzunehmende Gedanken und Resultate; aber den theologischen Prämissen dieser Argumentationen fehlt es heute in weiten Teilen der Bevölkerung an Zustimmung..." (1098).

376 A.a.O. 1102.

377 Beckedahl/Lüke, a.a.O. 55f.

378 Taxacher, a.a.O. 56.

379 Anne Kunze/Max Rauner: Verstrahlt, in: ZEIT Nr. 35/2013, 27-29, hier 28.

380 Kunze/Rauner, a.a.O. 27.

381 Spitzers so wichtiges Buch „Digitale Demenz" (2012) hat die Mobilfunk-Problematik leider völlig außen vor gelassen. In meinem kurz danach erschienenen Buch „Mythos Mobilfunk" habe ich mich als Ethiker der Thematik ausführlich gewidmet.

382 Vgl. Nikola Tesla: Energieübertragung und Radiotechnik (Edition Tesla Bd. 4), Peiting 1997, 132f (1905).

383 Tesla, a.a.O. 131 (1905).

384 Vgl. Krause, a.a.O. 250 und 332.

385 http://www.bmbf.de/pubRD/Agenda_Photonik2020_11-2010.pdf (Zugriff 11.7. 2012), 97. „Die fortschreitende Integrationsdichte elektronischer integrierter Schaltkreise mit dem entsprechenden Kostenverfall für elektronische Funktionalitäten ist einer der wesentlichen Grundlagen für die moderne Gesellschaft und die moderne Wirtschaft" (ebd.).

386 Vgl. Beckedahl/Lüke, a.a.O. 159. http://www.izmf.de/de/content/wie-entwickelte-sich-der-digitale-mobilfunk-deutschland (Zugriff 10.3.2013). Das C-Netz sendete seit 1985 auf einer Funkfrequenz von 450 Megahertz und war das erste – zumindest teilweise – digitale Mobilfunknetz in Deutschland: Die Sprache wurde zwar noch (wie im A- und im B-Netz) mittels analoger Funktechnik übertragen, die Vermittlungs- und Steuerinformationen waren aber bereits digital.

387 Vgl. Robert Torunsky: Das Ende der ‚weißen Flecken' ist in Sicht, in: *Wirtschaftszeitung* vom 14.1.2011, 17. LTE „soll das mobile Internet revolutionieren" (Jonas Rest: Teures Turbo-Netz, in: *Frankfurter Rundschau* Nr. 223 vom 24.9.2012, 14).

388 Vgl. http://www.golem.de/news/hybrid-box-telekom-kombiniert-vdsl-vectoring-und-lte-auf-200-mbit-s-1212-96197.html (Zugriff 10.12.2012). In den USA seien Investitionen von rund 4,7 Milliarden US-Dollar 2013 sowie jeweils rund 3 Milliarden US-Dollar in den beiden Folgejahren geplant, gegenüber durchschnittlich 2,7 Milliarden US-Dollar zwischen 2010 und 2012; der Ausbau des LTE-Netzes stehe dort im Zentrum.

389 http://www.heise.de/newsticker/meldung/EU-50-Millionen-Euro-Forschungsgelder-fuer-5G-Netze-1811394.html. Von 2007 bis 2013 hat die EU-Kommission eigenen

Angaben zufolge über 700 Millionen Euro in die Forschung und Entwicklung künftiger Netzwerke gesteckt, etwa die Hälfte davon in Projekte zum 4G-Mobilfunk (http://www.heise.de/newsticker/meldung/EU-50-Millionen-Euro-Forschungsgelder-fuer-5G-Netze-1811394.html) – Zugriffe 23.5.2013.

390 Vgl. http://www.golem.de/news/bis-2020-mit-metis-will-eu-weltweiten-5g-mobilfunkstandard-schaffen-1302-97721.html (Zugriff 21.2.2013).

391 Vgl. http://www.golem.de/news/iphos-datenfunk-mit-bis-zu-100-gigabit-pro-sekunde-1305-99182.html?utm_source=nl.2013-05-10.html&utm_medium=e-mail&utm_campaign=golem.de-newsletter (Zugriff 10.5.2013).

392 Vgl. http://de.scribd.com/doc/111100176/24/HSPA-Throughput (Zugriff 30.3.2013).

393 Dass der LTE-Regelbetrieb jedenfalls an gemeinsam mit GSM oder UMTS genutzten Standorten zu einem Anstieg der Mobilfunkimmissionen führt, wird von industrienaher Seite eingeräumt unter http://www.izmf.de/de/content/lte-regelbetrieb-f%C3%BChrt-zu-anstieg-der-mobilfunkimmissionen-auf-sehr-niedrigem-niveau (Zugriff 27.2.2013). Dass dabei angeblich ein „sehr niedrige Niveau" vorliege, ist insofern eine verzerrende Wahrnehmung, als sie sich an extrem hohen, nämlich rein thermischen Grenzwerten bemisst. „Wenn erst alle Betreiber ihre LTE-Netze aufgebaut haben, erwarten wir im Mittel eine Verdoppelung der Strahlenbelastung", erklärte Jörn Gutbier, Vorstand von Diagnose-Funk (siehe http://www.diagnose-funk.org/assets/df_kompakt_2013-01-02.pdf – Zugriff 20.2.2012).

394 Siehe http://www.golem.de/1111/87579.html (Zugriff 14.2.2012).

395 So hieß es in dem *Focus*-Artikel „Jesus-Phone, das fünfte Buch. Der Apple-Gott schweigt" (Nr. 38/2011, 158f): „Zum Datenaustausch zwischen Rechner und Handy braucht man kein Kabel mehr" (159). Wer heute ein Smartphone oder einen Tablet-Computer „mit Kabel-Zugang" verlangt, erntet nur Kopfschütteln: Das wird gar nicht gebaut!

396 Interview mit der Schwäbischen Post vom 7.12.2006 (Quellen: http://www.diagnose-funk.ch/aktuell/zitate/zitate-zu-gesundheit/index.php; http://www.diagnose-funk.ch/aktuell/zitate/zitate-zu-gesundheit/index.php).

397 Vgl. Thiede: Mythos Mobilfunk, bes. Kap. III-V.

398 Siehe z.B. in Österrreich: „BMVIT-Berater verharmlosen erneut Gesundheitsrisiken des Mobilfunks – Grüne fordern Auflösung des Wissenschaftlichen Beirat Funks" (http://www.gruene.at/verkehr/artikel_doppelt/lesen/84224/ - Zugriff 12.6.2012).

399 Dazu K. Hecht/ u.a. (Hg.): Warum Grenzwerte schädigen, nicht schützen – aber aufrechterhalten werden. Beweise eines wissenschaftlichen und politischen Skandals, St. Ingbert 2009; Thiede: Mythos Mobilfunk, 128ff.

400 Siehe http://www.scinexx.de/dossier-detail-85-16.html?utm_source=CleverReach&utm_medium=email&utm_campaign=24-07-2013+Internationaler+%C3%84rzteappell+NewsLetter+Juli+2013&utm_content=Mailing_6331926 (Zugriff9.8.2013).

401 Siehe https://docs.google.com/viewer?a=v&q=cache:d1C4H-yNVTkJ:dip21.bundestag.de/dip21/btd/17/120/1712027.pdf+F%C3%BCnfter+Bericht+der+Bundesregierung+%C3%BCber+die+Forschungsergebnisse+in+Bezug+auf+die+Emissionsminderungsm%C3%B6glichkeiten+der+gesamten+Mobilfunk-technologie&hl=de&gl=de&pid=bl&srcid=ADGEEShWskpzyfmMUPk3Wy0X8Tu

sjDnXOrZQzkpzXTVkSa-0uqdPm9eYAErRfxYucEUPV5v86kyRmSrksho8Pmt q2tVgZ1C4TQ4tsWJytM_4M0XyfGrdAhAw60crTrnS5vmG_7RO8LCe&sig=AHI EtbRtJWYnLvsMew3wr4Tk5vQHizouxw (Zugriff 24.2.2013).

402   Vgl. Oliver Klempert: Ballzauber nach Art der Physik, in: *Stuttgarter Zeitung* vom 18.6.2013, 18. Sogar Haare und Grashalme sollen sich in Computerspielen korrekt bewegen. „Und manchmal übertreiben es die Programmierer auch, um den Effekt zu verstärken: Wenn man etwa in Ego-Shootern einem Gegner in die Brust schießt, wird dieser manchmal mehrere Meter weit nach hinten geschleudert. In der Realität ist ein solches Phänomen selbst mit starken Gewehren nicht möglich." Drahtlose Sofortübertragungen von Foto- und Filmaufnahmen mögen faszinieren, belasten aber die Umwelt, weil das, was nicht über Drähte geleitet wird, in der Luft wirkt.

403   *Diagnose-Funk* berichtet auch, dass die Vereinigung US-amerikanischer Kinderärzte den Schutz vor Mobilfunk-Risiken fordert (http://www.diagnose-funk.org/assets/ df_kompakt_2013-01-02.pdf - Zugriff 20.2.2013). Kritiklos stellt dagegen das christliche Medienmagazin *pro* „Das digitale Kinderzimmer" dar (3/2012, 30f). In Mittelitalien hat die Schule Sant'Agostino in Civitanova Marche WLAN abgeschaltet und ist zur Verkabelung zurückgekehrt (http://www.buergerwelle.de/ de/themen/gesundheit/via_il_wifi_torna_il_cavo.html – Zugriff 12.5.2014).

404   http://www.diagnose-funk.org/aktuell/brennpunkt/gremien-versuchen-abgeordnete-zu-manipulieren.php (Zugriff 25.2.2013). Über entsprechende Desinformation der Öffentlichkeit habe ich bereits in meinem Buch „Mythos Mobilfunk" berichtet (bes. 79ff und 104ff). Übrigens hat die belgische Regierung 2013 den Verkauf von Mobiltelefonen an Kinder unter 7 Jahren in Läden und im Internet untersagt; desgleichen ist Handy-Werbung in Kinderprogrammen im TV und Radio künftig verboten.

405   RFID steht für *Radio Frequency Identification*. „Angesichts der zunehmenden Verbreitung von RFID-Anwendungen im Alltag besteht ein Bedarf nach einer verstärkten Erforschung möglicher gesundheitlicher Auswirkungen der RFID-Technologie. Die bestehenden offenen Fragen und Unsicherheiten bezüglich Gesundheitsrisiken von elektromagnetischen Feldern sind bei RFID-Anwendungen besonders stark ausgeprägt" (Schweizer Bundesamt für Gesundheit: Handlungsbedarf im Zusammenhang mit RFID-Technologie [2005], 48).

406   Damiano Urbinello u.a.: Zeitliche und räumliche Verteilung hochfrequenter elektromagnetischer Felder (HF-EMF) im Raum Basel, Basel 2013, 44 (http:// www.gesundheitsschutz-bs.ch/files/berichte/BER_130612_Bericht_NIS-Monitoring_Gesundheitsamt_BS_FINAL.pdf - Zugriff 14.9.2013).

407   Siehe http://www.areamobile.de/news/24691-telefnica-macht-litfasssaeulen-zu-umts-standorten (Zugriff 16.7.2013).

408   Bezeichnenderweise erklärt Bernd Pfaffenbach, Staatssekretär im Bundeswirtschaftsministerium, es sei in Sachen Mobilfunk „ein prosperierender Markt vor Eingriffen zu schützen", die „aus wissenschaftlicher Sicht unbegründet" seien (zit. nach Katrin Hummel: Sind das jetzt die Webers, die mich grillen?, in: Frankfurter Allgemeine Zeitung Nr. 120 vom 24.5.2011, 4).

409   Vierter Bericht der Bundesregierung über die Forschungsergebnisse in Bezug auf die Emissionsminderungsmöglichkeiten der gesamten Mobilfunktechnologie und in Bezug auf gesundheitliche Auswirkungen (Drucksache 17/4408 vom 12.1.2011).

410 Peter Trechow in den *VDI-Nachrichten* vom 11.1.2013 (http://www.vdi-nachrichten.com/artikel/Stromfresser-Mobilfunk-bekommt-Diaetplan/62202/2 - Zugriff 22.2.2013). Trechow weiter: „Selbst in modernen UMTS- und LTE-Netzen wird permanent mit Höchstleistung gesendet. Das Wiederhochfahren abgeregelter Verstärker würde zwar nur Millisekunden dauern, doch auch hier hapert es an der Hardware. Umschalten in den Sparmodus ist nicht vorgesehen." – Auch der *Bund Naturschutz* weiß: „Funknetze und der Ausbau der Kommunikationsinfrastruktur in den Haushalten verschlingen zunehmend kostbare Energie. Allein bei der Leistungsaufnahme von 2 kW für eine Basisstation des Mobilfunks (insbesondere für die aufwändige Klimatisierung) ergeben sich für Deutschland hochgerechnete Verbrauchswerte in Höhe von 4-5 Milliarden Kilowattstunden pro Jahr. Zum Vergleich: Die Hälfte der Produktion vom AKW Biblis A wird dafür benötigt oder weit mehr als der Beitrag durch Solarstrom in Deutschland (2007: 2 Milliarden kWh) wird quasi von der Mobilfunktechnologie konsumiert" (BUND [Hg.]: Für zukunftsfähige Funktechnologien [Positionen 46], Berlin 2008, 24).

411 Interview mit Frank Umbach in: ZEIT Nr. 33/2013, 24. Auch manche Apps sind übrigens ausgesprochene Stromfresser (vgl. Michael Huch: So läuft das Handy länger, in: *Die Welt aktuell*, 23.8.2013, 8). Vgl. insgesamt Werner Thiede: Energiewende und christliche Ethik. Warum Ökologie die Schöpfung besser bewahrt als Ökonomie. Studienbrief G 1 (Beilage zur Zeitschrift *Brennpunkt Gemeinde* 6/ 2013, 15 Seiten).

412 Dazu Werner Thiede: Streit ums Licht. Glühbirne contra Energiesparlampe, in: MUT Nr. 499, 3/2009, 6-10. Jochen Bittner unterstreicht: „Das Glühlampenverbot der EU ist gut gemeint, schränkt aber die Freiheitsrechte unnötig ein" (Warmes Licht für das Wohlbefinden, in: ZEIT Nr. 36/2012, 33).

413 DECT-Telefone, die dank ECO-Modus nach einem Telefonat mit dem Weiterfunken aufhören, sind mittlerweile problemlos zu bekommen (allerdings muss dieser Modus immer noch extra eingestellt werden!) Auch lassen sich in manchen heutigen Geräten WLan- oder Bluetooth-Verbindungen leicht abschalten, oder sie gehen ggf. selber in einen Standby-Modus zurück (vgl. z.B. Johannes Boie: Schwarze Nacht, in: *Süddeutsche Zeitung* Nr. 218 vom 20.9.2013, 17).

414 Vgl. z.B. Ulrich Warnke: Ein initialer Mechanismus zu Schädigungseffekten durch Magnetfelder bei gleichzeitig einwirkender Hochfrequenz des Mobil- und Kommunikationsfunks, in: *Umwelt – Medizin – Gesellschaft* 3/2009, 219-232.

415 Vgl. http://www.iarc.fr/en/media-centre/pr/2011/pdfs/pr208_E.pdf (Zugriff 22.2. 2012). Übrigens hatte die WHO schon 2001 niederfrequente Magnetfelder ab 300 Nanotesla als „potenzielles Krebsrisiko" eingestuft (vgl. Wolfgang Maes: Stress durch Strom und Strahlung. Baubiologie: Unser Patient ist das Haus, Bd. 1, Neubeuern 2013[6], 120ff und 212). Schwedische Wissenschaftler (L. Hardell u.a.) fanden in einer Analyse epidemiologischer Studien erneut heraus, dass Strahlung von Mobil- und Schnurlostelefonen bei häufiger Nutzung von mindestens 10 Jahren wahrscheinlich krebserregend ist – damit wurde die Einstufung durch die IARC im Jahr 2011 bestätigt. Ob wohl der weltweite Mobilfunk-Ausbau in den letzten beiden Jahrzehnten mit dazu beigetragen hat, dass die Krebsrate in diesem Zeitraum (ungeachtet aller modernen Medizin) global um 38 Prozent zugenommen hat (vgl. die ganzseitige Übersichtsgraphik in: ZEIT Nr. 7/2013, 37)?

416   Franz Adlkofer: Die Grenzwerte zum Schutz der Bevölkerung vor Hochfrequenz-
strahlung sind das Ergebnis institutioneller Korruption. Erweiterte Version eines
Vortrags in Harvard, 2012, 17 (http://www.stiftung-pandora.eu/ downloads/
harvard_120311_dt.pdf - Zugriff 10.4.2012). Vgl. auch Torsten Engelbrecht:
Handystrahlen – doch gesundheitsschädlich? in: natur & heilen 9/2011, 24-31.

417   Vgl. http://www.apotheken-umschau.de/Krebs/WHO-Experten-Handys-
moeglicherweise-krebserregend-113149.html (Zugriff 1.6.2011). Dabei hatte bereits
2009 die in Washington D.C. gegründete unabhängige Umweltarbeitsgruppe *Environmental Working Group* (EWG) auf der Basis einer wissenschaftlichen Evaluation
von über 200 Studien und Dokumenten über die Gefährdung durch Handy-Strahlung
erklärt: „Die Wissenschaftslücke schließt sich nun. Weltweit haben Wissenschaftler
in letzter Zeit ernsthafte Gesundheitsprobleme mit dem Gebrauch von Handys während 10 Jahren und länger in Verbindung gebracht" (http://www.diagnose-funk.de/
wissenschaft/risikowahrnehmung/ewg-wissenschaftliche-rezension-ueber-
krebsrisiken.php - Zugriff 1.2.2012).

418   Vgl. Jörg Blech : Die Angst-Macher, in : *Der Spiegel* Nr. 23/2011, 21
(http://www.spiegel.de/spiegel/print/d-78832422.html - Zugriff 6.2.2012).

419   Vgl. z.B. Lennart Hardell u.a.: Pooled analysis of case-control studies on malignant
brain tumours and the use of mobile and cordless phones including living and de-
ceased subjects (Gepoolte Analyse von Fall-Kontroll-Studien zu bösartigen Hirn-
tumoren und der Nutzung von schnurlosen und Mobiltelefonen einschließlich lebender und verstorbener Personen), in: International Journal for Oncology 38, 5/2011,
1465-1474. Die schwedische Forschergruppe um Hardell bestätigt ein erhöhtes Risiko für bösartige Hirntumore durch Nutzung von Mobiltelefonen und DECT-Tele-
fonen. Schon 2007 hatte es im *Bioinitiative Report* geheißen: „Wer sein Mobiltelefon mehr als zehn Jahre benutzt hat, hat ein um 20 Prozent erhöhtes Hirntumor-
Risiko" (zitiert nach http://www.spiegel.de/wissenschaft/ mensch/
0,1518,514252,00.html - Zugriff 1.6.2011). 2009 betonte Lloyd Morgan, Direktor
der Hirntumor-Gesellschaft der USA: „Es gibt klare Beweise, dass Handy-Strahlen
Hirntumore erzeugen können" (http://www.diagnose-funk.de/wissenschaft/
interphone/experte-fordert-handys-bis-18-verbieten.php - Zugriff 2.6.2011). Er
warnte: „Es kann mehr als 30 Jahre dauern, bis ein solcher Tumor ausbricht. Heute
erkranken in den USA jährlich rund 50.000 Menschen an einem Hirntumor. Wenn
wir nichts unternehmen, wird es in 20 Jahren über 130.000 Fälle pro Jahr geben.
Andere Berechnungen sprechen gar von bis zu vier Millionen Menschen, die wegen
des Handys einen Hirntumor bekommen – allein in den USA." Zugleich erläuterte
der Experte, Kinder hätten ein wesentlich höheres Tumor-Risiko, wenn sie Handy-
Strahlen ausgesetzt seien.

420   Fast gleichzeitig berichtete die *Danish Cancer Society*, die Zahl der Männer mit
Glioblastom, der bösartigsten Krebs-Art im Gehirn, habe sich in den letzten zehn
Jahren fast verdoppelt. Eine Erklärung dafür wusste man nicht.

421   Peter Nießen im Interview durch die Zeitschrift *Mobile Business*
(http://www.mobilebusiness.de/home/newsdetails/article/-88fa971448.html - Zugriff
12.5.2012).

422   Punkt 7 der Resolution (deutsche Übersetzung: http://www.diagnose-funk.org/
assets/df_bp_europarat_2011-05-27.pdf).

[423] So zeigt eine neue französische Studie: Wer häufig telefoniert, hat ein erhöhtes Risiko für einen Gehirntumor (http://www.taz.de/Gesundheitsgefahren-durch-Mobiltelefone/!138392/ - Zugriff 15.5.2014). Siehe auch Umweltbundesamt (Hg.): Späte Lehren aus frühen Warnungen, Band 2, 2013 (http://www.mobilfunkstudien. org/dokumentationen/d-f/eea-spaete-lehren---fruehe-warnungen.php - Zugriff 11. 5.2014). Hier werden spezielle Fälle untersucht, bei denen Warnsignale unbeachtet geblieben sind, die in einigen Fällen zu Tod, Krankheit und Umweltzerstörung geführt haben. Die *Danish Cancer Society* berichtete 2012, dass die Zahl der Männer mit Glioblastom, der bösartigsten Krebs-Art im Gehirn, sich in den letzten zehn Jahren fast verdoppelt habe. Hans Skovgaard Poulsen, der Leiter der Neuro-Onkologie am Copenhagen University Hospital, nannte dies eine „erschreckende Entwicklung." Der Bericht berücksichtigt auch Warnsignale, die sich aus derzeit gebräuchlichen Technologien abzeichnen (http://www.diagnose-funk.org/politik/behoerden-int/eua-warnt-vor-risiken-des-mobilfunks.php - Zugriff 24.2.2013).

[424] Vgl. www.mobilfunk-studien.org/assets/df_bioinitiative-2012_uebersetzung.pdf (Zugriff 18.4.2013). Schon Jahre zuvor hatte die Direktorin der EAU, Jacqueline McGlade, beteuert, es gebe genügend Beweise für Wirkungen des Mobilfunks schon bei schwacher Strahlung: „Sie stören Zellprozesse, den Signalaustausch zwischen Zellen. Wenn das über einen langen Zeitraum passiert, können diese Störungen zu Langzeiteffekten wie Krebs führen. Und das sind die Effekte, die uns am meisten beunruhigen" (Interview-Äußerung in der Sendung *Report Mainz* vom 29.10.2007). Zur aktuellen Lage siehe meinen Artikel „Die Mobilfunk-Diskussion, in: *Mittelbayerische* vom 30.1.2014, 4, sowie z.B. für Kanada http://electromagnetichealth. org/electromagnetic-health-blog/rf-toolkit-environmental-health-practitioners/ (Zugriff 11.5.2014).

[425] Siehe http://www.diagnose-funk.org/ueber-diagnose-funk/pressemitteilungen/ versicherer-befuerchtet-schadensersatzansprueche.php (Zugriff 17.5.2014).

[426] Vgl. Z. Cao: General EMF and Health Research in China (1994-2006). National activity report from China, in: NIEHS of China CDC (2007), 3ff (http:// www.who.int/peh-emf/project/mapnatreps/China_2007_EMF_activity_report.pdf - Zugriff 24.2.2013).

[427] http://www.nachrichten.at/ratgeber/gesundheit/art114,913672 (Zugriff 4.7.2012).

[428] Ulrich Warnke/Peter Hensinger: Steigende „Burn-out"-Inzidenz durch technisch erzeugte magnetische und elektromagnetische Felder des Mobil- und Kommunikationsfunks. Forschungsbericht, hg. von der Kompetenzinitiative zum Schutz von Mensch, Umwelt und Demokratie e.V., St. Ingbert 2013, 32. Die Autoren führen zahlreiche Nachweise dafür an, dass Mobilfunk (sowohl GSM-, UMTS- als auch WLAN-Frequenzen) sogenannte Freie Radikale generieren.

[429] Zum PDF des Newsletters Nr. 101 gelangt man über http://wik-emf.org/ emfbrief.html (Zugriff 20.6.2013). Vgl. auch Werner Thiede: Netz mit Nebenwirkungen, in: *Mittelbayerische Zeitung* vom 25.6.2013, 4; Peter Hensinger: Smartphone & Tablet-Hype, WLAN Hot Spots & Mobilfunkmasten – ein Gesundheitsrisiko? in: *Diagnose-Funk Kompakt* 8/2013, 1-7.

[430] Bernd Irmfried Budzinski: Beim Elektrosmog nichts Neues? in: Neue Zeitschrift für Verwaltungsrecht 32 (2013), 404-407, hier 404. Siehe auch ders./Hans-Peter Hutter:

Mobilfunkschäden Ansichtssache? in: *Neue Zeitschrift für Verwaltungsrecht* 33 (2014), 418-422.

[431] Vgl. Olle Johansson: „We could have irreversible sterility within five generations" (http://stopsmartmeters.org.uk/prof-olle-johansson-on-wifi-radiation-we-could-have-irreversible-sterility-within-five-generations/ - Zugriff 16.5.2013).

[432] Vgl. Bernd Kowall/J. Breckenkamp u.a.: German wide cross sectional survey on health impacts of electromagnetic fields in the view of general practitioners, in: *International Journal for Public Health* 55 (2010), 507-512.

[433] Siehe http://www.mobile-research.ethz.ch/var/Bericht_D.pdf (Zugriff 28.4.2012), 8.

[434] Vgl. Franz Adlkofer/Karl Richter: Strahlenschutz im Widerspruch zur Wissenschaft, St. Ingbert 2011, sowie Karl Richter u.a.: Was ist vom Strahlenschutz-Auftrag geblieben? Eine Dokumentation zur deutschen Mobilfunk-Politik, St. Ingbert 2013.

[435] Siehe näherhin http://www.aefu.ch/typo3/fileadmin/user_upload/aefu-data/b_documents/themen/elektrosmog/M_0702_EMF-Industrie.pdf (Zugriff 11.5.2012).

[436] Zu Österreich vgl. http://www.diagnose-funk.org/wissenschaft/risikowahrnehmung/schweizer-aerzte-und-emf.php (Zugriff 28.4.2012); Norbert Leitgeb u.a.: Does „electromagnetic pollution" cause illness? An inquiry among Austrian general practitioners, in: *Wiener Medizinische Wochenschrift* 155, 9-10/2005, 237-241. – Zu Deutschland vgl. Hans-Christoph und Ana Scheiner: Mobilfunk, die verkaufte Gesundheit, Peiting 2006; Wolf Bergmann/Horst Eger: Mobilfunk-Einwirkungen auf die menschliche Gesundheit, Stuttgart 2007; C. Waldmann-Selsam (Hg.): Dokumentierte Gesundheitsschäden unter dem Einfluss hochfrequenter elektromagnetischer Felder, Bamberg 2007[4]; Karl Hecht: Zu den Folgen der Langzeiteinwirkungen von Elektrosmog, St. Ingbert 2012.

[437] http://www.elektrosmognews.de/Freiburger_Appell.pdf (Zugriff 28.4.2014).

[438] Rasant verbreiten sich unter Kindern und Jugendlichen Smart-Phones, Tablet-PCs und WLAN-gesteuerte Spiele: „Funkferngesteuerte Modelle liegen nicht nur im Trend, die Elektronik ist auch immer preisgünstiger und leistungsfähiger geworden", heißt es in dem Artikel „Drahtlos glücklich" (in: *Mobil* 7/2012, 16).

[439] Z.B. der Bamberger, der Coburger, der Hofer, der Maintaler, der Oberammergauer, der Freienbacher, der Pfarrkirchner, der Schlüchterner und der Stockacher Appell.

[440] http://freiburger-appell-2012.info/media/ Internationaler_Aerzteappell_2012 _11 _21.pdf (Zugriff 24.2.2012). Eine ukrainische Forschergruppe um Igor Yakymenko am Kiewer Institut für experimentelle Pathologie, Onkologie und Radiobiologie sieht es inzwischen als bewiesen an, dass Mobilfunkstrahlung zu schädigenden Oxidationsprozessen in Zellen durch die Überproduktion Freier Radikale führt (laut *Diagnose-Funk kompakt* 03/04 – 2014, 3).

[441] Fachliche und erfahrungsorientierte (baubiologische) Überlegungen des BUND führen zu einem Vorsorgestandard in Höhe von 1 $\mu W/m^2$; in elektrischen Feldstärkewerten ausgedrückt ergibt sich ein Wert von 0,02 V/m. Diese Immissionswerte sollten als maximale Werte für die Summe aller Einwirkungen und für Aufenthaltsbereiche sensibler Nutzungen gelten.

[442] Kunze/Rauner, a.a.O. (s.o. Anm. 379) 27.

[443] Bettina Dyttrich: Todmüde, aber hellwach, in: *Wochenzeitung* Nr. 4/2013, 15-17 (auch unter http://www.woz.ch/1304/elektrosmog/todmuede-aber-hellwach - Zugriff 18.5.2014).

444 http://www.merkur-online.de/lokales/garmisch-partenkirchen/oberammergau/opfer-mobilfunkstrahlung-pfarrer-ruhestand-begeht-selbstmord-2763856.html (Zugriff 24.3.2013).

445 Ausgaben Muldental und Borna am 18. bzw. 19.3.2013. Über die hochengagierte Silvia Czub berichtete auch der MDR am 4.4.2013 in der Fernsehsendung „Hier ab Vier" – sowie in einem späteren Artikel wieder die Leipziger Volkszeitung am 1.6. 2013, 35.

446 Am 23.3.2013: http://www.badische-zeitung.de/wehr/zur-erholung-ins-funkloch--55488677.html (Zugriff 24.3.2013).

447 Vgl. Katrin Hummel: Sind das jetzt die Webers, die mich grillen?, in: F.A.Z. Nr. 120 vom 24.5.2011, 4. Frank Berner betont in einem Leserbrief in der ZEIT (Nr. 37/ 2013, 81): „Wir wissen insgesamt noch viel zu wenig darüber, wie die menschliche Zelle (vor allem langfristig) auf den heute vorliegenden Frequenzmix reagiert." Die Meinung,

448 Man bedenke: „Die Nervenzellen selbst kommunizieren mittels Stromimpulsen: Über eine Kombination aus elektrischen und chemischen Signalen erhalten sie In-formationen von vorgeschalteten Zellen, verrechnen sie und geben das Ergebnis weiter" (Josephina Maier: Gehirn unter Strom, in: ZEIT Nr. 30/2012, 31). Wieso sollten da externe elektromagnetische Funk-Impulse nicht stören können?

449 Vgl. näherhin C. Waldmann-Selsam (Hg.): Dokumentierte Gesundheitsschäden unter dem Einfluss hochfrequenter elektromagnetischer Felder, Bamberg 2007[4].

450 Klaus Buchner in einem Leserbrief der ZEIT (Nr. 37/2013, 81).

451 Dazu Näheres in meinem Buch „Mythos Mobilfunk" (a.a.O. bes. Kap. VII.2) sowie bei Silvio Hellemann: Ständig unter Strom. Das Handbuch für Elektrosensible und alle, die ohne Elektrosmog leben möchten, Darmstadt 2010.

452 In Europa ist Schweden das einzige Land, das EHS als Krankheit einigermaßen angemessen respektiert: Lokale Verwaltungen unterstützen unter Bezugnahme auf die UN-Resolution 48/96, Anhang 20.12.1993 (UN 1993) – EHS-Patienten; Arbeit-nehmer mit EHS haben ein Recht, von ihrem Arbeitgeber unterstützt zu werden, damit sie trotz ihrer Einschränkungen arbeiten können; einige Krankenhäuser in Schweden haben Krankenzimmer mit extra geringer EMF-Belastung eingerichtet. Das Europäische Parlament hat in seiner Entschließung vom 2.4.2009 zur Gesund-heitsproblematik im Zusammenhang mit elektromagnetischen Feldern die Mitglied-staaten aufgefordert, „dem Beispiel Schwedens zu folgen und Menschen, die an Elektrohypersensibilität leiden, als behindert anzuerkennen, um ihnen einen ange-messenen Schutz und Chancengleichheit zu bieten" (Abs. 28). Weiteres zu anderen Ländern in meinem Buch „Mythos Mobilfunk", Kap. VII.2. Immerhin kennt die WHO mit den IDC-10-Codes Z 57 und Z 58 die Krankheit „Elektrosensibilität" (Z 58 unter Bezug auf Hochfrequenz), so dass Ärzte sie abrechnen können (siehe http://www.dimdi.de/static/de/klassi/icd-10-who/kodesuche/onlinefassungen/htmlamtl2013/block-z55-z65.htm - Zugriff 15.3.2013).

453 Alexander Lerchl: Macht Mobilfunk krank? Daten, Fakten, Hintergründe, München u.a. 2007, 81.

454 Vgl. z.B. Örjan Hallberg/Gerd Oberfeld: Werden wir alle elektrosensitiv? in: Elec-tromagnetic Biology and Medicine 25/2006, 189-191. Dyttrich zitiert in der

222

Wochenzeitung (a.a.O. 16) Peter Schlegel von der Schweizer „Bürgerwelle": „Er schätzt, dass zehn bis fünfzehn Prozent der Bevölkerung elektrosensibel sind, wenn auch nicht alle gleich stark. ... Viele leiden jahrelang und finden irgendwann zufällig heraus, dass Elektrosmog das Problem ist."

455 Vgl. z.b. Gunilla Ladberg: Ein schönes Gefängnis. Auf der Flucht vor Elektrizität und Mobilfunkstrahlung, Tirschenreuth 2009[2].

456 Vgl. z.b. Ulrich Warnke: Schädigung des Organismus durch Mobil- und Kommunikationsfunk. Expertenpapier für die Anhörung im bayerischen Landtag (http://www.diagnose-funk.org/downloads/by-anh-2012_warnke.pdf – Zugriff 5.4.2013); Hans-Peter Neitzke: Einfluss schwacher Magnetfelder auf biologische Systeme. Biophysikalische und biochemische Wirkungsmechanismen, in: EMF Monitor 4/2012 (siehe http://www.mobilfunkstudien.de/assets/ neitzke_nfmf_biophysbiochem_monitor_2012_04.pdf - Zugriff 17.5.2013). Schirrmacher erinnert zudem an einschlägige Experimente schon vor über 200 Jahren (vgl. EGO, 111ff). Zu bedenken ist auch die Aussage des Psychiatrieprofessors Johannes Kornhuber: „Menschliches Verhalten ist bunt und vielfältig", in: *uni kurier aktuell* Nr. 90 (April 2012), 19.

457 Art. Elektrosmog, in: Roche Lexikon Medizin, München/Wien/Baltimore 1998[4], 453.

458 Stephen J. Genius/Christopher G. Lipp: Electromagnetic hypersensitivity: Fact or fiction?, in: *Science of the Total Environment* 2011 (doi:10.1016/j.scitotenv.2011.11.008); autorisierte deutsche Übersetzung: Elektrohypersensibilität: Tatsache oder Einbildung?, erschienen als Diagnose-Funk-*Brennpunkt* am 1.2.2012, hier zitiert aus dem Vorwort zur Übersetzung (2).

459 Vgl. Genius/Lipp, a.a.O. (deutsche Übersetzung), 14.

460 Vgl. Karl Richter u.a.: Was ist vom Strahlenschutz-Auftrag geblieben? Eine Dokumentation zur deutschen Mobilfunk-Politik, St. Ingbert 2013.

461 Dyttrich, a.a.O. 16. Unter „Nocebo-Effekt" versteht man Beschwerden und Symptom-Verschlimmerungen, die durch eine Scheinbehandlung bzw. gezielte oder unbeabsichtigte Suggestionen oder negative Erwartungen entstehen.

462 Die Professoren Helmut Horn und Wilfried Kühling betonen: „Dass elektromagnetische Felder biologische Systeme beeinflussen, steht außer Frage... Verlässliche Studien belegen gesundheitliche Folgen, die – legte man das Grundgesetz und die fachgesetzlich normierte Vorsorge entsprechend aus – der Gesetzgeber ausschließen müsste. Allerdings ist die Politik derzeit nicht gewillt, dem Rechnung zu tragen" (Helmut Horn/Wilfried Kühling: Gefährlich oder nicht? in: *B.U.N.D.-Magazin* 1/2008, 31). Vgl. die Ausführungen in meinem Buch „Mythos Mobilfunk", 128ff.

463 So wäre das Wesen und Zusammenwirken biologischer und physikalischer Effekte genauer zu eruieren (z.b. die Frage, inwieweit die Art der Pulsung oder/und der Modulation Einfluss nimmt). Der Neurowissenschaftler Detlef Linke betont: „Das Gesetz des Nervensystems ist kein Algorithmus zur Lösung von Problemen, sondern ein Regelwerk, das stets auch selbst Probleme erzeugt" (a.a.O. 254).

464 Gertrud Höhler: Das Glück. Analyse einer Sehnsucht, Düsseldorf/Wien 1981, 100.

465 Vgl. Birgit Trappmann-Korr: Hochsensitiv. Leben zwischen Hochbegabung und Reizüberflutung, Freiburg i.Br. 2010, 16. Die Sozialpsychologin gibt zu bedenken:

Mittels tiefer „Einfühlung in Form von Empathie ist auch eine größere Spannweite der Wahrnehmung des elektromagnetischen Spektrums verbunden, und dies kann ganz unbewusst erlebt werden" (270). Dinge jenseits des sichtbaren elektromagnetischen Spektrums könnten unter Umständen gespürt werden; das habe nichts mit „Spinnerei" zu tun (271). „Diese Sensitivität stellt eine Grunddisposition dar, auf der auch negative Einflüsse der Umwelt leichter ihre Wirkung entfalten können" (33).

[466] Vgl. Trappmann-Korr, a.a.O. 113f.

[467] Vgl. Allen Frances: Normal. Gegen die Inflation psychiatrischer Diagnosen, Köln 2013.

[468] Siehe http://www.csn-deutschland.de/blog/2012/05/04/fuhrender-umweltmediziner-elektrosensibilitat-nimmt-drastisch-zu/ (Zugriff 22.5.2012).

[469] Artikel 3 der Charta sichert das Recht auf Unversehrtheit der Person, nämlich Respekt vor der körperlichen und geistigen Integrität; Artikel 6 betont das Recht auf Freiheit und Sicherheit der Person.

[470] Vgl. Fischermann/Hamann: Zeitbombe Internet, a.a.O. 78.

[471] Böhme, a.a.O. 100.

[472] Laut: http://boerse.ard.de/content.jsp?key=dokument_533590 (Zugriff 1.3. 2012).

[473] Werner Ludwig: EnBW investiert in die Wende, in: *Stuttgarter Zeitung* vom 18.6.2013, 9.

[474] http://www.spiegel.de/wirtschaft/service/smart-meter-verbraucher-wollen-intelligente-zaehler-umsonst-a-843569.html (Zugriff 29.4.2013). Nächstes Zitat ebd.

[475] So zeigt z.B. die Kosten-Nutzen-Analyse einer österreichweiten *Smart Metering*-Einführung (bei Strom und Gas): Ein flächendeckender 100%-Rollout verursacht mit dem heutigen Annahmengerüst 2,708 Milliarden EUR an Mehrkosten (nach Kapitalwertmethode, NPV) gegenüber dem weiteren Verbau konventioneller Zähler im Betrachtungszeitraum bis 2028 (http://oesterreichsenergie.at/ Smart_Meter_Wunsch_und_Wirklichkeit.html - Zugriff 11.5.2013).

[476] *Der Spiegel* (siehe vorletzte Anm.), ebd. Was bedeutet es in dem Zusammenhang, wenn EU-Energiekommissar Günter Öttinger im März 2013 die Einführung von „intelligenten Stromrechnungen" analog zu detaillierten Rechnungen über den Mobilfunk-Verkehr anregt (*Sonntagsblatt* Nr. 13/2013, 12)?

[477] http://de.wikipedia.org/wiki/Intelligenter_Z%C3%A4hler (Zugriff 1.3.2012).

[478] Andreas Hentschel: Strom mit Grips, in: *Chip* 1/2010, 162-164. Im Übrigen leidet eventuell die Messgenauigkeit: „Aufgrund eines nicht regulierten Störfrequenzbereichs zwischen 3 kHz und 150 kHz kann es bei elektronischen Zählern zu starken Messabweichungen gegenüber der wirklichen Energiemenge kommen. Insbesondere bei der Einspeisung erneuerbarer Energie über Wechselrichter ist dieses Problem in der Praxis spätestens seit 2010 bekannt" (http://de.wikipedia.org/wiki/ Stromz%C3%A4hler – Zugriff 1.3.2012).

[479] Hinzuweisen ist hier auch auf den englischen Dokumentarfilm „Stop Smart Meters" http://stopsmartmeters.org.uk/resonance-beings-of-frequency-full-documentary/ (Zugriff 30.4.2013).

[480] Vgl. z.B. http://www.spiegel.de/wirtschaft/service/0,1518,694087,00.html (Zugriff 29.2.2012).

[481] Siehe http://www.heise.de/security/meldung/Smart-Meter-verraten-Fernsehprogramm-1346166.html (Zugriff 23.2.2012).

[482] Vgl. http://www.daten-speicherung.de/index.php/eu-prueft-datenschutz-bei-intelligenten-zaehlern-in-unseren-wohnungen/ (Zugriff 28.2.2012). Ob und inwieweit die Häufigkeitsfrequenz dem Verbraucher überlassen bleibt, ist fraglich. Immerhin gibt es z.b. den „*Metrona* Datensammler", der sämtliche Verbrauchswerte *monatlich* und stichtagsgenau sendet.

[483] Siehe http://eur-lex.europa.eu/LexUriServ/ LexUriServ.do?uri= CELEX:52011DC0202:DE:NOT – Zugriff 1.3.2012.

[484] „Gesetz zur Neuregelung energiewirtschaftlicher Vorschriften" § 21g, Abs. 5. Siehe auch Martin H. Virnich: „Intelligente" Stromzähler (http://www.baubiologie-virnich.de/pdf/WuG_Stromzaehler.pdf - Zugriff 12.2.2012); ferner ders.: Baubiologische EMF-Messtechnik. Grundlagen der Feldtheorie – Praxis der Feldmesstechnik, München/Heidelberg 2012.

[485] Vgl. http://www.heise.de/newsticker/meldung/Datenschuetzer-stellen-Anforderungen-an-intelligente-Stromzaehler-1627021.html - Zugriff 4.7.2012.

[486] Beckedahl/Lüke, a.a.O. 161f.

[487] Darüber wurde am 24.1.2013 abends in der 3sat-Sendung *Scobel*: „Cyberware – das digitale Schlachtfeld" informiert.

[488] A.a.O. 246. Dass sich „alle Staaten" auf Cyber-Angriffe auf ihr digitalisiertes Stromnetz vorbereiten, machte auch die *Phoenix*-Sendung „Vom Digitalangriff zum Cyberkrieg" deutlich, die am 15.5.2013 von 21.00 bis 21.45 Uhr ausgestrahlt wurde.

[489] Siehe http://derstandard.at/1371171567007/Keine-Smart-Meter-Pflicht-in-Oesterreich (Zugriff 14.9.2013).

[490] Dazu die Ausführungen des *BUND*: http://www.bund.net/fileadmin/bundnet/publikationen/technischer_umweltschutz/121120_bund_technischer_umweltschutz_telekommunikationsrechtliche_nachweisverfahren_hintergrund.pdf (Zugriff 30.4.2013).

[491] So erklärt der Mediziner Karl Braun-von Gladiß: „Für Menschen, die ein Mobilfunkgerät grundsätzlich weder besitzen noch benutzen – wie ich zum Beispiel –, hieße es, die letzte mobilfunkfreie Zone in der eigenen Wohnung aufzugeben, wenn sie zustimmen, eine solche Einrichtung in der Wohnung oder im Haus installieren zu lassen" (Kritische Stellungnahme zur neuen Stromablesetechnik (www. funkfrei.net/dokumente/090331-Gladisz-Stromablesetechnik.pdf - Zugriff 29.2.2012).

[492] Vgl. http://www.diagnose-funk.org/wissenschaft/risikowahrnehmung/europaer-wollen-mehr-informationen-ueber-emf.php (Zugriff 14.2.2012).

[493] Bergmann, a.a.O. 172.

[494] Bund für Umwelt und Naturschutz: Bundestagswahl 2013, a.a.O. 9f. Siehe auch www.bund.net/themen_und_projekte/technischer_umweltschutz/elektrosmog/ (Zugriff 21.5.2013).

[495] Vgl. Martin H. Virnich/Dietrich Moldan: Internet aus der Steckdose, in: Wohnung und Gesundheit 6/2012 (Nr. 143), 70-73; http://www.strahlung-gratis.de/Powerline.htm (Zugriff 12.5.2013) sowie Wolfgang Maes: Stress durch Strom und Strahlung, a.a.O. 2013[6], 473ff. Scheingraber und Spaarmann betonen: „Ab ca. 30 kHz wird bekanntlich abgestrahlt, dann bleibt es nicht beim ‚schmutzigen Strom'.

Wechselrichter und elektronische Schaltnetzteile müssten so abgeschirmt werden und Filter enthalten, dass sie keinen Elektrosmog abstrahlen können bzw. der Abstand ausreicht" (a.a.O. 74). Vgl. M. Schauer (Hg.): Feldreduzierung in Gebäuden, Heidelberg 2012.

[496] Peter Schlegel: Auch das „Internet über die Steckdose" strahlt! (http://www.buergerwelle.de/assets/files/internet_ueber_steckdose_strahlt.pdf - Zugriff 16.2.2012).

[497] Karl Braun-von Gladiß: Kritische Stellungnahme zur neuen Stromablesetechnik (http://www.funkfrei.net/dokumente/090331-Gladisz-Stromablesetechnik.pdf - zuletzt geöffnet am 29.2.2012).

[498] Vgl. Bernd Irmfried Budzinski: Von der Versorgung ohne Auftrag zur Bestrahlung ohne Gesetz, in: *Neue Zeitschrift für Verwaltungsrecht* 2011 (Heft 19), 1165-1171; W. Karl/E. Chr. Schöpfer (Hg.): Mobilfunk, Mensch und Recht, Salzburg 2006.

[499] Vgl. Werner Thiede: Wenn Strom- und Wasserzähler „strahlen". Ethische Aspekte der künftig einzusetzenden digitalen Messgeräte, in: ETHICA 20 (2012), 165-183, bes. 177f.

[500] Siehe http://aaemonline.org/images/CaliforniaPublicUtilitiesCommission.pdf (Zugriff 2.3.2012). Wissenschaftlicher Literatur zufolge komme es auch schon bei niedrigeren Energiedichten funkender Technologie zu medizinisch und biologisch signifikanten Effekten, die sich über die Zeit akkumulierten. Umso bedenklicher sei es, wenn man der Strahlung von „intelligenten" Zählern dauerhaft ausgesetzt sei. Die aktuelle medizinische Literatur werfe glaubwürdig Fragen auf hinsichtlich genetischer und zellulärer Effekte, hormoneller Wirkungen sowie eines erhöhten Risikos für bestimmte Krebsarten. Kinder seien besonders gefährdet.

[501] Siehe http://futurezone.at/future/544-intelligente-stromzaehler-als-krebsausloeser.php (Zugriff 1.3.2012).

[502] http://www.daten-speicherung.de/index.php/immer-mehr-proteste-gegen-intelligente-stromzahler/ (zuletzt geöffnet am 1.3.2012).

[503] Joachim Mutter: Stromzähler und Heizungsmesser. Mikrowellenbestrahlung (http://www.scribd.com/doc/13601283/Stromzahler-und-Heizungsmesser-Mikrowellenstrahlung - Zugriff 3.10.2013).

[504] Siehe näherhin http://stopsmartmeters.org.uk/live-blood-analysis-observable-effects-of-rfmw-radiation-from-smart-meter/ (Zugriff 25.8.2013); der hier zu sehende Videoclip ist ein Ausschnitt aus der Dokumentation „Take Back Your Power", einer kritischen Untersuchung des Smart-Meter-Phänomens und funkvernetzter Messsysteme. Vgl. auch den Film „Mobilfunk – die verschwiegene Gefahr" unter http://www.politaia.org/umwelt-und-gesundheit/dokumentarfilm-mobilfunk-die-verschwiegene-gefahr/ (Zugriff 9.9.2013).

[505] S.u. (II.8) und http://www.bmbf.de/pubRD/Agenda_Photonik2020_11-2010.pdf (Zugriff 11.7.2012), 89.

[506] Interview „Es beschützt uns" in: ZEIT Nr. 9/2013, 30.

[507] Gero Madelung: Sind die Hochschulen der technologischen Herausforderung gewachsen? in: Wissenschaft im Dialog e.V. (Hg.): Wem nützt die Wissenschaft? München 1981, 199-202, hier 202.

[508] Der Ethiker Johannes Fischer überlegt: „Ungleich wirksamer als Appelle an die ethische Verantwortung der Wissenschaftler und Techniker in den Risikoindustrien wäre es, wenn man ... die Risikoindustrien gesetzlich dazu verpflichten würde, ihr Risiko privat abzusichern" (Leben aus dem Geist, Zürich 1994, 26). Immerhin wurde 2004 bekannt: Führende Mobilfunk-Firmen und Handy-Hersteller haben den Versicherungsschutz verloren; ihre Assekuranzen wollten nicht länger für Gesundheitsschäden haften, die sich möglicherweise auf Grund von elektromagnetischen Strahlungen in der Zukunft herausstellen könnten. „Nehmen die bereits aufgetretenen und noch zu erwartenden Gesundheitsschäden weiter zu, werden sie auch von Gerichten anerkannt werden. Dann dürfte in naher Zukunft auf die Mobilfunkfirmen eine große Prozesslawine zurollen, die mangels Versicherungsschutz deren Pleite zur Folge haben dürfte", meint Helga Krause in einem Infoblatt des „Bundes Naturschutz in Bayern e.V." unter der Überschrift „Mobilfunk und andere Hochfrequenzanwendungen").

[509] Vgl. Ronja Sebode: Wertminderung durch Sendemasten, in: *Immobilien, Wirtschaft und Recht* 6/2002, 60f.

[510] Björn Claassen im Gespräch mit Claudia Rayling in: *Funkschau* vom 1.6.2010 (www.funkschau.de/infrastruktur/know-how/article/interview_lte_stolperstein_fuer_die_glasfaser/31336/873d3a72-6d4f-11df-aa4f-001ec9efd5b0). Die Anbieter Huawei und Vodafone gaben im Januar 2013 bekannt, in einem Feldversuch auf einer Strecke von 3325 km eine Übertragungsrate von 2 TBit/s über Glasfaser erreicht zu haben.

[511] Vgl. dazu *Diagnose-Funk Kompakt* 11/12-2012 und http://www.ftthcouncil.eu/documents/PressReleases/2012/Quote2012_Vectoring_Germany_FINAL_G.pdf (Zugriff 24.2.2012). Über eine technisch und finanziell interessante Lösung berichtet der *Südkurier* am 24.1.2013: „Das System, das in Brigachtal verwendet werden soll, wurde vom Mannheimer Unternehmen Friatec entwickelt. Die Technik: Mit einem Y-Stück wird das Glasfaserkabel in die Leitung eingefügt. In der Wasserleitung wird es dann weitergeführt bis in das Gebäude hinein. Dort gibt es ein T-Stück. Auf der einen Seite zweigt die Wasserleitung ab. Auf der anderen wird das Glasfaserkabel wieder herausgeführt. ‚Wasserleitung und die Ummantelung der Glasfaser sind aus dem gleichen Material', erklärt Ortsbaumeister Alexander Tröndle. Daher könne man nicht von einem Fremdkörper in der Wasserleitung sprechen. Der Nachteil: Die Technik kann nicht überall verwendet werden. In Straßenzügen stören beispielsweise Hydranten, die umständlich umfahren werden müssten – nicht nur umständlich, sondern auch teuer." Daher solle das Verfahren in Brigachtal auch bei Hausanschlüssen getestet werden.

[512] Vgl. http://www.diagnose-funk.org/assets/df_kompakt_2013-01-02.pdf, 15 – Zugriff 20.2.2013. Seit dem 1.4.2013 soll jede neu errichtete Wohnung, die in einer Region gebaut wird, in der ein Glasfaserkabel vorhanden ist, verpflichtend an dieses Kabelnetz angeschlossen werden. Bis 2015 sollen dort so rund 40 Millionen Familien eine superschnelle Internetverbindung bekommen.

[513] Vgl. http://www.golem.de/news/hybrid-box-telekom-kombiniert-vdsl-vectoring-und-lte-auf-200-mbit-s-1212-96197.html (Zugriff 10.12.2012).

[514] Im März-Rundbrief 2013 betont Diagnose-Funk: „Wir brauchen auch keine 14 parallelen Mobilfunk-Netze. Das ist ungefähr so schlau, als wenn wir jeden Auto-

227

bauer in Deutschland seine eigenen Autobahnen, Land- und Kreisstraßen durchs Land bauen ließen."

515 http://www.diagnose-funk.org/assets/df_bp_zukunft-kommunikation_2013-01-24.pdf (Zugriff 25.1.2013). „Dadurch können alle Sendefrequenzen/Kanäle in jedem Nachbarraum erneut genutzt werden, d.h. dies erhöht die Kanalkapazitäten für die Provider fast ins Unendliche. … Der Aufbau von Femtozellen im Nah- und Fernverkehr sowie in öffentlichen Gebäuden brächte eine enorme Reduzierung vorhandener Strahlenbelastung für Nutzer und Passivtelefonierer mit sich. Der Umbau/Austausch der veralteten GSM-Technik sollte noch vor dem Lizenzende 2016 geregelt sein."

516 Vgl. das *Abstract* von: Claus Scheingraber/Stefan Spaarmann: Gesundheits- und umweltverträgliche Massen-Kommunikation mit Photonischen Netzen (2012): http://www.kompetenzinitiative.net/assets/ki_lichttechnologie_okt-dez_2012.pdf – Zugriff 29.3.2013). Die Autoren erläutern: „In den Femto-Versorgungszellen, die an Transportwegen ggf. perlenschnurartig aneinanderzureihen (Lichterkette) sind, gilt für die Kommunikations-LED: Naturnah, rücksichtsvoll, ohne Flickerfrequenzen, Blendung und zu große Leuchtdichte, selbstverständlich augensicher. Freistrahlüberbrückungen nur außerhalb der bewohnten Sphäre" (118).

517 Vgl. http://www.golem.de/news/optische-datenuebertragung-schnelles-wlan-soll-aus-der-lampe-kommen-1210-94903.html (Zugriff 29.3.2013).

518 http://www.golem.de/news/lamps-licht-macht-dumme-objekte-smart-1212-96485.html (Zugriff 29.3.2013).

519 Dass Menschenrecht auf Achtung der Wohnung (Art. 8 I EMRK) auch gegenüber den Immissionen des Mobilfunks gilt (und zwar laut Europäischem Gerichtshof für Menschenrechte 2007), zeigt Bernd I. Budzinski: Von der Versorgung ohne Auftrag zur Bestrahlung ohne Gesetz, in: Neue Zeitschrift für Verwaltungsrecht 30 (2011), 1165-1171. Vgl. ders.: Mobilfunk versus Menschenrechte: Technischer k.o. oder Kompromiss? in: *Neue Zeitschrift für Verwaltungsrecht* 28 (2009), 160-162; auch Karl/Schöpfer (Hg.). Mobilfunk, a.a.O. (2006).

520 A.a.O. 119.

521 So vermeldete IBM einen Durchbruch bei optischen Chips, die mit Licht statt mit elektrischen Signalen arbeiten, um Informationen zu übertragen (http://www.golem.de/news/licht-statt-elektronen-schnellere-chips-dank-silicon-nano-photonics-1212-96238.html - Zugriff 10.12.2012).

522 Schock-Nachricht vom 25.4.2012: „Telekom-Panne in Deutschland – das gesamte Handy-Netz war weg!" Gregor Tholl fragt in seinem Artikel „Handyausfall als kultureller Super-Gau": „Können die Deutschen noch ohne ihr Mobiltelefon?" (http://www.news.de/technik/804913359/handyausfall-als-kultureller-super-gau/1/ (Zugriff 25.4.2012). In England wird in Sachen Abhängigkeit eine regelrechte „No More Phone"-Phobie diagnostiziert (kurz: Nomophobie): „Einer aktuellen Studie zufolge ist die Zahl der betroffenen Menschen in Großbritannien in den letzten Jahren stark gestiegen. Inzwischen befürchten 66 Prozent der Bevölkerung, ihr Handy zu verlieren oder gar kein Handy zu haben" (http://www.netzwelt.de/news/90912-nomophobie.html - Zugriff 30.3.2013).

523 Spitzer: Demenz, a.a.O. 272. Süchtige können ihre Online-Zeit nicht mehr kontrollieren und vernachlässigen ihr Sozialleben. „Während die Nutzung des Mediums Internet mit seinen vielfältigen Möglichkeiten selbstverständlich geworden ist, wird

seit etwa zehn Jahres ein Phänomen beobachtet, das ‚pathologischer Computer- oder Internetgebrauch' genannt wird. Es zeichnet sich bei den Betroffenen durch eine exzessive Computer- und Internetnutzung aus, die bis hin zu einem Abhängigkeitsverhalten reichen kann (http://www.drogenbeauftragte.de/drogen-und-sucht/ computerspiele-und-internetsucht.html - Zugriff 25.1.2013).

524 Pestalozzi: Zukunft, a.a.O. 129.

525 Neben dem hierzu bereits Dargelegten sei mit Marcus Rohwetter unterstrichen, wie der Google-Chairman Eric Schmidt gerne „religiöses Vokabular" verwendet, so dass Computer und Software zu „Heilsbringern" hochstilisiert werden (Gott, a.a.O. 21).

526 Der Journalist Peter Glaser, Ehrenmitglied des *Chaos Computer Clubs*, differenziert: „Der digitale Wandel wird uns weiterhin mit neuen Bequemlichkeiten versorgen – und andererseits ganze Branchen, Interessengruppen und Parteien von Grund auf verändern. Die Bequemlichkeit ist aber auch eine Büchse der Pandora, die unaufhörlich Gefahren freisetzt, immer neue Sicherheitslecks, immer neue Angriffe auf vertrauliche Daten. Kommunikation, Arbeit und Konsum laufen zunehmend über die Bildschirme großer und kleiner Rechner. Wie vor tragbaren Herrgottswinkeln sitzen wir vor ihnen" (20 Jahre Welt im Web, in: *stern* Nr. 19/2013, 84-91, hier 91).

527 Jonathan Zittrain: „Wir brauchen wütende Nerds", in: ZEIT Nr. 33/2012, 43.

528 Timothy Taylor: Das menschliche Gehirn ist ein kulturelles Artefakt, in: J. Brockman (Hg.): Was ist Ihre gefährlichste Idee? Frankfurt/M. 2009, 287-291, hier 290. „Denn der freie Wille stellt eine Bedrohung für die Mächtigen dar" – und es droht das „Reich der Freiheit für eine kleine Elite" (290f). Desgleichen Thomas Metzinger: Ja, die Frage nach der Willensfreiheit ist wirklich eine gefährliche Frage – aber aus anderen Gründen, aber aus anderen Gründen, als die meisten Menschen – heute noch glauben" (Die Intuition der verbotenen Frucht, in: J. Brockman [Hg.]: Was ist Ihre gefährlichste Idee? Frankfurt/M. 2009, 174-177, hier 177).

529 So die tabellarische Angabe in: philosophie 2/2013, 41.

530 Claudia Steinberg: Die Übervernetzten, in: ZEIT Nr. 31/2012, 18. Joachim Bittner erklärt: „Gerade weil eine Mail im Vergleich zu einem Brief im Nu geschrieben und gesendet ist, die heute mehr Nachrichten um die Welt als jedes Postunternehmen zu stellen, 200 Milliarden sind es jeden Tag, schätzt das amerikanische Internet-Urunternehmen Cisco. Je mehr Arbeit sich aber in einem Tag, in eine Stunde pressen lässt, desto eindringlicher wirkt die Sorge, Zeit verschwendet zu haben, auf die Psyche. Die genutzte Zeit ist heute so dicht, dass sich die ungenutzte anfühlt wie ein größerer Verlust als in der Zeit der Band-Diktiergeräte" (Zeit ist Macht, in: ZEIT Nr. 31/2012, 8-9, hier 8). Die Digitalisierung – ein Segen?

531 http://www.spiegel.de/panorama/gesellschaft/weihnachtsmette-papst-benedikt-fordert-mehr-zeit-fuer-gott-a-874617.html (Zugriff 17.2.2013).

532 http://www.bundespraesident.de/SharedDocs/Reden/DE/Joachim-Gauck/Reden/2012/12/121225-Weihnachtsansprache.html (Zugriff 16.2.2013).

533 Vgl. dazu Christina Costanza: Beschleunigung oder Slow Media? Zeiterfahrung und Zeitgestaltung im Social Web, in: *Deutsches Pfarrerblatt* 7/2013, 386-391. Die Autorin berichtet u.a. von einem „Slow Media Movement" (389).

534 Der Zukunftsforscher Andreas Eschbach betont: „Gegen diesen Beschleunigungs-druck regt sich spürbar Widerstand, und es ist anzunehmen, dass daraus eine breite Bewegung wird" (a.a.O. 172).

535 Friedrich Nietzsche: Menschliches, Allzumenschliches, § 282.

536 Der Jesuit Friedhelm Hengsbach betont: „Phasen der Beschleunigung aber gab es immer. Im Mittelalter begann es mit dem Fernhandel, dann die Industrialisierung, und heute hat die Digitalisierung für einen Megaschub gesorgt" (Zeitrebellen ge-sucht, im *KNA*-Interview vom 2.1.2013: http://www.domradio.de/themen/ethik-und-moral/2013-01-02/der-jesuit-friedhelm-hengsbach-wendet-sich-gegen-be-schleunigung - Zugriff 14.3.2013).

537 Im Wikipedia-Artikel „Digitalisierung" heißt es: „Die grundlegenden Vorteile der Digitalisierung liegen in der Schnelligkeit und Universalität der Informationsver-breitung. Bedingt durch kostengünstige Hard- und Software zur Digitalisierung und der immer stärkeren Vernetzung über das Internet entstehen in hohem Tempo neue Möglichkeiten, aber auch Gefahren" (http://de.wikipedia.org/wiki/Digitalisierung - Zugriff: 14.2.2013).

538 Jochen Bittner überlegt: „Ein Minister berichtet vertraulich, er lege sein Smartphone kaum noch aus der Hand, er lese ständig Tickermeldungen und Mails, zu Akten- oder gar Bücher-Lektüre komme er überhaupt nicht mehr. Die Kanzlerin, heißt es beruhigend aus ihrem Umfeld, finde durchaus noch Zeit für längere Gespräche und grundsätzliche Erwägungen. Wann? Vor allem auf Reisen, im Flugzeug. Auch weil dort die Handys ausgeschaltet werden müssen. Wie sehr kann Politik an Tempo zu-legen, ohne sich selbst zu beschädigen?" (Zeit ist Macht, in: ZEIT Nr. 31/2012, 8f).

539 Beispielsweise schreibt das deutsche Bundesministerium für Bildung und Forschung in einer Annonce in der ZEIT (Nr. 40/2012, 49) unter der Überschrift „Wie wir mor-gen leben": „Die Bundesregierung bündelt seit 2006 in der Hightech-Strategie zahl-reiche Aktivitäten im Bereich von Forschung und Innovation. Es geht konkret da-rum, Wissen und Ideen möglichst schnell in neue Technologien, Produkte und Dienstleistungen zu überführen."

540 Marcus Rohwetter: Ohne Feierabend, in: ZEIT Nr. 39/2012, 29.

541 Manuel Schneider: Die Beschleunigungsgesellschaft und ihr Sport, in: *Scheidewege* 38 (2008/09), 317-337, hier 318.

542 Wolfram Eilenberger: Vernünftig entschleunigen? in: *philosophie* 2/2013, 3.

543 Arne Storn bemerkt gegen den Trend: „Wer langsam ist, wer Zeit hat, der spart Geld" – denn der kann in Ruhe Preise vergleichen und leichter fristgerecht zahlen (Die Zeit, ja die Zeit, in: ZEIT Nr. 52/2012, 32).

544 Schnabel: Langsamkeit, a.a.O. 57. Der Buchautor weiß: „Auch der Verlust an reli-giösen Bezügen kann zum Gefühl beitragen, keine Zeit zu haben." Vgl. auch Mari-anne Gronemeyer: Das Leben als letzte Gelegenheit. Sicherheitsbedürfnisse und Zeitknappheit, Darmstadt 1996.

545 Eine exemplarische Beobachtung: „iPod-User verwenden die ‚hippen' M3-Player nicht nur aufgrund seiner Features, sondern der Besitz und die Verwendung des iPods sind eine Aussage über sich selbst, ein Teil ihrer Selbstdefinition" (Ornella, a.a.O. 126).

546 „Besitzer von Smartphones oder Tablets arbeiten im Durchschnitt zwei Stunden extra, weil sie auch nach Feierabend E-Mails beantworten", erläuterte die BILD-Zeitung (Stuttgart) am 2.11.2012. Das habe eine britische Studie mit 2000 Befragten gezeigt, von denen jeder Zehnte angegeben habe, sogar bis zu drei Stunden außerhalb der normalen Arbeitszeit E-Mails abzuarbeiten: „Zwei Drittel prüfen ihre dienstlichen E-Mails oft vorm Schlafengehen und direkt nach dem Aufstehen."

547 Vgl. Stefan Rieger: Multitasking. Zur Ökonomie der Spaltung, Berlin 2012 (der Medienwissenschaftler weist der gleichzeitigen Arbeit an mehreren „Gegenständen" Ineffizienz nach), sowie Torkel Klingberg: Multitasking, München 2008.

548 Michael Kirn: Der Computer und das Menschenbild der Philosophie, Stuttgart 1985, 144. Kirn warnt davor, dass „die Ontologie des rechnerisch-gesteuerten Chaos an die Stelle der moralisch-ästhetischen Intuition des menschlichen Denkens tritt" (ebd.). Vgl. auch Hans-Dieter Mutschler: Von der Form zur Formel. Metaphysik und Naturwissenschaft, Kusterdingen 2012.

549 „In Geräten eingebettete Kleinstcomputer verschmelzen digitale und physisch erfahrbare Welt und läuten nach Dampfmaschine, Fließband und PC eine vierte Stufe der Industrialisierung ein" (BITKOM 2012: http://www.bitkom.org/files/documents/Grundsatzpapier_Industriepolitik_BITKOM.pdf - Zugriff 28.4.2012, 4).

550 Nicholas Carr: Wer bin ich, wenn ich online bin… und was macht mein Gehirn solange? Wie das Internet unser Denken verändert, München 2010, 23 und 28. Nächstes Zitat: 28.

551 Meckel: Next, a.a.O. 289f.

552 Elisabeth Hurth: Der schöne Schein. Zum Körper- und Schönheitskult in der Postmoderne, in: *Deutsches Pfarrerblatt* 8/2013, 462-465, hier 465.

553 Siehe z.B. „EKG bei Herzinfarkt mobil an die Klinik schicken", in: *uni kurier aktuell* Nr. 91 (Juli 2013), 16. Meckel meint am Beispiel entsprechender Behandlung der Parkinson-Krankheit, medizinische Implantate zeugten „von der beginnenden Verwirrung, was Mensch und was Maschine ist. Wenn die Maschine abgestellt ist, glaubt der Mensch, ein Computer springe an. Dabei ist es doch sein Gehirn, das er spürt" (a.a.O. 289).

554 Vgl. Martin Klemrath: Diese Pillen-Kamera filmt meinen Darm, in: BILD-Zeitung (Bundesausgabe) vom 26.8.2013, 21.

555 Meldung im österreichischen *Kurier* vom 3.8.2012, 13.

556 Bundesamt für Gesundheit BAG (Schweiz): Handlungsbedarf im Zusammenhang mit RFID-Technologie (2005), 48.

557 Vgl. http://de.wikipedia.org/wiki/VeriChip (Zugriff 10.4.2013).

558 Vgl. Arne Manzeschke: Zur Ethik Technischer Assistenzsysteme, in: *TTN-Info* 2/2011, 1f. Der Erlanger Theologe erklärt: Auch wenn man den Einsatz von Technischen Assistenzsystemen etwa in der Altenpflege grundsätzlich befürworte, werfe ihr Einsatz doch vielfältige Fragen auf: „Betrachtet man ihre Anwendungsbereiche und ihre Invasivität, so wird deutlich, dass ein immer tieferes Eindringen in den Menschen dessen Privatheit, Freiheit, Autonomie und Identität tangiert und so die ethische Reflexion herausfordert."

559 Vgl. z.B. Max Rauner: Das Handy als Hausarzt, in: *ZEIT Wissen* Nr. 3/2012, 67f. Es gibt Tausende von Apps fürs Smartphone, die zum Teil mit externen Geräten zu-

sammenarbeiten. Rauner betont allerdings: „Es gibt keinen App-TÜV" (68). Und: „Mit dem Tempo der App-Entwickler hält die Wissenschaft nicht mit" (ebd.).

560 http://www.deutsche-gesundheits-nachrichten.de/2012/08/10/chip-in-pillen-bringt-kontrolle-uber-medikamenten-einnahme/ - Zugriff 10.4.2013). Vgl. auch Gebhardt, a.a.O. 379.

561 Man munkelt, dass ein RFID-Suche-Chip in der Lage sei, Menschen, die vermutlich den Forderungen der Schurkenregierung nicht nachkommen, zu töten (https://derhonigmannsagt.wordpress.com/category/h-a-a-r-p/woronesch/ - Zugriff 10.4.2013).

562 Siehe http://www.chip.de/news/RFID-Chip-Implantat-mit-Computer-Virus-verseucht_43100467.html (Zugriff 9.4.2013): Mit einem bewusst verseuchten RFID-Chip soll Dr. Mark Gasson es vor einigen Jahren geschafft haben, das Hauptsystem seines Empfängers zu infizieren; nach Aussagen der Universität Reading hätte sich der Virus von dort weiter ausbreiten können, wenn der Empfänger mit weiteren Systemen verbunden gewesen wäre. Ziel der Aktion war es unter anderem auch, die Wahrnehmung für die potenziellen Risiken implantierter Computer-Systeme – wie z.B. von Herzschrittmachern – zu schärfen. *CHIP Online* meint dazu ebd., es scheine durchaus vorstellbar, dass implantierte Chips in Zukunft sich weiter etablieren und auch an Funktionsumfang und Komplexität zunehmen; und wie sich an heutigen Software-Systemen zeige, steige mit wachsender Komplexität die Schwierigkeit, alle Sicherheitslücken zu stopfen. So nehme auch das Risiko für einen Virenbefall zu.

563 Vgl. z.B. http://www.aktion-freiheitstattangst.org/archiv/articles/2598-20111230-rfid-geknackt.htm (Zugriff 8.9.2013).

564 Siehe http://www.chip.de/news/RFID-Chip-Implantat-mit-Computer-Virus-verseucht_43100467.html (Zugriff 9.4.2013).

565 Rohwetter: Gott, a.a.O. 22.

566 Tina Klopp notiert am 2.3.2010: „Glaubt man einer Bitkom-Studie, würde sich fast jeder Vierte (23 Prozent) einen Funk-Chip (RFID) implantieren lassen, wenn es ihm Vorteile verschaffte. Nicht nur eine schnellere Rettung im Notfall oder mehr Sicherheit versprechen sich die Implantations-Willigen. Fünf Prozent aller Deutschen würden das sogar tun, um bequemer einkaufen zu können. … Allerdings sähe das Ergebnis wohl anders aus, wenn es in der Frage darum gegangen wäre, sich einen digitalen Ausweis implantieren zu lassen" (vgl. http://blog.zeit.de/kulturkampf/2010/03/02/jeder-vierte-wurde-sich-einen-rfid-chip-implantieren-lassen/ - Zugriff 9.4.2013).

567 Vgl. bes. Heiner Gehring: Versklavte Gehirne. Bewusstseinskontrolle und Verhaltensbeeinflussung, Rottenburg 2010, 187ff.

568 Götz Hamann: Die Uhr fürs Ich, in: ZEIT Nr. 8/2013, 26.

569 Forscher der University of Illinois in Urbana-Champaign waren es, die solche *epidermal electronics* entwickelten (http://www.wi.rwth-aachen.de/SmartMed/ - Zugriff 9.4.2013).

570 Vgl. http://www.trendsderzukunft.de/motorola-pille-schlucken-anstatt-passwort-eingeben-um-sich-zu-authentifizieren/2013/06/02/ (Zugriff 15.8.2013).

571 So berichtet *Die Welt kompakt* vom 18.3.2013, 8.

572   Siehe etwa http://www.laborundmore.de/archive/961122/IT-Future-of-Medicine-%E2%80%93-die-Zukunft-personalisierter-Medizin.html (Zugriff 9.5.2013).

573   Franziska Meister: Technototalitäre Visionen, a.a.O. 20.

574   Meister, a.a.O. 21. Folgende Zitate ebd.

575   Zitiert nach einer Meldung in BILD (Hamburg) vom 6.7.2012, 5. Vgl. auch Andre Tauber: Der elektronische Sportler, in: *Die Welt aktuell* (23.8.2013), 4. Dass Sport ohnehin zur Ersatzreligion werden kann, ist bekannt (vgl. z.B. Lars Hartfelder: Sport als eine Art Religion? in: http://suite101.de/article/sport-als-zivilreligion-a42496 - Zugriff 24.3.2013); um wie viel mehr wird das für digitalisierten Sport gelten!

576   Gerhard Hegmann: Wachstumsmarkt Sport-Hightech: Adidas schafft gläserne Fußballspieler, in: *Financial Times Deutschland* vom 22.7.2012, 1. Übrigens will die Telekom in Fußballstadien in Zukunft flächendeckende WLAN-Netze einsetzen (http://www.heise.de/mobil/meldung/WLAN-Hotspots-in-Fussballstadien-geplant-1920881.html - Zugriff 23.7.2013).

577   *Stuttgarter Zeitung* Nr. 40 vom 16.2.2013, V4.

578   Siehe http://www.netzwelt.de/news/66659-los-gehts-erste-chip-implantate-menschen.html (Zugriff 10.4.2013).

579   In dem Roman „Die letzte Prophezeiung" wird das auf die digitale Erhebung eines biometrischen Codes an Fingerkuppe oder Iris hin interpretiert (vgl. Talbot, a.a.O. 343).

580   Vogelsang, a.a.O. 76.

581   Welzer, a.a.O. 16.

582   Schirrmacher: EGO, 12.

583   Längst „dringt auch in das wirtschaftliche Leben diejenige Technik ein, welche an die Stelle der Ordnung die bloße Verrechnung setzt" (Kirn, a.a.O. 146). Vgl. ferner Arne Manzeschke: Eigeninteresse und Verantwortung. Zur notwendigen Revision des homo-oeconomicus-Modells, in: ders.: Sei ökonomisch!, Berlin 2010, 131-162.

584   Alexander Cammann: Und er triumphiert doch! in: ZEIT Nr. 9/2013, 45.

585   Der Begriff ist laut dem Buch „Sprachlügen" ein Wort, das den Verlust der Autonomie zu erwähnen vergisst: „Menschen haben auf den Handel nur insoweit Einfluss, als sie die Programme und Algorithmen dafür schreiben. Alles andere macht der Computer. Weshalb der Hochfrequenzhandel durchaus als Euphemismus gelten kann…" (S. D2).

586   Vgl. Frank Matthias Drost: Mehr Transparenz, in: *Handelsblatt* Nr. 149 vom 3.8.2012, 12. Heike Buchter bemerkt: Börsenaufsicht ist damit „längst abgehängt" (Nicht so schnell! in: ZEIT Nr. 20/2013, 28). Siehe auch Holger Strohm: Bankenmafia, Elbingen 2012.

587   Markus Zydra: Zocken in Millisekunden, in: *Süddeutsche Zeitung* Nr. 183 vom 9.8.2012, 15.

588   Wolfgang Koch/Jürgen Wegmann: Tugend lohnt sich, Frankfurt a.M. 2007, 10; vgl. auch Hanke, a.a.O. 114. Kirn bemerkt: Längst „dringt auch in das wirtschaftliche Leben diejenige Technik ein, welche an die Stelle der Ordnung die bloße Verrechnung setzt" (a.a.O. 146).

589   Beckedahl/Lüke, a.a.O. 207.

590 „Alles, in dem ein Funke menschlichen Lebens steckt, wird auf Marktförmigkeit umgestellt – die Herrschaft des ‚Informationskapitalismus' liegt ein Raster über die Welt, dem niemand entkommt. In diesem Raster gibt es nur eine Vernunft, nämlich den Eigennutz, und es existiert nur ein Sozialcharakter, der rationale Egoist" – so Thomas Assheuer in einer Rezension von Schirrmachers Buch „EGO" (Unterm Strich zähl ich, in: ZEIT Nr. 8/2013, 55).

591 Taxacher, a.a.O. 49.

592 Tomás Sedlácek: Der Kapitalismus darf uns nicht beherrschen, in: *idea Spektrum* 46/2012, 20-22, hier 20.

593 Vgl. Alexander Rüstow: Die Religion der Marktwirtschaft, Berlin 2009[4].

594 Schirrmacher: EGO, 216.

595 Hierzu sehr lesenswert der Aufsatz von Dieter Petschow: „fiat money". Der Mythos vom Geld, in: *Deutsches Pfarrerblatt* 2/2010, 86f: Geld „ist soziale Energie, im konstruktiven wie kriminellen Sinne" (87). „Der wichtigste Maßstab wirtschaftlichen Handelns – unser Geld – wird von keinem Eichamt überwacht… Das monetäre Wechselspiel zwischen Arbeit, Sozialordnung, regionalem Staat und globalisiertem Kapital wäre für die meisten Zeitgenossen Grund für eine Revolution, wüssten sie mehr darüber."

596 Nach https://de.wikipedia.org/wiki/Geld (Zugriff 2.5.2013).

597 Ornella betont als Theologe: „Paradoxerweise stellt aber genau der Marktmechanismus die Einzigartigkeit, Freiheit und Autonomie des Individuums bzw. des Subjekts, die er zunächst ermöglichte, in Frage, da der einzelne auf die zahlenmäßig erfassbare, realisierbare und verwertbare Rolle des Produzenten oder des Konsumenten reduziert wird. Der Mensch wird nicht mehr als soziokulturelles Wesen verstanden, sondern wird zu einer quantifizierbaren, abstrakten Größe" (a.a.O. 88).

598 Vgl. Thomas Giudici/Wolfgang Simson: Der Preis des Geldes. Wege zur finanziellen Freiheit, Moers 2005.

599 Der Nürnberger Theologieprofessor Ralf Frisch warnt davor, dem Geld göttliche Macht und erlösende Wirkung zuzuschreiben: „Geld scheint in unserer Gesellschaft die alles bestimmende Wirklichkeit zu sein. Wir müssen uns aber fragen, was uns das Geld geben kann und was nicht, wozu es sinnvoll dienen kann und wozu nicht. Geld sichert uns eine Existenzgrundlage, aber in seelisch-spirituell-existenzieller Hinsicht kann es nie unsere Existenzgrundlage sichern" („Geld hat nicht die göttliche Allmacht", Interview in: *Sonntagsblatt* Nr. 45/2012, 13).

600 „Die Sache hat einen Namen: Wirtschaftsethik. Und ein Geheimnis, nämlich ihre Regeln. Aber meine Vermutung ist, dass sie zu der Sorte von Erscheinungen gehört wie auch die Staatsräson oder die englische Küche, die in der Form eines Geheimnisses auftreten, weil sie geheim halten müssen, dass sie gar nicht existieren" (Niklas Luhmann: Wirtschaftsethik – als Ethik?, in: Wirtschaftsethik und Theorie der Gesellschaft, hg. von J. Wieland, Frankfurt a.M. 1993, 134-147, hier 134). Vgl. auch Matthias Karmasin/Michael Litschka: Wirtschaftsethik – Theorien, Strategien, Trends, Münster 2008.

601 Vgl. Schirrmacher: EGO, 71.

602 Walter Schmidt bemerkt: „Die Beschäftigung mit Geld ist wie kaum ein anderes wirtschaftliches Tun ideologisch und emotional vorbelastet" (Götze Geld und

Mythos Markt, in: Evangelische Aspekte 15 [2005], 36-39, hier, 39). Maaz sagt als Psychologe: „Der Markt ist der Tummelplatz des Größenselbst, die Zirkusarena für dessen Kunststücke – und der globale Markt ist der aus allen Fugen geratene Größenwahn" (a.a.O. 34).

603 Vgl. aber meinen Aufsatz „Ethik und Wirtschaft – ein Spannungsverhältnis? Theologische Grundsatzüberlegungen" (in: *Ethica* 17 [2009], 233-253; eine aktualisierte Fassung wird 2015 im Jahrbuch des Martin-Luther-Bundes *Lutherische Kirche in der Welt* erscheinen). Michael Sandel von der Harvard-Universität macht in seinem Buch „Was man für Geld nicht kaufen kann. Die moralischen Grenzen des Marktes" (Berlin 2012) deutlich: Die Idee der individuellen Freiheit ist entscheidend, sie überlagert jede ethische Abwägung.

604 Jens Jessen seufzt: „All die Wirtschaftsprofessoren und Wirtschaftsjournalisten, die den Markt zur entscheidenden Lenkungsinstanz unseres Daseins erklärt haben, mehr noch die Unternehmensberater, die nach den Firmen auch die Schulen, die Universitäten, die Theater, den Sport, alle Lebensbereiche dem Gesetz der Rentabilität unterworfen haben oder höchstens noch als Zulieferbetriebe für die Zwecke der Wirtschaft alimentieren wollen, haben an der großen Umerziehung mitgewirkt, die uns einhämmert, dass es nur einen letzten Wert gebe, den des Profits" (Unterwegs zur Plutokratie? in: ZEIT Nr. 36/2011, 49f). Michael Sandel macht in seinem Buch „Was man für Geld nicht kaufen kann. Die moralischen Grenzen des Marktes" (Berlin 2012) deutlich: Die Idee der individuellen Freiheit ist entscheidend, sie überlagert jede ethische Abwägung.

605 Schirrmacher: EGO, 10 und 12.

606 Höhler: Glück, 103. Die Autorin bemerkt in ihrem Buch „Götzendämmerung" (a.a.O. 19f): „Wer Geldprodukte kreiert, mit deren Power er sich nie mehr etwas kaufen will außer noch mehr Geld, demontiert Mittlerfunktion des Geldes. Geld besetzt den Platz des Ziels. Darum macht es süchtig."

607 Hinzu kommt: „Bargeld ist teuer" (*Mittelbayerische* Nr. 116/2013, 1): „Für Scheine und Münzen fallen im Jahr 150 Euro pro Person an."

608 So formuliert in einem werbenden Sonderheft der Zeitschrift *Business Traveller* der Artikel „Berührungslos bezahlen" (10) im September 2013.

609 Dazu der Artikel „Das Mobiltelefon wird zur Geldbörse" in: *F.A.Z.* Nr. 126/2013, 17: „Nahezu jeder Anbieter köchelt sein eigenes Süppchen und es hat sich noch kein einheitlicher Standard durchgesetzt.".

610 http://www.fr-online.de/wirtschaft/einkaufen-per-smartphone--edeka-fuehrt-handy-zahlung-ein-,1472780,22889010.html (Zugriff 30.5.2013).

611 Nadine Oberhuber: Handy statt Münzen, in: ZEIT Nr. 3/2012, 26. Nächstes Zitat ebd.

612 Ebd. Dass Handy-Banking nicht sicher ist, illustriert folgende Meldung: „Mit einer kombinierten Attacke namens Eurograbber haben Kriminelle 36 Millionen Euro von Bankkonten abgebucht. Dazu infizierten sie PCs und Smartphones der Opfer, um per SMS verschickte TANs abzufangen und selbst zu nutzen" (http://www.golem.de/news/eurograbber-botnetz-stiehlt-36-millionen-euro-per-mtan-1212-96181.html – Zugriff 3.5.2013).

[613] Das gilt auch fürs Online-Banking: „Mittlerweile schrecken 26 Prozent der Verbraucher davor zurück, ihre Bankgeschäfte per Internet zu erledigen. Im Jahr 2008 lag dieser Prozentsatz gerade einmal bei 16 Prozent" (Karsten Seibel: Angst vor Online-Banking wächst, in: *Die Welt kompakt* vom 1.2.2013, 26f).

[614] Vgl. Katja Scherer: Drahtlos abgebucht, in: ZEIT Nr. 21/2012, 32; Burkhard Strassmann: Zufällige Sicherheit, in: ZEIT Nr. 37/2012, 37: „Das Internet wackelt. Die Basis unserer Online-Geschäfte, unseres E-Mail-Verkehrs, unserer Online- Bankbeziehungen – die Sicherheit durch Verschlüsselung – ist nicht garantiert. Unser Vertrauen in die Geschäftsgrundlage des Webs als Marktplatz ist möglicherweise nicht mehr zu rechtfertigen. Denn einem Team europäischer und amerikanischer Mathematiker und Kryptografiespezialisten ist es gelungen, die bislang beliebteste, als sicher geltende Webverschlüsselung RSA zu attackieren und teilweise zu knacken."

[615] Vgl. http://www.start-trading.de/blog/2013/04/02/bargeldverbote-buerger-sitzen-in-der-falle/ (Zugriff 3.4.2013) und http://www.postswitch.de/wissenswertes/bargeld-soll-kuenftig-besteuert-und-abgeschafft-werden.htm (Zugriffe 3.5.2013).

[616] Vgl. bereits U. Jochum/G. Wagner (Hg.): Am Ende – das Buch. Semiotische und soziale Aspekte des Internet, Konstanz 1998; A. M. Theis-Berglmair (Hg.): Internet und die Zukunft der Printmedien, Münster 2009^3.

[617] http://www.welt.de/debatte/kommentare/article6833285/Digitale-Revolution-bedroht-buergerliche-Kultur.html (Zugriff 5.5.2012; ähnlich Carr, a.a.O. 307). Es ist bezeichnend für die Kluft, die inzwischen durch unsere Gesellschaft geht, dass neben Fuhrs kritischem Beitrag in derselben Zeitungsausgabe vom 20.3.2010 gejammert wurde, die Deutschen seien noch „nicht in der Internet-Gesellschaft angekommen" – nämlich erst zu etwa einem Viertel, während die größte Gruppe distanziert bleibe, ja teilweise Teil sogar Angst vor dieser digitalen Revolution habe.

[618] Siehe z.B. Jannis Brühl: Die unsichtbare Revolution, in: Süddeutsche Zeitung vom 5.6.2012, 21. Einer Umfrage von 2013 zufolge gaben vier von fünf E-Book-Lesern an, auch weiterhin gedruckte Bücher zu lesen (vgl. Jan Fürchtjohann: Rettung aus dem Netz, in: Süddeutsche Nr. 196 vom 26.8.2013, 11).

[619] Vgl. *Sonntagsblatt* (München) Nr. 5/2013, 7.

[620] Ein schöner Gag ist z.B. die Rückübersetzung des Smartphones ins Analoge: „Smartbook" (Gebundene Ausgabe) von Marcel-André Casasola-Merkle (München 2012).

[621] Siehe etwa www.christliche-ebooks.de. Die evangelische Monatszeitschrift *zeitzeichen* weist in ihrer Januar-Ausgabe 2013 auf einer ganzen Seite (2) hin auf die „neue Website für Tablet-PC und Smartphone: http://m.zeitzeichen.net". Ebenfalls ganzseitig betont die evangelikale Zeitschrift *idea Spektrum* 1/2013 (15): Abonnenten erhalten nun auch kostenlos die iPad-Version – „idea Spektrum ist das erste überregionale christliche Wochenmagazin mit eigener App." Schon seit 2010 erweist sich die Luther-Bibel fürs iPhone als beliebte App.

[622] Bernhard Pörksen: Rettet die Zeitungen! in: ZEIT Nr. 3/2013, 11.

[623] Vgl. Stephan Weichert: Wozu noch Zeitungen? Göttingen 2009. In der ZDF-Text-Tafel Nr. 134 vom 26.11.2012 war von einem verzweifelten Appell zu lesen: „Vor dem Hintergrund der drohenden Schließung mehrerer Zeitungen haben die Verleger steuerliche Erleichterungen für Printmedien gefordert. Der Staat sollte die Mehr-

wertsteuer auf Zeitungen abschaffen, sagte der Präsident des Bundesverbandes
Deutscher Zeitungsverleger, Helmut Heinen, der F.A.Z."

624   Zit. nach: ZEIT Nr. 47/2012, 26.

625   Holger Ehling: Buchhandel mit Diebesgut, in: *Stuttgarter Zeitung* vom 11.9.2013
(http://www.stuttgarter-zeitung.de/inhalt.e-books-buchhandel-mit-diebes-
gut.fc63e7ed-6dfa-476b-8da5-d8e670cf6d8e.html - Zugriff 11.9.2013). Nächstes
Zitat ebd.

626   Meckel, a.a.O. 22.

627   Kilian Trotier: Kulturkampf, in: ZEIT Nr. 40/2012, 53. Dem Verleger Valdo Lehari
zufolge spalten Konzerne wie Google die Gesellschaft; sie verletzen den Datenschutz und haben Monopolstellungen inne (laut *idea Spektrum* 13/2012, 31).

628   Maximilian Probst/Kilian Trotier: Gigant ohne Geist, in: ZEIT Nr. 35 vom 23.8.
2012, 39-41, hier 39.

629   Dazu kritisch Carr, a.a.O. 234ff.

630   Alina Fichter/Götz Hamann: Die Vernunftehe, in: ZEIT Nr. 49/2012, 30. Vgl. auch
Inge Kutter: Her mit den Daten! (ebd. 44).

631   Siehe näherhin Dirk Asendorpf: Saubere Zeitung, in: ZEIT Nr. 14/2013, 41. Wer
online liest, verbraucht Strom für den Computer, Bildschirm, Modem und ggf.
WLAN; hinzu kommen Druckerkosten, falls etwas auf Papier gebracht werden
muss. Außerdem wäre an den Energieverbrauch der Zentralserver und die Herstel-
lungskosten der digitalen Geräte zu denken.

632   Vgl. Joachim Güntner: Gedruckt versus digital, in: zeitzeichen 3/2013, 28-30; ferner
Thomas E. Schmidt: Alle finden Lesen toll, in: ZEIT Nr. 13/2013, 54; Ornella,
a.a.O. 134 und 152.

633   Horx, a.a.O. 199. Entsprechendes gilt natürlich für digitales Briefeschreiben
und -Lesen.

634   Vgl. Kirsten Boie: Vom Umblättern zum Wischen. Interview in: *zeitzeichen* 3/2013,
34-37, hier 34.

635   Zur gesundheitlichen Bedenklichkeit von WLAN siehe http://www.aerzte-und-
mobilfunk.net/downloads/wlan-gefaehrdet-gesundheit-11.2012.pdf (Zugriff
12.5.2013).

636   Vgl. Ulf Schönert: Deine Spuren im Netz, in: *stern* vom 13.6.2013, 30f.

637   Zitate aus dem Artikel „Ausgelesen" in: Computer Bild 7/2013, 44f. Ebd. heißt es:
„Laut Angaben der amerikanischen Datenschutzorganisation EFF (Electronic Fron-
tier Foundation) speichern die Anbieter die Daten samt Gerätekennung und Log-in-
Daten. Sie nutzen die Profile auch für das signalisierte Werbung und tauschen die
Daten zudem mit kooperierenden Unternehmen aus."

638   Ebd. – Schirrmacher erklärt: „Die Daten der E-Book Leser – Unterstreichungen,
übersprungene Seiten oder Kapitel, Lesedauer – werden an Zentralen zurückgemel-
det, die daraus ihre Schlüsse ziehen. Und zwar so konkret, dass mittlerweile schon
fertige Bücher mithilfe des Rückkoppelungseffekts umgeschrieben werden. Der E-
Book-Leser ist in der Sekunde, in der anfängt zu lesen, handelnder Agent auf einem
Markt" (EGO, 192).

639   Götz Hamann/Marcus Rohwetter: Vier Sherrifs zensieren die Welt, in: ZEIT Nr. 32/
2012, 19f.

640 Vgl. Spitzer, a.a.O. 62ff (Lit.!).

641 Vgl. z.B. den Artikel „Experten fordern mehr digitale Bildung" im Medienmagazin *pro*: http://www.pro-medienmagazin.de/paedagogik.html?&news[action]=detail&news[id]=6644 (Zugriff 21.5.2013).

642 Vgl. z.B. http://www.nordbayern.de/nuernberger-nachrichten/szene-extra/mit-einem-wisch-flimmert-ein-film-uber-die-wand-1.2609889 und http://www.nordbayern.de/region/erlangen/der-schulranzen-der-zukunft-konnte-leicht-sein-1.2616176 (Zugriff 11.5.2013).

643 Vgl. Walter Isaacson: Steve Jobs. Die autorisierte Biografie des *Apple*-Gründers, München 2011, 646. Die Geräte sollten demnach stärker personalisiert und auf die Bereitstellung motivierender Rückmeldungen ausgerichtet sein – also immer noch verlockender!

644 Bundestagsdrucksache 17/7286.

645 http://diagnose-funk.org/assets/df_bp_wlan_2013-05-09.pdf (Zugriff 29.5.2013).

646 Laut *F.A.Z.* Nr. 91 vom 19.4.2013, 14 („Bundestagsausschuss für Internetthemen gefordert").

647 Vgl. z.B. Spitzer, a.a.O. 62ff und 155ff; Dammler, a.a.O. (2009). Am 3.9.2013 informierte hierüber die ZDF-Sendung „Klicken wir uns blöd?" (23.30 Uhr).

648 Vgl. Ulrich Schnabel: Einladung zur Langsamkeit, in: ZEIT Nr. 50/2012, 57.

649 Ähnlich Susanne Gaschke: Kaufstreik! in: ZEIT Nr. 28/2012, 11: „Ich wollte also ausprobieren, wie es sich an fühlt, wenn man … nicht aus Frust kauft… Nicht aus Langeweile. Nicht spontan. Statt zu kaufen: Kleiderschrank aufräumen. Stiefel färben. Taschen reparieren lassen. Rad statt Auto fahren. Butterbrot statt Dreigangmenü. Solche Dinge. Das Ergebnis? Es war toll! Ich fühlte mich tatsächlich befreit."

650 Vgl. Damian Thompson: Wohnen mit Büchern, Hildesheim 2012.

651 Caterina Lobenstein: Wie meinen Sie das, Aristoteles? Interview mit Horst Müller, in: ZEIT Nr. 12/2012, 76.

652 Vgl. z.B. den Beitrag über die „Informationsrevolution: ‚Bibel 2.0'" in: *pro kompakt* 32/2013, 15.

653 *Sonntagsblatt* Nr. 17 vom 21.4.2013, 24: „Gesangbuch am Ende?" lautet die vielsagende Überschrift.

654 Vgl. Marcus Rohwetter: „Smart Home", in: ZEIT Nr. 38/2012, 27.

655 Vgl. Klaus Wonneberger: Der Geschirrspüler schickt SMS, in: *Nürnberger Nachrichten* Nr. 208 vom 7.9.2013, 3. Bald schon sollen Kühlschränke Fehlendes selber rechtzeitig beim liefernden Händler zu ordern wissen.

656 Nicola Malbeck: Superhelden im Alltag, in: *mobil* 9/2012, 62-64, hier 64. Interessant anbei: Der Anteil der Unterhaltungselektronik am privaten Stromverbrauch in den vergangenen Jahren kontinuierlich gestiegen, wie die Gesellschaft für Konsumforschung feststellte. In einem Katalog heißt es: Die neuen Fernseher werden geliebt „vor allem auch wegen ihrer inneren Werte" (Grundig-Katalog „Leistung und Technik – brillant kombiniert. Sound & Vision 2012/2013", 32) – das ist der Begriff von „inneren Werten" in der smarten Ersatzreligion! Allerdings zögern (laut Pressemeldungen im August 2013) noch viele Kunden wegen der komplizierten Bedienung der neuen Geräte.

657 Stefan Schmitt warnt: „Es droht schließlich die Einbindung eines zentralen Unterhaltungsgeräts in schwindelerregend komplexe digitale Wertschöpfungsketten", ja „eine globalisierte Berieselungsvernetzung" (Jahr der Smart TVs, in: ZEIT Nr. 2/ 2012, 27). Sprach- und Gestenerkennung durch Sensoren begeistern Kunden, die kaum darüber nachdenken, dass sie auf ihrer privaten Couch somit stets selber „gefilmt" werden (vgl. Christian Sobiella: Clever & smart, in: mobil 3/2013, 52-56, 55).

658 Weddeling, a.a.O. (*Focus* Nr. 19/2013), 88.

659 http://www.n-tv.de/technik/Apple-funkt-Strom-an-Bildschirm-article10476426.html (Zugriff 22.4.2013).

660 Robert Busch vom *Bundesverband Neuer Energieanbieter e.V.* ist überzeugt: „In Singlewohnungen, Kleinhaushalten, Fahrstühlen und Parkhausbeleuchtungen wird man nie eine intelligente Steuerung einbauen... Die Technik, die man dafür braucht, zum Beispiel die Fernsteuerung, kostet sehr viel Geld. Diesen Betrag wird man dadurch, dass man den Kühlschrank nur ein paar Mal ein- und ausschaltet, nicht wieder hereinbekommen" (http://www.bundesgerichtshof.de/SharedDocs/ Downloads/ DE/Bibliothek/Gesetzesmaterialien/17_wp/NeuregEnergVorschr/wortproto.pdf?__bl ob=publicationFile – Zugriff 21.6.2012).

661 Peter Leppelt: Der supersüße Spion im Wohnzimmer, in: *F.A.Z.* Nr. 175 (30.7. 2012), 23.

662 Kucklick, a.a.O. 89.

663 Götz Hamann: Wir sind so frei, in: ZEIT Nr. 36 vom 30.8.2012, 25.

664 Interview mit Hans Wienands: Smarte Produkte, die dem Menschen das Leben erleichtern, in: mobil 9/2012, 60.

665 Dagy Lüdemann: Wenn Kühlschränke Gedanken lesen, in: ZEIT ONLINE am 13. 12.2012 (http://www.zeit.de/digital/internet/2012-12/internet-of-things-web/seite-1 – Zugriff 23.4.2013).

666 http://eltern.t-online.de/iphone-als-beschaeftigungstherapie-schon-eineinhalbjaehrige-spielen-mit-smartphones-/id_52856622/index (Zugriff 26.4.2013).

667 „Everybody Poops with their iPad" – mit eindrücklichem Foto: http:// www.digitaltrends.com/mobile/ipotty-for-ipad/ (Zugriff 16.1.2013).

668 Vgl. Cindy Sage/Paavo Huttunen: WHO recognizes electromagnetic dangers: let us declare human health rights, in: *Pathophysiology* 19 (2012), 1-3, bes. 1.

669 Vgl. z.B. den Artikel „Das Smartphone im Kinderzimmer" in: *F.A.Z.* Nr. 28 vom 2.2.2012, 16.

670 Spielwarenmesse-Chef Ernst Kick berichtete 2013 von einer Umfrage unter den Herstellern und Besuchern: „40 Prozent votierten für Spielwaren, die zusammen mit Smartphone oder Tablet-PC funktionieren. Eine so hohe Quote für ein Thema hatten wir noch nie" (http://www.nordbayern.de/nuernberger-nachrichten/wirtschaft/ spielwarenmesse-wie-elektronisch-darf-s-denn-sein-1.2649517 - Zugriff 23.4.2013).

671 Vgl. Spitzer, a.a.O. 129ff.

672 Dazu bereits meinen Artikel „Kinder vor zuviel Mobilfunk schützen" in: Kinder- und Jugendarzt 9/2011, 460, sowie die Broschüre „Gesundheitsgefahren durch Mobilfunk: Warum wir zum Schutz der Kinder tätig werden müssen" (Übersetzung

der angelsächsischen MobileWise-Schrift „Mobile phone health risks: the case for action to protect children" durch R. Tillack), St. Ingbert 2012.

673   Vgl. Daniela Städter: Computerspiele: Christliches Fehlanzeige, in: *idea Spektrum* 36/2013, 16-18. Religiöse Inhalte sind bei Spielen offenbar markttechnisch zu heikel (17). Damit bestätigt sich auch auf diesem Gebiet der Irreligiöse Charakter der digitalisierten Kultur.

674   S.o. „Schon heute sind die professionellen Datenschützer damit überfordert, alle neuen Ein- und Ausfallstraßen unserer privatesten Daten zu überwachen", warnt Leppelt (a.a.O. 23).

675   Vgl. http://www.wik-emf.org/38.html?&L=0&tx_ttnews[tt_news]=1963 (Zugriff 17.5.2013).

676   „Das Dilemma: Die Städte werden noch verwundbarer" (Claus Hecking/Simon Book: Moloch mit Hirn, in: Capital vom 15.3.2013: http://www.capital.de/ unternehmen/internet-telekommunikation/:Smart-Cities--Moloch-mit-Hirn/ 100050067.html - Zugriff 11.5.2013). Zur total vermessenen Digitalstadt ist jetzt schon Santander in Spanien geworden: Wer per Smartphone „das Konzerthaus ins Visier nimmt, der erblickt sogleich das Programm der nächsten Tage und Wochen. Ein Tourist, der das Handy auf den Springbrunnen im Zentrum richtet, erhält alle Informationen zu Baujahr und Erbauer, und wer den Supermarkt anpeilt, sieht auf dem Smartphone die Sonderangebote" (Marco Evers: Lebendes Versuchslabor, in: *Der Spiegel* Nr. 11/2013, 118f, hier 119). Auf Kosten welcher E-Smog-Belastung das funktionieren mag?

677   Marcus Rohwetter: Bald werden wir alle…, in: ZEIT Nr. 14/2013, 23.

678   Rohwetter: Smart Home, a.a.O. 27.

679   Claus Christoph Eicher: Unfallrisiko: Nebensache Autofahren, in: *ADAC Motorwelt* 7/2013, 18-22, hier 22. Vgl. auch die eindrückliche Warnung vorm SMS-Schreiben beim Autofahren (http://www.faz.net/aktuell/politik/kommunikationszwang-von-meinem-iphone-gesendet-12536529.html - Zugriff 6.9.2013).

680   Vgl. http://www.bitkom.org/de/presse/8477_74022.aspx (Zugriff 9.11.2012).

681   So Kucklick, a.a.O. 88. „Gott oder Teufel – dazwischen gibt es in der Debatte wenig" (89). „Dank der Sensoren sehen wir heute ‚auf das menschliche Verhalten wie aus Gottes Auge', sagt Alex Pentland vom Massachusetts Institute of Technology (MIT)" (ebd.)

682   Vgl. http://www.cep.eu/uploads/tx_cpspolitmonitor/ KA_Intelligente_ Verkehrssysteme.pdf sowie http:// www. forschungsinformationssystem.de/ servlet/is/346531/ und http://eur-lex.europa.eu/LexUriServ/LexUriServ.do?uri= CELEX:52003DC0542:DE:HTML (Zugriffe 30.4.2013).

683   http://dip21.bundestag.de/dip21/btd/17/123/1712371.pdf (Zugriff 29.3.2013).

684   Ebd.

685   Interview in: ZEIT *Wissen* Nr. 3/2013, 93.

686   Johanna Pfingstl: Wie sicher sind selbstfahrende Autos? in: PM 6/2012 (http://www. pm-magazin.de/r/automobiles/wie-sicher-sind-selbstfahrende-autos - Zugriff 29.1. 2013).

687   Jörg Heuer/Josef Clahsen: Das vernetzte Auto, in: *Die Welt kompakt* vom 1.2.2013, 26f. Die Autoren versichern: An dem Problem wird gearbeitet. Siehe auch den *ntv-*

240

Beitrag „Wenn der Hacker lenkt" (http://www.n-tv.de/auto/Wenn-der-Hacker-lenkt-article10232476.html?service=print (Zugriff 30.4.2013), sowie http://www.faz.net/ aktuell/wirtschaft/reportage-auf-der-kirmes-der-nerds-12008135.html (Zugriff 28.12.2012).

688   Problematisch für die neuen Funkanwendungen sind z.b. sich durch Wind bewegende Äste, die mit ihrem Blattwerk Reflexionen erzeugen, als ob sich etwas dem Fahrzeug nähern würde; solange das Problem erkennungstechnisch nicht gelöst ist, muss „Lichtraum" geschaffen werden – sich bewegende Äste bis zu einer gewissen Höhe fallen deshalb über weite Strecken dem Schnitt zum Opfer. Die eigens dafür konstruierten Säge- und Raspelmaschinen sind bereits im Einsatz (darauf machte mich der Physiker Volker Schorpp aufmerksam).

689   Ein Chip für eine WLAN-Verbindung sei für die neue „C2X"-Kommunikation (Car to X – vom Auto zu einem anderem Auto oder zur Verkehrszentrale) nötig – nachzulesen unter http://www.mittelbayerische.de/nachrichten/panorama/artikel/ autos-sollen-bald-sprechen-koennen/937833/autos-sollen-bald-sprechen-koennen. html (Zugriff 14.9.2013). Die Autohersteller wollen solche Chips laut der hessischen Verkehrszentrale „Hessen Mobil" ab 2015 einbauen. Vgl. auch Gebhardt, a.a.O. 250f.

690   Derzeitig sind bereits real genutzte Bremsassistenten radargestützt (z.B.: http:// www5.mercedes-benz.com/de/innovation/bremse_mit_radar/); dabei wird das Radarsignal vornehmlich nach vorne, in Fahrtrichtung abgestrahlt, aber die Ingenieure arbeiten mit aller Intensität daran, die Radarkeule rund um das Auto als „einen unsichtbaren, schützenden Strahlengürtel zu legen" (Wolfgang Stegers: Keine Falle – hier Hilfe, in: PM 10/2011). Christine Böhringer erklärt: „Radar, Laserscanner, Kamera und Ultraschall erfassen alles, was um das Fahrzeug herum passiert" (Fahr mich in die Zukunft!, in: ZEIT Nr. 16/2013, 73). Von einer „die Gesundheit beeinträchtigenden Abstrahlung von digitaler Leistungselektronik (Radaranlagen, Mobilfunkanlagen u.a.)" spricht Reiner Gebbensleben: Warum Mobilfunk krank macht, in: Bayerische Staatszeitung 25/2013, 15.

691   http://www.pm-magazin.de/a/radiosender-sp%C3%A4ht-durch-w%C3%A4nde (Zugriff 29.1.2013). Der promovierte Physiker Stefan Spaarmann betont: „Radar ist eines der gefährlichsten Funkverfahren und Technikwahn, da hier kurze Impulse und niedrige Taktraten verwendet werden. Kurze Impulse bedeuten starke Veränderung der Skalarpotentiale, die den Körper nicht abschirmbar massiv beeinflussen. Niedrige Taktraten bedeuten eine Synchronisation von Gehirnwellen, also einen Eingriff ins Kommunikationssystem des Körpers" (brieflich an den Verf., Frühjahr 2013).

692   http://www.buergerwelle.de/de/themen/gesundheit/ internet_auf_vier_rdern.html?service=logout (Zugriff 8.6.2013). Interessant, dass der finnische Konzern Nokia nun statt mit Handys seine Zukunft mit Navigationssystemen für Autos plant (vgl. Marcus Rohwetter: Nokia entdeckt die Straße, in: ZEIT Nr. 38/2013, 28)!

693   „Heute erweitern Funkverbindungen zwischen Auto und Umgebung die Datengrundlage – und damit auch die Entscheidungsmöglichkeiten – des autonomen Autos enorm", betont Thomas Byczkowski (Computer am Steuer, in: ZEIT Wissen Nr. 3/2013, 92-96, hier 96). Gefunkt wird bald permanent mit LTE-A zur hochpräzisen Ortung und Datenübertragung (LTE-A ist die nächste Mobilfunkgeneration nach

694   LTE – siehe http://de.wikipedia.org/wiki/LTE-Advanced): Sie soll eine extrem hohe Beständigkeit der Datenübertragung auch bei fahrenden Autos garantieren. Das Forschungsvorhaben heißt SAVELEC (vgl. http://deutsche-wirtschafts-nachrichten.de/2013/04/25/neues-geraet-eu-will-verkehrs-suender-automatisch-stoppen/ - Zugriff 30.4.2013). Auch Wirkungen der gewählten Signale auf den Menschen sollen vor dem Hintergrund europäischer Gesetze „evaluiert" werden, um eine „sichere" Anwendung dieser Technologie für die Anwender, Fahrzeuginsassen und Personen in der Nähe vorzubereiten.

695   Ebd. wird unterstrichen: „Die Technik kann keinesfalls als ‚nicht-tödliche Waffe' bezeichnet werden. Wenn Fahrerinnen und Fahrer der attackierten Fahrzeuge einen Herzschrittmacher tragen, dürfte das ihren sicheren Tod bedeuten."

696   „Einer kompletten Elektrifizierung der Fahrzeugsteuerung stehen heute zwar noch juristische und sicherheitstechnische Bedenken entgegen – ein Ausfall der Bordelektrik würde zu Unfällen und unklaren Schuldfragen führen" (Burkhard Strassmann: Auto zum Einstöpseln, in: ZEIT Nr. 50/2012, 53).

697   Nikola Tesla sprach 1905 von „Unfallverhütungsmitteln auf den Straßen" (Energieübertragung und Radiotechnik, Peiting 1997, 164).

698   „Die Vision vom führerlosen Fahrzeug haben Ingenieure schon lange, bereits Ende der achtziger Jahre wurden von der Europäischen Gemeinschaft umgerechnet mehrere Hundert Millionen Euro in ein entsprechendes Projekt namens ‚Prometheus' investiert. Doch erst seit wenigen Jahren gelingt es den Entwicklern, sich dieser Vision wirklich anzunähern" (Christine Böhringer: Fahr mich in die Zukunft!, in: ZEIT Nr. 16/2013, 73).

699   *PS – das unpeinliche Männermagazin* vom 15.6.2010.

700   Matthias Horx: Technolution. Wie unsere Zukunft sich entwickelt, Frankfurt a.M. 2008 (http://www.horx.com/zukunftsforschung/1-12.aspx - Zugriff 14.5.2012).

701   Siehe http://www.20min.ch/digital/dossier/google/story/Roboter-Autos-erobern-Amerikas-Strassen-23478214 (Zugriff 11.5.2012).

702   Vgl. Thomas Byczkowski: Computer am Steuer, a.a.O. 94.

703   Vgl. Andreas Kötter: Das vernetzte Auto (http://www.pm-magazin.de/r/automobiles/das-vernetzte-auto - Zugriff 29.1.2013).

704   Vgl. Christine Hochreiter: Computer übernehmen das Steuer, in: *Mittelbayerische* vom 13.5.2013, 12.

705   Pfingstl, a.a.O. Vgl. Christian Rauch: Fahrer? Überflüssig! Das vollautomatische Auto wird bald Realität, in: Münchner Merkur Nr. 196 vom 25.8.2012, 15: „Vollautomatische Autos werden mit Hochdruck entwickelt. Folge: Mehr Sicherheit, aber weniger Spaß?"

706   http://www.wiwo.de/technologie/auto/autotechnik-selbstfahrende-autos-segen-oder-albtraum-seite-4/5647492-4.html Zugriff 22.3.2012).

707   Vgl. z.B. Scheingraber/Spaarmann, a.a.O. 73: „Moderne Kraftfahrzeuge sind vollgestopft mit Elektronik. Es gibt Berichte über das Versagen durch Interferenz mit EMF-Störquellen unterschiedlicher Art. Nicht nur in Tunneln droht Gefahr, die Funktionsfähigkeit von mit Elektronik vollgestopften PKW ist unsicher. Wichtig ist außerdem, dass im Fahrgastraum die Immissionswerte bzw. Feldstärken minimal sind, sonst leiden Aufmerksamkeit und Gesundheit."

242

708 Christian Rauch: Fahrer? Überflüssig!, in: Münchner Merkur Nr. 196 vom 25.8. 2012, 15. Vgl. auch Burkhard Strassmann: Wie viel Mensch lenkt da noch? in: ZEIT Nr. 39/2013, 39.

709 Derzeit befürwortet in Deutschland etwa jeder Dritte die Zulassung solcher Autos (vgl. Rohwetter: Gott, a.a.O. 21). Siehe auch Werner Thiede: Digitale Revolution im Autoverkehr. Warum die rollenden Automaten der Zukunft riskant bleiben, in: MUT Nr. 556, Mai 2014, 6-14.

710 Vgl. näherhin Dirk Asendorpf: Käpt'n von Bord, in: ZEIT Nr. 25/2013, 38.

711 Thomas Hanke: Der neue Kapitalismus, Frankfurt a.m. 2006, 10.

712 Vgl. Walter Sparn: Reich Gottes – Reich der Freundschaft. Für eine trinitarische Bestimmung des Begriffs der Gottesherrschaft, in: W. Härle/R. Preul (Hg.): Marburger Jahrbuch Theologie XI, Marburg 1999, 31-61.

713 Hirnforscher Manfred Spitzer etwa findet die *Social Media* gar nicht „sozial" und betont: „In Wahrheit machen digitale soziale Netzwerke unsere Kinder und Jugendlichen einsam und unglücklich! Und man mag sich gar nicht ausmalen, was langfristig mit den noch in Entwicklung befindlichen sozialen Modulen geschieht..." (http://www.schattauer.de/de/magazine/uebersicht/zeitschriften-a-z/ nervenheilkunde/inhalt/archiv/issue/special/manuscript/17875/download.html - Zugriff 7.1.2013). Eine Studie der Technischen Universität Darmstadt berichtet, Facebook mache wegen des ständigen Vergleichs mit „Freunden" neidisch und unzufrieden (http:// www.tu-darmstadt.de/vorbeischauen/aktuell/einzelansicht_ 63808.de.jsp - Zugriff 24.1.2013). Bekannt ist hier auch Mobben und Rufmord (vgl. z.B. Roberto Saviano: Fangt die Schmäher ein, in: ZEIT Nr. 25/2013, 9).

714 Vgl. Nina Pauer u.a.: Die große Vergiftung, in: ZEIT Nr. 21/2013, 2f. „Die neuen Instrumente, so die Prediger einer naiven Technik-Utopie, würden eine bessere Politik möglich machen, eine bessere Gesellschaft, eine bessere Demokratie. Selten hat sich eine Utopie so rasch so gründlich entzaubert" (3).

715 Christian Ruch: „Freunde als ob". Das Phänomen Facebook, in: Elke Hemminger/ Christian Ruch: Virtuelle Welten (*EZW-Texte* 223), Berlin 2013, 46-53, hier 49f. Birgit Gebhardt kritisiert, man könne in den digitalen Medien „weniger mit realen Menschen interagieren als mit der Simulation realer Menschen über das Facebook-Profil oder den Avatar im Chat" (a.a.O. 146). Und Anna Marohn bemängelt, dass Facebook „zu der eigenartigen Weltsicht zwingt, alle Menschen, denen man zufällig mal die Hand geschüttelt hat, müsse man auch gleich zu seinen Freunden zählen" (Allein, aber glücklich, in: ZEIT Nr. 31/2012, 22).

716 Ruch, a.a.O. 51. „Optimal fängt Facebooks Struktur den User in seiner warmen Krabbeldecke der Ich-Bezogenheit auf: Wer eingeloggt ist, schaut den ganzen Tag sein eigenes Profilbild an, als sei er im frühkindlichen Spiegelstadium hängen geblieben" (Nina Pauer: „Mama, mir ist langweilig!", in: ZEIT Nr. 42/2012, 58). – Ausführlicher nehme ich zum Thema Stellung in dem Aufsatz „Gefällt mir keineswegs. Ethische Grundprobleme der Social Media", in: ETHICA 2014 (im Druck).

717 Vgl. Anitra Eggler: Facebook macht blöd, blind und erfolglos: Digital-Therapie für Ihr Internet-Ich, Zürich 2013. Ins Bild passt, das *Facebook* – ähnlich wie *Wikipedia* – begonnen hat, Meinungszensur auszuüben: Es droht der „Zwang zur Einheitsmeinung" (Sigmar von Blanckenburg: Zensiert Facebook seine Nutzer? in: *Idea Spektrum* Nr. 25/2013, 22).

[718] Vgl. Carsten Görig: Gemeinsam Einsam. Wie Facebook, Google & Co. unser Leben verändern, Zürich 2011[2]; Sherry Turkle: Verloren unter 100 Freunden: Wie wir in der digitalen Welt seelisch verkümmern, München 2012; ferner H. Theunert/U. Wagner (Hg.): Alles auf dem Schirm? Jugendliche in vernetzten Informationswelten, München 2011. Positiv urteilt Christian Stöcker: Nerd Attack! Eine Geschichte der digitalen Welt vom C64 bis zu Twitter und Facebook, DVA 2011.

[719] Sascha Adamek: Die Facebook-Falle. Wie das soziale Netzwerk unser Leben verkauft, München 2011, 323. „Auffällig ist, dass Internet-Konzerne – insbesondere Facebook – ziemlich ungeniert einen inneren Widerspruch praktizieren. Auf der einen Seite propagieren sie die weitest gehende Öffnung des Menschen und seiner Privatsphäre, auf der anderen Seite entziehen sie sich als Unternehmen sowohl publizistischen wie auch staatlichen Nachfragen und Kontrollen" (320). Vgl. auch Jakob Steinschaden: Phänomen Facebook: Wie eine Webseite unser Leben auf den Kopf stellt, Wien 2010; David Kirkpatrick: Der Facebook-Effekt. Hinter den Kulissen des Internet-Giganten, München 2011; Thomas R. Köhler: Die Internetfalle. Google+, Facebook, Staatstrojaner – Was Sie für Ihren sicheren Umgang mit dem Netz wissen müssen, Frankfurt a.M. 2012.

[720] Interview: „Das geht zu weit": Altbischof Wolfgang Huber verlässt Facebook, in: zeitzeichen 3/2012, 24. Auch Ralf Meister, der als ehemaliger Sprecher des Worts zum Sonntag durchaus medienkundige Hannoversche Landesbischof, stieg 2011 – nach seinem Amtsantritt – aus dem Sozialen Netzwerk aus (vgl. Thomas Zeilinger: Der Bischof zeigt Gesicht, in: zeitzeichen 3/2012, 31-33). Und der Professor für Medienpädagogik und Weiterbildung an der Universität Leipzig, Professor Bernd Schorb, erklärte in Bezug auf Facebook: „Ich bin nicht bereit, die ökonomischen Ziele von Facebook zu unterstützen. ... Das Prinzip, nach dem Facebook arbeitet, halte ich für höchst problematisch" (Bernd Schorb: „Internet ist das reale Leben". Interview in: zeitzeichen 3/2012, 34-37, hier 34).

[721] BILD-Zeitung vom 6.2.2013, 1. Der rheinland-pfälzische Datenschutzbeauftragte Edgar Wagener rügt Facebook-Fanseiten von Behörden: Es gebe gegen diese Seiten erhebliche Bedenken; ein Klick auf den Like-Button müsse mit eigenen Daten bezahlt werden (laut einer Meldung in: Die Welt aktuell vom 9. Juli 2012, 8). Der Hamburger Datenschutzbeauftragte Johannes Caspar kritisiert die neue Suchfunktion „Graph Search" im Gespräch mit der Nachrichtenagentur dapd: Sie ermögliche eine „gezielte private Rasterfahndung über bestimmte Merkmale"; Nutzer könnten durch andere Nutzer kategorisiert und Profilen zugeordnet werden; Freundschaften würden zu Datenbanken (laut Das Erste, 17.1.2013). Vgl. auch Knut Krohn: Datenschutz gegen Sammelwut, in: Stuttgarter Zeitung Nr. 40 vom 16.2.2013, 2: „Facebook will mit einer neuen Anwendung den aktuellen Aufenthaltsort seiner Mitglieder verfolgen, um sie über Freunde in ihrer Nähe zu informieren... Datenschützer laufen aber Sturm."

[722] http://www.n-tv.de/technik/Comeback-der-Gesichtserkennung-article11285926.html (Zugriff 6.9.2013). Der n-tv-Beitrag fragt: „Kommt jetzt die Gesichtserkennung in Facebook wieder?"

[723] Johannes Gernert warnt: „Die Daten sind für die Werbeindustrie bestimmt. Alles was die Facebook-Mitglieder in die Eingabemasken einspeisen, könnte irgendwie kommerziell verwendet werden – wenn nicht jetzt, dann vielleicht in der Zukunft"

(Plötzlich im Glashaus, in: *zeitzeichen* 3/2012, 25-27, hier 25). „Facebook lässt seine Mitglieder oft im Unklaren darüber, was mit ihren Daten passiert, was die Algorithmen aus ihnen errechnen. Vielleicht ist das das größte Vergehen dieses globalen Online-Unternehmens"(26). Gernert betont andernorts: „Facebook versteht sich als ein Unternehmen von Hackern" (Wie wird Facebook wieder cool? in: ZEIT Nr. 38/2012, 23). Noch die neueste Maßnahme von Facebook zum Datenschutz der Kunden fand deutliche Kritik: Hier entstehe bei näherem Hinsehen durchaus der Eindruck, der Bock werde zum Gärtner gemacht, kommentierte *Computer Bild* Nr. 11/2014, 38.

724 Zit. nach: Alina Fichter: Der junge Mann und der Multi, in: ZEIT Nr. 5/2013, 19. Vgl. auch Döpfner, a.a.O. 226ff.

725 Vgl. Kilian Trotier: Familienfest. Der Börsengang zwingt Facebook zu Denunziation und Zensur, in: ZEIT Nr. 30/2012, 41.

726 „Facebook ist in Ägypten ein publizistisches Organ geworden, eine Plattform für politische Diskussion" (Amrai Coen/Caterina Lobenstein: Die YouTube-Zeugen, in: ZEIT Nr. 1/2013, 30).

727 Markus Reiter betont: „Wer aber behauptet, mit dem Internet werde alles besser, die Welt schöner, die Gesellschaften demokratischer, die Menschen edler, der verdient heftigen Widerspruch. Genau diese Behauptungen stellen viele Internet-Enthusiasten auf. Sie richten auf Blogs, Twitter, YouTube und Netzgemeinschaften eine fast heilsgeschichtliche Erwartung" (Dumm 3.0. Wie Twitter, Blogs und Networks unsere Kultur bedrohen, Gütersloh 2010, 10; ähnlich Ornella, a.a.O. 62).

728 Das meinen besonders Jugendliche, wie eine Facebook-kritische Sendung in 3sat am 13.2.2013 (20.15 Uhr, Wiederholung von 2012) zeigte: „Für viele Jugendliche Nutzer des sozialen Netzwerks wandelt sich der vermeintliche Spaß in einen Albtraum", hieß es in der TV-Movie-Programmankündigung. „Während Verlockungen wie Sex und Zigaretten mit etwas Mühe widerstanden werden kann, stellt der gänzliche Verzicht auf soziale Netzwerke für die Generation von heute eine nahezu unüberbrückbare Hürde dar" (Meldung im *Evang. Sonntagsblatt aus Bayern* Nr. 43/2012, 4).

729 „Je mehr Technik zwischen mich und meinen Mitmenschen zwischengeschaltet ist, desto weniger ist Kommunikation möglich", überlegt Pestalozzi (Auf die Bäume, a.a.O 255f). Doch 20 Prozent nutzten bereits im Sommer 2012 Facebook ausschließlich mobil (Meldung vom 3.8.2012 im österreichischen Kurier, 12). Holger Schmidt erklärt: „Einziges Wachstumsfeld der Unternehmen ist im Moment das mobile Internet. Der Umsatz in dieser Sparte stieg seit 2008 schon von 3,2 auf 4,4 Milliarden Euro und wird bis 2014 auf 6,6 Milliarden Euro in Deutschland zulegen" (Die bessere SMS, in: *Focus* 4/2012, 116f, hier 117); vgl. ders.: Aufholjagd im falschen Web, in: *Focus* Nr. 52/2012, 80f.

730 Beide zit. nach: *Kurier* vom 3.8.2012, 12: „Privatgeräte immer öfter im Job".

731 Kilian Trotier: Freunde, wir sind ein Dorf, in: ZEIT Nr. 16/2013, 53.

732 Bergmann, a.a.O. 46f. Nächstes Zitat: 52.

733 Pauer, a.a.O. 58. Mitnichten gewichtiger oder intensiver fühle sich das in tausend Einzelaufnahmen zerhackte Leben an, wenn 500 Leute zuschauen, so Pauer, sondern zerteilt, verteilt, pulverisiert: „Was vom Netzwerk Facebook bleibt, sind User in einem halb komatösen Zustand."

[734] Vgl. z.B. M. Werner/R. P. Reimann (Hg.): Social Media in der Gemeinde (im Medienverband der Evangelischen Kirche im Rheinland), 2013; Wolfgang Lünenbürger-Reichenbach u.a.: Jenseits der Parochie. Kirche und Social Media, in: Deutsches Pfarrerblatt 2/2013, 105-110 (dazu meine Erwiderung in 6/ 2013, 350f); Swanhild Zacharias: Mission: Facebook? in: Medienmagazin pro 2/ 2013, 11 (siehe auch http://www.pro-medienmagazin.de/ journalismus.html?& news[action]=detail& news[id]=6552 - Zugriff 21.5.2013); Timo Plutschinski: So vernetzt Du dich richtig, in: idea Spektrum 36/2013, 19. Die katholische Deutsche Bischofskonferenz hat eigene Guidelines für die kirchliche Mitarbeiterschaft im Umgang mit Sozialen Medien veröffentlicht: http://www.dbk.de/fileadmin/ redaktion/ diverse_downloads/ presse/2012-109b-Empfehlungen-Social-Media-Guidelines. pdf (Zugriff 17.3.2013). Eine „Evangelische Social Media Karte" zeigt auf einer interaktiven Landkarte Pins für jede bei Facebook aktive Stelle oder Gemeinde: https://www. facebook.com/ evangelischlutherischekircheinbayern (Zugriff 19.9.2013). Siehe auch den Artikel „Landesbischof nutzt Facebook", in: Frankenpost (Kulmbach) vom 16.5.2014.

[735] Raimund Pretzer: Das Netz der Botschaft, in: Korrespondenzblatt 11/2012, 145f. Der Autor verweist darauf, dass Jesus den Massen entflohen war: „Es macht mich nachdenklich, wie entschlossen sich Jesus der Wahrnehmung und den Erwartungen der Kommunikations- und ‚Netzpräsenz' seiner Zeit entzieht."

[736] Linus Neumann: Für Umstürze ungeeignet, in: zeitzeichen 3/2012, 28-30, hier 30. „Andy Müller-Maguhn, Vorstandsmitglied im Chaos-Computer-Club, drückte es einmal sinngemäß so aus: ‚Was wir hier soziale Netzwerke nennen, sind weder Netzwerke noch sind sie sozial – das Geschäftsmodell würde ich hier als asozial bezeichnen.'"

[737] In Meckels Worten: „Manch einer hat diesen Zustand als virtuellen Totalitarismus bezeichnet, als einen Zustand, in dem nur noch eine Ideologie herrscht, nämlich die der Vernetzung und ihres Produktes, der die deterministischen Wahrheit" (a.a.O. 239). In ihrer utopischen Rückschau schreibt Meckel, dass „das Netz dann zur allumfassenden Generalanwendung unserer selbst wurde" (242).

[738] Laut Meckel geht es digital zunehmend darum, „ein technologisches Substitut für den religiösen Raum ‚Himmel' zu konstruieren. Ein virtuelles Paradies sozusagen" (a.a.O. 164).

[739] Vgl. Searle, a.a.O. 242.

[740] Böhme, a.a.O. 91.

[741] Linke, a.a.O. 249. Laut Ornella lässt sich, was Wirklichkeit überhaupt ist, in der postmodernen, weithin pluralistischen Gesellschaft gar nicht mehr so einfach sagen, da unterschiedliche Paradigmen, Erfahrungen und Wahrheitsansprüche einander überlappen. Das wiederum führe zu einer Verunsicherung im Wirklichkeitsverständnis, durch die sich die Flucht in neu zu erschließende, virtuelle Realitäten für die digitalisierte Seele regelrecht nahelege (a.a.O. 75f).

[742] Ornella, a.a.O. 125.

[743] Der digitalen Revolution bringt eine Überhöhung unserer Lebenswelt durch pseudotranszendente Welten mit sich: Damit eröffnen sich Dimensionen einer Ersatzreligion, die mit dazu beitragen, uns von unserem natürlichen Dasein zu entfremden. Welchem Konzept von Wirklichkeit, ja welcher Wirklichkeit arbeiten die Verfechter

der Digitalisierung offen oder insgeheim zu? Sollte der digitalrevolutionäre „Fortschritt" nicht ein gefährliches Schreiten fort aus der Wirklichkeit unserer Welt sein?

744 Schon Barrie Sherman und Phil Judkins sprechen in ihrem Buch „Virtuelle Realität. Computer kreieren synthetische Welten" (Bern 1993) vom „stark absorbierenden Charakter" solch virtueller Realität, den man einzukalkulieren habe. Aus Experimenten wisse man, „dass unsere Gedankenwelt sich schnell auf eine künstliche Welt einlässt – jedoch nur schwer an beiden Orten gleichzeitig sein kann" (140).

745 Vgl. z.B. Clara Völker: Mobile Medien: Zur Genealogie des Mobilfunks und zur Ideengeschichte von Virtualität, Bielefeld 2010.

746 Vgl. Christian Ruch: „Well, look, I have succeeded!" Ein medienästhetischer Streifzug durch die Welt der virtuellen Realität, in: Elke Hemminger/Christian Ruch: Virtuelle Welten (*EZW-Text* 223), Berlin 2013, 5-23. Ruch spricht nach mancherlei sachkritischen Bemerkung am Ende vom „Anbruch einer neuen Romantik" (23).

747 Computer sind „Mechanismen zur Herstellung sekundärer Wirklichkeit", formuliert Ornella, a.a.O. 61.

748 Psychologisch wird mitunter ein Zusammenhang zwischen traumatischer Kindheit und der Neigung zur Flucht in Fantasiewelten gesehen (Mathias Mesenhöller: Wunder[n] über Wunder, in: GEO 1/2013, 52-66, bes. 63).

749 Die virtuelle Realität erfasse „nicht die Komplexität der Realität", betont Peter Fischer, a.a.O. 227. Vgl. auch Manfred Lütz: Bluff! Die Fälschung der Welt, München 2012, bes. Kap. 3c.

750 Astrid Kessler: Ist die Wirklichkeit eine Fälschung? in: *Welt der Wunder* 1/2013, 24-34, Zitate hier 33f. Ich meine: Unfreiwillige Wahrnehmungsverzerrungen und Wirklichkeitsverluste nähren den freilich in sich zweifelhaften, ja verzweifelten Glauben, in der technisch gestützten, virtuellen Realität gebe es eventuell mehr Klarheit und wenigstens strukturelle Sicherheit.

751 Dazu meine Dissertation „Auferstehung der Toten (a.a.O., 1991) sowie mein Aufsatz „Der auferweckte Begrabene" in: *Theologische Beiträge* 35 (2004), 92-113.

752 Horx: Megatrend-Prinzip, a.a.O. 287.

753 Ludwig Ganghofer: Waldrausch, Rastatt o.J. 324.

754 Horkheimer/Adorno, a.a.O. 146.

755 „In der Postmoderne scheint das Subjekt zu einem Stückwerk zu werden, zusammengesetzt aus Fragmenten, von denen man letztendlich nicht weiß oder sicher sein kann, ob und wie sie zusammenpassen. Subjektkonstitution wird zu einer Aufgabe, an der das einzelne Subjekt auch zerbrechen und verzweifeln kann" (Ornella, a.a.O. 231).

756 Kucklick, a.a.O. 91.

757 Frank Schirrmacher: Die neue digitale Planwirtschaft, a.a.O. 31. Vgl. auch Stephan Humer: Digitale Identitäten. Der Kern digitalen Handelns im Spannungsfeld von Imagination und Realität, Winnenden 2008.

758 Vgl. z.B. Michael Gazzaniga: Die Ich-Illusion. Wie Bewusstsein und freier Wille entstehen, München/Darmstadt 2012.

759 Vgl. Gila Friedrich: Identität – ein geschichtsloses Konstrukt? Pädagogische Überlegungen zum Identitätsbegriff einer technisierten und zunehmend digitalisierten Kultur, Münster 2008; Spitzer: Demenz, a.a.O. 15.

760 Maaz, a.a.O. 26; vgl. 48. „Der Narzisst ist stets in einer sozialen Lüge befangen, im schützenden Selbstirrtum und einer kultiviert-verlogenen Fremdbewertung" (75).

761 Vgl. Ursula Nuber: Die Egoismus-Falle. Warum Selbstverwirklichung oft so einsam macht, Stuttgart/Zürich 1993.

762 Vgl. Dan Ariely: Die halbe Wahrheit ist die beste Lüge: Wie wir andere täuschen – und uns selbst am meisten, München 2012. „Wir sind Lügner, durch und durch", bilanziert der Evolutionsbiologe Robert Trivers (zit. nach Ulrich Schnabel: Wie man sich selbst auf den Leim geht, in: ZEIT Nr. 50/2011, 41). „Über das Wesen der Lüge erschöpfend schreiben, hieße eine Naturgeschichte des Menschen verfassen", meint Gabriel Falkenberg: Lügen. Grundzüge einer Theorie sprachlicher Täuschung, Tübingen 1982, 13.

763 Pestalozzi: Bäume, a.a.O. 123. Vgl. auch Hannes Jaenicke: Die große Volksverarsche. Wie Industrie und Medien uns zum Narren halten, Gütersloh 2013. Jaenicke weiß: „Moral, Mitgefühl und soziales Gewissen bleiben viel zu oft auf der Strecke oder werden bewusst ignoriert, weil sie gemeinhin als ökonomische Bremsen gelten" (9).

764 Vgl. Eberhard Schockenhoff: Zur Lüge verdammt? Politik, Medien, Medizin, Justiz, Wissenschaft und die Ethik der Wahrheit, Freiburg i.Br. 2000, 40: Es „bewahren ethische Prinzipien und moralische Normen ihre Geltung auch dort, wo sie übertreten werden…"

765 Schockenhoff, a.a.O. 325.

766 Wurmser, a.a.O. 68.

767 Schirrmacher: EGO, 176; vgl. auch 266.

768 Schirrmacher, a.a.O. 237. Der Journalist und Blogger Marvin Oppong betont: „Der Gedanke einer demokratischen Wissensentwicklung ist schön, nur leider steht nicht immer die Wahrheit im Vordergrund" (Wikipedia oder Wahrheit, in: ZEIT Nr. 49/2011, 35).

769 Vgl. Werner Thiede: Die Gotteswette, in: CA II/2012, 36-42. Helen Heinemann zeigt in ihrem Buch „Warum Burnout nicht vom Job kommt" (Asslar 2012), dass es der Verlust von tragendem Sinn in unserer Gesellschaft ist, der die Seele ausbrennen lässt.

770 Vgl. zu Nietsche meine Ausführungen in „Der gekreuzigte Sinn" (a.a.O. bes. 72ff).

771 Ulrich H. J. Körtner: Im Nebel verschwunden, in: zeitzeichen 8/2013, 38f.

772 Zur theologischen Frage der Willens(un)freiheit vgl. z.B. Wolfgang Behnk: Contra Liberum Arbitrium – Pro Gratia Dei. Willenslehre und Christuszeugnis bei Luther und ihre Interpretation durch die neuere Lutherforschung, Frankfurt/Bern 1982.

773 Clay Shirky: Der freie Wille schwindet dahin, in: J. Brockman (Hg.): Was ist Ihre gefährlichste Idee?, Frankfurt/M. 2009, 295-298, hier 298.

774 Schirrmacher: EGO, a.a.O. 9 (nächstes Zitat: 141). „Die neue Ökonomie bedient sich der Maschinen und sie erfasst menschliche Beziehungen mithilfe der Mathematik" (11).

775 Ebd. Vgl. zum Begriff Davis Harel/Yishai Feldman: Algorithmik. Die Kunst des Rechnens, Heidelberg/Berlin 2006.

776 Vgl. Thierry Hoquet: Cyborg philosophie. Penser contre les dualismes, Paris 2011; ders.: Wir Selbstoptimierer, in: ZEIT Nr. 27/2013, 44.

[777] Meister, a.a.O. 21.

[778] Vgl. Günther Schulte: Neuromythen. Das Gehirn als Mind Machine und Versteck des Geistes, Frankfurt/M. 2000.

[779] So fragt Hartmut von Hentig, a.a.O. 34.

[780] Vgl. Karl Olsberg: Schöpfung außer Kontrolle. Wie die Technik uns benutzt, Berlin 2010. Olsberg hat über Anwendungen künstlicher Intelligenz seine Doktorarbeit geschrieben: Er legt nicht nur dar, dass wir von der Technik, mit der wir in so vielen Lebenslagen umgehen, oft herzlich wenig verstehen, geschweige denn dass wir sie umfassend unter Kontrolle hätten; vielmehr machen wir uns immer mehr zu Sklaven des Fortschritts, zu Steigbügelhaltern der Technik, die wir selbst erschaffen haben. In der Tat: Die digitale Revolution wird zum Selbstläufer und fordert zunehmend ihren Tribut. In einer kritischen Rezension zu Olsberg heißt es: „Ein Großteil unseres technischen Umfeldes wird überhaupt nicht vom Menschen hervorgebracht, sondern von einer neuen Klasse an selbstreproduktiven Systemen (der aktuellen Krone der Schöpfung), den Unternehmen. Wir versklaven uns folglich nur indirekt gegenüber der Technik, in direkter Weise stattdessen gegenüber der Unternehmenswelt" (http://www.amazon.de/product-reviews/3351027141/ ref=dp_top_cm_cr_acr_ txt?ie=UTF8&showViewpoints=1 - Zugriff 26.6.2012).

[781] Von Hentig, a.a.O. 131. Schon Goethe nahm wahr: „Am Ende hängen wir doch ab / Von Creaturen, die wir machten" (Faust II, V. 7003f).

[782] So hat der französische Erzähler Albert Robida bereits vor rund einem Jahrhundert in einigen Science-fiction-Geschichten ein erstaunlich genaues Bild unserer Mediengesellschaft entworfen: „In seinen Erzählungen stehen riesige Flachbildschirme herum, über die auf Endlosbändern Nonstop-Nachrichten aus aller Welt laufen, es gibt Videotelefonkonferenzen, ganz abgesehen von biologischer Kriegsführung, Umweltzerstörung und einem immens beschleunigten Leben. In einem Interview im Jahre 1919 sagte er, er beneide die Menschen der Zukunft kein bisschen: ‚Sie werden ihren Alltag im Räderwerk einer total mechanisierten Gesellschaft verbringen, in einem Maße, dass ich mich frage, wie sie noch die einfachsten Freuden genießen wollen, die uns zur Verfügung stehen: Stille und Einsamkeit. Aber da sie all das überhaupt nie kennengelernt haben werden, wird es ihnen auch nicht fehlen'" (Alex Rühle: Jenseits der Stille, in: Süddeutsche Zeitung vom 21.6.2009: http://www.sueddeutsche.de/kultur/staendige-erreichbarkeit-jenseits-der-stille-1.118258 - Zugriff 11.5.2013).

[783] http://www.bundespraesident.de/SharedDocs/Reden/DE/Joachim-Gauck/ Reden/2013/10/131003-Tag-deutsche-Einheit.html (Zugriff 3.10.2013).

[784] Vgl. z.B. Eschbach: Zukunft (a.a.O., 2005²); Michio Kaku: Die Physik der Zukunft. Unser Leben in 100 Jahren, Reinbek 2012. Zu Letzterem heißt es in einer Amazon-Rezension: „Es hört sich schon ziemlich faszinierend an, wenn ich da lese, dass Computer lautlos meine Gedanken lesen können, ja sogar meine Wünsche erfüllen. Ich werde Objekte allein durch meine Gedanken bewegen können, völlig neue Lebensformen werden kreiert. Das Wort Krebstumor wird aus dem Wortschatz gestrichen sein, weil lange vor Bildung eines Tumors der Krebs bereits wirksam bekämpft werden kann. Wenn ich Nachwuchs plane überlege ich zuvor welche Gene das Kind bekommen soll… All das hört sich faszinierend an und ich habe eigentlich auch keine Zweifel mehr daran, dass dies alles irgendwann einmal möglich sein

wird, aber ob ich dann in so einer Zeit leben möchte?" (http://www.amazon.de/Die-Physik-Zukunft-Unser-Jahren/dp/3498035592/ref=sr_1_1?ie=UTF8&qid= 1350996503&sr=8-1, Zugriff 22.10.2012). Ein anderer Rezensent: „Schon die nahe Zukunft erschreckt, geschweige denn das Bild der Welt in ein paar Jahrzehnten." S.u. IV.7.

[785]

[786] Klemens Brockmöller: Industriekultur und Religion, Frankfurt a. M. 1964[7], 88. Vgl. auch Serena Roney-Dougal: Wissenschaft und Magie, Frankfurt a.m. 2001.

[787] Vgl. Christian Schwarke: Technik und Religion. Religiöse Deutungen und theologische Rezeption der Zweiten Industrialisierung in den USA und in Deutschland, Stuttgart 2013. Diese Studie zeigt exemplarisch: Technische Innovationen sind oft von ursprünglich religiösen Utopien bestimmt, und in der Öffentlichkeit werden sie mit religiösen Bedeutungen aufgeladen, während umgekehrt Veränderungen des Weltbildes auch zu Verschiebungen im religiösen Haushalt einer Gesellschaft führen. Prägend für das sogenannte *Machine-Age* in den USA war ein Verständnis der Technik als „New God".

[788] Wulf Bertram: Nachgedacht, in: *Nervenheilkunde* 31 (2012), 681.

[789] Jean Baudrillard: Videowelt und fraktales Subjekt, in: K. Bark (Hg.): Aisthesis, Leipzig 1993[5], 260.

[790] Patrick Beuth: Degradiert zum Taschenrechner, in: ZEIT Nr. 15/2013, 28. Gunhild Lütge fragt: „Kann Google dann ebenfalls alles sehen, was der Träger der Brille betrachtet – samt allen Informationen dazu?" (Mit Hightech auf Kundenfang, in: ZEIT Nr. 20/2013, 26). „Google Glass, die Computer-Brille mit Kamera und kleinem Bildschirm vor dem Auge des Nutzers, hatte von Anfang an Datenschutz-Sorgen ausgelöst. Einige Software-Entwickler fingen bereits damit an, sich Anwendungen mit Gesichtserkennung auszudenken" (http://www.n-tv.de/technik/Google-verbietet-Gesichtserkennungs-Apps article10744126.html - Zugriff 6.9.2013). Vgl. auch Thomas Assheuer: Gottes neuester Streich, in: ZEIT Nr. 19/2013, 45f; Adam Soboczynski: Brecht die Schädeldecke auf, in: ZEIT Nr. 24/2013, 54.

[791] Assheuer, a.a.O. (siehe vorige Fußnote).

[792] Vgl. Miriam Meckel: Mensch wird Maschine, ZEIT Nr. 27 (28.6.2012), 13: „Mit jeder dieser technologischen Neuerungen wird der Mensch besser analysierbar und berechenbar, also vorhersagbar. Er wird Teil des globalen digitalen Netzwerks. Ist er dann ein technisierter Mensch oder eine humanisierte Maschine?" Vgl. auch Valentin Zsifkovits: Orientierungen für eine humane Welt, Münster 2012.

[793] Vgl. Viktor E. Frankl: Der unbewusste Gott. Psychotherapie und Religion, München 1974[3]. Frankl betont, „daß wir eine, wenn auch unbewußte, so doch intentionale Beziehung zu Gott immer schon haben" (55). Gerade das mache den Adel der Seele aus, den tiefsten Kern der biblisch behaupteten Gottebenbildlichkeit des Menschen: dass wir zuinnerst und bleibend auf Gott, den Schöpfer und Vollender aller Dinge, bezogen sind. Frankl warnt anbei vor der verbreiteten esoterischen Annahme, dieser seelische Kern bedeute die „Göttlichkeit" unserer Seele: Nicht um eine substantielle „Vergöttlichung des Unbewussten" gehe es ihm, sondern um die wissenschaftlich geforderte Aufmerksamkeit für die seelische Bezogenheit auf Gott. Übrigens meint der Kulturwissenschaftler Jesse Bering seinerseits: „Auch Gott gehört biologisch zu uns" (Die Wissenschaft wird Gott niemals zum Schweigen bringen, in: J. Brockman [Hg.]: Was ist Ihre gefährlichste Idee? Frankfurt/M. 2009, 200f, hier 201).

250

794   . Vgl. insgesamt G. Jüttemann u.a. (Hg.): Die Seele. Ihre Geschichte im Abendland, Weinheim 1991; Paul Devereux: Die Seele der Erde entdecken, München 2001.

795   Vgl. Ornella, a.a.O. 112 und 175.

796   Vgl. Norbert Brox: Erleuchtung und Wiedergeburt. Aktualität der Gnosis, München 1989.

797   Gilles Quispel: Gnosis als Weltreligion, Zürich 1972^2, 80.

798   Alexander Böhlig: Zur Struktur gnostischen Denkens (1978), in: ders.: Gnosis und Synkretismus. Gesammelte Aufsätze zur spätantiken Religionsgeschichte, 1. Teil, Tübingen 1989, 3-24, hier 7.

799   Böhlig, a.a.O. 8.

800   Vgl. z.b. Wolfgang Schultz: Das Geschlechtliche in gnostischer Lehre und Übung, in: ders. (Hg.): Dokumente der Gnosis (1910), München 1986, 57-84.

801   Hans Jonas: Gnosis und spätantiker Geist. Erster Teil: Die mythologische Gnosis, Göttingen 1988^4, 417.

802   Vgl. Peter Köpf: Stichwort Scientology, München 1995; Werner Thiede: Scientology – eine Religion? Reflexionen zu einer unabgeschlossenen Frage, in: R. Hempelmann/U. Dehn (Hg.): Dialog und Unterscheidung. Festschrift für Reinhart Hummel (*EZW-Texte* 151), Berlin 2000, 295-310.

803   Vgl. z.B. ABI (Hg.): Scientology. Ein internationaler Wirtschaftskonzern und seine Tarnstrategien, Stuttgart 1997.

804   Vgl. Marco Frenschkowski: Hubbard, Lafayette Ronald, in: Biographisch-Bibliographisches Kirchenlexikon, Bd. 16, Herzberg 1999, 752-771.

805   Zit. nach: *Spirita* – Zeitschrift für Religionswissenschaft 7, 1/1993, 18.

806   Kenneth R. Pelletier: Unser Wissen vom Bewußtsein, München 1982, 148; John R. Searle, a.a.O. 7, 19, 60ff und 250ff.

807   Francisco F. Varela: Über die Natur und die Natur des Erkennens, in: H.-P. Dürr/W. Zimmerli (Hg.): Geist und Natur, München 1989, 90-109, hier 96.

808   Schirrmacher: EGO, a.a.O. 228. Der Neurologe Todd E. Feinberg ist sich freilich sicher, die „Menschheit wird auch dem fortgeschrittensten Computer niemals Bewusstsein zusprechen" (in: J. Brockman [Hg.]: Das Wissen von morgen, Frankfurt a.M. 2008^2, 139).

809   Henri Bergson: Die beiden Quellen der Moral und der Religion (1932), Olten 1980, 317.

810   Dazu Werner Thiede/Walter Sparn: Art. Wiedergeburt, in: Enzyklopädie der Neuzeit Bd. 14, Stuttgart/Weimar 2012, 1073-1076.

811   Meckel: NEXT, a.a.O. 163f.

812   Vgl. Paul H. Welte: Erlösung – wie und wovon? Was Christen unter Heil verstehen, Regensburg 2012.

813   Jürgen Moltmann: Das Kommen Gottes. Christliche Eschatologie, Gütersloh 1995, 83.

814   Diese Differenz kommt bei Moltmann zu kurz, wenn er pauschal behauptet: „Die Lehre von der Unsterblichkeit der Seele keine Lehre von einem ‚Leben nach dem Tod', sondern von einer göttlichen Identität des Menschen jenseits von Geburt und Tod" (a.a.O. 76).

815 Vgl. Peter Meingold: Die Genesisvorlesung Luthers und ihre Herausgeber, Stuttgart 1936, 396-398; Carl Stange: Luthers Gedanken über die Todesfurcht, Berlin 1932; Werner Elert: Der christliche Glaube, Berlin 1940, 631.

816 Vgl. z.B. M. Luther: Kritische Gesamtausgabe, Weimar 1883ff (= WA) 43, 359, 36f; WA 37, 149, 19f, sowie WA 39 II, 401, 4 (Gott schafft die Seele unsterblich). Ausführlicher Werner Thiede: Luthers individuelle Eschatologie, in: *Lutherjahrbuch* 49 (1982), 7-49; ders.: Nur ein ewiger Augenblick. Luthers Lehre vom Seelenschlaf zwischen Tod und Auferweckung, in: Luther 64 (1993), 112-125; Fritz Heidler: Die biblische Lehre von der Unsterblichkeit der Seele. Sterben, Tod, ewiges Leben im Aspekt lutherischer Anthropologie, Göttingen 1983.

817 Luther: WA 36, 241, 17f. Nächstes Zitat ebd., Zeilen 25-28.

818 Vgl. Carl August Eschenmayer: Psychologie, hg. und mit einem Nachwort versehen von P. Krumme, Frankfurt a.m. u.a. 1982, 120 sowie im Anhang 258.

819 Vgl. näherhin Werner Thiede: Parapsychologie und Theologie. Reflexion einer gemeinsamen Geschichte, in: *Grenzgebiete der Wissenschaft* 52 (2003), 57-81.

820 Vgl. Thiede: Auferstehung, bes. 164ff.

821 Vgl. C. G. Jung: Psychologie und Religion, München 1991, 66f. Nächstes Zitat: 87.

822 Jung, a.a.O. 129.

823 Francis Crick: Was die Seele wirklich ist. Die naturwissenschaftliche Erforschung des Bewußtseins, Reinbek 1997. Siehe auch P. Neuner (Hg.): Naturalisierung des Geistes – Sprachlosigkeit der Theologie? Die Mind-Brain-Debatte und das christliche Menschenbild, Freiburg i.Br. 2003.

824 Schirrmacher bemerkt dazu: Heutzutage führen Psychologen „mit Bits, mit 1 und 0, Ja und Nein, Exklusion und Inklusion, Anschalten und Abschalten ihre Zauber aus..." (a.a.O. 275).

825 Sigmund Freud: Zeitgemäßes über Krieg und Tod (1915), in· ders.: Kulturtheoretische Schriften, Frankfurt a.M. 1986, 33-60, hier 56.

826 Günter Ewald: Gehirn, Seele und Computer. Der Mensch im Quantenzeitalter, Darmstadt 2006, 132.

827 Ebd. 126. Vgl. auch Werner Thiede: Thanatologie und Theologie, in: Glaube und Denken. Jahrbuch der Karl-Heim-Gesellschaft 14, Frankfurt/M. 2001, 111-137.

828 Vgl. z.B. Carol Zaleski: Nahtoderlebnisse und Jenseitsvisionen, Frankfurt/Leipzig 1993; Werner Thiede: Die mit dem Tod spielen. Okkultismus – Reinkarnation – Sterbeforschung, Gütersloh 1994.

829 Vgl. Werner Thiede: Der tabuisierte Tod. Überlegungen zu einem Kulturphänomen, in: Geist und Leben 2/2012, 164-181. „Weil moderne Gesellschaften sich ganz auf das technizistische Prinzip der Machbarkeit eingelassen haben und noch angesichts ökologisch drohender Katastrophen nahezu ungebremst und ungeniert weitermachen, muss der Tod notgedrungen individuell und sozial verdrängt werden. Solche Tabuisierung aber gefährdet auf Dauer das Überleben der Menschheit" (181).

830 So Ernest Becker: Dynamik des Todes. Die Überwindung der Todesfurcht – Ursprung der Kultur, Olten/Freiburg 1976, 9.

831 Svenja Flaßpöhler unterstreicht den Fluchtgedanken, der dem kulturellen Hetzen innewohnt: „Von Termin zu Termin zu jagen, ist weitaus angenehmer, als sich mit Zweifeln und Todesangst auseinanderzusetzen. ... Umgekehrt gilt: Je massiver die

Todesangst, desto aktiver und angestrengter der Mensch" (Leben wir zu schnell? in: *philosophie* 2/2013, 38).

[832] Darauf wird unten (IV.6) zurückzukommen sein.

[833] Karen Blumenthal: Steve Jobs. Think Different – Die Welt anders denken, Berlin 2012, 295. „Der Mensch der Cybermoderne wird an- und abgeschaltet, wenn ihn die Knoten des Netzes von Information abtrennen", schreibt Schirrmacher (a.a.O. 247).

[834] Vgl. z.b. Hansjörg Hemminger: Gefühle – sich und andere verstehen, Stuttgart 1990; Richard Wollheim: Emotionen. Eine Philosophie der Gefühle, München 2001.

[835] Vgl. Hans Conrad Zander: Warum ich unsterblich bin, Gütersloh 2013.

[836] Vgl. z.B. Jürgen Habermas: Motive nachmetaphysischen Denkens, in: ders: Nachmetaphysisches Denken. Philosophische Aufsätze, Frankfurt/M. 1988, 35-60, 36f. Mein Buch „Die Wahrheit ist exklusiv" (Gießen 2014) bringt hierzu Klärungen.

[837] WA 43,481,32ff (der erste Satz gehört im Original hinter die beiden folgenden). Vgl. auch Paul Althaus: Die Theologie Martin Luthers, Gütersloh 1962, 344.

[838] Ornella formuliert: Das „Du Gottes setzt sozusagen das Ich des Menschen" (a.a.O. 165). „Nach theologischem Verständnis ist der Mensch ein Beziehungs- und Kommunikationswesen, das seinen Ursprung in der liebenden Selbstmitteilung des dreifaltigen Gottes hat" (225).

[839] Siehe insgesamt W. Thiede (Hg.): Glauben aus eigener Vernunft? Kants Religionsphilosophie und die Theologie, Göttingen 2004.

[840] Immanuel Kant: Kritik der reinen Vernunft (1787^2), in: Werke in zwölf Bänden, hg. von W. Weischedel, Frankfurt/M. 1977, Bd. 4, 49. Der nach eigenen Angaben metaphysikverliebte (vgl. Volker Gerhardt: Immanuel Kant. Vernunft und Leben, Stuttgart 2002, 60 und 93) Kant wusste: „Irgendeine Metaphysik ist immer in der Welt gewesen, und wird auch wohl ferner ... darin anzutreffen sein" (33).

[841] Kant, a.a.O. 59.

[842] Vgl. Frankl, a.a.O. 69.

[843] Wolfhart Pannenberg: Anthropologie in theologischer Perspektive, Göttingen 1983, 70f.

[844] Die Glaubensperspektive von Religionen deutet die Wirklichkeit von Mensch und Welt. Eine Ersatzreligion stellt einen entsprechenden, obschon in andere Richtung weisenden und mit anderen Konsequenzen einhergehenden Deutungsversuch dar.

[845] So der Psychologe Bergmann, a.a.O. 49.

[846] Vgl. z.B. Richard David Precht: Wer bin ich – und wenn ja wie viele? Eine philosophische Reise, München 2007.

[847] Vgl. Werner Thiede: Grenzen des Wertepluralismus? in: *Evangelische Verantwortung* 10/2004, 6-13.

[848] Schirrmacher: EGO, 37.

[849] Dabei ist mir bewusst, dass selbst Christen der Versuchung erliegen können, auf die Linie jener Ersatzreligion einzuschwenken. Sie müssen darüber keineswegs ihren Glauben verlieren, aber sie sind in Gefahr, seine zentralen Gehalte und Imperative zunehmend aus den Augen zu verlieren und in spiritueller Hinsicht gleichsam dement zu werden.

[850] Vgl. Jürgen Habermas: Die Einheit der Vernunft in der Vielheit ihrer Stimmen, in: ders. Nachmetaphysisches Denken. Philosophische Aufsätze, Frankfurt/M. 1988,

153-186, bes. 182ff. Dass das Modell einer „kommunikativen Vernunft" hinführt „zur Frage nach einer Wirklichkeit, die diese Solidarität auch angesichts der Vernichtung des anderen im Tod möglich macht" und insofern die Frage der Unsterblichkeit eigentlich einschließen müsste, zeigt Helmut Peukert: Wissenschaftstheorie – Handlungstheorie – Fundamentale Theologie, Düsseldorf 1976, 323.

851 Ornella, a.a.O. 216.

852 Winfried Becher: Leserbrief in: *Der Spiegel* 36/2006, 12.

853 Ernest Becker: Dynamik des Todes. Die Überwindung der Todesfurcht – Ursprung der Kultur, Olten-Freiburg 1976, 9. W. H. Riehl formulierte bereits im 19. Jahrhundert: „Dieser Kampf gegen den Tod ist es, durch welchen der Tod zur mächtigsten bewegenden Kraft in allem menschlichen Leben wird" (Religiöse Studien eines Weltkindes, Stuttgart 1895, 32).

854 Vgl. Hermann Vogt: Todesangst prägt die Kultur. Entdeckungen amerikanischer Psychologen, in: Lutherische Monatshefte 29, 9/1990, 402-404.

855 Siehe http://www.focus.de/digital/internet/google/digitales-leben-nach-dem-tod-google-startet-testament-funktion-fuer-user_aid_958780.html (Zugriff 24.4.2013).

856 Horx: Megatrend-Prinzip, a.a.O. 195.

857 Horx, a.a.O. 192. Vgl. auch Roger Penrose: Computerdenken. Des Kaisers neue Kleider oder Die Debatte um Künstliche Intelligenz, Heidelberg 1991.

858 Löwith, a.a.O. 107.

859 Stephen Cave: Geht noch ein bisschen mehr? in ZEIT/*Christ & Welt* Nr. 51/2012, 5.

860 Ebd. Entsprechende Projekte laufen inzwischen: Nachdem Europas Wissenschaftsfunktionäre 2013 das Human Brain Projekt beschlossen hatten, schlug kurz darauf US-Präsident Barack Obama in die gleiche Bresche: „Im Zuge einer Initiative mit dem Titel *Brain* will er die Hirnforschung in den USA über eine Dekade hinweg massiv fördern. Allein im kommenden Jahr sollen dafür 100 Millionen Dollar Steuergelder aufgewendet werden" (Patrick Illinger: Milliarden für den Kopf, in: Süddeutsche Zeitung Nr. 78 vom 4.4.2013, 16).

861 Meckel, a.a.O. 117. Nächstes Zitat ebd. 118 und 288.

862 A.a.O. 169.

863 Hans Moravec: Computer übernehmen die Macht. Vom Siegeszug der künstlichen Intelligenz, Hamburg 1999, 265.

864 http://2045.com (Zugriff 22.2.2013).

865 Vgl. auch http://www.pressetext.com/news/20120806019#news/20120824001 (Zugriff 2.9.2012). Dazu Jörg Uwe Albig: Die Sehnsucht nach dem ewigen Leben, in: *GEO Wissen* Nr. 51/2013, 154-161.

866 Vgl. Heike Buchter/Burkhard Strassmann: Die Unsterblichen, in: ZEIT Nr. 14/2013, 23.

867 Auch der amerikanische Internetkonzern *Google* will das Altern verzögern: Er kündigte im September 2013 die Gründung eines entsprechenden Gesundheitsunternehmens an, das Calico heißen soll (vgl. *F.A.Z.* Nr. 219 vom 20.9.2013, 11).

868 Horx, a.a.O. 193.

869 Eschbach, a.a.O. 82. Ulrich Schnabel stellt fest: „Noch immer stehen wir staunend vor dem Wunder, wie drei Pfund graue Materie die schönsten (und schwachsinnigsten) Gedanken und Gefühle hervorbringen und wie sie spielend Dinge meistern, an

254

denen jeder Supercomputer scheitert. … Bereits jetzt zeigt sich, dass es keinen für alle Gehirne gültigen Masterplan gibt, sondern dass jedes Denkorgan so individuell ist wie der dazugehörige Mensch. Gut möglich, dass am Ende die Neuroprojekte zu der Einsicht führen, dass unser geistiges Universum so unausrottbar ist wie das reale All; und dass die Kenntnis einer fremden Gedankenwelt zu unmöglich bleibt wie die Reise in ein Paralleluniversum" (Terra incognita im Kopf, in: ZEIT Nr. 9/2013, 35).

870 http://www.pressetext.com/news/20120824001 (Zugriff 19.3.2013). Popp weiter: „Zwar gab es öfter rasante Entwicklungen, für deren Vorhersage Menschen noch ein paar Jahre vor dem Eintreten ausgelacht worden sind, siehe Mobiltelefonie, aber die Verpflanzung des Bewusstseins ist schlicht zu komplex für eine solche Überraschung. Das klingt einfach nach einer Übersetzung des alten Alchemisten-Traums vom ewigen Leben in unsere moderne Zeit."

871 Horx, a.a.O. 279. Vgl. im Übrigen Paul M. Churchland: Die Seelenmaschine. Eine philosophische Reise ins Gehirn, Heidelberg 1997; Benjamin Libet: Mind Time. Wie das Gehirn Bewusstsein produziert, Frankfurt a.M. 2007.

872 Ornella, a.a.O. 100; vgl. auch Hoquet: Selbstoptimierer, a.a.O. 44: „Doch jedes Mal geht es um die Hoffnung, dass der Mensch Unsterblichkeit erlange… Für die Apostel der transhumanen Menschheit ist gerade die Befreiung vom Fleisch ein zentrales Thema; für sie ist das menschliche Fleisch ein Chaos und zum Verfall verurteilt."

873 Vgl. Astrid Dinter: Adoleszenz und Computer. Von Bildungsprozessen und religiöser Valenz, Göttingen 2007, 48. Überhaupt sind laut Dinter Dimensionen religiöser Valenz im Kontext der Nutzung neuer computergestützter Medien zu finden, die „dem Zusammenhang eines lebensweltlichen Umgangs mit dem Medium Computer zuzurechnen sind. Hier kommen wiederum Elemente der rituell gekoppelten Sinngenese zwischen Subjekt und neuen Medien in den Blick" (49).

874 Schirrmacher bemerkt, „dass es im Zeitalter der neuen Rationalität keine rationalen Antworten mehr gibt" (a.a.O. 164).

875 „Es gibt kein wahres ‚Selbst' irgendwo in dir drin, das du durch Selbstbeobachtung entdecken könntest und das dir die Richtung weisen könnte", konstatiert Reid Foffman, einer der weltweit wichtigsten Vermarkter von Lebensläufen (zit. nach Schirrmacher, a.a.O. 246).

876 Ornella, a.a.O. 141f.

877 http://www.vatican.va/roman_curia/pontifical_councils/pccs/documents/ rc_pc_pccs_doc_04121963_inter-mirifica_ge.html (Zugriff 24.3.2013). Ausdrücklich „lädt das Konzil die in Wirtschaft oder Technik einflußreichen Verbände und Einzelpersönlichkeiten dringend ein, mit ihren finanziellen Beiträgen und ihrer Erfahrung die Sozialen Kommunikationsmittel, soweit sie wahrer Kultur und dem Apostolat dienen, bereitwillig zu unterstützen" (Punkt 17). Und zur „Erfüllung seiner obersten Hirtenpflicht auf dem Gebiet der Sozialen Kommunikationsmittel steht dem Papst eine eigene Stelle beim Apostolischen Stuhl zur Verfügung" (Punkt 19).

878 http://www.vatican.va/holy_father/john_paul_ii/apost_letters/documents/hf_jp-ii_apl_20050124_il-rapido-sviluppo_ge.html (Zugriff 24.3.2013).

879 Vgl. *Mittelbayerische* vom 9.12.2011, 60.

880 Vgl. Kritsanarat Khunkham: Der Papst twittert, in: *Die Welt* vom 18.12.2012, 3.

881   Zit. nach *SPIEGEL Online* vom 17.7.2013 (http://www.spiegel.de/panorama/twitter-ablass-papst-follower-bleiben-kuerzer-im-fegefeuer-a-911577.html - Zugriff 18.7.2013).

882   „Die schnelle Entwicklung" (Punkt 6).

883   Marshall McLuhan: Die magischen Kanäle. Understanding Media, Dresden 1995[2], 21. Nächstes Zitat ebd. 22f.

884   Ornella, a.a.O. 63.

885   So Ornella, a.a.O. 72 und 233.

886   Vgl. Niklas Luhmann: Die Realität der Massenmedien, Wiesbaden 2004[3], 9.

887   A.a.O. 66.

888   Axel Siegemund fordert daher eine „Offenlegung der sozialen, kulturellen, weltanschaulichen – kurz: ethikrelevanten – Konstruktionen der Technik auf dem Weg ihrer Deutung" (Transzendenzmodifikationen, in: K. Neumeister u.a. [Hg.]: Technik, a.a.O. 79-108, hier 107).

889   Reiter bemerkt: „Wer sich der Digitalität verweigert, wird von der gesellschaftlichen Entwicklung abgeschnitten werden. … Wer auf den Fernseher verzichtet, gewinnt sogar sinnvoller zu nutzende Lebenszeit und kann sich als elitäre Intellektueller präsentieren. Wer aber vom Internet abgeschnitten ist, wird in Zukunft kein sozial integriertes Leben mehr führen können" (a.a.O. 48). „Menschliches Leben vollzieht und realisiert sich nicht nur in diesem medialen und kommunikationstechnologischen Kontext, sondern wird auch mit den in diesem Kontext zur Verfügung stehenden Mitteln zum Ausdruck gebracht" (12).

890   Vgl. Werner Thiede: Kirche vor dem Internet von morgen. Eine theologische Risiko-Abschätzung. Studienbrief A 88 (15 Seiten, Beilage zu: *Brennpunkt Gemeinde* 1/2012).

891   Dass dies keineswegs ein sicherer Effekt ist, betont Linus Neumann: Für Umstürze ungeeignet. Der Mythos der Facebook-Revolution ist nicht nur falsch, sondern auch gefährlich, in: *zeitzeichen* 3/2012, 28-30.

892   Vgl. Ilona Nord: Realitäten des Glaubens. Die virtuelle Dimension christlicher Religiosität, Berlin 2008; dieselbe: Sinnstiftung zwischen Individuum und Organisation. Kirche als Netzwerkorganisation für eine nachhaltige Welt, in: *Deutsches Pfarrerblatt* 8/2013, 432-437.

893   Gut eingefangen ist das bei Stefan Scholz: Bibeldidaktik im Zeichen der neuen Medien. Chancen und Gefahren der digitalen Revolution für den Umgang mit dem Basistext des Christentums, Berlin 2012.

894   Reiter, a.a.O. 34.

895   http://www.schattauer.de/de/magazine/uebersicht/zeitschriften-a-z/nervenheilkunde/inhalt/archiv/issue/special/manuscript/17875/download.html (Zugriff 7.1.2013).

896   Vgl. z.B. Patrizia Pitzalis: Gefangen im Netz, München 2008; Miriam Meckel: Das Glück der Unerreichbarkeit: Wege aus der Kommunikationsfalle, München 2008; Gabriele Farke: Gefangen im Netz? Onlinesucht: Chats, Onlinespiele, Cybersex, Bern 2011; Christoph Koch: Ich bin dann mal offline, München 2010.

897   So telefoniert bereits jeder Fünfte per Handy sogar in Kirchenräumen (laut einer Meldung in *idea Spektrum* Nr. 29/2013, 10).

256

898   Dass wir soweit im Grunde schon sind, zeigt Max Otte: Der Informationscrash. Wie wir systematisch für dumm verkauft werden, Berlin 2011[2].

899   In der EKD-Denkschrift „Das rechte Wort zur rechten Zeit" (Gütersloh 2008) geht es bereits um die neuen Formen der Digitalisierung; dazu heißt es einsichtig: „Kirchliche Kommunikation konzentriert sich auf die Wahrheit Gottes für den Menschen und die Wahrheit des Menschen vor Gott. Sie will diese aussprechen und öffentlich zur Geltung bringen, was nicht gleichbedeutend ist mit dem Ziel massenwirksamer Inszenierungen" (51). Siehe auch Werner Thiede: Wird das Internet zur Ersatzreligion? in: *idea Spektrum* 14/2014, 28-30.

900   Vgl. z.B. Werner Thiede: Gottes Reich auf Erden. Zur mormonischen Eschatologie, in: K. Funkschmidt (Hg.): Die Mormonen zwischen Familiensinn und politischem Engagement (*EZW-Text* 219), Berlin 2012, 46-55.

901   Bahro, a.a.O. 237.

902   Dazu mein Lexikonartikel „Reich Gottes" in: TRT[5], Göttingen 2008, 996-999; Günter Klein: Über das Weltregiment Gottes. Zum exegetischen Anhalt eines dogmatischen Lehrstücks, in: *Zeitschrift für Theologie und Kirche* 90 [1993], 251-283; Jürgen Moltmann: Trinität und Reich Gottes, 1994[3]; W. Härle/R. Preul (Hg.): Reich Gottes, Marburg 1999.

903   So Heinrich Bedford-Strohm: Das Wort zum Jahreswechsel, in: *epd* 1/2013, 3f, 4.

904   Wenn sie sich ethisch für eine bessere Welt engagieren, tun sie das im Geist der neuen Welt Gottes, die mit Jesu Auferstehung von den Toten bereits ihren realen Anfang genommen hat. Sie handeln und leiden im Dienst der Liebe, die Gott ist. Darum suchen sie sich den Mächten des Chaos, des Bösen und des Verführerischen zu widersetzen, die von den Zielen des Schöpfers, den Prinzipien der Menschlichkeit und der Ausrichtung auf das kommende Gottesreich ablenken. Die spannende Frage lautet für sie nicht mehr: „Wer bin ich, wenn ich online bin, und was macht mein Gehirn solange?" (Carr), sondern: „Wer bin ich, wenn ich getauft bin, und was mache ich, solange ich noch auf der vergehenden Welt bin?"

905   Die digitale Revolution bringt auch in dieser Hinsicht manche Herausforderungen mit sich: Vgl. Volker Boehme-Neßler: Unscharfes Recht. Überlegungen zur Relativierung des Rechts in der digitalisierten Welt, Berlin 2008.

906   Der Philosoph Gernot Böhme etwa fordert „einen von den Kirchen gestützten Widerstand gegenüber der schrankenlosen Technisierung der Natur, sowohl der äußeren wie auch der menschlichen Natur" (a.a.O. 303).

907   Heinrich Bedford-Strohm: Große Transformation, in: *zeitzeichen* 5/2013, 8-11, hier 11. Der Bischof betont: „Wer fromm ist, muss auch politisch sein" (laut *epd-bayern*-Pressemeldung unter diesem Titel vom 22.10.2012 - Nr. 86, 3).

908   Margot Käßmann: Für eine bessere Welt, in: *adeo* 1/2013, 4-6, hier 5. Als Botschafterin für das Reformationsjubiläum 2017 sagt Käßmann: „Angesichts all der Anpassung, der einschläfernden Ablenkungsindustrie der Medien, der Volksverdummung durch Banalitäten, brauchen wir Nervensägen, die noch fragen nach Sinn, nach Würde, nach Gerechtigkeit" (zit. nach: *Sonntagsblatt* Nr. 20/2013, 8).

909   Zit. nach *idea Spektrum* Nr. 19/2013, 15. Ornella etwa meint, christliche Theologie müsse den Technikpessimismus „einer kritischen Prüfung unterziehen" (a.a.O. 231).

Am Schluss räumt er freilich ein, (kommunikations-)technologische Entwicklungen könnten auch misslingen und fehlgeleitet sein (235).

910 Vgl. Werner Thiede: Die digitale Religion, in: Sonntagsblatt (München) Nr. 8/2014, 4-6. Mit Recht hat Thomas de Maiziére gemahnt: „Man beachte die Reihenfolge dessen, woran die Kirche erinnern soll: zuerst das Reich Gottes, dann das Weltliche!" (Frau Käßmann, ich widerspreche! in: ZEIT/*Christ&Welt* Nr. 46/2012, 3-4, hier 3).

911 Das Hören und Verstehen der Botschaft von der Menschwerdung Gottes stoppt die Fluchtbewegung des Menschen aus der bedrückenden, vergänglichen Wirklichkeit hinaus. Der in unser Fleisch gekommene Logos lenkt unseren Blick und unser Herz zurück in die Wirklichkeit der Leibhaftigkeit der Schöpfung und lässt uns Einstimmen in das Vergehen der alten Welt, weil uns die Gewissheit des kommenden neuen Welt Gottes bestimmt. Der Mensch gewordene Gott gibt uns Heimat auf Erden und Heimat im Himmel; jede *second world* wird absolut sekundär, und soziale Vernetzungen verlieren an Versuchlichkeit.

912 Predigt am Sonntag Judika 2013, zit. nach: *Sonntagsblatt* Nr. 13/2013, 10. Von Hentig hofft als Humanist, dass „wir unsere Humanität gegen die Tyrannei der Technologen verteidigen können" (a.a.O. 33).

913 Frank J. Tipler: Die Physik der Unsterblichkeit. Moderne Kosmologie, Gott und die Auferstehung der Toten, München 1994, 24.

914 Ebd. und 163.

915 A.a.O. 258.

916 A.a.O. 202f.

917 Tipler, a.a.O. 270-282. Am Ende werde gar die Simulation aller möglichen sichtbaren Universen möglich sein.

918 A.a.O. 282.

919 Vgl. Stanislaw Lem: Die phantastischen Erzählungen, hg. von W. Berthel, Frankfurt a.M. 1988, 343-361.

920 Albig, a.a.O. (*GEO Wissen* Nr. 51), 161.

921 Bereits Pestalozzi hat gemahnt: „Wir sollten viel intensiver über die Frage des Widerstandes gegen falsche Technologien diskutieren" (Zukunft, a.a.O. 131).

922 Hierzu erlaube ich mir als protestantischer Theologe einen Hinweis, in welcher Beziehung solcher Protest mit der Konfession des Protestantismus stehen könnte. „Protestantismus" meint keineswegs einen Protest der Evangelischen gegen die Katholiken und deren steiles Kirchenverständnis. Vielmehr hat er seinen historischen Ursprung im Jahr 1529, als es für die evangelischen Fürsten in bedrängter Lage um die Wahrung ihres Rechts auf freies Religionsbekenntnis ging. Gegen dessen Beraubung protestierten sie damals. Freilich war ihnen dieses Freiheitsrecht gerade deswegen besonders wichtig geworden, weil Freiheit für sie – nachdem sie Martin Luthers Freiheitsschrift von 1520 gelesen hatten – ein spiritueller Begriff von hohem Wert geworden war. Von daher fühle auch ich mich als evangelischer Theologe im Geist dieser christlichen Freiheit beauftragt, einer für unsere Freiheit insgesamt bedrohlichen Entwicklung entgegenzutreten.

923 Jan Ross überlegt: „Die Gegenwart produziert eine ungeheure Vielfalt an Glücksmöglichkeiten – wirtschaftlich, komfortmäßig, sexuell, emotional –, aber auch einen

258

eigenen Glücksterror. Hoffnungslose Fälle, die komplett aus der Leistungs- und Genussgesellschaft herausfallen, sind nicht vorgesehen. Das Kreuz steht dagegen … für ein Bild vom Menschen, das kostbar und bedroht ist" (Das ist Gott!, in: ZEIT Nr. 47/2012, 70).

924 Jeff Jarvis: Mehr Transparenz wagen! Wie Facebook, Twitter & Co die Welt erneuern, Köln 2012, 284.

925 Jürgen Mette, Geschäftsführer der Stiftung Marburger Medien, ist überzeugt: Von den modernen Kommunikationsmitteln könnten Gefahren für das geistliche Leben ausgehen; wenn Christen nicht verantwortungsvoll mit Computer, Handy, Internet und sozialen Netzwerken umgingen, dringe Gottes Stimme nicht mehr zu ihnen durch (laut *idea Spektrum* 36/2012, 25).

926 Regionalbischöfin Susanne Breit-Kessler unterstreicht: „Die Bibel und mehr noch der, der ihre Autoren inspiriert hat, Gott selbst, hat sich Realpolitik auf die Fahnen geschrieben. Eine, die die Wirklichkeit scharf in den Blick nimmt und dafür sorgt, dass Menschen an unbequemen Wahrheiten nicht vorbei kommen" (Das Wort zu Weihnachten, in: *epd-bayern* Nr. 103/2012, 3f, hier 3).

927 Vgl. Hans Jonas: Fatalismus wäre Todsünde. Gespräche über Ethik und Mitverantwortung im dritten Jahrtausend, Münster 2005.

928 Heinrich Bedford-Strohm: Position beziehen. Perspektiven einer öffentlichen Theologie, München 2013, 105f.

929 Schirrmacher: EGO, 202.

930 Robert B. Laughlin: Abschied von der Weltformel. Die Neuerfindung der Physik, München 2009, 109.

931 Der Nobelpreisträger Laughlin weiß: „In der Wissenschaft gewinnt man an Stärke, wenn man anderen mitteilt, was man weiß, in der Technik gewinnt man an Stärke, wenn man anderen vorenthält, was man weiß. In der Technik sind chronische Konfusion und Unwissenheit einfach deswegen die Regel, weil aus Gründen geistigen Eigentums jeder jedem Informationen vorenthält" (a.a.O. 240).

932 http://www.bundespraesident.de/SharedDocs/Reden/DE/Joachim-Gauck/Reden/2013/10/131003-Tag-deutsche-Einheit.html (Zugriff 3.10.2013).

933 Hingewiesen sei exemplarisch auf bereits bestehende Vereine wie „Digitalcourage e.V." (http://digitalcourage.de/), „Diagnose-Funk" (www.diagnose-funk. org) und „Verein zur Verzögerung der Zeit" (http://www.zeitverein.com/- Zugriffe 14.9. 2013).

934 Döpfner, a.a.O. 9. „Demokratien sind Neinsager-Gesellschaften. Diktaturen sind Jasager-Gesellschaften" (ebd.).

935 Döpfner bemerkt: „Die Selbstverständlichkeit der Freiheit lähmt uns bei der Bekämpfung von Unfreiheit. … Das Gift der Freiheitsvergessenheit wirkt wie ein Opiat… Wer die Freiheit nicht verteidigt, verliert sie" (a.a.O. 23f). „Der größte Feind der Freiheit ist unsere Selbstzufriedenheit. Wir sitzen in der Freiheitsfalle, ohne es zu merken" (249).

936 Bereits Albert Einstein hat unterstrichen: „Einen innerlich freien und gewissenhaften Menschen kann man zwar vernichten, aber nicht zum Sklaven oder zum blinden Werkzeug machen" (Aus meinen späten Schriften, Stuttgart 1979, 59).

Zeitdiagnosen

ZEITDIAGNOSEN

Michael Hochschild

Re-Dressuren des Denkens

Freiheit für Bildungsstürmer

ZEITDIAGNOSEN

Michael Hochschild
Re-Dressuren des Denkens
Freiheit für Bildungsstürmer
Universitäten sollten Studenten unterrichten, nicht Fächer. Dann kämen alle Bildungsstürmer wieder mehr auf ihre Kosten. Professoren könnten sich und ihre Methoden entzaubern und stattdessen gemeinsam mit ihren Studenten einen schablonenfreien Diskurs einüben. Das wäre eine echte Reform der Universität. Bis das der Fall ist, liefert das Buch eine Bedienungsanleitung zur intellektuellen Selbstverteidigung besonders für Studenten. Es zeigt, wie man Dressuren des Denkens und Harmonien der Täuschung entlarvt und sich vor geistiger Assimilierung schützt.
Die Universität ist ein goldener Käfig. Gewöhnlich sehen wir das Goldene (die Berufsaussichten für Studenten wie das Prestige für Professoren), ich blicke auf die Stäbe – und ziele auf die Ausbruchswilligen.
Michael Hochschild, Professor für Zeitdiagnostik in Paris.
Bd. 25, 2011, 192 S., 19,90 €, br., ISBN 978-3-643-90066-1

LIT Verlag Berlin – Münster – Wien – Zürich – London
Auslieferung Deutschland / Österreich / Schweiz: siehe Impressumsseite

ZEITDIAGNOSEN

Steffen Rudolph

Postoperaismus – Immaterielle Arbeit

und die Transformation der Gesellschaft

ZEITDIAGNOSEN

Steffen Rudolph
Postoperaismus – Immaterielle Arbeit und die Transformation der Gesellschaft
„Immaterielle Arbeit" ist einer der Schlüsselbegriffe des postoperaistischen Denkens. Mit ihm fokussieren Autoren wie Antonio Negri und Maurizio Lazzarato die entscheidende Bedeutung von Wissen, Kommunikation, Kooperation und Affekten für den zeitgenössischen Kapitalismus. Zugleich verorten sie in den veränderten Arbeits- und Lebensverhältnissen des Postfordismus emanzipatorische Potentiale. Das Buch führt in wichtige historische und theoretische Aspekte des Postoperaismus ein und widmet sich ausführlich ihrer kritischen Reflexion.
Steffen Rudolph ist Doktorand an der Fakultät Kulturwissenschaften der Leuphana Universität Lüneburg.
Bd. 26, 2012, 168 S., 29,90 €, br., ISBN 978-3-643-11668-0

LIT Verlag Berlin – Münster – Wien – Zürich – London
Auslieferung Deutschland / Österreich / Schweiz: siehe Impressumsseite